环球时报社◎著

真话中国
A TRUTH-SPEAKING CHINA

环球时报社评 2013·下

人民日报出版社

图书在版编目(CIP)数据

真话中国:环球时报社评.2013.下／环球时报社著.
—北京:人民日报出版社,2014.3
ISBN 978 – 7 – 5115 – 2432 – 4

Ⅰ.①真… Ⅱ.①环… Ⅲ.①时事评论 – 中国 – 文集
Ⅳ.①D609.9 – 53

中国版本图书馆 CIP 数据核字(2014)第 031401 号

书　　名	真话中国:环球时报社评.2013.下
作　　者	环球时报社
出 版 人	董　伟
责任编辑	曹　腾

出版发行：人民日报出版社
社　　　址：北京金台西路 2 号
邮政编码：100733
发行热线：(010)65369527　65369512　65369509　65369510
邮购热线：(010)65369530　65363527
编辑热线：(010)65369523
网　　　址：www.peopledailypress.com
经　　　销：新华书店
印　　　刷：北京鑫瑞兴印刷有限公司

开　　本：710mm×1000mm　1/16
字　　数：480 千字
印　　张：32
印　　次：2014 年 3 月第 1 版　　2014 年 3 月第 1 次印刷

书　　号：ISBN 978 – 7 – 5115 – 2432 – 4
定　　价：68.00 元

编辑说明

作为环球时报的重要特色，环球时报社评的核心竞争力优势突出，品牌价值日益凸显。一直以来，在环球时报"解读复杂中国，报道多元世界"的办报理念指引下，环球时报社评以明辨是非为原则，用对应现实、对应心灵的"真话"，触及敏感话题，解读复杂中国，表达主流观点，阐释中国立场。其独树一帜的评论风格，被誉为中国民间舆论的代表性声音。

环球时报2010至2011年4月的部分社评曾由科学出版社以主题分类的方式，出版成书《讲真话的中国：环球时报社评精选（2010－2011）》。为了突出环球时报社评的史料价值，现将自2009年4月创办环球时报社评以来的社评文章一并按年份为序，重新由人民日报出版社编辑、出版。在此对科学出版社的大力支持，深表谢意。

为增加一个了解环球时报社评的视角，本次出版收入了科学出版社出版的《讲真话的中国》一书中人民日报社副总编辑米博华的序言《聚众人智慧，成一家之言》和环球时报总编辑胡锡进的序言《环球时报社评是怎么写出来的》、《微博时代的环球时报社评》，相信会给读者朋友阅读、理解环球时报社评以参考。

聚众人智慧，成一家之言

人民日报副总编辑　米博华

作为一个新闻评论工作者，对报纸上的楷体字往往有特殊的敏感。近一年，开始注意《环球时报》（下称时报）刊发的楷体字——"社评"。一家报纸能够不间断地发表社评，没有足够的办报经验和高度职业化的团队，是很难做到的。

也许是因为职业关系，对评论作品比较挑剔。正如经常鉴赏佳茗，一般茶品很难得到首肯。往往从那些"不容置疑"的论点中看出大可置疑的破绽，从那些高头讲章中发现跑风走气的漏洞。有时，会拿出笔来，在已见报的言论作品中，删去多余的废话。当然，在看到好作品时，不禁两眼发亮，脉动加速，含玩不已；甚至剪贴下来，学习观摩。

时报的社评在一定程度上改变了人们对社论的看法，这与时报反映民间声音的定位有关。时报是有影响力的报纸，但不是机关报；是解读世界和中国对外行为的媒体，但不是外交机构。它是以民间声音反映主流意识形态的一张报纸。这样的定位赢得了游走于官方和民间的广阔空间。它可以着正装，也可以穿短衫；它可以很"外交"，也可以免去客套。嬉笑怒骂，多是聊备参酌的意见；咳唾成文，又未必不是政策的宣示。这恰好弥补了中国报纸长久以来的一个缺位，也因之获得滋生发荣的机会。这里说的改变了人们对社评文体的看法，是指从话题的设置到内容的拓展，从体裁的选择到语言的表达，完全可以不拘一格。时报的社评，没有多少自缚手脚的约束，没有多少瞻前顾后的顾虑，没有多少抄袭成例的拘谨。当然，时报的立场始终以维护中国的国家利益为责任，不在舆论场上随波逐流，这一点从不含糊。它是以特殊方式和极富个性的表达，反映中国人的立场，传播中国声音。

从新闻业务角度讲，时报的社评有不少值得学习之处。

在很多情况下，政论家和政治家看问题的角度不同，处理问题的方式迥异。政论家重说理，是非曲直必呈现于文章；政治家重实务，趋利避害中必计较得失损益。因而，也就有了"只做不说，多做少说，不说不做，少做大说"等等的选择。面对复杂多变的国际形势，实务的思维方式也许并不为政论家所理解；反之，激扬文字也未必能够解决棘手的问题。这是办报的难处。时报总编辑胡锡进与我多次探讨舆论导向等等问题，比如，这样的选题是否太过敏感，那样的表达是不是犯忌。其实，许多专业话题非我知识所及，提不出太好的意见。但从以往的实践来看，似乎没有什么话题是绝对禁区，问题在于说些什么，怎样去说。作者的立场决定选题的方向和分析问题的角度，这不能回避也无法隐藏。无论多么复杂的情况，无论多么敏感的话题，我们必须郑重回答：讨论这样的话题，阐明这样的立场，是否有利于国家的利益，是否有利于发展的大局。如果"是"，那就不应该有什么不安。领导和读者都会看明白作者立论的出发点。立场不对，即使最精妙的"春秋笔法"也站不住脚。时报的社评并非篇篇完善，但是它的立场是明确和坚定的，那就是热爱祖国、维护正义、追求进步。光靠这个未必都能干得漂亮，但没有这个，绝对难以立足。

聚众人智慧，成一家之言，是所有有成就政论家的独特本领。即使是李普曼这样的奇才，旗下也少不了庞大的智囊团队。时报的社评之所以能在策划和见识方面高出一筹，有赖于开门办报的运作方式。锡进同志和我说，社评创作依靠两个资源，一是编辑们讨论，二是听取专家意见。之后，改写定稿。这和我们习惯的领导出题，编辑撰稿，主任改稿，总编定稿的创作流程有很大不同。显然，"发散式"比"直线式"，更符合思想产品创作的规律。人民日报"任仲平"文章的创作机制也大体如此。有人说，评论家应该很专业，擅长理论思维；评论家有时也很业余，因为评论所涉及的知识和内容，评论家未必了解。"一切都评"的评论家很为读者所诟病。经验告诉我们，评论家必须广泛收集各类信息，尤其重视向专家学习请教。评论家不必也不大可能掌握从天体物理到对冲基金，从税制改革到动物保护等多学科多方面知识，但评论家必须从政治的视角辨析是非，阐明立场，纠弹谬误，宣示观点，给出科学的思想方法，给出解读新闻的正确思路。

没有立场的对峙，没有观点的交锋，也就没有评论的魅力。时报的评论大多与国际舆论斗争有关。大国博弈不会停止，也不可回避，在国际大家庭中我们不会永远是默不作声的一员。时报在这方面担当了重要的角色，几乎在所有涉华问题上都直面论辩对手，直击谬误的观点。虽然在情势峻急之下，不计辞色的尖厉，不掩郁闷的心情，直率地道出中国人的心声。这在很大程度上拓展了外交工作折冲甚至转寰的空间。从评论业务角度讲，驳论也是最富激情、最具挑战的一种工作状态。寥寥数语，揭破骗局；短短数行，是非立现，不亦快哉！时报应保持发扬这种风格。当然，在和平发展的历史进程中，中国会面临更多复杂的国际舆论环境，我们应该表现出足够的从容、理性和谦虚，充分展示维护世界和平，促进和谐发展的善意，展示负责任的新兴大国的形象。

美国前助理国防部长约瑟夫·奈说，"传统观念认为那些拥有最强大军事力量的国家将夺取优势。但在信息时代，真正的赢家是那些最会讲故事的国家（或非国家组织）。"这显然有些夸张，但也不无道理。中东和北非一些国家被弄得狼烟四起，固然有内在原因，但也确实有西媒的"忽悠"能量。从这个意义上说，国际话语权这个话筒要抢，国际舆论这场舆论仗我们要应。时报社评初试已见锋芒，日后亦必大有可为。

是所望焉，谨序。

《环球时报》社评是怎么写出来的

胡锡进

（一）

总编辑长期做报纸社评的主笔，这种情况很少见，我就成了这样的特例之一。我为此挺惭愧的，我这样每天做评论员应该做的事，说明我不是个好领导，丢了该做的"正业"。

形成这个局面很偶然，也很无奈，是被"逼"出来的。我是大约从 2010 年春季开始参与环球时报社评直接写作的。在此之前，我只敲定题目，审读最后的成稿，但主管社评的丁刚同志离开环球时报，打乱了我们的工作。丁在环球时报广受尊重，所有人都叫他"丁老师"，他要出国另有重任，大家都慌了。没有人能接替他，我作为总编辑只好咬牙亲自上阵，详细修改每一篇文章，由于起草社评的同志都很年轻，修改的文字量很大，逐渐我们形成了一套新的操作机制，也意外形成了新的思辨角度和语言风格。

时至今日，社评的操作模式大致定型。每天上午，社评编辑与我共同协商形成社评题目和文章的基本思路，之后，负责社评的编辑开始打电话，向一些专家询问他们就社评话题的观点和看法，到了晚上，编辑将各种看法归纳在一起交给我，有时编辑还写成文章草稿。我会阅读编辑准备的各种材料，包括专家的意见，然后我本人和这名编辑一起撰写社评，我口述，编辑在电脑上记录。他们不是一般的记录，而是一边记录我的话，一边根据他们白天围绕这个话题掌握的各种信息，修正我的看法，指出我的话和专家的意见有什么冲突，或者与他们了解的情况有什么别的出入。由于这名编辑经常要换，他是否对这个话题准备得更充分，是否能对我的口述做出有说服力的修正，对社评的质量会产生一定影响。

社评写出后，这名编辑要立即把成稿传给几名专家，征求他们对社评观点直到文字的具体意见。这样能给我们做第一读者的专家，至今已发展到近百名，每天参加进来的不少于2名，他们包括王缉思、房宁、汪晖、丁刚、潘维、崔之元、张维为、金灿荣、张颐武、楚树龙、王逸舟、彭光谦、杨恕、李希光、喻国明、殷罡、陶文钊、贾庆国、傅梦孜、袁鹏、吴心伯、孙哲、杨伯江、吴怀中、冯昭奎、李伟、宿景祥、丁一凡、何辉、唐岚、蔡佳禾、倪峰、喻晓秋、张胜军、陈先奎、朱锋、周立、李国祥、王林昌、吕超、张链瑰、易宪容、张召忠、戴旭、沈丁立、徐以骅、胡岩、庚欣、张军、何伟文、何茂春、周世俭、刘江永、王帆、余万里、杨帆、闻一、杨承军、王少普、张祖谦、高祖贵、李伟建、江时学、吴白乙、黄大慧、高洪、李彬、李绍先、刘军红、梅新育、倪乐雄、朴键一、王小东、宋晓军、时殷弘、郑风田、郭浩、寒竹、贺文萍、樊吉社、翟崑、谭亚玲、间小波、刘冲、曹黎明、刘洪玉、雷家骕、张燕生、张立平、雷少华、达巍、赵可金、沈逸、吴冰冰，等等。

看看这些专家的名字，就会发现，他们来自中国思想界的各个领域，所处的地方也遍及中国的大江南北，他们的研究面几乎涉及中国改革开放的各个方面，以及这个世界的各个层面。他们给我们提出大量意见，编辑记录下这些意见，我会认真看。这些意见我们虽没有全部采纳，但每天都会采纳一部分，有时甚至根据反馈意见对文章做重大修改。因此，环球时报社评虽然由我和编辑部的同志们撰写，但它的每一篇都容纳了来自全社会的大量思想，他们具有广泛的社会认同度，甚至可以说，环球时报社评在相当程度上反映了中国主流社会的声音。

（二）

　　一些知识分子喜欢用"左派"，甚至用"民族主义"的标签来概括环球时报以及社评的倾向。我个人觉着中国现在对"左"、"右"的划分是混乱的，通常被称为"右"的那些人，很多言行非常"左"，有很强的"革命者心态"。如果硬要贴个标签，我们愿意称自己为"实事求是派"。我们愿意为中国的主流社会、为这个社会的大多数人代言，我们一直在努力这样做，态度很真诚，我们反对哗众取宠，将少数人的意见硬说成社会公众的意见。环球时报的发行量和实际影响力这些年不断上升，它已是中国发行量最大的报纸之一，它印证了我们的价值观与社会的主流价值观是一致的，我们为中国社会代言不是一句口号。

　　环球时报的写作风格是逐渐形成的，它的形成动力就是我们对实事求是的追求，是我们讲真话的愿望。我们想说什么样的真话呢？我想，最大的一句真话是：中国是个复杂的国家。如果把环球时报所有社评加在一起当成一篇文章来读，这句话可以做这篇文章的标题。我认为这的确是一句真话，而且是被舆论场常常忽略的一句真话。我们经常读一些评论，很多写得非常精彩，观点也很鲜明，价值观尤其鲜明。其中一些广泛流传互联网的文章，包括一些报纸的社论，时效很快，针对的事情非常具体，论点很尖锐。在拜读这些评论的同时，我们也感觉到它们同我们带着世界观感回望中国时的感受，有不一致的地方。

　　我们提出要"站得更高些"，而所谓"站得更高"，就是能从更多的角度来看同一个问题，发现其中被忽略的事实，以及从单一角度不可能感受到的别样情绪。我喜欢打一个比喻，我们写一条河，这条河的真实是什么呢？一个船夫驾船激流勇进时，看到了惊涛骇浪的河。一个人坐在山头，看到了大河在山间的蜿蜒东去。现在很多人喜欢写河上浪花滚滚的断面，写不同渔夫的独特感受。他们没有错，这些写作呈现了生活的丰富多彩，以及各种痛苦和纠结。但环球时报挂"环球"之名，就要站得更高，它天然地要求我们要把广泛和凝练结合在一起，于是我们的写作这样展开了：我们既写渔夫看到的河的激流，也要写坐在山头看到的河的蜿蜒东去，我们要写一条立体、完整的河。

　　站在这样的"全景"视角上，看到的东西的确挺多也挺特别的，会产生一些对"中国复杂"的理解。我承认，"全景"也有局限，它有时会带着我们掉入对复杂角度的刻意追求，造成写一些文章时会有类似之感。正是为了解决这个问题，我们尽可能广泛地听取专家们的意见，打破自己的思维定式，力争让文章常写常新。

（三）

　　环球时报社评的一大特点，是我们经常触碰"敏感话题"。有人说我们"胆大"，其实所有人的胆子都差不多大，重要的是我们如何看这些"敏感话题"，或者说，它们是否真的"很敏感"。通常来说，一个话题之所以敏感，大概是因为这个话题用以往的报道和评论方式不太好说，或者无法说透，会对公众造成误导。比如人权话题，一直有两套话语，一套是西方的话语，跟着这种话语跑，媒体就成了西方价值观的传声筒。另一套话语是中国官方的声明语言，它很严正、标准，但由于是官方语言，话语总量有限，很难展开，无法为大量日常的文章提供充分材料。由于西方对中国官方表述已经很熟悉，用它们作为媒体评论的骨干部分也很难收到效果。为在这个领域有所作为，我们尝试跳出官方话语体系，采取说"大实话"的方式，表达中国主流社会的观点，传达民间的态度，从而逐渐做到在"敏感事件"发生的第一时间撰写社评，用发声，而不是沉默的方式维护国家和人民的利益。

　　在谷歌事件、朝韩冲突事件、诺贝尔和平奖事件、中东"革命"、中国"茉莉花革命"，以及艾未未事件中，我们都做到了第一时间撰写社评。这些社评不少是当时中国媒体上唯一的评论，因此很"抢眼"，有的还引起争议。但我们认为，这些评论有多"正确"或"不正确"，今天的人无法对它下结论。现在能够说的是，这些评论大多是中国主流社会藏在心里一直没有公开说的话，能把它们写出来，公开发表，不管我们写得是否准确，都算得上是一点"突破"，也是在中国新闻事业不断进步的大潮中，我们做了一份自己的微薄贡献。

环球时报社评开始写的都是国际评论，由于围绕着发展模式，中国与西方不断发生摩擦，中国互联网上就这一问题的争议也逐渐升温，我们把一部分社评的题目给了这一领域。这并非我们刻意做的，而是由于环球时报的报道领域正被这个时代强迫着不断扩大，我们无法回避以前我们可以轻松绕开的话题，我们只能面对它们。

　　触及各类"敏感话题"，使我们在国内媒体中逐渐显得有点与众不同，加上所有社评中英文版同时刊登，国际上对环球时报社评的关注度迅速增高，每周世界媒体都对环球时报的报道做大量转引，其中对环球时报社评的转引率最高。这让我们在难免有些欣喜的同时，也感到压力，我们知道如果我们写出荒谬的东西，会在多大范围内引起世界舆论的误解。这样的压力转化成了我们更加严谨工作的动力。

（四）

　　说真话，不仅要求我们能够做到真正从多个角度看问题，还要求我们在行文中避免假话和空话，使每一句话都对应现实，也对应我们自己的心灵。我们的原则是，社评的每一句话，既要有前后的逻辑，又要和现实相对应。所以写一两句话，我就问编辑一句：是这样吗？你同意吗？我们非常警惕不要按照逻辑一直陈述下去，因为有时会出现这样的情况，一句陈述在上下文中很合理，但和现实一对照，就会发现这句话"飞了起来"，脱离了实际。另外，开始时我们发现很容易说一些逻辑上看似正确，但却不是我们真心想说的话。比如，有一次写下"一个团结、强大的欧盟符合中国的利益"，回过头来问自己，这是我们的真心话吗？它更像是官员们说的外交辞令，那么还是让外交官去说吧。

　　由于所有文章都是仓促之作，初稿一般要在一个半小时内写成，每天晚上我要看环球时报的几个重要版面，因此细磨社评的时间很少，只能利用零头碎脑的"小时间"。因此要非常感谢前文所述的阵容豪华的"第一读者群"。他们的意见反馈回来后，我们会根据这些意见修正文章的观点，如果还有时间，我就会在文字上磨一磨，争取想出来一两个形象、贴切的比喻，增加文章的"文眼"，但不是每一次都能做得让自己满意。

回过头来看这些社评，我们发现有的文章还是有雷同之处，比如，"视距"、"不确定性"这两个词都不只在一篇文章中用过，"复杂"这个词出现的频率尤其高。这表明我们的思想和语言仍远远不够丰富。另外，不同的文章之间也有观点不一致的、甚至看上去像是相反的情况。这有两个原因，一是不同文章的侧重点不同，二是我们的思想确有困惑、矛盾之处。我想，在社会转型期的中国，这种困惑和矛盾或许是整个中国的真实思想状态，犹豫和坚定同时存在绝大多数人的判断和选择中。那些看上去永远"很坚定"，永远"特别左"或者"特别右"的人，或者是为了某种利益装出来的，或者是一些偏激者。

（五）

环球时报的社评引来一些好评和鼓励，也招来一些批评甚至谩骂。根本原因还是我们写了别人不去碰的东西，在一些人希望我们沉默的时候，我们没有那样做。尽管我们自己努力保持视角的多样化，让文章远离偏激，但一些人对我们的批评态度是已经预设好了的，与我们的文章是否做到了"平衡"没什么关系。

我想这是中国社会政治上不成熟的表现。现在的舆论环境很不适合思想争论，一争论就变成尖锐对立，很多人用口号代替争论，试图一说话就压倒对方。不仅网民这样，一些知识精英也有这种倾向，大家往往把价值判断放在求真之上，实事求是的精神就这样被打了折扣。

不管别人怎么看，我们把求真作为写社评的第一原则。这个真一是与现实的对应，二是与人心的对应。除了我们自己的看法，我们把代表中国社会大多数人的看法作为自己的写作目标，有时所有人都对我们的社评不完全满意，这并不一定就意味着我们远离了公共意见，因为我们寻找的不是某一个人群的意见，我们在寻找社会的"最大公约数"。

环球时报的社评，有一部分是批评美国或西方国家，也有在具体冲突中批评日本和韩国的。国内外都有人就此批评我们"民族主义"，但这是一个价值判断色彩很强的词汇，并无助于对环球时报新闻业务的客观分析。其实环球时报同日本、韩国以及美国外交当局都保持着良好的关系。我本人这两年曾受邀率环球时报采访团赴日本、韩国访问，受到非常热情的接待和很细致的采访配合。对方对我们回国后所写文章的客观性给予很高评价。外国媒体这两年与环球时报接触很多，很多驻华大使造访环球时报，他们虽与我们存在意见分歧，但都同意我的这样一个总结：环球时报真实反映了中国民间在一些对外敏感问题上的态度，这可以减少外界对中国的误判，这种实事求是的表达对中外发展可持续的关系是有益的。

总的来说，环球时报2009年4月刚开设社评栏目，我本人长期做一线记者，堪称写评论的新手，和我一起写社评的几位同志都很年轻，大家只能摸索着干。我深知，出一些差错是我们很难避免的，但好在社会比过去宽容多了，我们修正错误的机会，总是比犯错误的机会更多。所以，这次结集出版环球时报社评集，我们也没有对当时发表的原文做任何改动，就让他们原汁原味地呈现出来吧。这是我们的一段经历，也是这个国家这几年极不寻常经历的一段原声记录。

2011年4月

《真话中国：环球时报社评》再序

微博时代的环球时报社评

胡锡进

《环球时报》新的社评集出版，我期待社会的批评和接纳。

2011年2月份我开了微博，这次重新结集出版的社评，很多都是在那之后写成的。微博上的互动像是打开了一扇窗，让我看到了中国最活跃、也最复杂的一些部位。这些信息经常很强烈，对我和同事们观察、思考世界的角度会产生一定影响。

《环球时报》社评触及国内话题的时候越来越多，与我每天上微博不能说没有关系。我本人经常把社评的内容摘几句放到微博上，或者以一条微博为基础，将它扩展成一篇社评。《环球时报》与互联网舆论场扭得很紧，微博是个重要原因。

《环球时报》社评同我的微博因此形成了较大程度的一致性。然而，我们不会让自己的工作被微博主导，尤其是，我们不会为了在微博上获得大量转发和好评，就刻意设计社评的话题和写作方向。在大多数情况下，这种关系是反过来的。微博的内容服从社评，即使那条微博受冷落，或者受到一些网民的批评。

我对《环球时报》社评受到大多数读者的欢迎很有信心。事实上，最近两年社评已经成了《环球时报》新的核心竟争力，社评吸引的关注开始与《环球时报》头版的内容并驾齐驱，社会上的大量反馈都是关于《环球时报》社评的，外电转引《环球时报》的内容，有相当一部分是摘引我们的社评，从影响力的角度看，《环球时报》社评已经成功。

就社评的内容来说，我也很有信心。我本人是《环球时报》社评的主笔，但每一篇社评都吸纳了中国一流专家学者的意见，有《环球时报》团队的精心操作，很极端、荒谬的观点不可能走进《环球时报》社评。在很多时候，我们的社评反映了社会主流情绪及各种其他情绪的"最大公约数"。

微博上有人攻击我和《环球时报》"自相矛盾"，是"墙头草"。我在微博上的自定义就是"复杂中国的报道者"，"报道多元世界，解读复杂中国"写在每天《环球时报》的报头下面。我想说，矛盾性是认识今日中国的基础。我不认为一些人只选择批评或只选择赞扬这个国家是不可以的，但我认为他们那样做肯定是不全面的。他们那样做有他们的道理，但我们揭示中国真实的复杂性，这样做的道德理由和依据至少不比他们那样更少。

有人认为中国社会在分裂，能不能这样下结论另说，但舆论的分裂的确相当明显。在这种情况下，《环球时报》的社评总是触及尖锐问题，反过来这些社评引起争议就十分自然了。我们并不愿意坐到被争议的风口浪尖上，但如果我们说自己的真心话，并且把实事求是放在写作社评的首要原则上，还是会引起一些争议的话，那也只能随它去了。

最近一两年，国内新闻的受关注度持续上升，国际新闻影响力下降。这是中国国内新闻越来越开放的必然结果。然而中国所处的国际竞争大环境没有变，其严峻性反而越来越紧迫。中国国内的事态环境与世界大格局只能越来越息息相关。这要求中国公众在沉浸于身边事的同时，一定要有抬起头来的时间和兴趣，"重新"看这个世界。否则我们好像把国内的事情越掰越清楚，实际上我们却可能在陷入大的迷失。

站在世界第二位置上的中国，未来的战略环境有可能变得很凶险。这些凶险将通过互联网及各种渠道"润物细无声"般融化在中国社会最较劲的那些节点上。《环球时报》首先要原汁原味地呈现世界的复杂和各种战略雄心之间的竞争，我们还试图抚着自己的良心，以自己未必全面的见识，对这场关涉中华民族命运的复杂博弈，做力所能及的疏理。

我相信中国的前进是由合力推动的。希望中国走向光明的未来，回放舆论的交响乐时，其中有《环球时报》的那声呐喊。我总是对同事们说：让我们与中国崛起共荣辱。

目录 CONTENTS

001 / 中国特色大国外交是重大探索
003 / 暴恐分子的嚣张说到底是精神泡沫
005 / 内地看香港舆情应更成熟从容
007 / 用五个"不怕"打掉暴恐分子嚣张
009 / "自由的美国"与自由主义者为敌
011 / 埃及在为政治"随大溜"付出代价
013 / 大历史讴歌革命,人道主义愿其避免
015 / 基层干部,勇于担当比"听话"更重要
017 / 政变是混乱埃及的总结和新起点
019 / 中国军舰应更多出入日本海
021 / 街头运动,发展中国家的重大考验
023 / 人的最大精神文化需求是得到尊重
025 / 官员身边环境是反腐败第一道关口
027 / 防卫白皮书,日本的最新狂妄秀
029 / 中美对话,美方需要真诚些
031 / 信息越来越公开,期待也将水涨船高
033 / 中美不冷战或是一段大历史的开局
035 / 灾难是安全工程无情的验收者
037 / "进京赶考",中共面对更难试卷
039 / 冯小刚总导春晚是个强烈信号
041 / 社会心理需尽快适应7%左右增速
043 / 葛兰素史克是所有行贿者的殷鉴
045 / 香港普选可期,但绝非"国家大选"
047 / 安倍使日本越来越像"流氓国家"

049 / 媒体与记者的态度不应是分离的

051 / 坚决开发东海，挫败日本"中间线"主张

053 / 谴责暴力执法，也别鼓励抗拒城管

055 / 中国发展自己比赢得掌声更重要

057 / 谴责T3爆炸犯罪应高于同情遭遇

059 / 一线城市舆论鞭挞县镇政府成趋势

061 / 中日进入"冷对抗"，缓和不需急

063 / 谴责滥砍滥杀，这一道德之堤不能垮

065 / 舆论不应逼企业家"政治化"

067 / 莫用同情客观上鼓励反社会犯罪

069 / "日菲轴心"渐成，"包围中国"是狂想

071 / 审判薄熙来是依法治国的清晰重申

073 / 杀人和扬言杀人，一样都不能有

075 / 停战60年，中国舆论应比美国豪迈

077 / 油气管道，缅甸对华态度的试金石

079 / 莫在城管和小贩间做"道德选边站"

081 / 日本官员来华，中国人看累的秀

083 / 王林是否犯罪，法律不应沉默

085 / 及时批捕是对法的坚守，对理的厘清

087 / "我爱国旗"必将在香港幼儿园唱下去

089 / 自由主义，剪不断理还乱的思潮

091 / 抗高温快慢反映"联系群众"的真诚度

093 / 做海洋强国是中国崛起规定性动作

095 / 学着西方说话，中国难改天然劣势

097 / 俄罗斯收留斯诺登测试美国底线

099 / 析"中国若动荡将比苏联更惨"

101 / 有必要彻底禁止官员进入夜总会

103 / 中国经济一帆风顺难，崩溃更难

105 / 进口奶粉出事，国产奶粉没权利乐

107 / "出云"号，日本怀念帝国时代的呐喊

109／抗高温，莫让抱怨加剧社会焦躁

111／斯诺登"落户"俄罗斯，中国也是赢家

113／准确认识中国永远是件挺难的事

115／中国是法治吗？但肯定已不是人治

117／贪腐在历史性地滑向绝境

119／拒与民进党打交道，这样的鲜明好

121／失德医生进黑名单，苦才是猛药

123／印度国产航母下水，中国别太落后

125／美富豪投身创新交通蓝图令人钦佩

127／8·15，中国媒体不能沉默的日子

129／惊人血腥在失序的埃及谁也挡不住

131／靖国神社，日本对华斗争的"预设战场"

133／"阵痛"要多久？埃及开弓没有回头箭

135／"左右论"是当下舆论场的一时嘈杂

137／调查美国公司，中国做得很温柔

139／表达异见不能越过法律边界

141／政府和民众是抗御天灾的共同体

143／欢迎各部门都来支持宣传思想战线

145／治中国之难，主要难在治官

147／穆巴拉克出狱，埃及彷徨走"悔棋"

149／刑拘"秦火火"是迟到的司法正义

151／舆论斗争，不能回避只能迎接的挑战

153／微博直播，带来意外更带来公众信心

155／军事打击叙利亚？奥巴马需要悠着点

157／薄熙来案，用依法审理回答各种猜测

159／警方坚决，将鼓舞"沉默的大多数"

161／阻止美空袭叙利亚为上，拆其台次之

163／称高级文艺兵"将军"是官本位顽疾

165／法庭应当忘记李天一是谁的儿子

167／要空袭叙利亚，美国轻率得像敲核桃

169 / "舆论反对派"对薛案的反应太偏执

171 / 大V须有能力hold住自己的话语权

173 / 空袭,世界捕捉到奥巴马的犹豫

175 / 蒋洁敏落马彰显制度反腐的力量

177 / 中纪委网站,让最敏感的领域更开放

179 / 开不开战,奥巴马没兴趣分辨证据

181 / 互联网时代,官方的定力最重要

183 / G20不能放大美国的军事霸气

185 / "共识"应当扩大,"共行"必须保障

187 / 美国对G20冷热,都绕不开新兴国家

189 / 东京举办奥运会,中国人乐观其成

191 / 在中亚"三不",中国拒绝帝国思维

193 / 互联网"大字报时代"正在结束

195 / 战和大牌局,美国气势暂输俄罗斯

197 / 钓鱼岛对峙一年,中国得大于失

199 / 奥巴马朝着和平"接招"值得赞一回

201 / 中国急需经济转型的改革示范者

203 / 欢迎航母来股市帮老百姓挣钱

205 / 为王功权无条件背书有违法律精神

207 / 英国就香港事务表态应谨慎、自重

209 / 为普京批"美国例外论"喊一声"赞"

211 / 双轨制终将像粮票那样走进历史

213 / 从美国人接受枪案频发看中美不同

215 / 不应动辄怀疑警方办案的动机

217 / 中国弱点多,会给综合实力打折扣

219 / 基层案件争议否定不了两高《解释》

221 / 默克尔对华外交可供欧洲殷鉴

223 / 一审判薄无期徒刑彰显法律的刚性

225 / 恐怖主义马蜂窝被捅破,穷国最遭殃

227 / 杨某获释是对两高《解释》的实践磨合

229 / 上海自贸区，"网络特区说"过显夸张
231 / 美国伊朗改善关系必将好事多磨
233 / 夏俊峰伏法，法律拒向价值争议让步
235 / 为高官们公开批评和自我批评鼓掌
237 / 李案和夏案必双重巩固法律权威
239 / 愿上海自贸区为改革升级大胆探路
241 / 自贸区是硬骨头，不是甜点心
243 / 释法越细，言论自由越有法可依
245 / 全球发展自有序，美国也该顺应之
247 / 旅游是内需亮点，也本是幸福源泉
249 / 瓦解爱国主义像是对中华文明下毒
251 / 越精神独立，越能看清该学西方什么
253 / 中美都不必在东南亚排斥对方
255 / 英语不计入高考总分，希望不是传闻
257 / 以苏联解体为鉴，应是中国最低要求
259 / 刘虎被批捕不是民间反腐的终结
261 / 多元化面前，诺贝尔和平奖依然窄
263 / 两岸政治靠近很难"自愿"发生
265 / 民粹主义大发酵不是中国社会之福
267 / 中越海上纠纷峰回路转值得鼓励
269 / 中国改革要啃的"硬骨头"是哪些
271 / 美债今到期，美国两党你们玩够了吗
273 / 谁是人民？不应乱说也不应乱代表
275 / 减持美债，并非像喊的那样容易
277 / 季建业落马，为"不敢腐"再打一根桩
279 / 靖国神社，最后一个牌位留给日本国
281 / 全中国不能为转基因主粮集体试吃
283 / 俄印蒙总理同时访华，奢侈的巧合
285 / 房价狂涨严重挑战中国治理能力
287 / 香港反对派莫学"台独"做敌对派

289 / 依法保护记者，依法维护企业
291 / 默克尔批美国应顺便"骂醒"中国人
293 / "发展才是硬道理"仍应是中国座右铭
295 / 若有敬畏之心，薄夫妇安有今日
297 / 安倍在赌他能把中国吓住
299 / 舆论场像舞台，一些人入戏太深
301 / 中国核潜艇露面，战略威慑力更强
303 / 日本投靠美国，难获对抗中国资本
305 / "383"报告引领改革建议值得关注
307 / 三中全会将为全体中国人创造机会
309 / 决不让暴恐分子制造社会隔阂得逞
311 / 普京影响力登榜首，中国人乐见其成
313 / 土耳其买或不买，中国导弹都赢了
315 / CNN表现了部分美国人的阴暗心理
317 / 日本野心大胆子小，行动软嘴很硬
319 / 印度探火星，大国谁能漠视战略竞争
321 / 中国社会莫为日本民族主义伴舞
323 / 支持京张两城以平常心申办冬奥会
325 / 双重标准早晚把西方自己绕进去
327 / 今年记者节，别有一番滋味在心头
329 / 三中全会将塑造未来十年中国竞争力
331 / 中国舆论应支持抗议"杀光中国人"
333 / 中国应积极救援菲律宾灾民
335 / 双十一是数字化中国的潜力井喷
337 / 深度改革启航，谁也别当看客钉子户
339 / 成立国家安全委员会正当其时
341 / 让人民大众满意是改革最重要标准
343 / 联合国176张支持票挺中国人权
345 / 中国应向菲律宾提出派军舰救援
347 / 落实《决定》，我们将迎来"新的中国"

349 / 冈比亚"断交",两岸无须谈输赢

351 / 《决定》尊重并开掘了互联网正能量

353 / 为减少新疆反恐的干警伤亡而奋斗

355 / 台湾应解放思想大胆变革大陆战略

357 / 允许生二胎,还需让普通家庭生得起

359 / 莫无限夸大"利益集团"的能量

361 / 延迟退休,千万别成大家皆输的角力

363 / 改革能力的竞争决定大国兴衰

365 / "中国潜射导弹威胁论"有一点挺好

367 / 希望解放军发言人多提供"解渴"信息

369 / 名人放嘴炮,互联网最喜欢的一道菜

371 / 挑战中国防空识别区,日本在过嘴瘾

373 / 总书记亲临青岛传递出重要信息

375 / 安倍休想用"不测事态"恐吓中国

377 / 决不重蹈覆辙,中石化们毫无退路

379 / 总理"推销"高铁,关键性的临门一脚

381 / 形成航母战斗群是辽宁舰质的成长

383 / B52想赚威风,应及时对它喝倒彩

385 / 国家应下决心恢复五一黄金周

387 / 缓对美澳韩,将斗争目标锁定日本

389 / 美日挡不住中国崛起为一流强国

391 / 中国航母尽可漠视美日压力往前走

393 / 《开罗宣言》70年,日本对它恨之入骨

395 / 嫦娥三号不是脱离中国现实的孤军

397 / 中国舆论很难对卡梅伦热情起来

399 / 拜登访中日,请对"东京秀"悠着点

401 / 泰国误以为投票和街闹就是民主

403 / 拜登知道不能为日本毁了中国行

405 / 从2G到4G,中国追赶西方的缩影

407 / 上海学生全球考第一令人感慨万千

409 / 曼德拉形象远远超越了"自由斗士"
411 / 韩国扩大识别区是趁乱占小便宜
413 / 莫鼓吹政府与民间的治霾对立
415 / 朝鲜稳定符合中国的利益
417 / "住井人"牵动对社会主义的特殊期待
419 / 法律不会为异见人士搞"私人订制"
421 / 议题设置权，传统主流媒体的生命线
423 / 西方训斥世界的贵族派头令人讨厌
425 / 春节假期来回挪岂不成了"朝三暮四"
427 / 拉东盟对抗中国？日本人别做梦了
429 / 斯诺登上"百大思想者"榜首不夸张
431 / 经济下行压力考验中国社会改革诚意
433 / 希望内部政治尖锐的朝鲜终能稳定
435 / 避免在中国门口相撞，美舰责任第一
437 / 决不把中国的议程设置权交给西媒
439 / 发动新疆各族群众打反恐人民战争
441 / 玉兔月球跑，西方对华只剩攻心一招
443 / 1100英雄就义台湾，人民不会忘却
445 / 朝鲜批张成泽未必是对中国指桑骂槐
447 / 东风41将改变美对中国力量的认识
449 / 2元地铁，令人难舍的"北京特权"
451 / 党员带头拒绝土葬是最有效的平坟
453 / 哈格尔批评中国凸显美国霸道惯了
455 / 狂热同中国对抗的安倍像是"疯了"
457 / 否定毛泽东，少数人的幼稚狂想
459 / 毛泽东时代绘制了民族复兴的草图
461 / "乌龙限号"是整个天津社会的挫折
463 / 拍桌子离职的知识分子最渴望掌声
465 /《新闻晚报》休刊，报业不必兔死狐悲
467 / 2013，中国人对反腐败有了一些信心

469 / 毛泽东的功绩和领袖人格都打不倒
471 / 将安倍列入"不受欢迎的人"黑名单
473 / 中国应有智慧出招羞辱日本右翼
475 / "习大大21元套餐",百姓为何这么喜欢
477 / 贿选人大被连窝端,病多重药就多猛
479 / 为中国政府同安倍"绝交"鼓掌
481 / 2013,中国人几分满意几分缺憾

中国特色大国外交是重大探索

中国外交部长王毅日前发表题为"探索中国特色大国外交之路"的演讲。联系到中国近几个月面向多个方向的一系列重要外交行动,"中国特色大国外交"显然不是随便说说,它更像是中国新外交班底的一项宣言,其探索过程将会伴随大量思想和政策建树,从中国的角度深刻影响21世纪国际关系的面貌。

中国是当今世界的独特现象,它的特色贯穿了这个大国的方方面面。中国的发展道路在世界近现代史上是开创性的,从本质上说,"中国特色大国外交"是中国特色发展道路的一部分。换句话说,中国外交会与世界传统大国不太一样,这是注定了的。

中国非常注重发展的和平性质,这是中国国家道路最核心的外部特色。把它展开来,就有了对中美新型大国关系的主张,有了中越涉及和平解决南海争端的联合声明,还有了中国要求对话解决叙利亚冲突的原则立场等等。中国在处理大国关系上,以及对于解决周边纠纷,在国际上发挥大国作用,都自成一体。

"中国特色大国外交"的提出,将使中国未来的外交构建思路更加清晰,实践更加坚决,对外交弹性的认识更完整。它对引导外界准确理解中国外交战略、不误判中国具体外交动作也将发挥"坐标"的作用。

必须指出,"中国特色大国外交"除了中国的内因,也是时代催生的。全球化的现代国际环境改变了国家间关系、特别是大国关系的很多"零和"内容,中国再走传统的大国崛起之路既不明智,也不现实。反过来说,美国等既有大国如果一味对华采取遏制态度,也将得不偿失。

那是开历史倒车。

"中国特色大国外交"这一主题不是从天上掉下来的，它是在中国和世界的现实中不断孕育、成长，最终瓜熟蒂落。

长期以来，外界对中国特色社会主义的理解比较模糊，现在"中国特色"的概念与中国的"大国外交"对接在一起，它如果能较快成型，被世界大多数国家、特别是关键大国所接受，这将是外界全面理解中国国家道路的契机。

最重要的还是中国接下来如何做。中国构建什么样的大外交，并不完全取决于中国单方面，它是中国与世界、尤其是与主要大国及周边国家的互动过程。中国把和平与合作放在对外关系的突出位置，但这不意味着中国没有底线，大国意味着力量，力量有它的基本含义，"中国特色"不可能对这些基本含义做出否定。

"中国特色大国外交"不是在真空中的设计，它就是中国针对现代复杂国际环境的一种战略态度。无论它如何构建，我们相信它一定是在历史大趋势中的顺势而为，是致力于维护中国人民的根本利益，并把这种维护与世界各国的利益做最大限度的协调，而不是与它们进行冲撞。

我们还相信，随着中国变得更加强大，中国设计国家外交战略的主动性也将越来越多，对"中国特色"的内容设置将更有效，外部阻力很可能逐渐变得克制。我们因此对"中国特色大国外交"的成型和成功寄予厚望。

中国开启了新的十年，新班底的外交轨迹展现了中国经历长期改革开放后的自信，这份自信仍在积累中，它是中国平稳走过未来一段战略机遇期的关键精神资源。

（2013.07.01）

暴恐分子的嚣张说到底是精神泡沫

一些西方舆论再次站到了新闻事实和中国人民情感的对立面。西方媒体普遍把"世维会"宣称"（维吾尔族人）遭遇持续压迫和挑衅是冲突起因"的说法置于突出位置，将新疆暴力恐怖主义事件描述为"种族冲突"。这一切构成了新疆事态在全球化时代最外圈的博弈环境，给了原本处于极少数地位的暴恐分子并不孤独的狂妄感。

新疆暴恐分子在政治上完全处于绝境，他们或者弃恶从善，或者被消灭，决无第三种选择。被西方支持的伊斯兰极端主义是种奇怪的搭配，它已在俄罗斯被证明是死路。新疆以身试法的暴恐分子终将成为非常可怜的孤魂野鬼。

暴恐分子的嚣张说到底都是些精神泡沫。泡沫常常肮脏并意味着麻烦，但它们又毫无质感，最终什么都不是。

如果中国是个小国，暴力恐怖主义的浪头一旦获得西方的助推，在政治上就会非常了得。但中国是庞然大物，新疆是中国的一角，新疆各族人民的根本利益同国家命运息息相关，暴恐分子是他们绝大多数人的共同死敌。暴恐分子只是一小撮因此是高度确定的，他们干的坏事会带来一时的社会痛苦，但他们追求的政治目标真的就是泡沫。

西方决不会做态度上的改变，我们同它们讲理没用。但西方相对于中国的政治优势在衰退，中国瓦解西方政治进攻的能力实际上不断积累。西方已经不能把中国怎么样，它们对中国的破坏已经下滑到"骚扰"级别，西方敌视中国的积极分子对未来并不乐观。

中国需要放开嗓子，说新疆各族人民和全中国人民最想说的话，这些肺腑之言一旦都拥上舆论场，足以压倒西方舆论阴阳怪气的声音，也完全可以给新疆暴恐分子意想不到的舆论震慑。

暴力恐怖主义是罪恶的、不可接受的，没有任何其他的"理"能同这一人类公义对抗。新疆团结、稳定、发展是各族人民幸福的共同基石，也没有任何其他选择可以取而代之。中国的国家统一不容撼动，这已是全世界的常识。让这些意志、思想和道理在中国大地回荡，它们将成为西方声音的天然消音器和隔音墙。

新疆反暴力恐怖主义形势严峻，但必须看到，中国对这些问题的战略处置能力是宽裕的，在全国的大棋盘上，这些暴恐事件并不具有压倒性的冲击力。由于公众对打击它们的态度高度一致，不会带来连锁性社会争议，打击暴恐分子是调动资源和出手方式的问题。

关于新疆社会治理政策层面的探讨过去有，今后仍将有，但这应同打击暴恐势力区分开。一些敌对势力总是试图将它们混为一谈，我们决不可被它们牵着鼻子走。

整个中国社会进入矛盾和问题多发期，新疆的暴恐分子变得活跃，这有逻辑上的相关性。但中国在形成新的承受力和稳定性，这一局面也必将对新疆产生深刻影响。

这两天围绕新疆暴恐事件的舆论和力量调动都在以排山倒海的声势展开，我们相信，这一轮暴恐势力的嚣张活动即将走向终点。外部势力只能怂恿它们，但形不成对它们的实质增援，它们无法成为影响新疆未来的一支力量。

(2013.07.01)

内地看香港舆情应更成熟从容

昨天是香港回归十六周年纪念日,香港官方和民间举行各种活动,一些人参加了示威游行,喊出从"民主"、"双普选"到跟动物保护、拆迁有关的各种口号。"七一"游行已经成为香港社会的"新传统节目"之一,它被看成"一国两制"的重要表现。

媒体更愿意报道一些人的不满,不仅在香港的制度下是这样,如今在内地也已经这样。内地方面一直重视香港的舆情,但我们认为,内地对香港舆情的理解应当不断成熟,与时俱进。

香港实行与内地不同的政治制度,其社会的高度自由特征更易于各种不满和反对声音的释放,但并不承诺对所有诉求都必须回应和满足。香港如果没有游行反倒怪了,有几个人在队伍中打出港英旗帜,也不值当没完没了引申解读。这样的事情在香港发生"很廉价",它们的意义同样是"廉价的"。

内地需要真正适应香港政治制度的各种表现,这样的话,香港反对派的影响力就会自动弱化、降级,他们就会变成"正常的反对派",其活动和影响完全局限在香港内部,失去他们针对内地的额外触动力。

这一切显然正在发生的过程之中。从内地的社会层面看,香港是个旅游地,那里东西便宜,极少有人能搞懂香港在政治上有什么事情发生,几乎无人相信香港会出"大问题",比如那里会出现同中央政府的对抗,甚至闹出"港独"等。

香港回归后,一国两制总体上推进顺利,香港内部针对回归后事务的各种摩擦应当说都没有出格。最近两年有一些港人针对内地社会产生激烈情绪，它们大多是两地民生层面的纠纷，包括内地经济水平快速提升带给部分香港人的复杂感受。因为一些政治极端口号就断然认为香港人的"离心倾向在增加"是轻率的。香港事实上与内地的关系越来越紧密，爱国与香港人的利益连在一起。用放大镜侦查出来的"离心"毫无现实经济和政治基础。

由于内地的体制在舆论层面不如香港灵活，会催生出香港一些人故意用尖锐的声音和行动刺激内地，以寻求他们的利益最大化。这其实是一种"撒娇"，内地应当将它们看透，无必要事事反应，与之一来一去地互动。

香港仍保持独立经济体的地位，内地应当为其创造保持繁荣的外部条件，但切不可给港人留下印象：内地有向香港经济不断提供具体帮助的义务。那样的话，香港一有事情做不好，终极责任就会归到中央政府头上，港人的怨气就会往内地撒。现在香港舆论中似乎已有这样的苗头，它应当得到及时扭转。

香港是中国领土，157年的屈辱史已在16年前终结，香港回归祖国于法于理于情都是不二选择。香港经济继续保持繁荣势头有利于回归后的香港社会稳定，也有益于香港民众的福祉，但它的顺利与否不能总同"一国两制"牵扯在一起。香港保持繁荣需要靠香港人奋发努力干出来，香港的大量具体问题需要就事论事的解决，这是"港人治港"的重要内涵之一。

内地不能"惧怕"香港的反对派等舆论积极分子，不能哄着他们。两地的舆论应当是平等的。对香港"出不了大事"我们应有高度自信，那样一来，面对香港社会的各种表现内地就会更从容，更放松，我们就会发现并接受：香港本来就是这个样子。

(2013.07.02)

用五个"不怕"打掉暴恐分子嚣张

新疆暴恐分子的嚣张气焰被迅速打了下去，但它今后还会再次抬头吗？这不取决于暴恐分子，而更多取决于我们的态度。

暴恐分子为什么会嚣张？因为他们认为周围的社会"怕"他们闹事。他们人很少，但觉得如今的社会很脆弱，只要他们敢"玩命"，就能带来社会无法承受的震动。因此社会要看他们的脸色，他们自以为"很牛"。

现在我们就是要以实际行动告诉他们，新疆社会和整个中国社会一点都不怕他们。我们没有新疆稳定得不出任何事的追求，在全中国更没有这样的政治设计。暴恐分子敢以身试法，我们就坚决消灭他们。新疆和中国都将继续前进。

我们"不怕"的第一个内涵是，我们在乎新疆的真实稳定，但我们并不在乎新疆"很稳定"这个形象。新疆的暴力恐怖主义势力并未得到根除，它们隔一段时间就会跳出来制造事端，并同国外反华势力遥相呼应，这些都是明摆着的现实。我们接受新疆的这个形象，并不准备对其进行化妆。

然而世界有很多遭恐怖主义困扰的国家和地区，但新疆与它们不一样。新疆暴恐分子的本事并不大，他们几乎得不到制式武器和威力强大的爆炸物，他们的主要作案工具就是砍刀。他们动摇不了新疆社会稳定的根基，新疆大局可控、经济发展如常进行都是真实的，暴恐分子的作案得逞总体上仍是极低概率事件。新疆的这一现实和形象在现代世界是"达标的"，它是偶尔出现暴恐事件的现代繁荣社会。

"不怕"的第二个内涵是，新疆各地的官员不必怕担责。新疆各地干警都尽了他们的最大努力，新疆的各种政策也是在国家参与下制定的。由于暴力恐怖主义有游动性和传染性，某个地方出暴恐事件，的确不全是当地官员和干警的责任，中国社会不会一味抱怨他们，我们理解他们的难处。

"不怕"的第三个内涵是，每个人都会怕自己遭遇不幸，但中国社会决不怕暴恐分子能成为带来某种政治威胁的力量。他们就是一群刑事犯罪分子，是群政治上找不着北的愚昧之徒。只要他们露出头来作案，将他们绳之以法是这个强大国家再容易不过的事情。

"不怕"的第四个内涵是，与新疆暴恐分子坚决斗争不会引发中国社会的争议和分裂，即使一些人对新疆的社会治理有不同看法，对向恐怖分子强硬出手也不存疑义。反恐越坚决，中国社会只会越团结。

"不怕"的第五个内涵是，应当把西方对我们打击暴恐势力的指责当成耳旁风，我们才不会为了西方的"好评价"而对暴恐分子手软。中国正越来越坚定、清醒地做到这一点。

把这五个"不怕"都讲得清清楚楚，做得明明白白，新疆暴恐分子就将失去要挟社会的全部资本。他们将更绝望，他们会发现自己的确就是些非常孤独、甚至彼此难以呼应的刑事犯，他们影响不了新疆以及中国的大政治，他们将重新咀嚼自己的渺小。

我们认为新疆重点地区的街头应长期保留军警的存在，这不会损害新疆的形象，只会维持对暴恐分子的震慑，增加各族群众的安全感。

暴恐分子最想在某种特殊氛围里实现自己的"超值影响力"，只要让实事求是深深嵌入新疆局势的所有细节，暴恐分子的原形就将无遮无掩。他们将被迫以数得过来的人数对付2300万新疆各族人民，对付全国的13亿大众。他们如何嚣张？他们将失去所有精神避难所。

(2013.07.02)

"自由的美国"与自由主义者为敌

斯诺登1日向21个国家提出政治避难申请,各国的第一反应都比较消极。俄罗斯总统普京亲自回应,向斯诺登提出避难的条件,斯诺登随即放弃了向俄罗斯的申请。斯诺登的命运正在成为"全球性难题",但最难堪的仍是美国。

斯诺登已让华盛顿名誉扫地,他对美国监视其盟友驻美机构的最新揭露似在产生严重后果,法德等欧盟国家反应激烈。美国的不道德像一颗"脏弹"一样在大西洋体系内部炸开,这将进一步让美国今后对世界指手画脚变得滑稽。

斯诺登先是让世界看到美国的虚伪,其侵犯公民隐私权的随意性,对他国从事网络间谍活动的胆大妄为等。美国软实力的惯性没能阻止这些认识和感受在全球范围内发酵,美国之外的世界大媒体有些出于顾忌没有对美"落井下石",但斯诺登的爆料反复洗礼全球公众,大家都不是傻子即使话没说透,但心里都明白了。

斯诺登接下来要向世界展示美国的霸道了。他递出了21份避难申请,美国迅速"不怒自威",用它的脸色就让各国或者退缩,或者说话吞吞吐吐。美国确是这个世界的"唯一"。

然而美国的国家实力用不着向世界陈列,它如此突出地证明自己"不可一世",效果将正负参半。全球化时代,国际民主即使"算个P",但做"恶霸"也未必就是什么好事。否则奥巴马何必要对日本天皇表演"九十度鞠躬",何必要在访问其他国家时对主人说肉麻的场面话?

美国在追缴一个被全世界网民捧为英雄的自由主义小青年，此前它追缴了另一个主持维基解密的互联网自由主义者。全世界两个最著名的"互联网自由主义英雄"都成了美国的敌人，这样的对抗是非传统意义的，美国越强大，它的形象风险其实越高。

自由的国家容不下两位全球互联网自由主义的精神领袖，这个悖论花多大力气也解释不清。美国此前被很多人认为是世界最自由的国家，但斯诺登和阿桑奇的遭遇在向互联网世界证明相反的故事。此外美国至今不向任何国家道歉，甚至对批评它的欧盟国家争辩"监视有理"，美国在加深世界对它能把"贼喊捉贼"做得浩然正气的印象。

公平和正义成为世界各国社会的普遍追求，它们不可能不向国际关系层面上浮。无论美国在其国内做得怎样，但它在国际舞台上的道德表现实在与它谋求的"世界领导者"角色不符，甚至相当差劲。它要求别人不做的事自己总做，它还经常搞双重标准、多重标准，它在很多时候成为由它自己主导制定国际秩序的破坏者。

观察斯诺登事件的走向，可以大致推测美国在相关领域的未来表现。一个连"解释"都懒得做的国家，我们大概不能指望它做什么改变。美国的国家利益仍是华盛顿制定网络政策的出发点，而且美国对国家利益的理解似乎仍停留在上个世纪。

我们相信斯诺登不是最后一个反抗美国政府的自由主义斗士，这些"突如其来"斗争的背后都有时代的厚积薄发，它们对世界的触动深度很可能比我们今天看到的更甚。未来历史对"人物"的选择和记述或许会更有趣。

互联网在改变世界，我们对这句话的理解远未走到头。

(2013.07.03)

埃及在为政治"随大溜"付出代价

埃及连续发生百万人规模大游行，要求民选总统穆尔西下台。埃及军方7月1日发出最后通牒，要求满足"人民的要求"，并作为"最后机会"给各派系48小时承担他们的历史责任，否则军方将宣布一个"未来路线图"，并监督其落实。埃及宪法已经瘫痪，这个国家面临重回军人治理的"休克式"政治选择。

埃及"革命"已两年半，穆尔西携穆斯林兄弟会上台已一年，但在全中东有标志意义的开罗解放广场一直没平静下来。革命在继续，一轮接一轮。埃及人在那里赶走了穆巴拉克，轰走了军人临时政府，最新的革命对象成了前革命者穆尔西。

所有人都认为民主是个好东西，但把民主操作好却显然是政治领域的"高端技术"。西方式民主看来是由全体国民共同参演的大戏，在不同力量的激烈对抗中实现国家的政治平衡和有序。这大概已经不仅仅是"政治技术"层面的问题，而必须上升为强大的、全方位的文化。埃及太单薄了，它的民主宪法孤零零的，因此不堪一击。

埃及"人民的要求"有很多，在赶走穆巴拉克后，经济繁荣和生活水平提高已占据核心位置。但这比更换一个政权难多了，穆尔西除非能变"无米之炊"的魔术，否则他注定以悲剧告终。

埃及当前的混乱很可能要延续十年以上甚至更长，对历史来说，这是可以一笔带过的"过渡期"，假如人的生命可以更长久，十几年乃至几十年的忍受也很值得。只可惜人生短暂，谁碰上了民不聊生的一大段时光都是悲剧。这是"民主浪潮"把很多人吓住的重要原因。

埃及经济在发展中国家里属中游水平，9000多万的人口规模在西亚北非地区高居首位，在世界上也算中等偏上，因此它的革命在"阿拉伯之春"中最典型，也是世界的大事件。埃及的持续混乱会打击西式政治制度对第三世界国家的吸引力，刺激非西方世界的其他政治探索。

美国将维护其头号世界强国作为自己的战略目标，它对顶级技术看得很紧，唯有对输出3亿人"民主而不乱"的政治技术很热心。美尤其强烈建议中国等"山寨"它。如果发展中国家一搞美式民主就会走向强大和繁荣，岂不是好事？但美国的政治家们大概很清楚，美国的什么技术外界都可以学会，唯有它的民主制度是发展中国家最难学，也最容易"山寨"歪的。

现在就对埃及革命下结论为时尚早，但它两年半里越来越乱应唤起我们对西方政治影响的更高警惕。这个世界有少数学习西方的政治幸运儿，但大多数至今都很不幸。在这个复杂的世界上，"一人一票"在逐渐连成片，这当中包括美国的敌人伊朗，世界最动荡的伊拉克和阿富汗等。如让统计学者出一份报告，它同政治"理想主义者"的结论一定大相径庭。

并不是所有国家都有能力走一条"自己的路"，对很多国家来说，它们只能在政治上随大溜。它们的命运其实更像大政治潮流中的浮萍。埃及革命也是随大溜的表现。

中国的历史文化积淀使我们拥有特殊的选择权。随着物质条件的改进、政治决心的坚定，我们就可以放眼看世界，从全球经验中选择我们认为最好的元素，打造中国自己的道路。这点是西亚北非国家绝对做不到的，埃及政治走到关键处，说"最后一句话"的权力戏剧性地又回归到军方以及在军方背后的力量——美国。

中国拥有的国家道路选择权极其宝贵。中国人醒来了，我们不笨，我们的选择不是拍脑袋，是大量实践和经验参与的梳理和创新。这比"随大溜"要合理和可靠得多。

(2013.07.03)

大历史讴歌革命，人道主义愿其避免

埃及军方发出的 48 小时最后通牒北京时间昨晚 11 时到期。穆尔西拒绝下台，大体保持了要"用生命来捍卫总统合法性"的强硬。埃及昨天早上发生支持和反对穆尔西两派群众的流血冲突，无论军方与穆尔西和反对派做什么样的摊牌，都不会是埃及局势的"最终结果"。埃及的动荡被普遍认为将持续下去。

埃及当前的局面比穆巴拉克时期更糟糕，也许未来这个国家能够走出困境，大多数革命都有这样的代价和不确定性，也都有希望。不知道当代埃及人要承受国家的混乱多久，这个时间越长，这一代埃及人对革命的感受就越负面，但未来的历史评价有可能把这代人的经历忽略。

大历史总是磅礴辉煌的，个人命运在其中都很渺小，民生的一时损失不会被计算。大历史通常支持、讴歌革命，人道主义又都希望避免革命，革命既是诗，也是坟。

从埃及的事情中，我们作为外人至少应得到以下启示。

第一，处于全球发展相对下游的国家一定要加快有利于人民利益的改革，这是缓释、化解国家危机，实现社会和平转型的唯一之路。发展中国家的社会都对西方发达社会有所羡慕和崇拜，对本国的不满和对变革的渴望几乎是天然的，它们在一定条件下就会转化为国家政治的火药。

只有能真正带领国家前进的改革才能彻底消除革命发生的危险。当然，全球化条件下不成功的革命也会成为更广范围内的教科书，潜移默化修正人们对革命的态度。

第二，革命大多是痛苦的，这个规律在今天的世界上仍未改变。历史上的革命都伴随了巨大的社会损失，像伟大的法国大革命，根本经不起用人道主义眼光的细看。伟大的辛亥革命开启了几十年内的反复革命和运动，也有着巨大的人道主义损失。

现代"颜色革命"中有个别东欧国家算是幸运，但埃及、利比亚、叙利亚都发生了什么，人们一目了然。东欧的南斯拉夫被打碎，乌克兰、格鲁吉亚等至今缓不过来。

第三，世界大国能投入力量实质援助革命发生国的时代结束了。冷战时期美苏为巩固各自阵营、打击对方，分别向一些盟友国家投入"血本"，但大国对抗体系已经终结，不会再有世界性力量为意识形态充当"冤大头"，支持、鼓励革命基本是口头的，发生了革命的国家需要靠自己的力量过渡，这样的过渡期因此会拉得很长。

全球化会通过一个漫长的时期把各国发展水平逐渐拉近，它刺激各国的改革，也会诱发一些革命。由于发展中国家的公众都看到了世界各方面最好的例子，对现实发展节奏的不耐烦情绪很容易发生，但欲速则不达的硬道理也会通过种种教训向全人类展示。各国都不乏能理解"最佳节奏"的聪明人士，但"最佳节奏"能否成为一国的实际选择，将取决于该国政治和经济社会的综合成熟度，取决于该国的自我驾驭能力。

中国是最近几十年改革最成功，高速发展与社会代价性价比也最高的国家。但这不是全球化时代特殊赛跑的最后撞线。中国的改革走进艰难的深水区，各种思想激烈竞争。中国的国家道路已经选定，但围绕它巩固、坚定社会共识仍任重道远。中国这么大的国家不能指望幸运，我们每一个时期都会感觉挺难的，因此清醒、自信、坚持，这些对我们来说都至关重要。

（2013.07.04）

基层干部,勇于担当比"听话"更重要

中国之广袤,中央政权的强大永远是国家昌盛繁荣的政治基石。但中国的活力及社会稳定的保障又来自于基层,各地基层政权的执政能力决定着全中国社会治理的水平和质量。其中基层干部的工作主动性是整个体制战斗力的源泉。

中国基层干部在经历越来越激烈的人才竞争,大趋势是他们将逐渐"精英化"。但影响他们成长的最重要因素还是体制内的做事规则和道德环境,他们可以成为敢作敢为的地方官员,也有可能成为谨小慎微的"小吏"。

一段时间以来,"谨慎"和"低调"的为官取向在不少地方官员的圈子里似乎占据了主导地位,"不求有功,但求无过"则成了一些人的座右铭。对于明显存在的问题,有些官员选择能不碰就不碰,能绕开就绕开,以免一旦处置不成功,引火烧身。

对于改革中遇到的难点,或者发生重大问题,一些官员尤其不敢在自己的职权范围内,在第一时间采取果断措施,他们更愿意把问题层层上报,等上级领导给出指示,他们会根据领导的决策"坚决贯彻执行"。这样一来,各级官员都很"正确",谁也不会"犯错误",但处理问题的最佳时间和环境却可能错过,只有事情本身无法"正确"。

这当中不光是基层干部的惰性,决策机制、对干部的奖惩办法,以及基层干部的权责不统一都是问题的一部分。要让基层干部更加敢于担当,充分调动他们的主观能动性,这显然是一个庞大的系统工程。

首先要鼓励基层干部有信仰,有理想,有情怀。我们的体制不能引导基层干部攀比谁"升得更快",而要激励他们建立实功,担当责任,为国家分忧。这样的思想建设决不可泛泛而空洞,它是中国基层干部队伍建设的关键所在。

第二,要在制度上鼓励基层干部创造性地大胆工作,权力监督体系和追责制度要与之协调统一。要将对问题的具体处置权真正交给一线官员,而不能总让他们向上汇报,由上级"遥控指挥"对问题的处理。

第三,上级要更加关心、保护基层干部。除了鼓励他们勇于担当之外,在他们取得成绩时,上级不与他们争功。在他们主动做事但出了纰漏时,应多帮他们分担责任。要下级有承受力,首先上级应当有承受力。各级干部做事要对事情本身负责,对人民的利益和国家利益负责,而不能首先对上级领导负责。不能让上一级领导的利益和情绪影响下一级官员做事的勇气。

中国必须建立所有官员都承担责任、都动脑子、上下充满活力和积极进取精神的体系。不能一个部门、一个城镇只有少数几个人着急、担责,其他干部都很"听话",成为问题的"二传手"。那样的话,很多力量和智慧都将闲置,很多事情都将耽误。

中国是转型期的大社会,各级干部是推动改革最使得上劲的群体。在这个过程中,每个人多主动一点,多承担一分责任,社会就前进得更快更稳。反之每个人多有一点懈怠,多推卸一分责任,就有可能堆积成社会的长远危机。

多鼓励官员们奋进,除了在廉洁问题上要百倍小心之外,还要让他们在工作领域放下精神包袱,大胆依法履职,接受正常的监督和制约。他们完全有能力改善基层的工作面貌,他们当中将涌现出一批有作为的时代基层英雄。

(2013.07.04)

政变是混乱埃及的总结和新起点

埃及4日发生军事政变，民选总统穆尔西被赶下台，埃及军方重新成为国家政治的主导性力量。尽管他们任命了最高宪法法院院长曼苏尔这一非军方人士担任临时总统，但军方显然在回到国家权力中心。埃及革命催生的民主宪法被宣布"暂停"。

埃及经过两年的"政治兜风"，似乎回到原点。埃及有些人或许希望真能如此，但事实并非那样。埃及走上了"民主革命"的不归路，军方在国家的政治角色同样是破碎的，已经领导不了四分五裂的社会。军方会很快成为新的被厌倦者，因此军人们未必真敢放开手脚重整国家。

发展中国家政变通常被西方舆论谴责，但美欧方面这一次"宽恕"了埃及军方。原因是后者推倒的是穆斯林兄弟会领袖。阿拉伯国家大多在两条轨道上纠结地发展，一条是受西方世界影响的生活现代化，另一条是更彻底的宗教主义。革命后的自由让埃及把这种纠结同现实政治利益的搏斗混乱地扭在一起。

然而没有人会为埃及现在的糟糕局面负责。埃及革命在当时情况下注定要发生，西方做了推波助澜，但"阿拉伯之春"的账也不能都算到西方头上。革命首先是埃及局势走投无路下的自我爆发，那个国家当时没有替换它的其他道路。

埃及将成为尽可能跳出革命动荡后遗症的试验场，这会影响世界舆论对现代条件下革命利弊的看法。埃及革命同利比亚和叙利亚不一样，发生的流血很少，尽管之后的动荡已经持续两年多，但不少人仍对埃及较快摆脱危机，从此成为现代国家抱希望。

但现在人们能看到的几乎所有条件都是负面的。除了宪法刚制定出来就被抛弃的出尔反尔，舆论普遍预测一向激进的穆兄会不会咽下这口气，一些观察家甚至担心穆兄会一旦受到压制会走上恐怖主义道路，那将是埃及乃至中东局势的新灾难。

人们可以设想，一个埃及民众普选出来的总统，执政仅一年，虽没建立功勋，但也没犯大错，他的反对派上街一闹，军队就可以用民主和人民的名义废黜他，这样的民主政治还有多少信用，埃及人怎能不进一步按政治利益划线、归队？

如果说军方的目的是要遏制宗教主义思想的蔓延，就更与埃及新的民主制度形成悖论。伊斯兰教就是埃及人生活的一部分，只有威权能对它的影响做调剂，而威权又是埃及革命极力打倒的。埃及又要民主制度，又要阻止穆兄会的宗教主张影响社会，这当中的严重自我冲突岂是一次政变就能释放得了的。

埃及的确正在成为世界政治的"教科书"。政变可以有好坏之分吗？随便中止民主宪法可以成为民主发展的正面推动吗？此外，伊斯兰社会该如何同世界其他地区的政治经验对接，阿拉伯世界是否兜多大的圈最终也要往自己的文化回归，这些问题的实际答案对发展中国家有重要参鉴意义。

西式民主制度已经多年没有在发展中国家有新的引进样板了。一方面，新照搬西式做法的国家大多栽了跟头。另一方面，民主的基本含义得到更广范围的传播。民主作为意识形态和作为政治制度显然并非统一物，围绕它们的争议和实践十分复杂。

埃及在这种时候以激荡的政治表现吸引了世界。人们希望从它那里得到某种结论。埃及今天的混乱同穆巴拉克时代形成仓促对比，其实并不足以说明什么。影响革命评价的真正原因是人们对它未来的悲观。

（2013.07.05）

中国军舰应更多出入日本海

昨日起，中俄在日本海开始联合军演。这是中国海军迄今一次性向外派出舰艇兵力最多最强的中外联合军演。日本官房长官5日称，日本对中俄军演"十分关注"。据悉，日本自卫队已派出多架军机在附近海域实施24小时警戒飞行。

日本的"十分关注"在意料之中。对中国军队的动作，日本习惯性紧张兮兮。这次中俄在日本家门口搞军演，日本没反应才奇怪。如果真少了日本这位十分投入的观众，中俄联合军演的效果大概也会打些折扣。

但日本海不是日本的海，它大部分是公海。中国军舰在那儿出现，哪怕有人心里不快，但也没话说。过去中国总担心别人会不高兴，对出门搞军演很慎重，以至于如今中国军舰走出去，一些国家感到不习惯，它们自己反倒习惯了在中国家门口军演。看来，我们顾及它们的情绪，没有换来它们对我们情绪，还有权利的对等顾及。

中国军舰应更多出入日本海。中国历史上曾是日本海沿岸国家，现在离它也很近，中国珲春市最近处距日本海只有十几公里，中国拥有沿图们江通往日本海的出海权。日本海一直是中国重要的贸易通道，随着中国在朝鲜罗先特区投入的扩展，以及北极航道的开通，将有更多的中国商船经过日本海。这么大的利益，不可能指望美国舰队或者日本自卫队替我们维护。保护航道安全正是这次中俄联合军演的重要内容之一。

周边对中国的担心，仅仅是担心，很可能永远只是担心，这种担心部分源于它们的心理权利疆界。这种心理权利疆界，与国际法标出的权利疆界大多时候并不吻合。往往它们感觉中国越了界，实际中国只是在做合法合情合理的事。美国干了那么多违反国际法的事，大家却觉得好像很正常。

但这显然是不正常的。中国需要努力重塑国际社会的心理疆界。中国是大国，但大国的权利同样需要自己争取；大国应该更负责任，同时外交场又不能讲发扬风格。只要在国际法的框架内，中国的争取和坚持，最终会让别国适应。而中国发展为他国带来的实在利益，也会逐步化解它们对中国崛起的担心。

其实日本用不着太紧张。中俄在日本海的军演对日本的针对性，一定不像日本所想象的那么大。中国不仅要把影响带入日本海，今后还要到印度洋、大西洋，甚至在地中海上搞军演。这次和俄罗斯联合军演，下次也不妨和美国或者日本。中国的军演包括其他国家动作，都应是利益和价值导向，要一点点挤掉那些面子上的泡沫。

中国的利益已经遍布世界，但中国的地缘政治战略从未走出亚洲。5000年来中国一直在东亚大陆上纵横捭阖，最后却被来自海上的西方"小"国打败蹂躏。时代赋予了这一代中国人新的使命，我们要冲破思想牢笼，不仅在亚洲地图上，还要在地球仪上下一盘大棋。中国有禀赋成为一个不称霸的全球性大国，我们不能浪费了这种禀赋，这也将是对全人类的巨大贡献。

（2013.07.06）

街头运动，发展中国家的重大考验

埃及新的街头革命导致军方政变，推翻了穆尔西民选政权。这是世界范围内街头革命的最新成果。很难说埃及的事情将会对发展中国家的街头政治运动带来鼓舞，还是引来更多反思。

如何看街头运动呢？认为它是"直接民主"形式的人依然很多。另一方面，街头运动在不同国家表现出很大的差异性，对其做统一的定义其实挺难的。

街头运动在美欧发达国家的活跃度并不一致，但它们都不再是那些国家的主流政治斗争手段，而成为部分人表达特殊诉求的方式之一。美欧国家的街头运动已经不对国家政治运行具有破坏力，它们带来的麻烦往往是社会治理层面甚至是治安层面的，国家控制街头运动规模和其影响力的能力很强。

但在很多发展中国家，街头运动完全是另一回事。它们很容易演变成国家主流政治斗争，并进而上升为"革命"。埃及在这方面很典型，开罗解放广场最初的游行示威发展成为推翻穆巴拉克的革命，很快那里的斗争矛头转为指向临时军政府。全国大选实现后，解放广场成为反对派推倒穆尔西政权的主阵地。可以预见，支持穆尔西的穆兄会及其政治盟友不久将成为埃及街头运动的主力军。

不同政治派别的博弈高度依赖街头运动，一方面是因为一些发展中国家合法表达政治诉求的渠道不畅，但也有很多时候是民主制度的表面建设已经"五脏俱全"，但它在国家政治中发挥不了一言九鼎的作用。通过民主制度产生的决定不具有政治权威，在表决中失败的一方可以随意拒绝执行决定，他们纷纷选择到街头显示自己的力量。

街头运动的特点是直观，有感染力，有时还能拉过来一些中间人士，扩大社会同情面。由于街头运动站上"直接民主"的道德高地，政府如何平息它们就成为一种考验。一旦处理失当，政府的支持面会快速萎缩。

发展中国家的街头运动一方面表达民意，另一方面又会搞乱民意的真实面貌。当各派政治力量看到街头运动的威力，并对它寄予很高期望时，国家的宪法实际上就瘫痪了，街头政治朝着暴力发展也就很难避免。因为街头已经成为"决战场"，生命的牺牲成为决战的必然代价。

西方发达国家在19世纪曾有过非常激烈的街头运动乃至革命，那个时期的社会代价非常高。发展中国家早晚有腻烦街头运动的那一天，使诉求表达和政治斗争回到宪法框架内。但如果发展中国家要重走漫长的动荡之路，将非常可惜。

政治凝聚力和社会治理能力的养成对所有国家稳定发展都很重要。发展中国家大多有独特的体系将国内不同族群和力量联系起来，竞争性选举和街头政治运动很容易斩断这种联系，街头运动尤其会演变成对立力量的彼此宣示，致使社会走向动荡。

无论街头运动在历史上扮演过什么样的角色，如今它对大多数发展中国家带来的政治损害都超过了正面作用，而人类社会表达诉求和开展政治博弈的手段已经相当发达，发展中国家不应在街头运动这一正在过时的政治形态中久留。

发展中国家必须有不同于西方发展史的政治创新，否则发展中国家将永远处在世界政治的下游位置，这种政治劣势会导致发展中国家对发达国家的综合劣势固化，永无翻身之日。

(2013.07.08)

人的最大精神文化需求是得到尊重

人的精神文化需求有很多，但最大的精神文化需求是得到尊重。这些年各级政府广泛鼓励精神文化产品的生产，给予了各种政策扶持，但基层群众对于受尊重的这一普遍需求却未有系统地受到突出和关照，一些人对群众精神文化需求的理解有较大的偏差。

狭义文化产品，如影视、音乐等创作和生产再繁荣，也代替不了社会对个人受尊重需求的额外满足。全社会只有少数人有机会在日常工作和生活的正常环境里得到这种满足，绝大多数人都有不同程度被轻视的境遇或感受，谁能帮助他们填补这部分精神需求，谁就会获得他们的特殊好感，甚至对他们拥有感召力。

一些富有基层工作经验的人还指出，要让每一个人感觉到他是重要的，给他说话、发表意见的机会，这是一个群体产生凝聚力的源泉之一。事实上，少数极端组织、包括邪教组织等就是瞄准草根中的失意者，制造他们受到尊重的幻觉，从而完成在精神上俘获他们的关键一步的。

中国基层社会大体完成从计划经济体制到市场经济体制的过渡。以往由于公共文化产品极度匮乏，基层文化活动相对活跃，个人的参加频率高，小人物受到周围环境认可的机会也多一些。那一套做法如今已经瘫痪，中国社会的基层精神文化活动目前出现很大的空缺。

现在的基层精神文化活动灌输性太强，因而不受欢迎。一些人围绕兴趣爱好自发组成临时性活动组织，如车友相约出行，宠物爱好者聚会等，这样的活动能给参与者带来不少精神愉悦。

基层文艺演出团体和体育比赛都比过去少多了，根本原因是它们的成本在市场环境下难以消化。但这一变化有可能迂回产生更多社会治理成本，这笔账应当是中国主流社会有能力算清的。

很多人说中国"只有政府，没有社会"，原因之一是基层社会缺失了组织群众满足他们精神文化需求的功能。它导致了包括"宗教复兴"等一系列社会精神现象。它的破坏性后果则是给偏执情绪乃至反社会情绪的滋生提供了条件，各种极端主义势力都试图利用之。

中国政府或许需要下大力气，重建基层社会组织满足群众精神文化需求的能力。要看到城市"单位文化"逐渐涣散后出现的精神真空，以及社区文化总体尚未成形，农村的精神文化建设因大量年轻人的出走更不乐观。一旦缺少向人们提供参与感，让更多人享受被尊重权利的大量基层精神文化活动，各种"正规的"思想政治教育就难产生理想的效果。

这些年互联网社交网站走红，也是因为它们为大量草根发言者提供了"重视"，给了他们挑战权威的机会。互联网以廉价方式满足了很多人受关注的愿望，所以它拥有了最大的粉丝群。

狭义精神文化产品有市场回报，自有市场的弄潮儿趋之若鹜。官方除了引导它们的创作生产，应当抓住广大民众精神文化需求的最关键部分，克服市场逐利环境的干扰，引导基层社会做满足人们说话、表达、表现这些永恒愿望的不懈探索。

在过去几千年里，中国基本上是等级社会，等级观念对人的压抑非常严重。直到今天官本位文化仍未根本动摇，这一切表明"平等"的建设之路十分漫长。越是这样，基层精神文化活动就越有意义，它们能为全社会的改革营造更积极的基层精神氛围，为国家克服问题凝聚基层政治共识。

永远都应记住每个人都渴望受到尊重。它应成为基层精神文化建设的主要任务。这也应当是国家层面的一项战略任务，是群众路线的一个重要落地点。

(2013.07.08)

官员身边环境是反腐败第一道关口

刘志军昨天被一审判处死缓，引来舆论对反腐败的新一轮热评。近来不断有高级官员落马，反腐风暴可谓越刮越紧，释放出的威慑力越来越强。反腐败在动真格，不容置疑。

有一个问题是，反腐败猛烈至此，能否彻底镇住今天存有贪念的官员？换句话说，今天揪出的贪官都是犯罪在先，那么以后的贪腐现象是否会大规模减少呢？这是全社会的共同期待。

然而仍有一些人对此并不乐观。反腐败已经下了猛药，但人们也都记得，高级官员因贪腐落马很多年前就已不断上演，贪腐以悲剧告终的殷鉴近年来一直不缺。仅靠判刑甚至处极刑看来吓不住新的贪腐者，猛药需要其他手段配合。

因此很多人提出要"把权力关进笼子里"，这方面的制度建设正在加紧探索。制度反腐一再被提及，当下更成为中国廉政建设的新希望。

然而从世界范围看，制度反腐也不是反腐败的句号。中国还需要创造更多条件来对付贪腐，除了来自体制层面的抑制和惩处，发动公共舆论，还要改造官员身边的道德和舆论环境。后一项工作将使贪腐从一开始露出苗头时就不被周围环境接受，无法滚成更大的雪球。

中国当前的公共舆论环境已对腐败深恶痛绝，并且提出严厉的廉政标准。中国的反腐风暴也堪称目前世界最猛烈的，中国反腐败的公共舆论环境已大体完成塑造。

但生活中人们对腐败的态度远非像公共舆论那样严厉。现实中，围绕腐败常有"利益半径"现象，也就是说，离腐败距离近的人，对其痛恨程度有时反而不如远观者。比如某单位来了一位"一把手",假如他非常能干,创造了单位的好福利,即使他贪一些,单位的人未必像一旦东窗事发社会上的人那样愤怒。

各种贪腐官员在事发前是很容易露出蛛丝马迹的,有的贪腐官员甚至并不刻意隐瞒他与收入不相称的奢靡生活。但周围环境并未给他强大压力,人们对他的态度更多取决于自身利益是否受到损害,他给周围人带来了什么,而不是出于无条件痛恨腐败的原则。

社会对贪腐的严厉态度需要尽快向小环境渗透,关口前移,直到完全占领每一名官员的人际关系网络。对贪腐的"零容忍"不应只存在于媒体和互联网上,而应成为每一名官员秘书、下级、亲人以及朋友的真实态度。

目前一些贪官更关心如何避险,而不是害怕一旦腐败被周围人察觉就会失去尊严,甚至被唾弃。当对贪官的压力主要来自纪检部门,他们的周围环境对此参与很少时,贪官就会产生侥幸心理,他就不觉得自己处于反腐败的汪洋大海之中。

互联网参与反腐给贪官带来额外震慑,但来自互联网的追究表面上无处不在,其实是真正的低概率事件。如果官员身边的人都成为反腐败的积极分子,情况才可彻底改观。

查处贪官制造了强大声势,制度反腐带来制约权力的核心保障,中国反腐败事业已经形成大致的框架,现在和今后要做的除了继续强化这个框架,还要把这个框架的中间部分填满,其中打造官员身边的反腐败小环境将是至关重要的。

小环境来自于舆论大环境,大环境会促进小环境,但两者又并非有大必有小的。要让舆论的廉政标准真正深入人心,成为人们的现实追求,每个人的眼里都揉不进腐败的沙子,我们想一想就能体会到,这样的社会动员同样是不轻松的长期工作。

(2013.07.09)

防卫白皮书，日本的最新狂妄秀

日本发表新的防卫白皮书，其中关于中国的表述大幅增加，渲染"中国威胁"的用词更加严峻。比如白皮书宣称中国采取"高压"做法，日本防卫相小野寺五典进一步解释说，"这是对包括东海在内的各个地区所出现状况的总称。"白皮书认为"只靠外交努力无法防范侵略于未然，防卫力量是排除侵略的国家意志和能力的表现"。

这份白皮书给人的第一个印象是，日本不会顾及中国有什么反应。一名日本高官公开说，日本根本"没有考虑中国的反应"。这样的蔑视已在日本官方言论中司空见惯，似在成为某种固化的东西。

日本希望保持日美同盟对中国的制约，保持其对钓鱼岛的自由处置，在这两个前提下维系同中国关系的平稳。白皮书淋漓尽致表现了日本的这一狂妄。

中日两国的隔阂与对立在一步步加深，似乎已经迈过可以灵活调动、转折的特殊心理区间，两国的相互怨气每一天都在增加，像自由落体一样坠入连接着历史仇恨的深渊。中日矛盾在从历史纠纷和岛屿争端这些本来可控的问题向着战略敌意发展，两国都像是没有退路。

从白皮书这件事可以看出，日方对中日关系的危险倾向更愿意显示不在乎的态度，它在极力营造压倒中国的气势。日本国力在中国面前的衰落已成绝对趋势，但日本坚信只要它保持强硬，中国就无计可施，它认为中国会为了其全球战略而牺牲中日之争的局部感受。

日本还对美日军事同盟达到痴迷的程度，它笃信中日越紧张，日本就越能浓缩整个美日同盟的力量，期待着美日同盟总能在关键时刻将中国吓倒。

但日本的自我安排已经失去战略的大气，它虽然像是周边与中国对立的举旗者，实际它把自己摆在美国战略棋子的位置。它更像是中国的挑衅者。

中国面临两个选择，一是认真构筑对日本的"高压"，从经济、政治、军事等多方向打击其气焰。中国只要坚持这样做下去，日本最终被压垮是迟早的事。

第二个选择是轻视日本，划清我们的红线，反击它一次出手要重，平时则避免与之纠缠。原因是中国的战略雄心早已覆盖并跨越了日本，日本不配做我们的战略对手，它只能在我们面前的棋盘上跳来跳去，让我们生一些闲气。

日本高官非常廉价地轮流出场，表现他们对中国的强硬。他们还搞出防卫白皮书这样的官方文件挑衅我们。日本在非常集中精力地对付中国，但它对我们来说，只是诸多操心事务中的一块。其实现在提到日本，很多中国人更容易联想起来的国家是菲律宾。

把对日心态放坦然，我们就可以继续学习它的管理经验，先进的电子和汽车技术等，对它的舆论挑衅可理可不理，全凭我们的心情。

中国逐渐大得让日本窒息，日本政客的一些刺耳叫声真正传递出的是那个国家的焦虑甚至恐惧。只要中国正常发展，我们就可以同时有一份悠然的心态，欣赏那个岛国上一些人绝望的样子，以及他们为了掩饰绝望的种种夸张表演。

日本是物质建设的榜样，同时也是我们走向未来的一块精神垫脚石。与日本为邻曾让我们付出巨大代价，但今天它带来警醒和刺激，又伤害不了我们，它的纠缠和挑衅从一定意义上说就是对中国的"陪练"。

中国如今怎么对待日本都可以。我们可以拉拢它，蔑视它，对它施以"高压"，也可以"胡萝卜加大棒"。我们应通过再有一二十年的发展对它"不战而胜"，我们应当享受中日之间的这个过程。

(2013.07.10)

中美对话，美方需要真诚些

第五轮中美战略与经济对话 10 日至 11 日在华盛顿举行。它的大背景是中美都完成了领导层换届，现在是构筑中美新型大国关系的重要关口。还有一个临时性背景，它就是斯诺登事件。

美国媒体都注意到了斯诺登给对话投过来的"阴影"，中国人这么想的反倒不多。这一方面说明不少美国人对"战略"的理解比中国人的理解要低一些，同时也说明美方心虚，他们一直就网络安全话题抨击中国，但中国一个像样的把柄他们都没有，美国自己干的丑事却被斯诺登揭开了盖子。

中美之间的磕磕碰碰很多，但两国关系的总态势尚好。两国缺少战略互信是可以理解的，克制彼此的战略互疑则很有必要。这要求两国的战略对话要坦诚，不能老想着给对方设圈套，把与对方战略对话变成谋求不合理利益的手段。

中美之间的最大问题是美方看上去坦诚，什么要求都摆上桌面，实际则隐藏了很多虚伪和花招。美方有多管道的诉求表达系统，议员、工会和媒体等随时都能在中美关系上插一杠子，形成你唱白脸我唱红脸多方对付中国的格局。

美方还善于公然装腔作势，在对话之前就通过舆论铺垫抢占制高点。比如网络安全问题美国装了好几年，一副受害者的样子，现在证明了它是全球最严重网络间谍活动的组织与实施者。

中美之间只要做到实事求是，什么事情都能够理清，再大的问题也不难通过相互妥协及合作化解之。但美国虚伪惯了，也强势惯了，美国人甚至会把自己装蒜也当成"真诚",我们一定要抑制美国人把这些坏毛病在我们面前肆意发挥。

斯诺登是一个不错的机会。北京没有借题发挥,之前对斯诺登事件的处理我们算得上很克制了,中美战略对话也未必需要大打斯诺登牌。但这张牌打不打,它都应当攥在中国代表团手里,形成对美国人的心理威慑。美方不应再就网络安全挑中国一点毛病,也不应再显摆人权之类的"道德高地",否则斯诺登这张牌中方就应坚决"甩到美国人的脸上"。

瓦解美国人的谈判强势,这一点我们应不遗余力地去做。中国如今有了资本优势,市场容量快速发展,技术进步也在逐渐跟上,中美地位的平等性本来就在增加,如今到了美国需要反思其对华态度的时候。

我们只要求美国实事求是地对待中美之间的问题,不能什么是问题,以及问题有多严重都由美方说了算。此外美国的双重标准太多,自己的利益碰不得,别人的核心利益它却随意乱动。中国社会对美国存在大量意见,很多时候我们很愤怒,绝不仅仅是中国官员觉得与美国交道难打,这些一定要让美国人听清楚。

中美合作很重要,这句话美国人也经常说。但他们对中美合作索要的是美国利益最大化,这样的战略自私美国人很难改掉。因此中美关系肯定少不了摩擦和博弈的一面,中国在保持战略胸怀的同时,也一定要有战术上同美国"寸土必争"的耐心和勇气。

中美战略与经济对话既是展示中国胸怀,以此引导中美新型大国关系的场所,也是两国给未来几年对话相互立规矩,摸索对方新承受力的机会。中方代表团应努力争取在对话气势上多扳回一些分,不需担心这样做会坏了中美关系的大局。中美战略关系有两国巨量交往面的支撑,它没那么脆弱。

(2013.07.11)

信息越来越公开,期待也将水涨船高

国务院颁布的《当前政府信息公开重点工作安排》昨天公之于众,要求从9个方面加以推进。其中到2015年之前争取实现全国市县级政府"三公"经费全面公开尤其引人关注。

政府信息公开已逐步推行多年,取得巨大成就。国务院最新提出的9个重点肯定会把这项历史性改革推向新的水平。

然而需要看到,随着政府信息公开的推进,公众的要求也水涨船高,这种信息要求与提供能力之间的水平差近年来并未缓解。大量过去的保密项目如今做到了向公众信息开放,但舆论围绕信息公开的不满反像是越来越多。

究其原因,重要之一是政府信息公开的内容偏重事情的结果,而舆论开始关心产生结果的过程。特别是出了突发事件时,官方希望把事情搞清楚了,有了阶段性处置结果后再向舆论公布,但舆论希望当时就听到政府的说法。

过程公开是比结果公开更高的挑战。它考验的不仅是涉事官方的集体,而且直接考验具体官员的处置能力和政策水平。在一些媒体热衷于批评甚至揪小辫子的舆论环境下,这样做对不少官员都意味着很大压力。

然而过程公开是政府信息公开达到良好效果的必由之路,也是它的更高境界。信息公开的内容越来越多,面越来越广,舆论随之会将关注点转向信息的质量,而政府决策的产生过程,显然是政府信息质量的突出部分。

实际上，政府信息公开是条不归路，舆论很少有兴趣对这项改革做纵向历史对比，体会它所带来的成就。舆论对政府公开信息的要求永无止境，这样的压力将绵延不绝。即使在信息发达的欧美社会，对政府"隐瞒信息"的指责也经常出现。

因此在扩大政府信息公开面的同时，各地政府开展过程性信息公开的能力建设也刻不容缓。这是一项艰巨的工作，它无法靠一项自上而下的命令或文件迅速完成，它需要各地和各部门官员勇于承担责任的履职态度，需要他们全面把握信息的视野和应对媒体诘问的能力，这项改进只能由一项项个案改善汇成。

这两年对"信息不透明"的大多数指责都发生在过程公开层面，尤其是突发事件到来时，一些所涉政府部门的第一反应是低调处理，往往留下一段官方信息的真空期或模糊期，而这段时间正是传闻四起，谣言盛行的时候。事实证明，这段空当的负面影响最大，它是之后结果性信息根本无法纠正的。

政府信息公开应达到官民沟通的良好效果，而能否实现这一点，过程公开具有关键作用。舆论竞争的主阵地实际上已经转向对过程的占领，换句话说，谁把握了对过程性信息的主导权，谁就掌握了舆论的方向。

政府信息公开方兴未艾，这是中国改革的标志性内容，也是难点最多的"深水区"之一。这项改革的成效不能仅看信息公开的面有多宽，速度有多快，还要看改革的推进与舆论的期待能否相向而行，逐渐靠近，而不是彼此越来越远。

舆论也需清楚这是项无止境的改革，媒体在追究具体信息公开的同时，也应有宏观上对改革节奏的理解。政府信息公开的改革是实实在在推进的，具体问题也不是只要下了决心就能一扫而空的。这项改革的确任重道远。

(2013.07.11)

中美不冷战或是一段大历史的开局

随着几百名高官参加的中美战略与经济对话举行，全球舆论的一大块注意力又投向这两个最重要大国的关系上来。如何评价它呢，真是一言难尽。

中美关系显然避免了最坏的情况：战略对撞和冷战都未发生，而且两国的主流意愿都是不让它们发生。应当说中美已经创造了历史，人类近代史第一次见证了守成大国与崛起大国既非敌人，也不能一口咬定是"对手"的关系。两国官方公开说既竞争又合作，实际情况比这一表述更复杂些，但相差不算太远。

当前的中美关系有可能处于一段大历史的开局，两国相处的难题成堆，它们指向了一些不确定性。中美或许能从目前的战略互疑和防范逐渐走向互信，成为稳定的伙伴和朋友，那将是全人类意义的伟大政治突围。但也说不定两国会在互疑中相互绕进去，最终面对重大危机。

中国仍是中美关系中的弱者，这一身份还要维持很多年。中国对建立中美战略互信的愿望因此更强烈。美国的宏观控制力强，它也愿意同中国保持稳定关系，但会为此提出一些条件。

这就是中美每次高层对话美方都会从战略层面"走神"，向中国提各种具体要求，包括一些无理要求的原因。

像这一次战略与经济对话，美国在栽了斯诺登这个跟头的情况下依然指责中国网络盗窃商业情报，要求中国汇率改革等，一点也不见它心虚。

美国的对话强势仍有牢固的实力基础，这一现实会将我们团团围住。中美对话一方面是我们与美国的沟通，同时它应有助于我们梳理对美战略思路。

我们首先有必要在美国的力量面前谦逊，这样的态度和自省应包含我们的现实主义哲学观和政治观，也包含中国从古至今的经验。但同时我们也要对自己的实力充分自信。我们要清楚，美国对中国崛起的相对温和态度是对中国实力的尊重，是美国国家利益的不二选择。如果中国只是普通大国，美国的对华态度大概不会是现在的样子。

美国对华的各种要求将源源不断，它们的总目标是要增加中国崛起接下来的成本，拉长美国作为全球唯一超级力量的时间。美国觉得中国在上一轮全球化过程中崛起得太顺利了，它希望结束中国接下来的好运，让我们加入艰难发展国家的行列。

美国会为这一战略目标投入一些力量，但不会为了实现它"不惜任何代价"。美国的政治制度使它很难做主动与中国战略对撞的政治动员，它只能量力而行，而且它的做法需要在美国的舆论和法律层面说得通。

这一切使中美"既竞争又合作"成为可能。对于美国提出的具体要求，动机都是自私的，但这些要求并非对中国全都有害，我们需要甄别。对中国部分有益的，我们就可以给予不同程度配合；对触及我国根本利益或者基本没好处的，我们就拒绝，不理睬，或者挂起来拖着。

中国的实力虽矮美国一头，但由于我们没有打算同美国全球竞争，而只是捍卫自己逐步扩展的利益面，相对于后一个目标，我们的实力又是宽裕的。一旦围绕中国核心利益进行博弈，美国没有制胜中国的把握。

我们应当很踏实，对中美关系保持基本平稳树立更多信心，对在保护自己利益的情况下实现这一目标同样应有信心。中美互信重要，中国自信更重要。自信的中国更加确定，美国会围绕它做自己的调整，逐渐实现美国自信同中国自信的融合。中国自信了，也会减少敏感，平静承受中美关系的曲折。

(2013.07.12)

灾难是安全工程无情的验收者

中国多地进入汛期，尤其四川省暴雨成灾。截至 12 日 15 时 30 分，四川因灾死亡 31 人，失踪 171 人，直接经济损失 119.8 亿元。暴雨面前，中国防灾能力的薄弱再一次显露无遗。

四川省西部地区山大沟深，宜于人类居住的地域比较有限，汶川大地震、芦山地震进一步压缩了人类的安全生活空间，使得人口更为集中。人们本以为汶川大地震的重建完成之后，就可以踏踏实实过日子了，但天灾接连发生。面对大自然，我们必须做最坏的打算。

改革开放这几十年，中国全社会就像资本一样一心逐利，政府忙招商，百姓忙挣钱。在安全问题上的投入既显得奢侈，且似乎并不紧迫。基础设施的铺设首先要满足人们的基本需求，接下来是过得舒适；如果再有点余钱，还要装扮面子。

等我们建好了可以媲美西方的高楼大厦，却发现中国和发达国家的差距在下水道这类看不见的地方。13 亿人拥挤生活的中国，安全根基没有打牢，其代价就是一次又一次生命逝去、财产受损的灾难发生。受灾人的痛苦经现代传媒，第一时间活生生地呈现在所有国人面前，这一方面降低了社会对灾难的心理承受力；另一方面在逐渐推动形成一个新的共识：与挣钱相比，安全才是第一位的。

政府决策影响整个社会发展。政府工作重心应该围绕"安全"做大的调整。中国社会心态的变化，已经为政府在安全上加大投入奠定了舆论基础。特别需要在防灾能力建设上加大投入。防灾应排在救灾之前，这本是个常识，但现实却往往是，灾难不发生，让政府掏钱难。

中国是共产党一党执政，有一个制度优势是决策可着眼于长远，但地方官员考核的"唯GDP论"限制了这个优势的发挥。今后既需要淡化"唯GDP论"，还要突出"安全考核"，层层建立安全责任制，并能事后追惩。政府服务观念的转变，也会带动老百姓观念意识的转变。每一次灾难，都暴露一个危险源，需要树立成典型，在全国排查。

中国各个领域的现代化踩着不同的节奏。如经济结构的现代化走得稍快，社会心理的现代化靠后，安全的现代化最重要，也可能是最难。同时，中国不同地区的现代化也步伐各异。东南沿海更重视安全，中西部落后地区仍偏重发展。安全的观念需要在全国拉平，东南地区的覆辙，中西部不能重蹈，这是宝贵的后发优势之一。在中国下一轮规模史无前例的城镇化中，安全建设也应摆在重中之重的位置上。

安全问题并不是一个按需供应的经济问题。中国的安全投入和建设，应该尽可能做得比经济发展规划更早、更成熟。安全建设需要有效的统筹，这方面，中国有优势。安全的投入巨大，达到什么标准才是最佳值，也需要科学的研判。

灾难无常，它是安全工程严酷的验收者。它疏而不漏，任何侥幸心理将被无情地击碎，形象工程最终都会被打回原形。我们必须怀着一颗虔诚的心，加固每一个环节，努力通过它不定期的无情考核。

（2013.07.13）

"进京赶考",中共面对更难试卷

习近平同志近日在西柏坡援引毛泽东当年所说"进京赶考",强调今天党面临的"赶考"远未结束,并一一对照了当年进京前的6条规定。"进京赶考"这一著名比喻被重提,引起舆论的巨大反响。

中共已在执政的位置上考了64年,可谓跌宕起伏,但总成绩相当不错。中国和中国人民都站了起来,中国人的尊严得到社会建设物质及精神成果的强有力支撑。然而这的确不是考试的结束,中共执政面临的考题正变得更加尖锐,难度空前。

建国之初,中国百废待兴,中共的执政形势非常严峻。但革命的胜利在中国社会唤起了巨大精神力量,党的内在动力、凝聚力和作风都很过硬,对民心和舆论的影响力处于巅峰。当时再难,是全国上下一起难,那时国际上敌我清晰,新中国是世界社会主义运动的一大成果,各种难题大多出在物质上,而国家的前进方向明确,无争议,全国人民很容易就拧成了一股绳。

如今中国在物质上丰富而强大,我们60年前对美好日子的很多梦想都实现了。但全球化使中国人的精神天地同外部世界相连,物质化、世俗化、市场化使价值观呈现多样性,我们面临一场中国历史上罕见的思想整理过程。

新中国的事业曾是世界大潮中的一部分,但今天我们并不准备再在世界政治舞台上随波逐流。前社会主义盟友大多垮了,它们留下了很多思考和教训,我们汲取了它们,根据中国的现实探索并走出一条有中国特色的国家发展之路。它带给我们成就,预示了未来的光明,但走这样的一条新路，就会比走别人在走的"老路"更容易面对争议，更需要走好走稳。

中国出现的腐败现象或许并非世界范围内最严重的，但它引来的政治争议和舆论困惑却几乎成了"世界之最"。这当中的很多压力就是对中国政治选择的压力。换句话说，中共长期执政的实绩必须明显高于普通执政党，中国的廉政标准只能向世界高水平看齐。

60年前的中国需要激情、勇气和雷厉风行，今天的中国同时需要站在世界政治最前沿，并且树大招风时的智慧、理性和定力。中国的政治体制在同西方体制发生有形和无形的摩擦，西方的力量通过全球化管道从四面八方围过来，并且假借了"世界趋势"之名义，政治图谋变得隐形，难以分辨。

市场经济自身的复杂性影响到党的队伍，执政道德、制度制约的有效性都面临考验。在中国因"经济第二大"已同世界事务缠在一起的大时代，在各国的各种权威都受到互联网挑战的"小时代"，只要问题存在，它被"借题发挥"的可能性就远远高于过去。

考官永远都是中国人民，这一点永不会变。由于中国已向全世界洞开，中国人已在全世界穿行，这个国家已成东西方各种思潮的熔炉。"人民"的概念既很清晰，同时也在多元化和互联网时代变得分散和模糊。中国面临让主流意愿更加突出，使其成为全社会思想内核的艰巨任务。

中共过去面对的大体属于"国内闭卷考试"，现在考场是开放的，考题也是开卷的，但难度也是全新的。如今不仅"党"要做好，每一名党员也要做好，因为个别党员的腐败和脱离群众会在互联网时代严重伤害党的名誉，而这是一个迄今没有答案的难题。

要让"两个务必"在市场化时代成为全体党员、尤其是领导干部的共同实践，看似同样的要求，实为一道全新的考题。这场大考的结果不仅关系党的命运，也关系全中国人民的命运，并将影响世界文明的今后走向。所有中国人谁都不是这场大考的看客。

(2013.07.15)

冯小刚总导春晚是个强烈信号

央视春晚邀请冯小刚任总导演,并同时启用赵本山、张国立任副总导演和艺术顾问,引发巨大轰动效应。这会成为中国文艺领域的标志性事件吗?

很可能会。至少我们愿意把它看成中国文艺政策向市场力量一次大刀阔斧的接近,也相信它是一个强烈的信号。我们认为,只要"体制内"的文艺创作者们积极地接受并放大这一信号,他们与市场之间那扇有些沉重的大门就会被一个看似的"个案"推开,那道无形的墙也会从此被逐渐清除。

文艺创作朝着市场已经走了很远,冯、赵、张三人都是经市场大浪淘沙成为超级明星的代表。央视春晚则同时跨着市场和正统文艺的门槛,它是中国最大的文艺平台。由冯小刚等主导央视春晚可以算是中国文艺市场化进程的一次总结。

文艺面向市场的真正含义是什么,对这一问题的认识在中国不断更新。它最初只是搞活文艺的一种手段,如今它越来越成为文艺的目的本身。市场就是人民大众,市场成功既是艺术成功的起点,也是它最精彩的终点撞线。

在中国这样有把文艺用于社会政治动员传统的国家,官方对文艺的组织长期较多较细。这曾帮助中国的革命和社会建设,但市场经济带来了文艺市场元素的空前活跃,它们逐渐成为文艺创作的主导性力量,它们与主流文艺平台的关系也在嬗变。

主流文艺平台需要与市场文艺明星尽快实现无缝对接,及早放下架子，与后者摸索共赢的合作新模式。市场在逐渐改变对主流文艺的塑造和认定，重新分布人气。主流文艺平台在市场化的问题上越积极，越现实，就会处于越主动的地位。

这并不是说文艺从此只要经济效益，不再顾及社会效益。实际上把这两者分开来思考就已是一种弯路。市场效益应是对这二者的赢者通吃，社会效益很好而在市场运营上很失败是不可思议的，那样的社会效益通常是不实甚至虚构的。

冯、赵、张三人的文艺创作历程都伴随中国社会的成长，他们很接地气，恰是因为他们知道中国主流人群需要什么样的精神消费，他们以"俗"的方式托起大众的精神需求。

央视春晚曾是中国最重要的文艺创新形式，那里诞生的很多作品都引领了中国大陆的文艺时尚，以至于春晚最终成为了中国春节的符号之一。但是最近这些年春晚面对的批评增多，一些观众开始离春晚而去，春晚出现了一些固化的东西，仅靠传统的运作机制似乎难以突破它们。

引进冯、赵、张的市场化特殊组合是春晚创新精神的回归。一些人也许认为这一变化跨度"很大"，其实文艺就该充满这样的惊喜和不拘一格，这样的跨度才不辜负央视春晚在中国文艺中的老大地位。

可以预见，对2014年春晚的议论将在这半年多里绵延不绝，新的春晚令全国公众高度期待。这次改变将拉回央视春晚的观众们，很可能把一个下滑的趋势带向逆转。这已是巨大成功。

希望这不仅是央视春晚的逆转，它的意义将向主流文艺广泛蔓延，进而触动中国所有精神产品的生产领域。这次调整散发着实事求是原则的力量，也会带来各种畅想。它是让人兴趣盎然的"大事件"。

(2013.07.15)

社会心理需尽快适应7%左右增速

中国上半年GDP增速7.6%，第二季度增速7.5%，后面一个指标创了1990年以来的新低。这大体符合人们对经济形势的预期，一些外媒昨天对中国经济走势做了悲观的评估，这种近来反复出现的唱衰声暂未对国内舆论产生太大影响。

7.5%的数字"不太好看"，但它"实事求是"成分很高，与中央宏观经济政策的对应率也较高。中国看来真的在告别排山倒海般的高速增长期，开始向更重质量的相对高增长期过渡。从实际设计上说，那应是一个与自己的过去比"慢了"，但在世界上"仍挺快"的可持续发展期。

这样的发展期没什么不好。它会带来一些变化，最重要的是社会能适应这些变化，对新的发展节奏达成坚定共识。

GDP增速放缓对国家战略没什么影响。7%左右的增速足以实现到2020年GDP翻两番的目标，更能促进转方式、调结构。过快的增速将带来资源和生态等一系列压力，越来越多的分析显示，它带给中国综合进步的难题反而多于好处。

从中国崛起的角度说，中国经济总量早几年或者晚几年超过美国成为世界第一，不是需要刻意追求、用协调其他工作力保的目标。中国经济总量在世界位置的上升应是自然过程，国内发展与改革的有序推进更重要，也更实惠。

由于经济发展快是中共执政的突出成就，有人担心增长慢了会影响党和政府的形象。这是个潜在的问题，但7%的增长在世界范围内仍很耀眼，只要中国的增长保持在较快的行列，中国政治体制对于发展的优越性就一目了然。从目前看，舆论对增长放缓大多持理解态度，将经济数据做政治上借题发挥的倾向并不明显。

最大的考验大概来自于就业。经济增速慢了，就业机会、尤其是高薪就业机会就将暂时减少，国家需要有办法对这一情况进行对冲。需要看到，经济增速过高带来的就业并不稳定，它们往往同重复建设、产能过剩等相联系。那部分无效增长带来的财富最终都会通过各种金融方式蒸发，让人们空欢喜一场。因此我们应当促就业的长期质量，促民间财富的长期保值增值，就业的调整应纳入这一宏观调控。

增长速度放缓，中国人保持了总体上的冷静和理性。但也要清楚，虽然快慢都有问题，高增长更容易掩盖或麻醉痛苦，增长慢了则容易让问题变得急迫，导致意外爆发。比如舆论抱怨"增长过快"和议论"下行压力"，心态都不太一样。

因此最重要的还是长久的信心问题。目前舆论对增长放缓的理解未必会是稳定的，随着言论越来越开放，反向意见的出现已是规律，对增长放缓导致问题的大规模炒作很可能在未来出现。中国这些年的主要政策大多经历了舆论的洗礼，调结构也恐难以指望永得一帆风顺的待遇。

需要扎扎实实将增长放缓的过程做好，对其在民生领域有可能产生的负面影响高度重视，及时排解。此外政府要加大与舆论的沟通，让民众真正了解调结构对于他们的长远利益，让社会清楚增长放缓并非"低增长"，更非中国经济的"一蹶不振"，稳增长仍是国家的基本政策。中国经济有城镇化的强大推力，长期较快增长的大格局有着坚实保障。

适应力是信心的一部分。要实现社会心理朝着7%左右经济增速的平稳过渡，让人们适应它，习惯它，从中看到国家的美好未来以及个人的各种机会，中国的转方式、调结构就真正成功了。

（2013.07.16）

葛兰素史克是所有行贿者的殷鉴

葛兰素史克（中国）投资有限公司涉嫌商业贿赂，4名中国籍高管被拘留，1名离境的英国籍高管很可能也涉案。共有超过20名药企和旅行社工作人员被立案侦查。这是近年来最严重的跨国公司在华涉嫌商业贿赂案，它的侦破标志着中国反腐败向前跨了一大步。

有外媒质疑中国在"收缩"针对外资的投资环境，还有外媒抱怨葛兰素史克在其他国家的表现"都挺好"，但却在中国"学坏了"，证明中国是个"大染缸"。这些声音都有一定为外企在中国违反商业道德甚至犯罪辩护的意思。

然而中国公安部门的坚决行动是对这些杂音的最好回答。犯罪没有理由，跨国公司在境外的"高贵身段"带不来它们在中国触犯刑律的豁免权。葛兰素史克公司15日就行贿向中国公众道歉，这次刑事追究的正义性显示出了它的扎实。

跨国公司的投资对拉动中国经济发展做出了贡献，外资也在中国各地享受了不少优惠待遇。外资给中国社会留下的总体印象应当说是好的，各地至今仍在竞争对重要跨国公司的引进，国家和地方对外资的整体态度很平稳，没有陡变的表现，也没有那样做的动机。

但反商业贿赂是另一回事，它是中国反腐败事业的一部分，只能有一个标准。必须指出，有些外资公司在华的商业贿赂行为非常严重，几乎到了明目张胆的地步。它们败坏了商业道德，破坏了中国的经济秩序，它们出问题是迟早的事。

葛兰素史克花大笔"公关费"在售药中间环节行贿几乎是半公开

的，中国的廉政风暴掀开它的盖子一点不令人意外。

这几年反腐败主要打击的是受贿方，腐败官员一直是公众的关注焦点。至少在舆论上，行贿方被忽略了，他们有时甚至得到理解和同情，似乎他们是官员贪婪所拖累的受害者。

其实行贿同样是对法律的践踏，是法制建设最难对付的敌人之一。并非所有行贿者都是"被迫的"，有不少行贿者把这样做当成从商的"主打手段"，作为牟取不正当高额利润的捷径。他们扰乱了正当商业竞争，强行把邪门歪道变成"潜规则"，他们是腐败蔓延的推波助澜者。

打击行贿应成为反腐败的重头戏之一，这将能很大程度上抑制腐败的活跃度，起到釜底抽薪的作用。对行贿者和腐败官员需同时从两头打，效果也一定是加倍的。

中国过去也抓过行贿者，但跨国公司在中国的高层几乎被"一锅端"还是头一次。我们希望这一次的依法追究能做得坚决、彻底，对有不良念头的人起到"杀鸡儆猴"的震慑。

因为反腐败触及到跨国公司，一些外媒就说起风凉话，往中国的外资政策上牵连，这种做法是道德上自我要求很低的表现。他们应当把鞭子抽向葛兰素史克，抽向那些为了商业利益在华什么都敢干的一些外资公司。

中国在朝着廉洁社会一步步前行，虽举步维艰，但绝不会倒退。葛兰素史克应成为在华所有中外公司的殷鉴，贪腐的风险急剧增加，行贿的风险也必将跟着增加。我们相信，对行贿的举报和揭露也会逐渐走上互联网等全新平台，对行贿的监督早晚将变得无处不在。

(2013.07.17)

香港普选可期，但绝非"国家大选"

中联办主任张晓明16日出席香港立法会午宴时表示，未来几年面临实现2017年香港行政长官普选的任务，中央的诚意不容怀疑。他同时指出，要根据香港的实际情况制定普选制度，特别是要考虑到香港不是一个国家，而是享有高度自治权的地方行政区域，普选制度的设计必须遵循"一国两制"原则。

随着2017年逐渐靠近，香港泛民阵营趋于活跃，也显露出更多焦虑。他们发动了"占领中环"等街头运动，向"落实普选"施压。然而普选是一定会落实的，它是全国人大常委会根据基本法作出的决定，中央不可能食言。

香港泛民阵营的真正焦虑之处不是普选会不会搞，而是他们想突破基本法，让"一国两制"靠边站，通过普选让香港的政治独立性更像一个"国家"。他们当然会为此惴惴不安，因为他们知道自己的要求虽喊得很响，却无实际支撑。

"一国两制"早已成法，并指引香港在回归后走了16年。但对这一基本法的理解，香港社会还需通过更多大事的经历不断加深。香港是中国的一部分，它不是"国"，中央依法对它拥有的权力必须得到保障，关于这些，香港社会的民主、自由越发展，越需牢记。

所有香港公民都有依法参选的权利，但如果有人以为普选可以成为香港政治权力的唯一来源，什么样的人都可以当特首，普选的行政长官可以同中央分庭抗礼，那就出了基本法的轨。这种情况不会在香港发生。

香港各派需要把对未来的设想统一到基本法和中央的表态上来，试图公开对抗或者暗度陈仓，都是白费劲。那是在一条死胡同里的长跑。

一些香港反对派人士认为国家很怕他们闹，对他们搞游行示威很难适应。而事实是这一套在内地的一些地方也时有冒出，中国社会对激烈反对意见越来越有承受力。普通内地人倾向于相信，香港人懂得一旦社会动荡，最终埋单的是他们自己。因此闹事者直接绑架的并非中央，而是希望保持长期繁荣的香港社会。

在自由选举的政治环境里，让反对派"理性"往往很难。随着2017年靠近，泛民为赢得选举很可能制造更多的街头运动，不惜破坏社会稳定。中央和香港特区政府需要将对他们的劝说做到仁至义尽，但也必须把政治底线筑就得坚定不移，与他们的极端言行做针锋相对斗争。

设计符合香港实际的普选制度细则将会成为斗争焦点。它应是创新性的，体现"一国两制"的基本精神，而决不可让香港从此成为"完全独立的政治实体"。在这一问题上我们相信中央决不会让步，人民也决不会答应这样的让步。

"一国两制"当年是同英国斗出来的，它的长期落实也不可能只靠安抚和劝说，必须伴随在一些关键节点的强硬推行。这一点需要经常明确地讲出来，避免一些人另抱幻想。

香港是多元社会，各种主张只要不导致破坏性行动，都合法存在。香港政治上的光怪陆离也是一道有趣的风景线。但既然"一国两制"，中央对香港政治的宏观把握永远都是需要的，而且现实也一定会这样。在走向2017年的过程中，这应成为香港社会的常识性认识。

(2013.07.17)

安倍使日本越来越像"流氓国家"

日本首相安倍晋三17日视察靠近钓鱼岛的冲绳县石垣海上保安部，再次狂言钓鱼岛无论历史上还是按国际法都是"日本固有领土"，日本"一步也不会做出让步"。作为日本最高行政长官，他不惜用这几句废话再一次加剧日本同中国的关系紧张。

中日钓鱼岛之争处于僵持中，日本的态度中方是清楚的，中国的态度日方也很清楚。在行动上，中日都未后退，但也都对避免双方擦枪走火表现出兴趣。中方的态度在言行上比较一致，日方的言行则有很大跨度，表演成分很高。

安倍的强硬表态对中国战略界和军方来说一钱不值，对日本懂外交和军事的人也只是一堆"嘴炮"。但他的话能够刺激日中两国公众，他有可能因此在日本捞一些选票，同时他也能在中国民间引发更多愤怒。他在制造中日两国民意的更严重对立。

这样的"小人政治"如今盛行日本，安倍一方面公开寻求同中方对话，一方面宣称钓鱼岛问题"不容谈判"，他能将这样的虚伪下流表演成正义和大气，这让很多中国人颇为泄气。他让我们真正搞明白：只要他在台上，中日关系"没救了"。

在钓鱼岛之争陷入僵局、中日两国还有大量贸易利益需要照顾的时候，日本人可以想象一下，如果中国高官们经常公开发表对日强硬言论，或者去涉钓鱼岛安全的海监部门或军事机构视察，表达在日方听来是"宣示强硬"的决心，中国民间一定大为喝彩，但日本的民间舆论能承受吗？

中方在"嘴上"保持了最大克制，但日本方面的"嘴"越来越臭。日本上至首相的高官们经常随意发表刺激中国社会的言论，他们很像是在搞挑衅中国的竞赛。他们一点也没有为中日关系负责的意思，他们的市侩行径在毁掉中日关系越来越少的支点。

日本人需要清楚，中国决不会有人因为安倍的强硬表态而"害怕"，他只是让我们痛感面对了一个"滚刀肉"，我们甚至觉得因为他的言行而"生气"都不再值得。我们不会再寄希望同安倍政府领导的日本缓和关系，我们会以同样的强硬以及蔑视回敬那个国家。

同日本谈不会有希望，与它在政府间隔空对骂太辱没中国的身份，也太耽误我们的工夫，空耗我们的感情。因此我们希望中国官员沉住气，切不要掉入与安倍之流强硬表态的互动。有一个外交部发言人对付他们，就足够了。

中国需要积极发展对付日本的实质性杠杆，让日本经济和社会浮躁都付出更多成本，打击日本强硬派生存的社会基础。随着中国综合国力越来越雄厚，我们发现并培育这种杠杆的能力一定会越来越强。

日本社会被政治家们带向通常小国才有的极端，日本的确越来越像"小日本"，它虽然很狂妄，但越来越不配做中国的战略对手。它在逐渐让我们想到"流氓国家"这个词。

对付流氓就是有时不理他，有时斥责他，当他严重过线时，就狠狠教训他一顿，让他很长时间都不会忘记。

(2013.07.18)

媒体与记者的态度不应是分离的

新华社《经济参考报》首席记者王文志昨天发表轰动性微博，实名举报华润集团董事长宋林等高管在一项收购案中"故意放水"，致使数十亿元国资流失。他认为宋林等已构成渎职，并有巨额贪腐之嫌。这条微博昨天下午被删除，新华社所属各官微未见转发该微博，各门户网站昨天下午亦从首页移除了相关报道。华润昨天发表声明，否认所受的相关指控。

但这一实名举报的影响已经传播出去。这是继罗昌平实名举报前国家能源局局长刘铁男、并成功将其拉下马之后，媒体记者的又一重大举报行动。这件事的发展及最终结果都可能对反腐败的举报格局，以及对媒体在中国社会的作用和角色产生影响。

王文志复制了用媒体记者身份撬动社会关注的做法，并且在互联网的轰动性上一举成功。这样做会直接推动对华润高层的调查，就一事一议来说，对华润高层是否渎职或贪腐的调查结果，将决定对王文志之举的评价。

形成这样的调查结果或许需要很长时间，在这当中我们有时间探讨另一个问题：媒体记者通过微博实名举报官员是否应当发展为一种模式？

从社会建设的角度看，这种做法利弊参半。它的利在于调动了媒体记者的反腐积极性，对他们的作用做了最大化的发挥。这种出其不意制造的社会密集关注有利于打破反腐败的一些障碍，有利于具体个案的查办，并将这种查办置于公众督促和围观之下。

它的问题和不确定性在于，记者身份与微博的结合形成巨大的话语力量，而记者个人未必都有能力准确、理性地使用这种力量。其实记者在这种情况下都部分借用了所在媒体的影响力，而这种影响力的使用通常是谨慎的。比如美联社在最新规定中，明令其所有记者不得在个人博客中发表未经美联社授权的内容。

我们认为，记者的所有新闻活动最好还是通过所在媒体发表，微博应是辅助性平台。媒体应当支持记者的揭露性报道，与记者共同搞清事实，采取一致行动。记者个人在社交网站上冲在前头、媒体不表态的情况应尽量避免。如果整个媒体对事实没把握，记者的微博行动就不应当发生。

目前的情况是有些媒体机构过于谨慎，不敢承担责任。而供职的记者又有爆料的强烈愿望。结果是一些"内幕"通过记者的实名微博走上互联网，媒体机构的部分影响力附着在上面，而该机构的态度又模糊不清。

理论上可以有两种方式解决媒体与爆料记者关系的模糊性。一是让两者彻底分开，但只要记者通过职务身份微博公开爆料，这一点实际无法做到。二是二者统一起来，这一点虽然在面对敏感问题时很困难，但这却是媒体同其供职记者应当认真去做的。

迄今一些媒体记者的爆料创造了新的突破力量，对这种现象的总结和思考应当及时跟上。罗昌平显然做了一件好事，然而如果所有媒体都出新的"罗昌平"，中国媒体的信息秩序就将面临改写，人们对媒体以及对社交网站信息质量的理解也将发生改变。

反腐败与互联网的结合是新事物，成就和不确定性都会随之而来。发扬成就，及时消除或减少不确定性，需要所有获得话语权的人都承担起自己的责任。无论在什么时候，影响力和责任都应是一个硬币的两面。一个人可以只顾一头而不顾其余，而社会作为整体切不可这样。

(2013.07.18)

坚决开发东海，挫败日本"中间线"主张

据外媒报道，中国某大型海洋石油开发企业正计划新开发位于东海的 7 个油气田，其中有 2 个位于日本主张的"中间线"附近海域。日本内阁官房长官菅义伟 18 日在记者会上称，"假如中方果真从事油气田开发活动，日本将决不允许。"

好大的口气。我们呼吁中方这次一定要把这 7 个油气田建起来，看看日本到底有什么本事能做到对中国"决不允许"。

东海划界的所谓"中间线"是日本单方面主张，中国从未承认过。中国一直坚持大陆架自然延伸的原则。但即使按日本所说的"中间线"，中国迄今勘探、开发的所有油气田也都在它的西侧，即处于中日非争议区。日本阻挠中国在所谓"中间线"的西侧开发油气毫无道理，他们在自讨没趣。

不得不说，中方过去过于照顾了日本人的情绪，我们对开发东海大陆架油气的态度不够坚决，时进时缓。日本利用了其舆论的开放性，发出大量攻击中国东海政策的声音，扰乱了我们的策略。我们的"共同开发"主张也被其利用，我们是要共同开发争议区的资源，而日本妄想把"共同开发"拉到中方的非争议区。

日本的主张决不可能在世界上得到支持，只有其国内的忘乎所以之徒会以为他们真的能在这场与中国对抗中获胜。在中日各项冲突中，最容易让世界看清日本没理的就是东海油气开发之争。中国应当拿出战略勇气和决心，用把新油气田建起来的坚决行动给日本一个完整的教训，让他们重新认识中国。

中国今后没必要再同日本谈论在东海的"共同开发"。我们应理直气壮地单独开发东海大陆架的丰富资源，做得更有底气。日本的抗议应被蔑视，它敢搞挑衅性行动，我们就针锋相对。我们过去过于重视中日之间的和平氛围，这使得日方把制造噪音当成威胁中国的工具。从东海油气田开始，我们要改变中日之间的游戏规则。

日本政府18日对外透风，将派国有企业的两艘地质调查船前往东海"中间线"开展勘探活动，这是在威胁中国，强迫我们接受它的"中间线"主张。这将是中日东海争端的升级。

我们主张，一旦日本勘探船接近"中间线"，中国的勘探船就坚决越过"中间线"，直抵中日大陆架的交汇处。我们要把自己的大陆架主张喊得更响，并以实际行动与日本的"中间线"主张坚决斗争，挫败日本在东海的图谋。

如果中日"交叉勘探"，东海将面临乱局。我们不应当惧怕它的出现，它是日本挑衅造成的，我们唯有接招而不是躲避，才能稳住东海的战略大局，镇住越来越狂妄的日本。

日本以它今天的国力，竟妄想以强制性手段迫使中国接受它的"中间线"主张，这是其帝国主义思维在沦落成战败国几十年后的惯性，也是其藐视中国一个多世纪后的惯性。到了彻底击碎日本对华狂妄的时候，我们有越来越宽裕的资源和力量打击它，有中国快速发展的大势做支撑，我们不需做极端动员，也不需发狠、"豁出去"，我们只需处处自信，稳进不退，就能将这个历史上的宿敌逐渐压垮。

东海有可能出现中日之间的实力对抗，如果日本人很愿意这样，那就让它到来吧。中国不惹事，但决不怕事。

(2013.07.19)

谴责暴力执法，也别鼓励抗拒城管

湖南临武县瓜农邓正加 17 日与执法的城管发生肢体冲突，并突然倒地死亡。事件在互联网上再引轰动，形成舆论对城管的新一轮声讨。到昨天，郴州市纪委介入事件调查，临武县县长召开记者会通报情况，同时向受害者家属道歉。涉事城管人员已被控制，尸检也在进行中。

这是临武县城管执法时发生的意外事件，临武县的最初处置被报道出有"抢尸体"、"打记者"等细节。舆论迅速形成新的情绪聚集，既包括对城管"欺压"小贩的愤怒，也包括对政府可能包庇城管的质疑。

小贩在肢体冲突中突然死亡，城管有对小贩身体伤害的重大嫌疑。从事情的各种信息看，临武县政府的处置方式更像是担心社会稳定出问题，未必是想掩盖城管面临的犯罪嫌疑，因为很难解释他们会有这样的强烈动机。但他们的最初处置显然不够成熟。

中国互联网已经在用全球先进的行政水平要求中国基层政府，这种要求从道义上说没有错，但中国基层政府很少有能达标的，这是公共舆论事件层出不穷的原因之一。

对于少数城管人员暴力执法，中国现在并不存在支持这种做法的一支力量。文明执法是政府对城管公开、真实的要求，个别城管违背这一要求，往往是城管个人素质和其所担负任务的复杂性共同造成的。临武县的事件中，小贩邓正加夫妇有不配合执法以及辱骂城管的言行，引发双方肢体冲突就是个例子。

如果调查最终证明城管的"暴力"直接导致邓正加的死亡，就构成一起刑事案件，而与城管制度本身不一定有联系。就像在教室、医院、检查站发生的肢体冲突中也有个别可能转化成刑事案件一样，应该追究当事人责任，但让整个体系为之"背黑锅"未必是合理的。

舆论不断呼吁废除城管制度，个别城管惹出的个案总能上升为公共事件与此有关。此外因为政府整体形象不佳，而庞大的城管系统又是最基层的执法群体，出纰漏的机会极多，情节又有着生活中的戏剧性，所以最适合被摆出来示众。

城管多少有些卷入了中国当前不寻常的舆论之争。争论的政治背景大而复杂。以中国基层城管的能力和水平，很难经得起现代舆论力量的集中检验和追究。

但这是现实，同它是不能讲条件的。城管应清楚自己已深陷舆论漩涡，他们唯有加快自己的进步，严格规范自身执法行为，迎接舆论最严酷的洗礼，才能逐渐改变自己的形象，摆脱当前的困境。

对犯了罪的暴力执法者，城管和所在地方政府决不能为其提供庇护，而要坚决支持将他们绳之以法，并以他们的反面典型开展城管的内部教育，提高城管队伍文明执法的决心和能力。

我们希望看到临武县邓正加死亡案依法得到公开公正的解决，全国城管都从中汲取教训，公众也能从事件的大量报道中了解基层执法的全面情况。媒体应秉持客观报道原则，少对细节做情绪化猜测，而应更多报道正式调查的每一步进展。

围绕城管的争议已经成了中国社会的一个结。是解开它还是把它缠得更紧，城管自身应承担起第一份责任，但社会的其他力量也不应认为自己是对此免责的。

（2013.07.19）

中国发展自己比赢得掌声更重要

美国皮尤调查中心对全球 39 个国家的民调显示,多数受访者认为中国"已经"或者"终将"超越美国成为世界第一强国,但对美国抱有好感的人为 63%,对中国持好感的只有 50%。其中日本喜欢中国的人最少,仅 5%。这些数据显示,世界公众普遍看好中国的未来,但对此心态复杂,愿意为中国崛起鼓掌的人远不如我们期待的多。

看好中国未来是理性的判断,中国人口是美国的 4 倍多,综合国力迟早超过美国是历史的必然。但世人不会因此更加喜欢中国也是正常的,认为中国今天就应有比美国更多的朋友,这种想法是幼稚的。中国国内一些人以这一数据笑话我们的国家"失道寡助",同样很幼稚。

中国仍比美国穷很多,不仅人均穷,连经济总量还差一大截,质量更不能比。中国拿什么去世界上博比美国还多的好感?人性很难摆脱势利,美国的吸引力将长期处于中国之上,中国的受访者好感度只低美国 13 个百分点,而不是更多,这已经多少是个意外。

我们如今经常谈论软实力,好感度亦与之有关。但永远不应忘记,硬实力是国家综合力量的基础,是软实力的源泉。中国的国家力量建设处在强劲的前半程,现在仍是中国咬牙苦干的时候,而并非中国收获大量朋友的时候。

中国崛起逐渐改变世人熟悉的国际力量格局,我们在竞争世界资源的使用权,分享更多的全球市场。此外我们更坚决地维护自己的权益,包括在领土问题上更加坚持。我们需要做大量工作,加快外部世界对这一切的适应。但我们要想让世界为所有这些变化鼓掌喝彩,这样的期望有些奢侈。

外界对中国的态度有一部分靠"外交",但还有更大部分是外界对中国国力和我们使用力量方式的自然反应。中国作为高速发展的大国,发展好自己比交朋友更重要。朋友要交,但不能因为一时交不上朋友而着急。随着我们变得日益强大,我们的吸引力会自然增长,会有更多人有意愿同我们交朋友,甚至自然围上来。

中国处于内外矛盾都比较活跃的特殊时期,我们需要再"挺"一二十年,不仅壮大自己,也给我们完善自我认识,给世界其他力量习惯中国崛起更多的时间和机会。今天中国的很多意识形态现象都是过渡性的,我们终有一天会在回望时发现自己曾经多么不自信。

中国人特别在意外界对我们的看法,很想在世界上多有几个朋友,但又不太愿意为外交花钱,这样的纠结在目前这个阶段很典型。其实我们需要释然些,我们的外援总量并不多,而朋友相对来说并不少,尤其是,中国几乎在世界上没有敌人,我们的"敌友总分"应当说不错。

很重要的是,中国崛起的经济和政治空间都没有穷尽,中国继续发展的动力和惯性比我们遇到的任何障碍都强大,中国仍牢牢处于全球发展竞争的优势位置,这一点是"好感度"这样的调查数据根本无法度量的。

国家仍是当今世界最大的利益聚合体,国家利益因此是国际间价值判断的最大出发点。外界对中国的价值判断都难免与各自的国家利益挂钩,它们不应成为中国人认识自己国家的主要素材和依据。在信息全球化的时代,我们要切记这一点,保持认识自己国家的独立思想能力。

(2013.07.20)

谴责 T3 爆炸犯罪应高于同情遭遇

北京首都机场 T3 航站楼 B 出口外上周六发生一起爆炸事件,曾在广东打工的山东籍残疾男子冀中星引爆自制爆炸装置,但没有造成乘客和机场工作人员的伤亡。由于作案者本人是爆炸案的唯一受伤者,目击者称肇事者在引爆自制炸弹前还曾喊"躲远点",这件事引起的公众感受尤其复杂。

我们认为,这名轮椅上的作案者很可能有非常令人同情的个人经历,他的作案避免了其他人员伤亡,这会增加人们对其个人遭遇的怜悯,这是事情发酵的正常方向之一。广东东莞市已在调查冀中星多次上访的细节,这属回应人们同情心以及反思事发源头的应有举措。

但必须指出,冀中星在 T3 航站楼引爆自制爆炸装置必须遭到谴责,也必须依法惩处。无论他之前受了多大冤屈,它们都不能为其这一极端行为提供道德支持,更不能帮其做法律开脱。机场是航空器起降的空港,在任何社会都是安全重地,冀中星在那里引爆爆炸物是明确无误的犯罪。作为非法律文件,我们在这里完全可以把"嫌疑"两个字拿掉。

以自残为代价的极端犯罪有不少都连着令人唏嘘的个人不幸故事,我们支持并呼吁官方朝着背后的这些故事做调查并反思,这应成为每一起极端事件处理不容忽视的一部分。在这个方向上该追究的就要追究,该澄清的则要澄清,而不能成为一笔糊涂账。

舆论对极端事件的关注也应平衡,要切忌民粹化。在 T3 爆炸案这类极端事件出现后,互联网上有个别人为其行为叫好或许是正常的,因为中国这么大,杜绝极端声音不可能。但如果同情这种极端行为甚至为它叫好的声音在互联网上坐大，成为一种舆论力量，就是决不应该的。它是互联网上价值观的一种错乱。

同情冀中星的个人不幸和同情他所实施的T3爆炸案是截然不同的两回事。两者决不可在拥挤而脆弱的现代都市文明里被混淆。我们坚决支持对公平正义的不懈追求，呼吁政府加快这方面的改革，为弱势群体表达利益诉求提供畅通的渠道。但对于社会治理的现实短处，我们同样坚决反对以暴力方式进行揭露和报复。在社会快速转型和矛盾多发的今天，对社会弱势者的极端犯罪行为我们急需达成道德共识。

我们需要清楚，中国的改革再快，一些有可能导致个人极端情绪的问题也不可能消除干净。在全世界，我们事实上也找不到那样的"净土"。如果我们同情、鼓励弱势的不幸者做所谓"暴力反抗"，中国尚不牢固的法治基础就会再向混沌倒退，社会将永无安宁。

中国毕竟是当今世界民生进步最快的国家之一，但中国互联网上的戾气也是世界上最重的之一。这两者显然是矛盾的。解决这一矛盾或许很困难，但我们必须看到这一突出现象的存在，不应认为它是理所当然的，尤其不应认为这一矛盾的不断激化是社会民主之幸。

中国社会正变得越来越开放，也在越来越连接成一个整体。个人威胁公共安全的能量将随之上升，只有社会反对这种威胁的态度变得更严厉，才能形成平衡。如果社会的态度长时间分裂下去，就可能造成灾难性后果。公众需要对此保持清醒认识，在维护社会安全的问题上，我们根本没有放任争论、对暴力犯罪也施以理解和宽容的本钱。

(2013.07.22)

一线城市舆论鞭挞县镇政府成趋势

湖南临武县免去了城管局局长职务，并对死亡瓜农的家属迅速做出赔偿。瓜农的亲属们似乎接受了善后方式，但舆论远未接受。除了传瓜农家属是"表面接受"，实则"另有苦衷"，质疑赔偿款给付"太快了"昨天又成为互联网舆论的新追究。临武县城管铸下伤人致死的大罪，带来舆论对临武县基层工作的全方位痛批，而且越批发现那里的漏洞越多。

城管把整个临武县政府都"拖下水"。围绕城管暴力执法这件事，临武县没有任何"解释"的余地，舆论再激烈的批评它也要听着，反思和调整都势在必行。从临武县撤城管局长这个动作可以看出，县政府似乎认识到了其在事件爆发之初"维稳"的一些做法过于简单，他们在努力跟上舆论的要求。

大量评论指出，像很多基层政府一样，临武县对城管的基本认识出了偏差。比如城管对商贩首先应是服务，但他们把自己完全当成了管理者。这种批评在道义上是正确的。

然而在舆论场之外，很多熟悉基层工作的人也发出另一类抱怨。他们没有为犯罪的城管辩护，都认为必须将那几个人绳之以法。他们是抱怨舆论对临武县善后工作的要求"过于挑剔"，对基层工作的整体要求是"理想化"的。

这种观点一是认为目前舆论的主流批评者来自于一线城市，其中不少人很有见识，理论水平高，引入了中国乃至世界的先进城市管理理念。但舆论热点事件大多发生在县、镇级的基层，那里的政府管理水平达不到一线城市的要求，不仅社会文明与一线城市有差距，干部队伍见的世面和综合能力也都有不少欠缺。

互联网舆论在把中国当成一个道义上的整体，但中国基层同一线城市的种种差距却是现实和明显的。很多地方的基层社会处于欠发达状态，在中国这样的"等级社会"里，人、权、财、物都向高端走，但任务和要求却层层向下压，基层政府被迫"小马拉大车"，遇事难免漏洞百出，遭到一线城市舆论的口诛笔伐。

比如城管的首要职责"是服务而不是管理"，这种观念很先进，但一些人认为，它在基层得到落实需要城管和商贩的同时改变，它就是基层社会的综合进步过程。它并不像一些一线城市的批评者想象的那样简单。

当前的社会治理似乎"僵"在了各种认识的不对接上。而要舆论照顾基层小城镇的"现实落后"几乎没有可能。不断提各种要求，不管基层政府做得到做不到，它们都按照自己的规律不断推陈出新，这是舆论的天性。

然而放任这样的差距将是可悲的。现在可行和现实的做法是加强对基层政府人、权、财、物的支持，尤其是推动人才从高端向基层流动，同时对基层政权的构架进行必要改革，那里的问题是几大班子以及主要事业型组织都配得很齐，但一些岗位成了闲职，而承担责任最重的一线管理服务部门又严重人力不足。

在互联网时代，基层已经成为敏感问题的最前沿，而那里的处理能力不仅薄弱，而且覆盖率不足。但基层"出事"的负面政治影响却很容易成为全国性的。缓解这一问题刻不容缓。

(2013.07.22)

中日进入"冷对抗",缓和不需急

安倍所在的自民党在日本参议院选举中"大获胜利",自民党与联合执政的公明党控制了参议院一半以上的席位,但自民党未实现单独过半的目标。这使得安倍力推的修宪前景面临不确定性,但其"长期执政"有了条件。

安倍对中国"强硬"将更有底气,他"8·15"参拜靖国神社的可能性在增加。中日关系将很难大规模缓和,但安倍采取极端冒险行动也没有足够本钱。

安倍昨天说日中关系对于双方都是"最重要的双边关系之一",不希望两国的难题影响全面关系。但他说的这些更像是"面子话",我们不应指望中日关系在他的任内出现缓和。其实中日关系对中国的战略重要性低于中俄和中美的级别,它对日本是"最重要的双边关系之一",对中国未必是。

中日关系能缓和当然好,但条件是安倍政权的对华思维必须有重大改变,否则可以让它这么僵下去。只要中日不发生大规模军事冲突,两国是否友好对中国的战略意义在下降。

现实给了中国人一种自信:中国的国力已经能够镇住日本与中国一战的冲动。那将是日本根本无法承受的灾难,中国将越来越有能力在日本军事挑衅的情况下给其一个"足够痛的"教训。

中国现在要做的是保持战略定力,不理会安倍政府一日三变的对华喊话。我们应当冷落它,对它视若不见,把精力更多投入到更大的亚太战略构建上,投入到中国的内政建设上。

安倍政府或许会采取更多极端政治挑衅行为，包括安倍本人参拜靖国神社。那么就让中日的对立再升一级，我们不必为了避免这种情况的发生而对安倍做安抚。

中日两国现在的关系进入了一种"冷对抗"状态，我们使用这个新概念，是因为中日对立已经打破了正常国家关系，但低于"冷战"的强度，我们称之为"冷对抗"。

中日由于有大规模的经贸往来，大概不至于滑向冷战，更难走向热战。但两国重回洋溢着睦邻气息的正常国家关系也已经很难。中日之间被历史反复锤炼的精神对立甚至仇视已被唤醒，两国缺乏克服各自情绪的外部环境，内部动力也不足，因此如果两国关系能稳定在"冷对抗"的状态，这应是东北亚局势不幸中之幸。

现阶段谈中日友好是自欺欺人，只会扰乱中日外交应当共同维护的底线，这个底线就是和平。把期待值彻底降下来，让"冷对抗"成为两国都接受的状态，把它当成安排两国各自利益的新出发点，这对两国未必不是好事。

需要指出的是，中国已经历史性地成为调控中日关系的战略主动方。日本小动作活跃，但中国处于亚太大外交的更高端，中国的综合实力实际给日本的折腾画了个越来越清晰的圈。

我们建议中国领导人长期不见安倍，中国高官也不就对日关系发表谈话，对日本的表态尽可能控制在外交部发言人的级别。这样的"不对等"坚持下去，就是对安倍等日本高官对华强硬表演的羞辱。要让日本舆论看明白这一点，安倍等人将面临"表演越多，受辱越多"的压力。

用中国的欣欣向荣回答安倍等人把自己当猴一样耍的表演，用中国的强大力量威慑他们"大闹东北亚"的冲动。中国需用不变应日本的万变，东北亚的时和势都在我们一边。

（2013.07.23）

谴责滥砍滥杀，这一道德之堤不能垮

　　昨天中午北京马连道家乐福发生新的报复社会案件，一名犯罪嫌疑人持刀砍伤4名群众，其中包括两名学龄前儿童。一名女性伤者昨晚在医院不治身亡。犯罪嫌疑人是北京人，犯罪动机不详。

　　从陈水总，到冀中星，再到北京马连道家乐福昨天新发生的案件，事发原因各不相同，造成的伤害也不一样，但它们都发生在公共场所，都对公共安全造成威胁，犯罪嫌疑人都有制造社会轰动的动机。

　　马连道家乐福砍杀案的背后是否也有一个个人遭遇的不幸故事呢？很可能有。但我们必须谴责这名作案人。我们同样要谴责陈水总和冀中星，这是中国舆论急需要做的重大"补课"。

　　促使个人走向极端犯罪的不幸遭遇当然值得同情，各地政府必须反思那些遭遇最终激化的过程和教训，追查曾经渎职的相关责任人。这样的教训还应举一反三，成为各地政府自我警示的反面教材。

　　我们希望政府方面辟出专门力量开展这项工作，并与媒体沟通，让全社会相信政府方面在加紧改革，每一起极端事件的发生都对政府造成了触动。

　　作为舆论，每一起极端事件爆发之初，则应把对它的谴责作为第一反应，营造中国社会坚决反对用暴力泄愤或制造关注的集体态度。这是中国维护现代社会秩序的基础性条件，它应成为我们最珍视的舆论底线之一。

　　现在的实际情况是，这一舆论底线被打破了，每次极端事件发生后，都有人在互联网上为报复社会的犯罪营造同情，甚至公开为它们叫好。"官逼民反"成了这类声音对案件最常用的定性。类似、但稍作掩饰的声音还出现在一些传统媒体上。

发出这些同情声音的人有一共同思维定式：向政府施压比向极端犯罪者施压更是时下中国的当务之急，给政府施压可以不惜代价。这样的价值取向使他们有时将报复社会者当成"英雄"来宣扬。

这是非常危险的舆论倾向。长此下去，中国反对暴力行凶的道德之堤将会垮塌，公共场所的滥砍滥杀将会得到社会的部分道德迎合。一个人只要有冤屈，只要这种冤屈可以在公共舆论中得到认同，他走向杀人放火，一次毁灭几条甚至几十条生命就不用惧怕社会对他的集体唾弃，他就有可能得到同情甚至被当成"英雄"。这是对犯罪多么可怕的纵容甚至鼓励！

中国切不可朝那个方向走去，那里是社会治理的万丈深渊。舆论需要勇敢地向着理性回归。我们需要搞清楚当一个极端反社会案发生时，我们如果不首先谴责它，而是立刻追寻作案人的悲惨故事，反思他是如何"被逼上绝路"的，这一切对社会的明天究竟意味着什么！

中国官方需要同媒体达成共识，建立起舆论对官方的更多信任。舆论需要相信即使不在每一次恶性事件发生后都溯本求源，追究官方的可能责任，官方也会自动反思，并开动追责的机器。这样的信任会成为舆论主动调转方向、谴责作案人的强大动因。

全社会需要看到，全世界都有反社会案件不断发生，中国无法成为净土。我们需要做的是抑制它们的多发，在任何时候都不接受作案者的犯罪动机。我们目前对这类犯罪者的同情已经走得过远，毫不夸张地说，中国互联网几乎成了全世界这类同情最多、最集中的地方。

反对在各种舆论平台上公开同情、支持报复社会案的作案人，这不仅是道德呼吁，还应在法律法规上得到体现。各媒体机构和官方部门再也不能在这个问题上持暧昧态度了。

(2013.07.23)

舆论不应逼企业家"政治化"

柳传志在上月的一个小范围座谈中说,"我们要在商言商,以后的聚会我们只谈商业不谈政治,在当前的政经环境下做好商业是我们的本分。"柳传志代表了一类企业家,主张专注商业的还有马云等,后者近日被香港媒体从对他的专访中淘出一句"很敏感"的话,但总体上马云是"远离政治"的。

还有另一些在政治舆论层面比较活跃的企业家,与柳、马等形成对照。互联网舆论目前批评柳、马这种类型所谓"犬儒主义"的较多,更喜欢另一类的"有担当"。

我们认为,柳传志的谈话有比较现实的针对性,反映了企业家的敏锐和责任感。其实做企业都离不开政治,做得越大越与政治有关,但涉入政治的态度和方式却可以完全不同。

柳传志和马云都堪称中国经济改革最前沿的弄潮儿,他们的企业做得很大、很成功,开创了在各自市场崛起的独特之路。他们深刻影响了相关领域的市场环境,对政府决策和产业政策的形成都产生了一定塑造力。就阿里巴巴来说,它对中国的金融等现有制度形成了触动,这些很难与政治划清界限。

中国经济改革整体上就无法远离政治,它的经历者们大多有着非常复杂的经验和感受。柳传志们扮演了时代最期待他们扮演的角色,中国最缺能闯过现实环境做大做强的企业家,他们做到了这一点,形成了强有力的示范,鼓舞了后来者。

另一类企业家更多活跃在了舆论层面,他们的企业带来的改革推动力不及联想和阿里巴巴，他们的实际政治影响力也低一个级别。他们的舆论影响力是将商业名声到舆论场上做了放大，有一定"娱乐化"，也有人认为他们这样做可以反过来帮助进一步实现商业利益。

我们首先认为两种做法都是合法选择，同时想强调，在任何国家，企业家都不是舆论场的主角。他们参政一般都会选择自己社会里的传统途径，而避免在社会尖锐争议的领域举旗。柳传志们在政治发言上的克制契合了世界大多数成功企业家的做法。

舆论不应逼企业家"政治化"，除了一些人对企业家"责任感"的肤浅理解，这还表现了另一部分人"拉阵营"的心理，是他们开展"政治斗争"的姿态。这样发展下去可真有点像"搞运动"了，对这样的"被迫站队"，上一些年纪的中国人都很熟悉。

企业家的责任首先是做好企业，多创造就业和税收，以自己有别于政治家和舆论领袖的方式报效社会。企业家向政治转型的情况在全世界都有，但转型的方式应当稳妥，这符合企业和社会的利益。

中国的社会转型是全面的，民营经济比重在增加，国家需要加强企业家参政议政途径的构建，多为他们提供合法、有效的表达场所，增加他们的受尊重感。这样可以减少一些企业家做互联网舆论领袖的兴趣，促进网上舆论氛围的改变。

企业家都经历过打拼的辛酸，有过失败和成功，对社会的认识往往更深刻。他们多数在舆论激烈纷争的当下选择"沉默"和专注于商业本身，有些人是为了谁都不得罪，明哲保身，但更多人是因为他们清楚中国社会的特殊复杂，不是喊个口号就能解决问题的。所以他们选择了实干，用争取成功做出独特回答。

(2013.07.24)

莫用同情客观上鼓励反社会犯罪

7月23日广西东兴市加入发生滥杀无辜血案城市的行列。一农村男子持砍刀冲进该市计生局，砍死二名计生干部，砍伤四人。昨天警方通报了该男子有精神病史的消息，但这个细节在中国各地"扎堆"发生报复社会血案时似乎并不重要了。

我们的总印象是不断有生活中的弱势者举起刀来报复杀人，杀人。而与此同时，舆论场对杀人者的谴责严重不足，互联网上有相当多的人在第一时间对报复杀人者的遭遇表达同情，甚至为他们的行为鼓掌。

我们确信这样的舆论状态是不健康的，需要有力量促其改变。现在的争论是改变这样的舆论倾向可以单独完成，还是它必须以政府改革舆论认为有错的工作机制为前提。

这样的争论在眼下无异于抬杠。舆论的不健康不可能单独是舆论的问题，或者单独是政府工作缺陷造成的。它反映的是转型期内社会深刻的内在不适应。消除所有原因再来改变舆论的危险倾向等于是放弃作为，它意味着我们将放任自己做公共舆论可以欣赏报复杀人的奇怪社会。

由于网上舆论的同情和变相鼓励，一些人今后搞报复杀人的精神压力很可能会减小，以往的道德和法律双重压力对一些极端者将只剩下法律压力。甚至个别没想那样做的人也会受到刺激和客观怂恿，有轻微精神疾病的人尤其可能受到影响。

目前尚无数据支持报复杀人在增加这样的结论，但这种犯罪的精神环境在变得宽松，从杨佳砍杀警察以来，为犯罪开脱的声音越来越多，这是我们只要上互联网就很容易获得的真实感受。

必须采取一些强有力的措施扭转这一局面。我们认为治本最重要，但谁都知道治本需要时间，需要改革的配套，因此治标同样是关键性的。我们不能因为有一些深层原因难以迅速根除，就放弃现在可以马上做的那些改变。

互联网上的评论和跟帖或许难以控制，但传统媒体应当承担起带头谴责滥杀无辜的舆论责任，互联网意见领袖也应分担这一责任。政府部门应坚决使用各种调控杠杆，督促这些责任的履行。

对于公开支持报复性滥杀无辜的言论，国家应以立法予以禁止。这样的言论如果得以在互联网上合法畅行，将对社会造成持久、深刻的伤害，将严重威胁中国的未来。

在反对滥杀无辜的问题上统一社会舆论，这决非言论自由或者不自由的问题，它是全人类真正的普世价值，也是走遍全球立国和立社会低得不能再低的底线。如果在这里失守，中国人的精神世界将被冲开一个大缺口，我们无法设想将会有什么样的严重后果纷至沓来。

有人说社会治理出现一段乱局无可避免，只有当城市里的各种"街头自由化"达到一定程度，报复性滥杀无辜从低概率事件发展到让普通人感到不安全时，舆论才可能掉转头来反弹。就像当年人们开始时喜欢政治运动，直到后来吃了大亏才厌倦、反对它们一样。

但中国作为历史经验悠久的社会，不应当重走这样的弯路。我们应当在看到悲剧的苗头时，就开始坚决的调整。

需要有更多人勇敢站出来，迎着非理性的声音谴责反社会的报复杀人。也需要一些公共舆论平台发挥作用，让人们知道非理性舆论一旦蔓延的巨大危害。我们或者打掉一种已能感觉到的不正常气焰，或者这个社会被它的不断蔓延和裂变逐渐拖垮。

(2013.07.24)

"日菲轴心"渐成，"包围中国"是狂想

菲律宾的所谓"全球反华游行"昨天中午在马尼拉稀稀拉拉地开场，参与人数远低于预期。马尼拉的这场戏还不如几天前抗议本国政府、烧了阿基诺三世头像的那场活动热闹。看来大多数菲律宾人知道，在南海问题上同中国激烈对抗不会有前途，就像看一场注定要输的比赛，人们的热情自然大减。

但菲律宾政府相当于"拿了钱的演员"，观众多或少都要演下去。而"给它钱"的是华盛顿，还有东京。美国重返亚太战略需要几个稳固的支点，南海纠纷是最合适的之一。所以美国表面上不做冲突的参与者，但它是菲律宾对华强硬的精神支柱。在华盛顿半明半暗支持下与中国作对，逐渐成为菲律宾政治的一种习惯。

日本在东海与中国对峙，虽也有美国背后撑腰，但不像南海有不止一家同中国闹，它在东海不得不同中国"单挑"。随着中国发展，日本的压力会越来越大，它急需与中国领土纠纷上的同盟，很希望中国陷入多方招架的困境。

安倍近日将出访东南亚，菲律宾是其中一站。他极可能在那里向菲政府转交日本捐赠的巡逻艇，它们将用来增强菲律宾同中国海上摩擦的能力。

日本和菲律宾逐渐形成在周边海域协同对付中国的"轴心"，但"日菲轴心"能发挥的战略作用非常有限。它能帮日菲相互打气，造成它们"得道多助"、中国"失道寡助"的幻象，鼓舞各自国内的士气。

但日菲不敢大张旗鼓，使这一"轴心"正规化。它们与中国的岛

屿争端涉及很模糊的国际政治领域，中国在法理依据上占优势，综合实力的优势也越来越明显，日菲都没有同中国殊死一搏的战略决心，它们也都没有为领土争端放弃同中国经济合作的打算，两个患得患失的国家凑到一起，结成的"轴心"也不会有多大力量。

当年二次大战中，日本曾经在占领东南亚一些地区后从南部包抄中国。今天的日本像是在下意识地重走旧棋，但时代却完全不同了。日本在东南亚的外交构建由于缺少超级国力的支撑，形不成大战略的意义，它们只能帮日本做生意，鸡零狗碎，所谓"包围中国"实在是部分日本人的狂想。

菲律宾知道中国不会真把它怎么样，所以就不断搞些小的兴风作浪，寻求菲律宾国内的政治平衡和自圆其说。菲律宾政治的特点是不闹这件事，就要闹别的事，不断抗议中国让其国内不少政治力量都找到了事做。

与日菲摩擦已成为中国对外事务的常态，我们适应就好了，没有必要也没有工夫同它们一米一去地互动。像菲律宾搞全球示威，而菲律宾人在世界上才有多少？如果全球华人为南海领土搞一次联合大示威，那才真的好看。但对付菲律宾实在不值得我们搞这么大的动静。

菲律宾的示威和日菲串联是不同层面的造势，但反映的都是怯懦者的心态。中国不需要造什么势，中国只需按照自己的节奏发展，有条不紊地行动。

中国几天前正式成立了海警局，几艘海警船已取代海监船在在钓鱼岛附近海域维护中国主权。但中国对这件事的宣传很低调，我们既不需要用这件事在国内鼓舞什么，也不需要用它对外宣示什么。成立海警局是中国加强海上维权的正常步骤之一。

力量是最好的语言，越有人要同我们作对，这个道理就越发挥作用。只要中国的力量不断增加，摆在那里就是一种威慑，会让日菲的极端主义者感觉冷飕飕的。他们紧张，会更激烈地折腾。那就让他们折腾吧。

（2013.07.25）

审判薄熙来是依法治国的清晰重申

薄熙来案昨天依法提起公诉，薄熙来以被告人身份出现，令人感慨万千。他的出身，他的不寻常履历，以及老百姓想象中他的各种"能量"都做不了他的护身符。他的命运取决于他究竟犯了哪些罪，以及法庭对各种犯罪证据的依法认定和结论。

昨天检方的起诉书指控薄熙来受贿、贪污、滥用职权，这些年因这几类罪行倒台的高官最多。薄熙来案发起源于王立军出走美国领馆，中间是他的妻子被查出故意杀人罪。他最终要栽倒在法律面前，除非他和他的律师能驳倒检方的证据。

薄熙来案再次证明中国执政者和全社会打击贪腐的强大决心。这种决心一方面来自执政者的政治自觉，一方面是法治社会越来越不被动摇的惯性选择。

大踏步走向依法治国的中国必将对贪腐越来越严厉、无情，今天我们所看到的一起起高官落马决非运动式的"一阵风"，这是中国转向法治社会后严处贪腐的"天性"，惩治贪官实为法治社会的必然选择。

薄熙来可能曾经认为自己搞些贪腐"没事儿"，一些自认为职位高、"有背景"的官员也曾这么认为。但经过这几轮"打老虎"，有这种狂妄想法的人大概会少多了。薄熙来案、刘志军案等大案都像警钟一样，在中国公权力涉及的各个领域回响。

从民间来说，虽然仍有一些人对司法公正怀疑，但"官员一旦被查出贪腐就跑不了"，这已大致成为公众的基本信念之一。这些年体制内针对官员贪腐的调查很多都没有落空，官员贪腐败露后逃脱罪责的

"门路"被一一堵上，社会监督查处贪腐的积极性很高，"法律面前人人平等"正从一种原则变成大量司法制度和监督手段密集交织的现实。

中国法治建设比一些人认为的要快，直到今天仍有人歪曲薄熙来案的刑案性质，境外舆论还有杜撰它所谓内幕的，围绕薄熙来案的无端猜测和恶意传谣层出不穷。这是一些人的一厢情愿，它会随着中国依法治国的继续前进逐渐式微。

新一届党中央显然把依法治国放在了更加突出位置，这既是执政者的政治主动性，也构成了这个时代里的应势而为。审判薄熙来如果说可以看成一个标志性事件，那么它的最大启示是中国三十多年来改革的不可逆转，是中国法治进程一步一个脚印的前行。

薄熙来案举世关注，希望舆论带来的"聚焦"不对法庭的审理造成干扰，最终判决经得起历史的检验。实际上近年中国很多案件都造成舆论的围观，法庭的定力经历了反复洗礼。我们有理由对这一次针对薄熙来的公正审判抱有信心。

(2013.07.26)

杀人和扬言杀人，一样都不能有

公安部25日要求严惩个人极端暴力犯罪，对扬言实施放火、爆炸等极端暴力行为的人依法严肃处理。就在这两天，女歌手吴虹飞因为发微博宣称"想炸"北京人才交流中心的居委会和建委，而且要把她不肯说出名字的人"炸没了上新闻"，被北京警方治安拘留。在各地连续发生滥杀无辜的报复社会案件之时，公安部的要求和北京警方抓吴虹飞都发出了标志性的信号。

连续发生的个人极端暴力犯罪已成当前突出问题，至少舆论场给人们的感觉是这样。然而值得深思的是，舆论的态度相当分裂，对吴虹飞"该不该抓"的争论就反映了这一点。

警方拘留吴虹飞有《治安管理处罚法》第二十五条第三项针对"扬言实施放火、爆炸、投放危险物质扰乱公共秩序"的法律依据，吴虹飞在当下敏感时刻发这种微博，危害尤其大。很多人都做了一个类比：如果吴虹飞是在美国互联网上说同样的话，对她的处罚决不仅仅是治安拘留，她很可能被判刑。

但认为"不该抓"的人则提出，吴虹飞发微博仅仅是"泄愤"，发个帖子就被抓属于"因言获罪"。即使她触犯了《治安管理处罚法》，同样和类似的情况在互联网上有的是，警方单单抓她是"选择性执法"。

这种争论的发生反映了当下社会价值观的混乱。需要指出的是，即使同互联网上比较出格的泄愤话相比，吴虹飞那条微博的内容也是严重的。她有"想炸"的具体地点，而且暗示了有具体"想炸"的人。除了对具体目标构成威胁,她作为公众人物还在敏感时刻向社会做了坏的示范。即使她真的只是"说气话",我们也看不到她应当被原谅、得到法律豁免的强有力理由。

这与言论自由扯不上关系。所有法治国家都不会允许这样的威胁言论,打击个人极端暴力犯罪和制裁相关威胁性言论不会以意识形态划界。中国的法治建设方向应当是人们对于涉及他人或公共安全的言论更谨慎,而不是可以随便扬言杀谁炸谁,这样的社会共识不应被威胁者针对的目标是谁而扰乱。当暴力犯罪酿成事实时,更不应有歧义。

如今一些人在推动一种危险的泛价值取向:只要靶子是官方或官方人士,什么样的言行都是合理的,反对这样的言行就是压制民主。

这样做是要倒拨中国社会建设的时钟,把中国从法治建设的途中拉回到政治价值判断高于一切的年代。杀人不一定是错的,关键看杀的是谁。扬言杀人更不一定是错的,只要被威胁者跟官方沾边。这样下去"官"早晚会被"有钱人"取代,还会被各个动荡时代曾成为斗争对象的人群和阶层取代,今天的很多斗争者将会沦落成被斗争者,这条路不会有理性的终点。

诚然,社会戾气总有体制的缺陷作为其深层原因的一部分。合法的表达渠道不畅,理性批评和维权效果不佳,降低了人们对合法渠道解决问题的期望值,反社会的言行因此有了更大市场。在与它们作斗争时,相应的体制内改革必须跟上,大量学者的这种呼吁应当引起足够重视,切不可被当成耳旁风。

综合治理需要在各个方向上的坚决行动,对官方加快改革的呼声可谓此起彼伏。打击个人极端暴力犯罪,和制裁威胁实施暴力犯罪的言论同样势在必行。不会因为这个社会有问题,个人就有了违法胡来的理由。公安部门在发出这样的强烈信号。

(2013.07.26)

停战60年，中国舆论应比美国豪迈

60年前的今天，朝鲜战争停战协定签署并即时生效，历时3年的惨烈战争终于停止。60年来，虽然朝鲜半岛一直处于对峙和冷战之中，时有小的摩擦冲突，但半岛大的和平与稳定得以维持。

今天，朝、韩、美都有大型纪念活动，美国人骨子里对那场战争很沮丧，但官方在宣扬他们的老兵"无怨无悔"。中国作为主要参战方派了高级代表团去朝鲜，国内到昨天没听说另有官方活动。中国通常更重纪念10月25日志愿军入朝作战纪念日。

国内舆论这两天回忆文章不少。只可惜，为我们当年把美国赶回三八线而自豪的不多，宣扬志愿军伟大精神的不多；"反思"的文章倒是不少。舆论的豪迈劲甚至不如美国，而当年可是倒过来的。

近几年不断有人对历史做着不切实际的假设：假如中国没有参与这场战争，台湾或已统一，中美不会对峙，中国改革开放就会提前20年等等。这些假设是极不严肃的，是对在朝鲜战场浴血奋战、付出鲜血和生命的志愿军战士的不尊重。

历史在回望时总会露出一些瑕疵和粗糙，但我们不可能以今天的环境去挑剔昨天的选择。历史的必然性由无数的偶然性组成，如果说朝鲜战争还带有一定偶然性的话，那么抗美援朝战争则是中国的必然选择。

这场战争打出了东亚新的战略格局。这60年的半岛大和平，绝非仅一纸停战协定之功，所有各方实力对比以及对战争刻骨铭心的记忆，起到了根本性的止战作用。说到底，停战协定抑或和平协定，都是相关各方意愿和利益判断的体现。

中国人民志愿军在战争中表现出的坚强意志，留给世界特别是美国的印象至今鲜明。缺衣少粮、装备极其落后的志愿军当年靠什么没有输给世界最强大的美军？这个问题一直被人们品味琢磨，它留下了一笔永恒的精神遗产，对民族自信心在近代史备遭蹂躏的中国人来说，它所起到的鼓舞作用更是难以衡量。

无论是朝鲜战争，还是今天的半岛格局，都是历史留给我们的，它们都嵌进了中国的命运年轮中。换句话说，发牌的是历史，我们只能打好发给我们的这手牌，为抓到的牌太好而忘形或者抱怨这手牌太差都没有意义。

对21世纪的中国人来说，朝鲜战争已经遥远得像一场梦。当年的艰难困苦与今天中国人生活可谓天壤之别。这种反差清晰折射出中国在这60年取得的巨大成绩。中国几经弯道，最终走出伟大康庄大道。

在三八线，在朝鲜，战争却不是遥远的历史，几乎是现在进行时。与60年前相比，朝鲜当前的国际处境、朝鲜人民的生活都没有明显改善，半岛危机的引信始终未被拆除。朝鲜自身要为此负一定责任，但朝鲜这么小的国家，把它说成东北亚冷战残存格局的头号责任方，显然是荒谬的。朝鲜更像是错失了一些时机的随波逐流者。

跳出朝鲜战争的阴影挺难，而最难难在各方愿望不足。美国愿意半岛从停战状态转为完全和平吗？好像不，虽然它嘴上说"是"。日本更不像愿意结束半岛冷战。韩国也三心二意，对究竟和平重要，还是"统一"重要模糊不清。反倒是朝鲜更急于签和平协定，但方法有些激进。

朝鲜半岛是冷战的活化石，我们都有义务把它变成真正的冷战遗址。到那时，对停战协定签署日的纪念就不会像今天这样沉重。

(2013.07.27)

油气管道，缅甸对华态度的试金石

中缅油气管道 7 月 28 日成功实现输气，这是中国多元化能源战略的又一重大突破，对减少中国油气进口对马六甲海峡的依赖具有一目了然的意义。但随着缅甸政治的转型，这条油气管线未来平稳运行的保险系数似乎降低了不少，一些人甚至为此"捏了一把汗"。

没有什么事是绝对保险的，中缅油气管道也跳不出这个逻辑。中国在缅投资的密松水电站和莱比塘铜矿都遭遇重大挫折，它们严重影响了中国人对在缅大型项目投资的预期。

缅甸在"离中国而去"成为时下流行的地缘政治分析之一。一些西方观察家认为缅甸已是美国"重返亚太"的囊中之物，一些日本政治家也对"夺取缅甸"雄心勃勃。西方的舆论声势削弱了部分国人的信心，他们对中缅关系很悲观。

但中缅关系没有糟糕到"破裂"和"不可收拾"的理由。缅甸"民主化"会导致该国舆论对华态度的一些变化，但这些变化不会朝着意识形态的歇斯底里狂奔，它们会在缅甸国家利益的边界上停下来反思，形成对中缅正常、友好国家关系的互动和配合。

巴基斯坦实行西方式选举制度，但它对中国形同"巴铁"，这是因为中巴国家利益的契合度极高。缅甸也不是能被西方用一个糖果就骗向同中国对立的傻瓜。

缅甸过去受西方制裁，中国是其"唯一的朋友"。如今它向西方开放了，选择变多了，这会极大稀释中缅合作的热情，但这同缅甸产生与中国"对立"的愿望是两回事。

密松水电站和莱比塘铜矿引发了围绕征地和生态的纠纷，这种纠纷在今天的中国也有可能发生。西方对这些项目的阻挠是通过舆论影响和非政府组织的渗透实现的，当地人受了忽悠，这样的额外代价和成本是今后中国对缅投资不得不承受的，对缅投资的政治风险最终大多都会转化为成本风险。

中缅油气管道已经建成并输气，它符合中缅两国的共同利益，它完全有条件跳到缅甸不同派别的政治斗争之外，服务于全体缅甸人的福祉。它的未来风险是缅甸政治多元化后麻烦比以前多了，但除非缅甸国内大乱，政治崩溃，它们动摇不了管线正常运营的根基。

包括围绕油气管道，建设从云南边界到印度洋的铁路和高速公路系统，都有条件继续推进，因为它们符合缅甸人发展经济、过更美好生活的根本利益。排除一些舆论干扰，让缅甸人更清楚地看到、相信这些利益，这是中国应当有能力做到的，也是我们应当不惧风险为之奋斗的。

要让缅甸人更多分享油气管道创造的利益，中石油等中国相关公司需更加细致地工作，它们应忘了缅甸"民主化"之前所能享受的"工作简单"，那一页永久翻过去了。

需要指出，中缅油气管道有两国政府间协议做保障，缅甸任何新政府上台都须确保协议的执行，中国作为有实力的大国，需要长久保持督促缅甸履行协议的决心和能力，这应是中缅正常国家关系的重要基础。缅甸的对华关系必须是严肃的，中国人会将缅甸人对油气管道的态度当作他们对华基本态度的试金石。

实现中缅油气管道的平稳运行关系中国重大利益，中国西南地区的人民群众是最直接的受益者。围绕油气管道前前后后的各种事情再次告诉我们，中国外交面对的新环境是多么复杂，它与中国人的现实利益挨得有多近。外交不是"现用佛现烧香"的临时交易，它需要我们的长久付出和坚忍不拔的努力。

（2013.07.29）

莫在城管和小贩间做"道德选边站"

城管不断与摆摊者发生摩擦，最新的一起出现在北京什刹海景区，城管人员与带女儿"体验生活"的摆摊者田先生酿出肢体冲突，双方都有轻微伤。田先生头一天已在什刹海景区摆摊被劝离过，他的再次违规摆摊并与城管冲突，反映了很多摆摊者拒绝城市管理的对抗心态。现在违规摆摊者受到的舆论支持大大多于城管受到的理解，这可能会助长更多违规摆摊行为的出现，以及摆摊者拒绝管理的更强硬态度。

中国市场经济在大众的感受中几乎就是从"摆摊"开始的，在上世纪八十年代，很多地方政府鼓励街头摆摊，支持形成"街头经济"，一些占了路的集市最后坐大成义乌小商品城那样的大市场，实现了规模化和正规化的升级。

但现在多数城市当局对沿街摆摊的态度变了，从支持转为限制和取缔。农贸市场被集中到指定地点，整治随意沿街摆摊成为城管的主要职责之一。在城市主要街道和主要景区，城管常常对违规经营的商贩采取不妥协的强硬态度。

由于一些商贩拒绝配合，他们与城管的摩擦时有发生。在这些冲突中，城管代表公权力，处于总体强势，而商贩表现再"嚣张"，也是整体上的弱势者，他们受到舆论的广泛同情。城管的舆论形象几乎崩溃，他们在一定程度上做了政府形象不佳的"替罪羊"。

少数城管人员的不文明执法必须受到谴责，其违法行为必须受到追究，执法者严格守法是中国法治建设的重要一课，这点在中国官民之间都已不存在疑义。城管队伍作为执法系统里这方面问题较多的群体，必须为实现文明执法、刷新自身的形象做出更多努力。

然而舆论也应看到，城管面临的执法环境是最复杂的之一，他们遭到的抵触情绪也最多，实际的不服从行为相当普遍。舆论在谴责和追究具体城管不文明执法的同时，是否对城管的工作给予总体支持，这已经成为城管工作环境最重要的一部分。

公众和政府都需要厘清如下问题：我们的城市是否确实需要限制随地沿街摆摊，城市的秩序和整洁大致需要维持到什么样的程度？在城市主要街道和广场上，弱势摆摊者谋生的利益和城市公众不被摆摊者占地干扰的利益，究竟哪一个更重要，它们该如何平衡？

我们认为，中国城市管理的逐渐升级势在必行，但不少城市对"整齐划一"的要求有些超前，让人想到了"面子工程"，引起舆论的反感。这是舆论"一边倒"同情弱势小贩的根源之一。

城市在发展过程中适当容忍一些"不规范"是必要的。比如一些街道在晚上管得松一些，或者非主要街道降低些管理标准，尤其是中小城市不要在管理上同一线城市攀比，让管理多照顾些市民的实际生活需求和价值取向，这不仅不会伤害城市整体形象，反而会营造城市的更多活力。

必须指出，这是度的把握问题，而不是非黑即白的原则性抉择。中国城市管理的大趋势只能是越来越严格，现在需要的是不要走得过急，要等一等群众、特别是小商贩们的适应。但留出这样的灰色地带不意味着我们朝法治的相反方向走，经济秩序的治理总体上只能进不能退，随意摆摊的小商贩不能侵犯正规商铺和合法农贸市场商贩的利益，不能让不交税和流动商贩打击了后者合法经营的积极性。

我们需要知道这是个艰难的法治建设过程，有很多利益需要在这当中受到反复权衡和照顾。用简单口号和一边倒的舆论声音在城管和小贩之间"选边站"，这决非对中国社会建设负责任的态度。

(2013.07.29)

日本官员来华，中国人看累的秀

据日媒报道，日本外务事务次官斋木昭隆昨天和今天访问中国，日方希望能促成中日外长会晤乃至首脑会晤。中方以什么方式应对日本多面的外交姿态，选择性很多。

我们认为中国对这个问题的应对应尽可能放松些。在中日关系持续紧张的情况下，保持两国外交接触很有必要。但中日首脑会晤在一段时间里都将是多余的，这应是中国送给日本的稳定信号。

首脑会晤已经超越了外交的意义，举行首脑会晤本身就是对中日整体关系的一种态度，也应有一定成果。但安倍政府对华政治思维毫无变化，安倍要见中国领导人完全是为了服务于其个人及日本政治利益的一种作秀，是为了给其强硬的对华政策制造借口和合法性，在强调积极稳定周边的同时，中方完全没必要陪着他做这种游戏。

安倍政府隔着东海面向中国长袖善舞，他们的目的就是让中国跟着他的步点一起跳，那样中国会不堪其累，而且显得笨拙。中国的正确做法应是做"观舞者"。让安倍政府跳吧，我们尽可以坐在那里喝着茶，嗑着瓜子欣赏他们跳出一头汗的样子。

中日外交斗争在逐渐朝着这样的情形走。安倍上台以来对中国做了难以计数各种各样的喊话，狠的软的都有。中国领导人一句没回，中方的回应全由外交部发言人代劳了。表面上看日方不断"主动出击"，实则中方以静观积累了对日心理强势，这不仅对中日外交斗争有利，对中国社会调整对日心态也很重要。

中国一个多世纪以来长期处于对日的实力弱势和心理弱势。最近十几年，中国实力赶超日本的速度要快于心理上对旧时阴影的摆脱。然而在最近的对日僵持中，中国政府和社会都表现出空前的从容，在策略上认真对付日本的同时，我们开始有了真正在战略上藐视它的心境，有了不太在乎中日关系长期冷淡的自信。

这是中国重建对日关系的心理基石。这意味着日本今后同样一个挑衅，对中国社会情绪上的刺激将降格，中国有可能做到更加理性地判断日本挑衅的实际意义，它对中国主要战略目标的干扰究竟是什么，从而以最恰当的手段和强度对其进行反制。

日本并不敢同中国搞传统意义上的实力对抗，它的实力越来越不够用，而且它很难承受这样做的政治成本。它更愿意同中国搞心理对抗，它的话语弹性大，演政治戏的资源多，又背靠美国这样的强大盟友，自以为占尽优势。但中国实际上已经破了它的阵，我们用冷处理将它的活跃形象现了原形，这一切都是它面对越来越强大中国极不自信的躁动。

所以我们应当对日本外务事务次官的到来以礼相待，用外交部缩减的招待费请他吃顿好饭，对他重申日本人已经非常清楚的中方立场和原则，请他把中国非常稳定的对日政策带回去。

在安倍政府不改变几项关键对华政策的前提下，中日关系没有大幅改善的空间，中国社会对当前的两国"冷对抗"挺满意的。中日只要不打起来，各种交流尽可顺其自然。对双方有利的自然有人愿意去做，风险大的也会自然萎缩，中国发展会慢慢适应这样的调整，我们也愿意日本逐渐适应它。

中日稳定的冷淡关系可以持续一些年，两国可以利用这段时间反思，发现两国构筑未来关系的新出发点。

(2013.07.30)

王林是否犯罪，法律不应沉默

"气功大师"王林看来"摊上大事"了。中央电视台《焦点访谈》的介入把媒体对他的揭露推向高潮，这位"气功大师"很可能"凶多吉少"，他一直宣称拥有超自然力，现在给人的印象是，他连自己也救不了。

媒体纷纷反思王林行骗达官显贵反复得手的原因，一些人指出这反映了中国社会的思想和精神空虚，找王林算命求医的有钱有势者也没好到哪去。我们倒是认为，什么时候批评中国社会的精神建设不足都有道理，但王林未必就是很独特的证据。王林不会是中国最后一个行骗得手的"气功大师"，他这种骗子在发达社会也会有同盟军，他们生存在人性和社会各种弱点的结合部。

王林不是气功大师，但他是上述一些关键性弱点的仔细观察者和有效利用者。求官、求财、求健康流行中国社会，它们既取决于每个人的努力，又有个人驾驭不了的"运气"及偶然性。迷信的心理元素在很多人身上都或多或少存在，它们很容易在特定情况下被激活，一些有钱有权的人，会对这种心理给予一定的放纵。

气功的超自然力表演曾在上世纪八九十年代之交"大放异彩"，引来过一些"上当"的反思。在那之后各种"气功大师"的影响力总体上走了下坡路，附着在气功上的那部分社会心理需求分散转向了对"养生大师"等的崇拜。

王林与上一拨非常高调的"气功大师"不同，采取了半隐匿、半宣传的策略。他用半隐匿保持神秘，用半宣传做自我推广。由于今天社会上可以用来支持"气功崇拜"的资金非昔日可比，王林迅速聚敛了惊人财富，他的贪欲使他开始扮演"气功大师"以外的角色，他不再能驾驭半隐匿、半宣传的平衡，终于露了馅，遭到舆论急风暴雨般的追究。

其实互联网对"表哥"、"房婶"们的揭露已经对社会上的各种大规模非法牟利者发出警告，互联网舆论决不会只清扫腐败官员这一类垃圾，王林成为媒体同互联网舆论配合揪出的非官员"大师级代表"。

王林的"大师声望"已经破产。这不会影响中国人对气功文化的喜爱，事实上，在对气功无法做出科学解释的情况下，多数中国人一方面对气功的特殊功能"宁愿信其有"，一方面对这种功能的夸张描述有所警惕。王林所吹嘘的能力与武功高手们用喉咙顶断长枪的当众表演是截然不同的两回事。

如何处置王林呢？除了舆论揭露，最终要让他过法律的关。只要人们的迷信因素在，王林这样的骗子将生生不息。他们未必都构成了犯罪，但王林做得太大，而且游走于官、商和名流之间，他的敛财和以财生财过程有很严重的违法犯罪嫌疑，对他进行司法调查已经顺理成章，他的命运应当由法律决定。

随着中国社会的多元化，我们将越来越难在具体问题上构筑共识，法律在很多时候将成为仲裁的唯一标准。王林是骗子已被舆论广泛认同。有媒体报道，江西高院今日审理王林弟子起诉其诈骗案。他这样的骗子该承担什么样的后果，法律将站出来说话。

（2013.07.30）

及时批捕是对法的坚守，对理的厘清

在首都机场制造爆炸导致自伤的嫌犯冀中星7月29日被批准逮捕，北京警方同一天还批捕了因发生口角而摔死女婴的另一嫌犯。发微博威胁"炸建委"的女歌手吴虹飞则被警方申请批捕。昨天三个消息的同时出现相当抢眼，很多人认为它们显示了官方依法打击个人暴力犯罪和惩治扬言暴力犯罪的决心。

我们支持北京警方上述一系列执法行动，我们相信这些行动将严格依法进行，从而强有力地维护法律尊严。它们同时将向舆论场发出正确的信号。

这三起案件中，冀中星案和吴虹飞案都有人在互联网上同情或支持嫌犯，主张他们"无罪"。有人宣称互联网上的这种意见就是法律必须遵从的"民意"，但这种说法是谬论。

首先，认为法律不该追究冀中星和吴虹飞的主张决不可被贸然称为"民意"。同情冀中星个人遭遇的人的确很多，但这不代表这些同情者同时认为他实施爆炸"做得对"。为T3爆炸叫好的人撒到中国社会里只是极少数，冀中星被治罪并不与多数人的意愿相抵触，中国社会没有糊涂到连法律都不想要的程度。

在吴虹飞的事情上，舆论同样有分裂。但可以肯定的是，反对依法追究她的人决不像微博表面呈现的那样多，一些人将自己的意见妄称"民意"是对这个概念的贬低。

事实上公众目前存在困惑，在言论自由同扬言实施暴力犯罪之间的边界不太确定，反对个人极端暴力犯罪和对弱势犯罪嫌疑人的同情交织在一起，这是个公众思想和感情经常飘动的时代。

法律在这个时候必须站出来，为全社会做"法"的关键性坚守，同时做"理"的一锤定音式厘清。在互联网舆论有些混乱，常有人想通过营造声势影响一些事件进程的当下，法律决不可被所谓的"民意"吓倒，而应通过坚决的依法判决巩固法治建设的阵地，推动舆论围绕法律建立甄别力，在层出不穷的各种极端事件面前不断成熟。

无论舆论多么复杂，法律都要保持自己的刚性，不能让司法过程展现与舆论互动的弹性。在个人极端暴力犯罪的问题上，法律完全有能力站在舆论的上游，成为社会的主心骨，而不是被动地站到舆论的下游，无所适从。

冀中星案和吴虹飞案中舆论传递出来的不满值得行政当局对照和反思，本该对违法犯罪一致的谴责被各种同情搞得分散零落，这当中的原因一定包括了官方工作的某些深层缺陷。官方如不加紧改进，这种改进如果不被社会清晰看到，今后的舆论混乱还将反复出现，对司法的干扰将绵延不绝。

但法律对个人极端犯罪的打击不能等待改革的成果，如果说改革会决定社会治理"中场形势"的话，法律就像是这个国家秩序的"守门员"。不能让法律被千头万绪的社会问题和情绪绑架，它必须现在就行动，对塑造社会的正义观念做出自己的贡献。

(2013.07.31)

"我爱国旗"必将在香港幼儿园唱下去

7月29日是香港反国民教育游行一周年，有的港媒为渲染国教冲突，又提出幼儿园里教唱"我爱国旗"等歌曲属于"对幼儿洗脑"。香港社会里这种找茬的声音将不绝于耳。

希望特区政府和中央政府都别太看重这些反对声音的影响，坚持把香港的国民教育搞下去，而且尽可能把它做得贴近香港实际情况。

关于国民教育的天经地义已经不需要很多论证，这是香港在回归祖国后理应经历的过程，它有全世界不同国家国民教育的通行做法作支持，香港少数人反对这样做纯属歪理邪说，他们不可能在这场舆论争执中最后占上风。

目前反国民教育派在舆论上很活跃，是否对他们进行回击，取决于他们对香港舆论的负面牵动有多大。由于存在反对声音是香港政治的"天性"，中央没必要同这些声音密集互动。但北京支持香港国民教育的基本态度应当明确无误，这一坚决态度应是香港反国民教育派的气焰不可能越过去的顶，是撞上去就会让他们又痛又丢脸的墙。

香港反对派将一部分矛头延伸向基本法和中央。对香港纯内部的政治纠纷，中央应避免或减少干预，但对于反对派延伸过来的挑衅，北京应给予清晰、权威的驳回。基本法虽然已经写得很清楚，但它还需在实践中通过一件件事展现出来，强有力引导香港社会的前进方向。

香港作为高度自治的特别行政区，其内部政治运行有着法律保护的相对独立性，但同时它也跳不出"一国"这个大框架，这一点必须让香港所有人都很清楚。香港一些人幻想能把本地政治带向"国家政治"

才有的独立级别,因此他们试图主导基本法的落地过程,误导香港人对它的理解,并最终用这些误读以及歪曲强行取代基本法的真实含义。

如果连在香港教孩子们唱"我爱国旗"都不被接受,搞国民教育要被骂成"洗脑",推行不下去,那么基本法就面临着被篡改的可能。我们当然不会允许这种事情的发生。

香港一些人高估了内地对香港舆论的不适应,甚至以为内地很"怕"他们在香港闹事。其实内地在快速适应香港的政治多元化,他们根本没有能力"威胁"中央。内地在把他们的表现看成香港社会的"正常部分",同时对有足够办法抑制他们成为摧毁性的破坏力量充满信心。

教儿童唱"我爱国旗"的争议只是部分港媒挑起来的,它可以被忽略。它如果"闹大",就会得到相应的反制。但结果只有一个,"我爱国旗"会在香港幼儿园继续唱下去,这一点谁也别想扭转。

(2013.07.31)

自由主义，剪不断理还乱的思潮

自由主义思潮逐渐在中国社会蔓延，它的一个重要源头是个人主义。自由主义在西方社会经历了漫长的发展，它的思想内容和政治含义不断演变，但对个人权利的突出追求万变不离其宗。

个人权利在历史上的中国传统社会里受到长期压抑，中国古代的典籍中鲜有自由主义的思想萌芽。这里有相对严峻的自然环境、古代政治等多重原因，总之将中国直到近代的人文条件同欧洲的情况做一粗略对比，就会发现自由主义不可能首先选择中国。

自由主义的兴起说到底是改革开放的结果。这不仅因为中国打开了思想之门，自由主义之前不止一次进入中国，但都未能生根。更重要的是改革开放实现了市场经济的转型，积累了全社会的财富，而且初步建立了国家的法制，从而根本上改变了普通中国人的生存条件和生活方式。这使自由主义向中国社会的草根渗透成为可能。

古代中国基本是宗法社会，个人的成长乃至安全都需要宗族、帮会等各种"集体"的支持和保护。而迄今初步成型的市场经济和法制提供了个人"脱离"集体的解放力量，今天一个人可以独立撬动社会，构建自己的人生。

民国时期自由主义是社会精英们的思想消费，基层社会并没有真正脱离宗法性。今天的中国现实第一次为自由主义的传播提供了广泛舞台。

然而自由主义在中国的生长参差不齐，只有少数自由派知识分子主张把它变成一种政治选择，用自由主义"改造中国"。但这种政治拔高并不接地气，它在中国走不通。

自由主义蔓延最广的人群是中产阶层，他们是自由主义在中国的真正社会基础。但自由主义在中产阶层那里更多是生活观念和社会改革愿望，他们对政治上改天换地的鼓吹怀有警惕。他们不希望中国成为另一个埃及，中国不能搞乱了，不能因为政治上的激进尝试而变得更糟，这是大家真正的"默认值"。

改革开放孕育并兼容了自由主义，调动了它推动人权进步的积极意义。但自由主义也必将在中国被改造，甚至从长远看它未必就永远是"思想舶来品"，它将逐渐获得一些中国"土生土长"的特色。

其实源自西方的很多观念开启了中国人的想象力，但它们同中国社会的适应性又都是部分的。自由主义在全世界的发展史其实也是不断被改造的过程，中国作为思想大国，肯定会对它施以更多的改造力。

中国拒绝自由主义已无可能，但少数人想把它变成挖给中国的一个"坑"，用它"扳倒"中国，这是犯了"乌托邦"的思想毛病。这样的政治幼稚和虚妄会空耗他们的人生精力。

自由主义并不神秘，对一些人来说，喜欢或接受它仅仅因为"自由"这个词，把它搞成"主义"的过程可以千变万化，但要让它成为政治斗争的前沿阵地，这不符合中国社会的利益。中国人不乏历史经验，他们会把对利益的甄别放在对各种思潮的追逐之上。

中国近代以来不断经历思想竞争的洗礼，但实际的社会建设成果不多，原因就是各种思想在缺少社会经济发展的情况下空转，不断被动荡捣碎。中国这几十年的高速发展对精神建设有着前所未有的宝贵意义，但这个时期依然太短。我们切不可以为发展已经够了，今后需要动用政治手段解决中国的余下问题。那样的话我们就又回到空转的路上，我们将在所谓"世界大潮"中随波逐流。

(2013.08.01)

抗高温快慢反映"联系群众"的真诚度

中国长江中下游等广大地区连日酷热，中国气象局启动最高级的高温Ⅱ级应急响应。中国多年来抗洪抗旱抗地震，"抗高温"通常只局限在"单位"的层面，几乎没成为过国家级别的有组织行动。然而舆论对政府的期待显然在上升。

近日高温在数十个城市创下新的历史纪录，日常生活因此受打击最多的都是各地弱势群体。尽管极端高温是躲不过的自然现象，但没有清晰的责任人时，政府就要为舆论的不满接盘，这已经成为时下的一种"规则"。

虽然把高温当成旱涝或地震那样的天灾来对付，并为此调集大量资源不现实，也未必恰当，但这段时间里政府采取应急民生措施动作还是太慢了，落到了舆论的后头，这令人遗憾。

中国人对极端高温天气的忍受度大大降低了，对防暑标准的要求则提高很快。政府如果预案不足，行动不力，那么高温酷暑问题也有可能因某个具体突发事件朝政治方向转化。

一些地方安排公务员在高温天气里缩短工作时间招来批评，杭州地铁被传为防止社会人员聚集纳凉而关闭空调，这些报道已经聚集了舆论的部分情绪。

各地的防暑降温资源远未得到充分利用，只要群众路线的方针与抗高温行动真诚串联起来，各地政府的相关反应一定会更快，调集资源防暑的积极性会更高。这不是很难做的事，重要的是想没想到，以及对该不该行动的判断。

世界发达国家的平均纬度偏高，夏日平均温度低于大多数发展中国家。他们对高温基本不做政府设防，是民众各自想办法，出了问题人们也大多不会想到"怨政府"。但发达国家这方面的做法不宜作为中国的参照。

南亚及非洲国家很热，但那些国家大多比中国落后，公众对政府帮助他们抗高温难有期待，忍受力极强，因此高温在他们那里停留在气象问题上，这种情况也不能拿到中国来做参照。

中国不仅是地理及气候上的过渡带，而且处在经济和社会福利发展的过渡时期。公众对"大政府"的要求表现在福利上越来越超前，这是中国的现实，很难调整。

目前没有足够的气象证据来预测中国今后会不会更热，在这样的不确定期，政府最重要的是根据各地实际做必要预案，并且做到反应快，及时针对突然出现的极端高温调整资源配置，帮助底层群众渡过难关，让舆论基本满意。一定要防止恶性"高温社会事件"的发生，那样的话，一件事就可能牵动全局，迫使国家做昂贵的全国性对抗高温战略部署。

主动多想群众，而不仅仅是在舆论的压力下采取"应对措施"，这样的防暑运动就会非常从容，成为政府联系群众、沟通感情的机会，而不变成另一个急迫的麻烦。那样的话，三伏酷暑中就会少很多抱怨声，多一些听上去就让人清凉的美好故事。

(2013.08.01)

做海洋强国是中国崛起规定性动作

中国建设海洋强国的决心又一次得到公开宣示，而且这一次是中国最高领导人习近平从政治局集体学习的场合提出的。做海洋强国已是中国发展的必由之路，它对中国的战略意义将不断得到新呈现。

做海洋强国是中国最近这些年的新觉醒，直到今天很多中国人对海洋强国内涵的认识仍需不断加深。随着中国发展，我们第一次获得了真正成为海洋强国的可能性，这让舆论踌躇满志，同时也有些忐忑不安。

我们发现中国最新对外摩擦几乎都来自海上，外界对中国走向海洋的各种"忧虑"成了"中国威胁论"最活跃的源头之一。一些最尖锐的外部挑衅也都来自海上，这是中国当前对外关系中最棘手的一部分。

在海上抵制力量中，日本扮演的角色最激进，也构成了一些最现实的危险。就在8月1日，日本自民党通过方针，要求政府阻止中国在东海开采油气，日本的无理要求绝不会被中国接受，但它带来的干扰又是真实的。

做海洋强国不全是在对外争执中占据上风，它也包括掌握先进的海洋综合开发技术，有能力维持海洋开发同海洋生态之间的平衡，将海洋产业做大做强，并向远洋公海海域拓展，海洋产业的蓬勃发展将为中国的对外竞争提供力量。

需要指出的是，中国最缺乏的就是海上经验，很多重要的远洋活动和在争议海域的行动都是近年才开始的，日本等国的反对以及西方的警惕都意味着什么，由此导致的风险有多大，我们不太熟悉，中国对于有可能引起争议的海上行动总体上是谨慎小心的。

然而这两年的现实告诉我们，无论我们多么克制，有些麻烦还是会找上门来。围绕黄岩岛和钓鱼岛，我方采取了坚决行动，对方实际上都有所后退，这些是否可以成为中国今后处理海上冲突的模式，还需进一步的验证。

现在看来中国发展海洋经济的民间动力不难调动，最难的还是处理与周边国家的海上摩擦，以及与美国半明半暗的博弈。在后一类问题上的得分可以拓宽中国建设海洋强国的空间，提高发展海洋产业的安全系数。

中国坚持和平解决争端，但必须准备好应对战争挑衅的充足能力。一些问题我们眼下看不太清楚，是因为这些问题背后的实力对比还有些模糊，中国的力量水平再提高一个层级，有些问题可能会自然化解。

比如中日海洋争端的实质绝不仅仅是一点利益的纠葛，它被日本当成了抵御中国崛起的综合防线，包括心理防线。中国的海上竞争力量需要最终有针对日本的压倒性优势，到那时日本绝不会像现在这样嚣张。

建设海洋强国是技术和产业问题，但又是中国面临的全方位考验。中国在挤进已经相当拥挤的海洋，这一新领域的开辟将是无尽的操心事。中国人需要意志坚强，需要团结，加上我们庞大的实力规模和人口规模，别人同我们作对将会麻烦更多，"不情愿"更有理由。

必须看到成为海洋强国是中国崛起不可缺少的规定性科目，这项陌生的事业将决定中国未来做世界性强国的质量。这绝非中国现代化的"面子工程"，我们唯有一丝不苟地做好它。

（2013.08.02）

学着西方说话，中国难改天然劣势

自近代以来，中国全面做了外部世界的学生。直到不久以前，中国国家政治设计的几乎全部思想资源都来自外部。我们至今使用的一些核心政治词语也都是舶来的。

从引进社会主义制度，到在西方经验的影响下进行改革，中国不断对照欧美的做法构建本国治理。西方政治思想的流入改变了中国。但这个过程中，我们不断发现中国的现实像大山一样，很多时候是西方经验和学说无法逾越的。时至今日，中国的发展达到了一定程度，西方学说越来越难以提供准确解释，更难以指导我们。我们独立思考和创新的紧迫性在增加。

然而中国仍离世界发展的上游很远，在这个时候不跟着世界的"主流"走，而是"另搞一套"，在全球舆论中难获掌声，建立内部共识和自信也有难度。比如现在很难说中西政治争论和中国内部的争论哪个更激烈。有人认为，中国时下最突出的困难是"说服自己"。

我们构建独立的理论体系，坚持独立的政治主张，但所使用的很多关键词都取自外部，这些词除了原义，大都被注入了特定的政治含义。我们实际在使用这些词的本义，过滤掉西方为它们附加的政治所指，加入我们自己的涵义。这样的引进和改造是文化大交流中的主流现象，完全照搬和拒绝反而不常见。

比如"民主"这个概念，它不仅被中国社会接受，而且已经成为波澜壮阔改革的主线之一。然而"民主"在西方人的语境里同他们制度的长期演变和发展有着深刻联系，包括其特有的分权制度、多党竞争制度等。这些具体制度明显对应不了中国的现实。这样的摩擦将贯穿中西交流。

再比如"宪政"这个概念，中国强调"依法治国"，这同"依宪执政"并不矛盾。"宪政"这个提法没什么不好，问题在于当前一些力量为"宪政"这个词背后加注了更多政治涵义，所以它没被主流语言体系采纳。

民主、宪政都发端于欧美，西方是现代政治学大多数词汇的创造者。西方"小国"林立，用这些词讲述庞大中国的发展和问题，只能做到部分对应。如果坚持西方对那些词汇的理解，它们对中国的呈现就如同哈哈镜。由于西方对那些词义的坚持力大于中国对它们的改造力，这使得中国同西方对话处于天然劣势。

政治学不是数学那样推导、计算出来的，它是对政治实践的总结。每一个政治词汇都注定随着人类新的政治实践不断更新涵义。中国政治成就的逐渐积累终将修正世人对当前流行政治词汇的理解，但这需要时间，目前我们不得不承受以西方方式使用这些词汇带来的压力。

很多学者认为，中国应创建一套自己的政治话语体系，这种主张有其道理。这不仅有利于论辩，还能放飞思想，减少西方话语体系对中国想象力的束缚。但在全球化时代，这种创新很难通过与以往政治词汇割裂的方式实现。

中国的进步举世瞩目，但每每中西对话，西方总是占尽道德高地，中国国内一些自由派使用西方话语体系论辩，高举概念，用概念设置议题，制造事实，这些充分显示了政治词汇自身的力量。

中国的话语权取决于我们未来的成就积累能在多大程度上改变西方政治词汇的涵义，以及成为一系列新流行政治词汇的创造者。当中国的发展逐渐走到全人类发展前沿位置时，这一切就将发生。

我们无法断然解决当前的话语困境，但我们应当能够站在历史的高度上审视当前的一切，看到困难，但不妄自菲薄，不被西方忽悠了。西方的话语力量不代表它们真的占尽道理。

(2013.08.02)

俄罗斯收留斯诺登测试美国底线

美国对俄罗斯接受斯诺登临时避难反应强烈,不仅官方表示"极度失望",有美国议员表示这是俄罗斯打了美国一个"响亮的耳光"。作为中国媒体,我们欣赏俄罗斯的举动,这也是世界舆论对俄罗斯庇护斯诺登的大多数态度。

美国的确受到了羞辱,这是因为它把本国霸权的标准定得过高。美国不断庇护非西方国家的反叛者,但自冷战结束以来,鲜有其他国家收留美国的反叛人士。美国把这种一边倒的叛逃和收留看得天经地义,它很难承受相反的刺激。

斯诺登事件几乎开了另一种先河,它未必就能带出系列模仿,但这对美国是很负面的信号。

如何给斯诺登事件定性争议重重,他被不同人说成叛国者和美国自由价值观的真正捍卫者。但一名美国国家行为的揭露者出走他国,受到政府全力"通缉",而有国家站出来公开拒绝配合美国,向被"通缉"者提供庇护。这个完整的故事带给世界强烈印象,它的象征意义十分丰富。

俄罗斯这样做在世人面前为本国形象加了分,在其国内也为民众的信心注入特殊的强心剂。自苏联解体以来,俄罗斯的全球形象大致降为二流国家,普京的大多数强硬做法并未受到美国太多重视,西方在骨子里对俄罗斯是蔑视的。莫斯科这次收留斯诺登真正刺痛了美国,展示了俄罗斯对本国实力的空前自信。俄对美国的各种威胁不为所动,让美国拿它没办法的尴尬和无奈充分暴露于天下。

俄收留斯诺登可以是美俄之间不共戴天的大事，也可以是两国找机会就可下台阶的小事。美国很可能最终选择后一种处理方式，从而使俄罗斯得了很多好处之后，付出的代价极小。

但这件事的确会给美俄关系留下长期阴影，加剧两国对彼此是潜在敌人的战略认识。美国曾对普京再度当选不加掩饰地表现出反感，导致了普京和奥巴马相互缺席在对方国家的重要峰会。现在莫斯科公开庇护美国高调追剿的叛逃者，美国当局同普京政府化解怨恨将难上加难。

美俄关系为我们提供了对美外交的一种样本，它在测试美国的忍耐力和底线，也在测试21世纪大国关系是否像冷战时期那样敏感和冲动，是否会因为一个具体摩擦而轻易失控。

中美和俄美关系有相似性，但也有所不同。中国显得更克制、隐忍，俄罗斯更直来直去。结果是中美关系更庞大、复杂，俄美关系则单调而旗帜鲜明。很难说这两种做法哪样更好，因为中俄的实力构成和性质差异很大，中美"你中有我，我中有你"，俄美的交道则小得多。俄罗斯资源和技术能力都超级雄厚，"万事不求人"的心态很重，它不是对西方全面开放的国家。

如果当初中国收留斯诺登，会怎么样呢？这是个非常有趣的问题，至少值得我们认真回味、思考。与俄罗斯情况不同的是，美国有更多反过来"整"中国的办法，这一情况同样需纳入考虑。

斯诺登事件不会很快平息，它对世人认识美国政府的真实道德操守和观察美国面对冲突时的战略意志都会提供特殊机会。与美国打交道，需要把它看得更清楚。

（2013.08.03）

析"中国若动荡将比苏联更惨"

互联网上近日流传网友王小石以"中国若动荡,只会比苏联更惨"为题的文章。此文的大判断与中国主流社会的看法是一致的,但文章对俄罗斯现状的描写不够专业。自由派人士猛批此文,但后者对俄罗斯命运的解读同样不专业,认为苏联解体是"俄罗斯人民之福"的说法尤其幼稚。

中国与苏联的可比性和不可比性孰大孰小很难说,但是苏联动荡导致国家解体简直就像专门为中国敲的警钟。中国自己的历史也告诉我们,这个大一统的国家经不起动荡,分裂与混乱如影随形。中国一旦走向动荡,决不会像苏联那样相对"文明"地解体,中国的"崩溃"将被战争和流血一路相伴。

俄罗斯已经从苏联解体之初的极度困境中大体缓过来,迈向繁荣。现在的问题是,国家分裂和十几年经济停滞甚至倒退的代价为那个国家换来了什么?俄罗斯大致沦为世界二流国家,对外竞争力衰退,俄罗斯不再具有对世界事务的领导力。国家大小的好处虽有争论,但俄罗斯的这一经历同世界各主要国家在国际舞台上的努力方向无疑是相反的。

说俄罗斯人现在过得不错,乱十几年"值了",这只能是部分人在某个时间点上的看法。首先这是那些人从今天往后看的感受,或者是"好了伤疤忘了疼",或者是"站着说话不腰疼"。它消耗了很多人青壮年十几载的人生,努力避免它是任何国家领导层的神圣责任。如果按时间顺序正着看,主流社会群体会愿意承受如此巨大的代价,哪怕是不确定性吗?

苏联解体是国家政权对改革进程完全失去控制下的剧变，这对全世界都是教训，这已是国际政治学的定论，连很多西方政治学者也视戈尔巴乔夫那一班领导者是无能之辈。今天仍在吹捧戈氏的人都是出于意识形态考虑，几乎无人对他给予发自内心的尊敬。

然而中俄毕竟不同，至少对俄罗斯，我们今天应更多跳出苏联解体带给我们的视角，客观观察它十分独特的国家轨迹。俄罗斯走的路既非"西方的"，也非"东方的"，那里正在发生的一切都与它超级地大物博和自成一体的文化传统密切相关。

俄罗斯的综合社会发展水平仍比中国高，但最近二十多年两国的差距急剧缩小，而且俄在世界上的相对位置低了，中俄之间的差距缩小比中国同西方的差距缩小更明显，这两方面都是不容辩驳的事实。

额外需要指出的是，世界舆论、包括西方舆论对中苏不同改革的评价也截然不同，尽管西方不喜欢中国，但其主流舆论对中国改革的打分很高，"成功"是经常送给中国改革的评价。而戈尔巴乔夫的改革从未得到过"成功"的评语。

普京领导俄罗斯逐渐脱离戈尔巴乔夫和叶利钦时代的政治路线，重新强调国家的强大和团结。他的治国之策开始取得成功。今天俄罗斯的恢复由多重因素促成，普京的领导力是其中之一，俄罗斯的资源优势也是之一，今天的石油价格是戈尔巴乔夫时代的七八倍，俄罗斯的工业能力和科技竞争力实际都远未恢复，它已经不再是昔日的工业大国。将俄罗斯时下的民生成就说成是苏联解体和"民主化"带来的，是极不准确的。

中国崛起的自身条件和地缘政治环境与历史上的大国崛起相比都是很差的，中国已经是世界第二大经济体，但却仍是穷国，因而充满纠结。中国和俄罗斯都未完成"转型"，两国需要相互借鉴经验，汲取教训，"重蹈覆辙"应是这两大邻国彼此观察的长期警觉。

(2013.08.05)

有必要彻底禁止官员进入夜总会

上海市高级人民法院民一庭庭长陈雪明等四名法官集体去夜总会娱乐，并有嫖娼严重嫌疑，这一事情遭爆料后激起轩然大波，四人昨天被宣布停职接受调查。这件事必将使法官的整体形象遭受打击，并使人们对"官场"的问题产生层层联想。

个人偷偷去夜总会从事非法"娱乐"已属不该，四名法官一起去，除了事情本身的严重性有所升级外，它还让人想到，做这样的"娱乐"至少在那几个法官的小圈子里不是很见不得人的事，他们确信彼此用不着"严格保密"，这样做对他们每个人的风险并不高。

他们显然看轻了来自社会和舆论监督的力量，但他们对自己所处的工作和生活环境，对来自体制内的监督和容忍度也看错了吗？看来不是。

如果去夜总会"娱乐"在上海法官所处的整个环境里是零容忍度的话，这四名法官即使有这种不良嗜好，他们也不会敢于这样彼此不加防备地一起去。

夜总会已经遍布中国各地，去那些地方消遣娱乐在社会上已成风气，至少在本轮转变作风之前，有部分官员已置身这种风气之中。由于去夜总会与狎妓嫖娼之间有很宽的模糊空间，后一项违法行为的参与者有一部分是官员，这大概是事实。

几乎所有嫖娼时被抓现行的官员和公职人员都遭到纪律处分，官方打击卖淫嫖娼从未向官员开口子，官员狎妓嫖娼一旦被抓住就意味着政治生命的终结，这样的认识在官员中是存在的。但"官场"还是受到夜总会风气的严重侵蚀，严肃的法纪并没有转化成强大的道德约束力，以狎妓嫖娼为耻的心理远没有"怕被抓"那样普遍。

四名法官所去的夜总会据称设在一处公务接待的"定点饭店"内，这个细节所能透出的信息量相当庞大。

除了"把权力关进笼子里"，在官员之间进行强有力道德建设的迫切性也再次得到证明。要让官员们清楚，中国社会对官员的高标准道德要求已经从口号历史性地朝着真实监督网络转变，对法官的道德要求尤甚。社会落实这些要求的杠杆越来越多，非规范行为一旦被捉住，官员付出的代价也将更重。这一趋势不可逆转。

客观而言，官员道德深深根植于民间道德的实际建设之中，在当前情况下，迅速将各地官员的道德水准拉升到全球化时代的理想水平有一定难度。但这不是社会原谅一些官员腐败的理由，要求和现实的差距只会摩擦出一次次舆论轰动。

就夜总会问题而言，我们认为有必要做"一劳永逸"的解决，即不仅严惩官员狎妓嫖娼，而且规定禁止官员进入夜总会从事各种娱乐。因为夜总会有涉性尺度上的模糊，官员在夜总会的娱乐活动即使处于合法范围之内，也会影响他们的形象，引来猜忌和联想。既然官员要防止湿鞋，又何必常在河边走。加强对官员的这一要求实际是对他们的爱护。

从法律和道德上讲，老百姓不能做的事，官员一定不能做。老百姓能做的事，官员也未必能做。呼吁老百姓做的事，官员要首先做到。互联网时代决不会允许这些逻辑倒过来。如果有哪个官员以为权力可以帮助他逆这个规律行动，那么他一定是将自己置于危险之中了。

（2013.08.05）

中国经济一帆风顺难，崩溃更难

对中国经济表示担心和忧虑的声音现在多了。这也难怪，中国最抢眼的经济数据如 GDP 和进出口的增速等都在放缓，几年前 GDP 两位数增长时"热火朝天"、到处是项目、也"很容易挣钱"的情形在离我们而去。西方舆论中"唱衰"中国经济的声音尤其突出，其中美国诺贝尔经济学奖得主克鲁格曼宣称，中国模式即将"一头撞到像长城那样厚的墙上"。

也有人从相反的角度说：7.6% 的 GDP 增幅小吗？如果有这样增速的中国经济都算陷入了危机，那其他国家的经济该怎么叫？

对中国经济这两种截然不同态度中间的认识，大概更切合实际。谁都不能否认中国经济面临调结构的重重困难，国内外的负面因素凑到了一起，我们无法快刀斩乱麻地解决它们。但是，我们的确可以问：这样的困局很特别吗？改革开放三十几年，我们又有几个年头一帆风顺过？

从物资匮乏到严重通货膨胀，从国企大面积亏损到下岗职工再就业之难，从缺煤缺电到煤电滞销，此外 GDP 增速低了着急，增速高了也着急，中国经济哪一年不让人捏一把汗？有互联网后，舆论哪一天不叫苦连天？

今年中国经济最大的特别之处在于我们真的开始了调整，在经济增速下行压力较大的情况下，中央政府轻易不再推行大规模的刺激经济计划，中央银行不再大幅度增发货币。中国可以用代价换取延续过去的高增长，但下决心迈向了调整。当前的经济增速放缓并非中国经济的溃不成军，而是把握战略主动的缓进和稳进。中国在更新调控经济、促进增长的手段。

舆论中谈论的大多数具体经济问题都是真实的,我们想强调的是,面对"这么多"问题是中国经济的常态。对国家处理这些问题的新尝试我们期待了很久,但它真的到来时,我们又不太习惯。增速放缓总有阵痛,一些人会因此产生"不祥之感",还有人会热衷强化这种感受,预言这是中国经济"崩溃"的开始。

如果中国经济必须永远保持同样的增速,高点低点社会都会不安甚至惊恐,那这个国家就缺少了基本的弹性,无法经受任何风雨,实施不了大的改革。中国切不可变得那样神经质,我们需要保持一些改革初期的锐气和坦然。

中国经济发展的基本面和增长动力格局没有发生根本改变,实事求是说,解决中国经济的问题难,但让这个总需求旺盛的国家真的在经济上"硬着陆",就得让中国老百姓放弃追求更美好生活的愿望,停止城镇化,停止对更优质教育、医疗以及生态优化的投入,让基础设施的建设冻结,这显然是更不可能的事。

中国经济的真正动力就存在于民间,全球化让我们看到了自己同发达国家生活水准上的差别,谁也阻挡不了民生的改善在中国持续发生。这就是中国经济不断增长的过程。改革开放35年了,调整不可避免,但人们的愿望和大趋势都调整不了,中国经济终将一路前行。

我们不否认中国经济的任何问题,我们主张的是在认真解决具体问题时保持达观的总态度。我们不知道某些经济学家所说的"经济崩溃"是否有特殊含义,如果他们是在按照它的通常词义描述可预见未来内的中国,那么我们想说,他们的水准和用心至少有一样值得严重怀疑。

不得不说中国人对国家经济总体上是有信心的,这同人们的具体焦虑总是相互作用。中国人的信心是几十年改革开放反复锤炼出来的,不断受到新困难和新问题的洗礼。人们逐渐认识到信心和警钟长鸣的双重重要。2013年大概不会是中国人信心资源消耗大于增补的一年。

(2013.08.06)

进口奶粉出事，国产奶粉没权利乐

新西兰知名乳业品牌恒天然的奶粉出了超标肉毒杆菌，于5日宣布将在48小时内召回在中国市场上的30多吨问题产品。尽管恒天然方面是主动披露问题并致歉的，但这件事还是会对其在中国的品牌形象造成沉重打击，也会牵连其他"洋奶粉"，大大削弱中国消费者对它们的信任。

中国消费者一时无法判断，这仅仅是恒天然一贯严守质量中的"偶然事件"，还是这只是它各种问题中被中国人"偶然知道"的那一个。恒天然今年3月就发现了肉毒杆菌污染的问题，但对外通报拖了4个多月。这个信息"很强大"，它同恒天然这一质量问题是其主动披露，而非被媒体揭出来这个信息将相互PK，影响中国消费者对它的进一步态度。

"洋奶粉"对国产奶粉在中国市场获得品牌建设的压倒性优势，它不能说与进口奶粉的实际质量和品牌文化无关，但这个优势显然远远大于两类奶粉质量的实际平均差距，其中堆积了不少泡沫，进口奶粉的品牌优势会因一些具体事件而回落，这将注定发生。

恒天然在事发后"主动坦白"并召回问题奶粉，做了它在当前困境下应当做的。这一"良好态度"会有助于缓和中国消费者的情绪，但它只是新衣服烧出洞打上的补丁，无论如何做不到让那件衣服完好如初。

威信扫地的中国乳业品牌们大概要发感慨了：看，谁不出问题。它们会觉得"三十年河东三十年河西"，中国乳业品牌的机会又要来了。

然而如果中国乳业品牌之间的恶性竞争不有所缓解，它们的品牌建设环境不得到改善，它们未必能在下一轮与"洋奶粉"的竞争中证明自己，它们仍有可能成为一群因"窝里斗"最终声名狼藉的集体输家。

对中国消费者而言，他们没有义务对国产奶粉给予特殊青睐和保护，当然舆论也会最终认识到一味冷落国产奶粉、追捧国外奶粉将导致市场的失衡，损害中国人自身的利益，但国产和进口奶粉的竞争最终是它们之间质量的较量，国产奶粉不要指望爱国主义会跑过来向它们雪中送炭。

国产货和进口货的绝对界线对很多产品来说都被打破了，奶粉作为最大众的产品，却形成了迄今为止品牌上几乎最深刻的鸿沟，这的确不正常。中国社会其实积蓄了打通这一界线的大量市场资源和人文资源，现在需要的是国产乳业品牌拿出令市场尊敬的行动，与消费者的大需求合流。

中国乳品市场需要有理性、求实的社会消费情绪不断加以塑造，需要进口产品同国产货之间与它们质量、价格相对应的平衡，唯有如此，才能实现消费者利益的最大化。恒天然不应在中国市场上被"一棍子打死"，相信这家新西兰企业也不会那样轻易地倒下。它的恢复及同中国乳品业的竞争值得中国消费者欢迎，最后这句话反过来对中国出过问题的乳业品牌说，也同样适用。

（2013.08.06）

"出云"号，日本怀念帝国时代的呐喊

　　昨天是广岛原子弹爆炸 68 周年纪念日，就在昨天下午，日本新一代直升机护卫舰 22DDH 举行下水命名仪式，被正式命名为"出云"号。那是当年侵华战争时期一艘日本旗舰的名字。它舰长 248 米，宽 38 米，满载排水量 2.7 万吨，可搭载 14 架舰载直升机，也能搭载固定翼战斗机。它的实际"块头"比英、意及西班牙现役的有些航母都要大。它挂了个"护卫舰"的名，其实就是"轻型航母"。由于日本和平宪法禁止建造航母，这是日本政府打的又一个"擦边球"。

　　这个"擦边球"既是向和平宪法打的，也是向亚太地区对日本的警惕打的。日本战败快 70 年了，日本国内有一股执着的力量想要打破至今仍套在它身上的种种限制。日本官方在历史问题上表现出惊人的纠结，在迈向军事大国的问题上难以掩饰自己的踌躇满志。"出云"号以"护卫舰"的名义出现，同日本高官以"私人身份"参拜靖国神社，是很类似的半遮半掩。

　　一艘"出云"号当然改变不了西太平洋的军事战略格局。这是日本重回军事大国强烈愿望的象征，是它怀念曾有二十几艘航母，把美国人打得晕头转向那段历史的无声呐喊。日本被憋了这么久，它太想重新登上亚太政治军事的主舞台走几步。

　　日本如今"一身枷锁"，但它同周边的领土争端和历史问题摩擦何其活跃。日本文学不时出现为军国主义招魂的作品，以及假设日本没有战败、而是战胜了美国的狂想。日本右翼是东亚最激进、号召力也最强的极端思想圈子之一。很难想象，如果世界为日本"解套"，这个国家将有多少极端主义恶性泛滥的风险。

日本注定必须被压在"五指山"下，由于它的历史里缺少"德治"传统，宣扬畸形的尚武精神，只用"紧箍咒"限制这个国家是远远不够的。除非日本全民族经历一次彻底的历史反省和文化思想重建，他们需要肃清民族性格中海盗式的进攻性，以及岛国"我不打人就会人来打我"的危机感。

日本不要以为可以通过实力膨胀重塑它的地缘政治环境，以为建造先进的舰队和发展大规模杀伤性武器就能实现其在亚太的政治军事"突围"。过去它被美国攥着，未来中美都是它跳不出去的"如来佛掌"。日本也做不到"以美制中"，它的力量根本不够做棋手，它只能是中美之间的棋子。

日本在东北亚最和平的时代陷入悲情、狂躁和对实力的崇拜，它表现出偏离战后和平轨迹的意愿，对做各种挑战都跃跃欲试。它有可能带动塑造亚太地区新的"火药桶"，而将自己置于其中心位置。这未必就是它的本意，但它激发的政治合力或许最终做出这样的安排。

日本已经构不成对中国生死攸关的威胁，不过它很可能成为中国越来越现实的麻烦。我们很难劝说日本，那个国家似乎只向实力膜拜。对"出云"号这种打着"护卫舰"名义的轻型航母，中国只能用发展真正的航空母舰做出回答。

(2013.08.07)

抗高温，莫让抱怨加剧社会焦躁

高温持续考验中国南方广大地区和北方的超大城市，6日，35摄氏度以上高温的国土面积达到158万平方公里，40摄氏度以上的约7万平方公里。中央气象台预计今天的高温还将加强。有人认为中国近日的高温已经达到"灾害"水平，各种高温现象的报道和应对高温的呼声在舆论场上响成一片。

我们倒是建议，国家不要轻易针对高温搞应对灾害那样的"紧急行动"，但各地政府应当加大防暑降温的工作力度。高温需要对付，但也不要加剧社会围绕高温的心理急躁和紧张，政府要有"物理降温"的行动，舆论应营造"心理散热"的氛围。迎战高温一定是行动与"心静自然凉"的相互协调，而不是强调一个，忘了另一个。

高温既是自然力所致，也大概有城市热岛效应的"贡献"。但现在不是大规模检讨城市该不该建这么大，更不是放开喉咙发牢骚的时候。天热已成事实，降温最重要。中国炎热的大都市空调多较普及，对付高温的资源很多，帮助弱势群体的资源和手段同样很多，现在是做具体事情的时候。

从中央气象台连续发布高温预警就可以看出，政府方面已经意识到抗高温是当前的一项重要工作。但是各地高温的程度不同，经济发展水平各异，政府和社会组织如何担当抗高温的主力角色，各地的经验都不足。以往防暑降温主要是民众个人的事，或者有条件好的小单位参与，全世界今天的情况也大致如此，政府的参与度都不高。中国各地政府应发挥多大作用，这是需要摸索的事情。

在有这些模糊的时候,理想情况是把这次炎热变成从官到民都积极行动,大家共献爱心的机会。热浪搭建了官方联系群众的天然平台,也让人与人表达友善和亲近更容易实现。人们现在最需要遮阴和凉风,需要得到消暑品的方便。做到这些都不必很昂贵的投入,政府、社会组织、商家乃至个人都有能力以各自的方式向需要者伸出援手。

这段时间媒体上有可能流传各种令人感动、愉悦的抗高温故事,也可能集中出现愤怒的反思和声讨。随着人们对防暑降温标准要求的提高,我们相信社会抗高温的组织方式将逐渐变化,也将逐渐完善。如果舆论的批评和督促能与高温天气里的社会和谐达到有益的平衡,那么我们的这次全社会抗高温行动就能打一个总体的高分。

防暑降温是行动、心情,甚至是道德和哲学,但它不应很容易地就变成"政治"。迄今为止,中国社会对这轮高温的反应是"正常的",但互联网上也开始有了"泛政治化"的个别声音。希望这种声音不会走得太远,也希望社会的综合表现,尤其是政府的表现能提供让这种声音多加克制的强大理由。

(2013.08.07)

斯诺登"落户"俄罗斯，中国也是赢家

奥巴马宣布将参加 9 月份在圣彼得堡举行的 20 国峰会，但取消与普京的一对一会晤。美俄外长和防长"2+2"会晤本周末将如期在华盛顿举行。奥巴马虽为斯诺登事件"报复"普京一下，但发力非常克制。总体看，美国显然准备咽下俄罗斯收留斯诺登这口气，它在找台阶。世界舆论仍对莫斯科刮目相看，纷纷视克里姆林宫为"彻底的赢家"，而白宫则是"彻底的输家"。

俄赢美输的判断是对的。其实这件事世界各国构成了"统一战线"，所有被牵涉的国家都赢了，美国是唯一输家。美国输了理，也输了气势，它虚张声势，但到头来也没能实现对斯诺登的引渡。俄罗斯展现了它"敢作敢当"的国家性格，并成功迫使美国做了退缩。

不少人在互联网上问：中国为什么不能像俄罗斯一样做？他们觉得俄罗斯这一分本应中国得，而我们表现了"犹豫和软弱"。

我们认为，如果中国当初"主动收留"斯诺登，那将是一个较大跨度的对美外交姿态转变。如果我们做了也就做了，我们需要承担这种变化所对应的各种风险。中美的情况与俄美不同，美国报复中国的机会和手段要多得多，但天塌不下来。

然而中国选择了"不干预"的做法，现在看来，实际效果更佳。中国围绕斯诺登事件所寻求的国家利益都实现了，它们包括向世人揭露美国一些重要国家政策的道德虚伪，保护斯诺登不被遣返，让美国在国际网络安全问题上"贼喊捉贼"的丑态在全球舆论中发酵，同时做到中美关系稳定大局不受事件的影响等等。

俄罗斯巩固了对美示强的外交姿态，也巩固了俄美实力不平等条件下的大国地位。俄罗斯在斯诺登这样的事情上愿意挑头，也有挑头的外交经验和手腕，做得很漂亮，这同样非常符合中国的利益。

谁都知道中美竞争的方式将决定21世纪国际关系的性质，而中国的当下实力仍大大落后于美国。俄罗斯作为中国的全面战略协作伙伴，积极主动在斯诺登这样的事件上扛旗，站到对美斗争的最前沿，展现了全球地缘政治非常宝贵的多极化弹性。俄罗斯的表现值得中国给予敬意，从斯诺登出走香港，到他在那里揭露了美国之后落户俄罗斯，在这一连串流畅的情节里，中国一直处在顺风顺水的位置。

中国不与美国正面冲突，但我们已有能力与一条限制美国滥用权力的阵线融为一体，我们对美国的意见至少在斯诺登事件中转化成全球的声音，虽然这不如直接顶撞美国，与它在斯诺登问题上挽起袖子"掰手腕"来得痛快，但这样做更合乎中国外交的长远利益。

美国咽下一口气，不代表它真的怕俄罗斯了。俄收留斯诺登美国没能怎么样，但反过来问：奥巴马如果取消参加圣彼得堡20国峰会，"2+2"会晤也不搞了，俄罗斯又能把美国怎么样？同理，美国不可能"怕中国"，中国也没必要"怕美国"，中国最需要关心的是：怎么处理中美关系才能实现自己国家利益的最大化。

在俄罗斯的环境里，斯诺登将比在很多国家里更有"继续施展"的空间。俄罗斯的最大社交网站和议会都释放出邀请斯诺登前往工作的风声，他显然还能做很多让全世界开心的事情。这个让美国最丢脸事件的帷幕还远远没有拉上。

（2013.08.08）

准确认识中国永远是件挺难的事

中国的自我认识没有达到社会共识应有的低线，这是当前舆论场上出现一系列重大争议的根源之一。中国是什么样的国家，如何确定中国的现实坐标和历史方位，中国的知识界与大众莫衷一是。

世界上的大多数国家都挺复杂，但作为超大规模的国家，中国出乎意料的发展速度和发展的不平衡带来了评价这个国家的更多视角。比如中国同时成为世界强国和国内民生基础较弱的国家，中国既是发展最快的大国，又是世界级大国中当下发达水平的末流。中国实行社会主义制度，它之前的承载主体苏联已经垮台，但这一制度经过改革却成为中国快速发展的政治基石，这刺激了全世界围绕国家发展道路的大辩论。

中国国内舆论对国家的认识歧见几乎无处不在，由于中国的多元和多样性，每一种认识都能找到有说服力的现实依据，它们彼此的冲突性构成舆论的基本面，社会的共识陷入短缺。由于各种对中国的自我认识都在竞争政治影响力，这使得国家的改革进程造成干扰。

现在急需理性地认识国家，它至少应包括两个方面，一是要厘清事实，二是要厘清事实与国家政治路线的关系。

厘清事实并非易事。因为它包括事件本身，还包括我们把事件放到什么样的坐标上去判断。舆论场的争论大多是围绕坐标展开的。比如一个城市的状态好与不好，它可以同自己的过去比，可以同中国的其他城市比，也可以同不发达国家和发达国家类似城市比。我们无法得出统一的答案，但我们应当清楚任何一种评价的局限性，不应当以一代全，谋求某一种评价的绝对主导地位。

必须承认中国当前的发展道路是几代人付出巨大代价探索出来的,它由中国革命和建设的巨大经验及教训库支撑。道路不可能笔直,但若只从对当下某一具体事件的临时观察和思考出发,恐怕不足以得出能够影响国家政治路线的结论,那样的话我们这个国家太轻率了。

认识国家的分歧已然存在,我们很难统一它们,但我们应当努力构建应对这种分歧的方式和规则,从而使得国家能够带着这些分歧往前走,而不是被它们绊倒。

新中国是从一个落后大国的很低基线开始全面现代化进程的,我们缺物质,缺见识,也缺自信。从内部自我审视,有"只缘身在此山中"之难。从外部认识中国,虽有视角之新,但因掺杂外部国家利益而不纯正,简单的类比难免是皮相之见。

中国从很少争论的状态大步跨进互联网的舆论激流之中,论辩带来思想的活力,但无序的论辩会消耗国家前进的动力。我们现在还难以判断,当前舆论的多元化究竟是"还不够",亦或已经"过了头",中国社会对这种多元化处于不太明朗的适应过程中。

有太多疑问和信息不断塑造我们对国家的认识,分歧释放出来了,共识就很难在纯认识层面构建,它更多需要通过全社会的行动来实现。凝聚力是很复杂的事物,中国这么大的国家,必须不断发现它、更新它、巩固它。我们需要知道,有一个稳定的国家政治路线,有围绕它组成的多元合力,中国才能前进,而国家进步是人民福祉得以不断发展的基础和前提。

(2013.08.08)

中国是法治吗？但肯定已不是人治

围绕一些案件侦查审判的争论不断在中国媒体上汇集，酿成舆论事件。其深层原因是一些人对司法公正的不信任。不断有人批评中国并无法治，而是仍然处于"人治"状态。这样的不满和指责对公众认识国家产生不小的影响。

中国早已提出"依法治国"的响亮口号，它事实上也成了中国上下今天的真实共识。"人治"从来不曾是中国推崇的政治理念，它是我们对改革前、特别是"文革"中一些混乱政治和社会现象的总结。法治是中国政治进程的重要目标，我们已在法治建设的路上走了多远有待评估，但今天的中国显然早已不是"人治"国家。

个人的意志已在中国做不到"无所不能"，无论他是谁。除了体制改革产生的内在制约力，舆论的监督和压力如今无处不在，不依法办事正遭遇越来越多被揭露的机会，一位平民通过舆论挑战违法的位高权重者一再成为现实。

但中国的法治至少今天仍与美国等西方社会不是完全对应的关系，今后大概也会有差别。依法治国的思想在中国古代就已形成，中国今天的法治是以现实社会经济发展为基础，学西方法治社会经验为己用的过程。

中国的政治制度同西方有重大区别，中国的社会发展水平也与西方不同，这决定了西方法律制度不能作为中国法治的绝对样板。把这个问题想明白，我们就会对中国的法治建设建立起客观、理性的评价体系，推动、支持中国的法治进步，而不是陷入中国怎么做都不如西方的绝望论和虚无主义。

现在是让法律承担社会治理主要角色的转轨时期,与此同时,中国政治制度的核心要素不能削弱,它们是中国凝聚力、前进动力和社会稳定的基石。中国的法治建设需要同政治制度的巩固和完善形成彼此促进的探索,这样的相互促进在西方曾经实现,它在今天的中国也势在必行。

一些激进的声音认为,中国法治建设只能以改变和削弱中国现有政治制度为代价,这是极大的误解。如果受这种认识支配,就不会看到任何法治进步,眼前将一团漆黑。

中国法治建设中的最大问题是司法权威不够,它更多是社会建设层面的问题,而不仅仅是政治层面的问题。司法腐败介于社会建设和政治建设之间,绕开终审上访的盛行尤其暴露了社会建设的不足。

中国人在日常生活中借助法律或与法律遭遇的几率都低于西方社会,让法治向草根社会渗透还有漫长的路。互联网帮助很多人越过这一过程,对一些著名的案件发表意见,这实际造成了中国的"网上普法运动",倒逼司法公正,同时它也会带来临时性的负面效果,对具体案件审理形成民粹主义的压力。这与行政干预构成了对司法的双重压力。

需要看到,这些层出不穷的纠结指向一个总的目标,即把越来越多事情的裁决权交给法律,而且让这样的裁决越来越公正。只要不从西方的视角对国家政治制度耿耿于怀,任何人都有理由透过各种事件纷至沓来的喧嚣,对中国法治建设的不断前进持乐观态度。

连薄熙来都走上被告席了,还有谁能在中国法律面前特殊?连唐慧那样的弱女子都讨回了尊严,司法公正还有什么样的障碍是绝对不能冲破的?不要说法律的这些伸张都是"偶然的",它们都在为依法治国的拓宽和深耕打下桩子。

依法治国还有很多问题是开放的,有不确定性的。最重要的原因是中国在走一条既学习西方、又要在中国行之有效的法治建设之路。法治将重塑中国,中国也将发展、重塑法治概念的内涵。中国必须成为人类社会治理的创新者。

(2013.08.09)

贪腐在历史性地滑向绝境

因贪腐被揭而落马的国家能源局前局长刘铁男被爆藏有巨额财富，包括在25个银行账户内存有1900万澳元，并藏有9公斤黄金，25颗罕见钻石等。这是又一张惊人的高官非法财富清单，它不仅断送了刘铁男本人，而且给党和政府的声誉造成巨大损害。

刘铁男的巨额贪腐不是个案，在他之前已有一系列高官因巨额贪腐落马，而且人们普遍认为他不是最后一个。这些贪腐案的出现严重影响了公众对国家干部队伍整体面貌的认识，其对社会凝聚力的长远损害难以估量。

必须让刘铁男案等最近几个大案的审理形成前所未有的警示力量，彻底改变贪腐者对出事概率和惩戒强度的预期。来自互联网的舆论监督方兴未艾，纪检机构的查处力度不断加强，打击贪腐正在中国形成秋风扫落叶之势，今天开展廉政"思想教育"的大环境已经今非昔比，对贪腐的铁腕查处使"思想教育"变得空前严厉。

官员需要有更加健康的为官观：对财富保持淡然、坦然的态度。否则职位越高就会不时陷入越困难抉择：用权力非法兑换财富，这很危险；而用权力推动社会繁荣，自己什么都不沾，又会严重心理失衡。这无异于一种折磨。

刘铁男贪了那么多钱，那些巨额财富实际上与他的生活质量无关，它们藏在那里只能是他个人命运的定时炸弹，如果它们能带给他某种满足，这种满足一定是畸形、变态的。钱或者满足消费，或者带来安全感，或者意味某种尊严和荣誉，但刘铁男的这些非法所得几乎没给他带来什么,最终带给他的就是毁灭。

贪官的财富永远见不得光,随着中国社会的进步,它们永远将处于法律追诉性清算的危险之中。以为混过去就算安全了,这是幼稚的幻想。越来越廉洁的中国社会一定会对贪官逐一扫描,一些人现在"没出事",这不能改变最终贪官逃脱率很低的社会发展趋势。这是规律性的,将不以人的意志为转移。

有贪腐欲望的人早觉醒早安全,现在执迷不悟"悄悄赚了"的人,早晚会付出惨痛代价。社会的监督网络已经如此发达,今后将更发达,个人履行监督权利的成本越来越低、渠道越来越多,全社会的监督愿望越来越高。此外,体制内查处贪腐的刚性机制逐渐确立,贪官一旦出事,实行自保的途径被一一堵死。贪腐在历史性地滑向绝境,如果还有贪腐者看不到这一点,那将是他们自己的悲哀。

树立正确的为官观,如今会受到来自转型社会金钱观的剧烈干扰。随着市场经济发展,财富在衡量人的价值和成就方面扮演了越来越重要的角色。"穷官"在媒体上会受到尊敬,但在现实生活圈子里,这样的尊敬未必有。以金钱多少论贵贱,这一价值尺度在中国社会伸得很深很远,让官员全都能顶住这一价值观的压力,这在当下是困难的。

对官员的廉政教育需要针对社会流行的价值扭曲,重塑在市场经济条件下支持官员自尊的真实元素,使他们的正当需求和利益通过合法途径得到有效实现,使这些年形成的灰色途径逐一受到严控,并最终彻底消失。

全世界的官员都有一份相对体面的生活,但当官不是致富的行业。有富豪当官的,但当官当成富豪,在哪都不会被公众接受。如今像刘铁男这样的贪官已经不仅是生活型腐败,而且是聚敛资本,他无论要什么花招,让亲友代为敛财,人们都能看穿。他身败名裂是必然的,即使半年多前他的丑事不被放到网上,他遭厄运也是迟早的事。

(2013.08.10)

拒与民进党打交道，这样的鲜明好

国台办发言人昨天谈两岸关系时重申，大陆对民进党的政策没有变化，民进党不改变"台独"立场，我们就不会与其进行党际交流。台湾民进党籍高雄市长陈菊目前正在大陆访问，并有成果。大陆欢迎民进党成员以个人身份来访，与拒绝同民进党做党际交流并行不悖，大陆坚持这一政策并使之产生政治效果的能力不断增强。

大陆就是要在重大问题上旗帜鲜明，不留"猜"的空间。两岸实力对比在加速朝着有利大陆的方向变化，巨大的实力差转化成对"台独"不断加码的压力，逐渐达到"影响岛内政治"的级别，大陆显然已不完全是岛内政治的"局外人"。

台湾岛逐渐处于大陆维护国家统一这一政治意志的绝对影响之下，对抗这一意志的力量将最终失去政治前途。民进党已经隐约看到这一趋势，现在的问题是它的调整需要一些时间。

国民党重回政权的这几年让台湾社会感受了因远离官方"台独"运动而享受充分和平的好处，让台湾民众放弃眼前的稳定，重新跟着民进党为了"台独"铤而走险是一件难以想象的事。2016年民进党如果仍然坚持"台独"主张，与国民党打"统独战"，它很可能会再一次摔跟头。

虽然离新的台湾"大选"尚远，但已能看到民进党的意志动摇和犹豫，他们为不得不坚持一个虚伪政治理想的压力而感到烦恼和沉重，他们"嘴硬"，因为他们虽然知道坚持"台独"只会拖累民进党的未来，但他们一时找不到摆脱"台独"的万全之策，不知道如何过渡才能使他们避免满盘皆输的风险。

只要两岸持续当前的分离状态,"台独"作为一种思潮就无法避免,但这与它作为台湾政治的最大牵制力之一完全是两回事。大陆就是要保持高压,将"台独"主张逐渐驱离台湾政治舞台的中心位置,让它成为边缘化的东西,成为一种不入流的玩闹。

彻底战胜"台独"已经露出曙光,尽管仍有一段路要走,但我们的胜算已经不再有悬念。这实际将是中国大陆通过实力和意志实现的对一项重大政治挑战的"不战而胜",迄今的成果应当为我们带来鼓舞和启发,增添我们继续这样做下去的信心和力量。

重大政策的明确性应当成为中国今后针对内外事务的普遍策略和态度。中国的实力越来越强,只要中国政府的态度足够鲜明和坚决,会有越来越多的力量愿意与之相向而动,这是全球政治的基本规律之一。在香港问题上、内地重大问题上,中国政府都需表态明确、及时,政策模糊往往是社会困惑的源头。

陈菊这次来访开始称"中国大陆",而不是像过去那样一口一个"中国",她在高雄市政府成立的协调机构称为"两岸工作小组",也不像民进党那样叫什么"中国事务委员会"。陈菊是帮民进党拿下高雄的"功臣",她的这些"微妙变化"是同一个大趋势的细节展示。

彻底解决台湾问题尚需时日,但未来问题的真正核心是大陆力量和亚太力量格局的变化,岛内的民意总体上会同这些变化互动,而不太可能与之隔绝,甚至尖锐对抗。这一判断之所以可靠,是因为我们把台湾社会的基本理性作为形成这一认识的出发点。用一句台湾民众耳熟能详的话,那就是"形势比人强"。

(2013.08.12)

失德医生进黑名单，苦才是猛药

中国医师协会正式启动执业医师定期考核工作，全国医德医风通不过考核的医生将被列入"黑名单"。在陕西富平县发生医生贩卖新生婴儿激怒社会舆论的背景下，医德考核引来新一轮激辩。一些人表达对这一做法的坚决支持，但也有很多人反对这样的"德治"，认为它破坏了医疗领域急需加强的"法治"。还有大量评论不相信出台这一措施能起任何效果。

这些不同声音的迅速云集反映了舆论中消沉、沮丧的情绪，以及在面对一项改革时的患得患失。改革常常因触动利益而遭到阻力，如果公共舆论也对它表达不信任，参与对它的夹击，它的推行环境就会更不利，个别争议就有可能获得在大范围内发酵它的影响力。

中国各行业的"德"如今都多少出了问题，除了官德频遭批评外，医德是行业道德中最饱受诟病的之一。全国有200多万医师，对他们的职业道德标准既很容易列出来，又有很多强大的现实因素有可能把它们变成贴在墙上的一张纸。行业的普遍道德问题往往有着深刻的原因，在一个行业开展"教育"，通常要比惩罚它的个别败坏分子难得多。

然而整治社会"德"的问题总要行动，不能因为每一个行业都处在其他行业所构成大环境的包围中，大家就都把率先改革的责任推给别人。除了官场反腐败，医疗行业治理职业道德也带头下些猛药很得人心，没有理由可以证明这样做是过分的。

"德治"从十几年前提出来时就与"法治"是协调的，道德和法律的共同制约是社会治理成功必须同时转起来的两个轮子。将二者对立起来要么是糊涂，要么是故意装糊涂，这样的对立在中国加速依法治国建设的大现实中是很奇怪的命题。

中国社会的道德危机有三方面的突出问题：社会最基本的行为规范大面积失序、官德官风沦丧、职业道德严重缺失等。中国处处都需要构筑和加强道德的底线，官场、行业以及个人都负有各自不可推卸的责任。

支持医德医风建设，不意味着我们认为这个行业的道德面貌真的比其他行业更糟，而是因为它是当前社会矛盾比较突出的汇集地，舆论的监督热情旺盛，社会对医疗改革的呼声很高。医生们从社会得到的合法回报未必是公平的，他们也有要说给社会听的一肚子苦水，医德建设因此必然伴随社会各种意见的不断碰撞。

医疗是处于中国体制边缘地带的庞大系统，它的很多问题既与"权力"沾边，又表现了市场的无序。这里需要对道德的坚守，也要切实摸索今天中国人对"钱"的理性态度。唱高调在这里是不管用的，太"现实"了必将最终付出代价。医德建设需要面对中国社会转型投射过来的一张张巨大影子。

医生贩卖新生婴儿令人触目惊心。但它的发生绝不是孤立的，而是有大量社会道德问题的簇拥和铺垫。医院往往比其他地方更像中国社会的缩影，搞清楚这一点我们就会知道，如果我们想要道德表现好的医院，我们除了督促医院本身，还需要同时在这个国家做些别的什么。

(2013.08.12)

印度国产航母下水，中国别太落后

印度首艘国产航母"维克兰特"号昨天下水，它的排水量3.75万吨，共能搭载36架战机。尽管它的实际列装要2018年才能实现，但印度媒体都将8月12日称为"历史性的一天"。

印度航母下水比不久前日本准航母"出云"号下水在中国引起的震动要小。虽然中印的陆地领土纠纷不比中日海上纠纷轻松，印度发展军备的态度很公开，但它近年来在中印关系上较为温和的做法与日本形成了对照，加之印度国力同中国有很大距离，对中国人心里的感受来说，日本是来自周边的最大威胁，普通中国人经常想不到印度。

印度在发展航母等大型军备上走得快一些，反而可以给中国必要的刺激，改善中国发展同类、但更先进军备的国际舆论环境。中印之间没有军备竞赛，至少中国的国防计划同印度的时间表没什么关系。

印度国产航母下水带给我们的主要触动是，中国的国产航母计划需要加快。这不是为了同印度竞争，而是印度做的事在提醒我们，发展航母的战略意义在亚洲并未衰减，航母仍是维护国家海上利益最有效的战略工具之一。中国早一天建成有规模的航母力量，就会早一天获得与之相应的独特战略主动。

认为国产航母的出现将加剧中国威胁论，这样的担心不应再来干扰我们的思路了。有关中国威胁论的很多因素难以捉摸，但这些年的经历告诉我们，它对中国的实际伤害非常有限，如果它没有吓倒别人，反而先吓倒了我们自己，那只能说明这一代中国人没有出息。

21世纪的"航母无用论"、"航母靶子论"等不断冒出来，它们并非毫无道理。从大国的终极对抗手段来说，很可能的确是这样。但国际政治充满不同强度的摩擦和博弈，很多冲突不是一上来就"捅刀子"的。国家间除了低耗材的信息战，以及战略导弹甚至核威慑，航母力量仍占据着施展战略威慑的大量空间。没有航母，大国的战略系统就有直觉都能发现的漏洞。

中国启动航母国产化的时间在大国中是相对很晚的。连印度都走到我们的前面很说明问题。中国获得了核武器技术、战略导弹技术、核潜艇技术，但中国这些战略力量的规模也都很有限，中国证明了自己的确是实行"战略防御"的国家。

但中国现有的战略力量对维护国家安全利益逐渐捉襟见肘。中国国际地位的上升速度极快，国家商业利益面在世界范围内跳跃式展开，世界大国和地区力量都在调整对待中国的策略。它们的依据是什么？其中必包括对中国战略力量的评估。

俄罗斯的核武器从未使用过，据说它们在老化、过时。但直到今天，庞大核武库仍是俄罗斯国家力量的支柱。世界情报界都认为中国东风21D导弹已是打击航母的可靠克星，但美国航母在敏感时刻到第一岛链附近转一圈，仍是有价值的行动。航母的力量是经过验证的，而作为"航母克星"的东风21D还没有。

中国建立可靠战略威慑力的道路十分漫长，我们还需花很多钱，而且不能保障每一笔钱都用得非常准确。中国战略威慑力的受益者是全体中国人民，包括中国的明星、中国的商人、中国的海外输出劳工，以及在网上喊着"国家强弱与我无关"的任何人。

我们希望早日看到中国国产航母下水的那一天。我们相信那将不是"历史性的一天"，它将是中国真正复兴路上的普通一天。

(2013.08.13)

美富豪投身创新交通蓝图令人钦佩

美国 3 家公司的创立者马斯克 12 日发布"超级高铁"的设计蓝图。据称这是一种全新的交通系统,是利用磁线性加速器推动舱体在钢管里穿行,达到 1220 公里/小时的速度。现年 42 岁的马斯克有志于在洛杉矶到旧金山之间的 600 多公里距离上实现这样的交通方式,他给出的两地互达时间仅为 35 分钟。

这听起来很像是科幻故事,但马斯克不是小说家,而是硅谷最成功的创业者之一,是地地道道的亿万富翁。他看来要搭上自己的绝大部分财富,并且要大举融资,来做这次别开生面的高科技和商业冒险。他的成败必将充满变数,但这一计划得以出笼,由私人公司朝着实施层面大胆推进,这本身就足以令人称奇。

我们不能不说,美国社会的基因中流动着创新的冲动和对这种冲动的鼓励。马斯克的计划星期一公布后,美国媒体纷纷以非常严肃的态度予以报道,一种鼓励的氛围迅速形成。具不具备这样的大环境,对高科技和商业模式创新往往有着截然不同的意义。

美国已处于人类发展的前沿位置一个世纪,创新、尝试没做过的事逐渐成为美国文化的一种习惯。这个过程有大量失败,也有生命的牺牲。可以说,美国人享受了引领世界高科技发展的好处,也为此付出了该付出的代价。重要的是,他们消化了这一切,全社会在成果和付出之间感受了平衡。

我们必须不断学习美国文化中勇于闯荡的这种精神,在中国经济总规模仅次于美国的时候,这样的学习变得尤为重要和紧迫。如果中国人不敢创新，或者懒于创新，我们就不可能站到世界经济和科技发展的真正前沿位置，我们的民族复兴就是表面的，不堪一击。

有人总结说，希腊神话中的英雄是商人和海盗形象的折射，中国古代神话中的英雄则是模范农民的化身。这种说法未免牵强和简单化。但与此同时，农业文明对中国人思想的禁锢直到今天仍没有完全散去却是不争的事实。中国的思想解放决不应仅仅局限在政治领域，它应当是思维方式和思想材料的全面开放，是对思想胆略的一次全面武装。

思想创新必须有现实社会的调整来接盘，否则创新就永远是少数人的离经叛道之举，而不会成为中国社会的集体选择。新事物这些年在中国因具体失误而陷舆论险境的情况比比皆是，这让人怀疑如果有一天中国设计全球没人见过的航天器，或者一种全新的军事平台，舆论是否会支持国家带着我们吃全人类的"第一只螃蟹"。

中国今天比苏联 1957 年放人类第一颗卫星时的技术能力高多了，但我们的创新状态与那时的苏联相比还有距离。我们无法一夜之间焕然一新，但也决不能气馁。我们需要认真行动起来，为社会创新氛围的形成铺就一个个具体条件。

比如对知识产权的严重侵害已经成为中国科技创新的重大拦路虎，能不能有效遏制这一问题，这完全可以看成中国是否真正鼓励创新的试金石。还有国家能否让民营高科技公司享受到国企拥有的政策倾斜，这对创业者们也将是一目了然的信号。

中国需要自己的比尔·盖茨、乔布斯，也需要涌现出一批我们自己的马斯克。那么第一，我们应真心欢迎这样的大家在中国社会成长起来，而不是犹犹豫豫。第二，从你我做起，从小事做起，少背诵，少抄袭，少人云亦云，少用山寨货，多支持原创，别歧视身边的创新失败者。你我变了，中国就变了。

(2013.08.14)

8·15，中国媒体不能沉默的日子

今天是8月15日，日本的投降日。今天的日本十分热闹，中国媒体和曾经战胜过日本的各国舆论也不应沉默。

日本政府将在今天举办"日本全国战死者追悼式"，日本内阁官房长官菅义伟就此称，"我殷切希望每个国民都能缅怀战死者，从心底为他们默哀。"他还进一步说，"我国的和平与繁荣背后，有着二战时心系祖国与家人、在战场倒下的各位战殁者的崇高牺牲。全体国民应沉痛悼念他们。"

菅义伟虽然同时表示"我们应再次起誓建设永久和平"，但这句话更像是为说前面那些话的掩护，是应付中韩和世界舆论的，日本政府要在该国社会唤醒的，恰是当年帝国飞行员们驾着神风战机撞向美国军舰时的"爱国主义激动"。

安倍透出信息不会在今天参拜靖国神社，但他献上了"玉串料（祭祀费）"。作为一国首相，他如此固执地打这个"擦边球"，就是要带日本"擦"二战大结局和东京大审判的"边"，他领导的内阁就是要为冲破由日本侵略和战败导致的格局积蓄力量。

日本工业化已经一个世纪，但它从未成为真正的全面强国。它称霸东北亚半个世纪，驱走俄国和西方势力，并且在太平洋战争初期打了美国个措手不及，很大一部分靠的是极端民族主义的精神力量。世界历史见证了德、日民族一旦精神上歇斯底里后可能干出的极端事情，日本今天的表现无法让我们对它决不会重蹈覆辙有信心。

日本为一方、中韩等亚洲国家为另一方的"靖国神社冲突"已经演化成日本对周边的意志之战，日本在磨炼它的民族主义，重新汇合其被反复冲散的国家凝聚力。日本仍处于美军的占领之下，如今又在经济总量上被中国超越，它处于退回到东北亚二流国家的历史定位，和为重新崛起与亚太大趋势对着干的十字路口。

日本人未必有一个极端主义的完整计划，但他们的心和意愿与时与势逆向，他们与中韩两国以及战后体制的冲突渐成一步步加码的惯性。中日两国逐渐走向对立，韩日民间的仇越结越死，东亚战争的潜在引爆点过去是三八线附近排第一，如今日本主张主权的岛屿和海上划界线加入了进来，这些变化与靖国神社的祭拜合在一起，让人隐约看到亚洲人曾经很熟悉的日本政治表情。

日本有可能彻底断送东北亚"一体化"的艰难成长，它以极端民族主义为核心的凝聚力重建必然刺激周边的民族主义，从而使地区内弥漫相互敌视和对抗情绪。这会成为日本极端民族主义进一步蔓延和升级的理由，如此恶性循环，日本将把自己牢牢钉在东亚新政治风暴的中心位置。

中国没有可以调控日本行为的杠杆，中国力量能够达到"吓住"日本的规模还需要很长时间。我们现在要做的是向全世界揭露日本的出位和疯狂，除了加大日本鼓噪极端民族主义的政治成本，也为我们今后一旦与它尖锐冲突营造有利的国际舆论环境。

反过来说，日本问题就是中国崛起的成本，而且已经被固定在成本的层面，它不再具有影响中国复兴结局的力量。靖国神社终究是个戏台，它也不应成为日本高官用动作和台词就能牵制中韩国家情绪的地区政治调控中心。事实上安倍现在去不去那里走一趟，他所要向日本内外表达的东西都已经充分表达出来了。

我们厌恶日本首相参拜靖国神社，但我们一点也不怕他前去那里拜鬼。那些鬼本来就存在安倍等人的心中。高度警惕严重右倾化的日本和准备对付它，才是我们的正确选择。

(2013.08.15)

惊人血腥在失序的埃及谁也挡不住

埃及军队14日对长时间占据广场抗议的穆斯林兄弟会支持者强行清场，酿成严重人员伤亡。到昨晚为止，军方公布已经死亡95人，穆兄会宣称死2200人，伤万人。法新社的一则报道称，该社一名记者在一处停尸房内看到124具尸体。

世界媒体纷纷描述昨天的开罗像是"战场"。值得强调的是，埃及之前已发生多起军警同示威者的流血冲突，本次清场之前西方舆论均劝诫埃军方要克制行动，后者也表现出尽可能避免流血的愿望。但如此大规模的伤亡还是在世人眼睁睁的注视中发生了，谁也没有能力阻止它。

这不太可能是埃及最后一次大规模流血冲突，现在已经有人预言埃及的"内战"。情况未必就会那么糟，但阿拉伯世界从"派系杀戮"到"自杀爆炸"的各种乱象都极可能在埃及上演。相信没有埃及人愿意经历这样的混乱，但国家政治进程的自我控制有着极高的挑战性，埃及大概没这种能力，下一步政治事态的横冲直撞将不以人的意志为转移。

埃及成为美好政治愿望同现实结果南辕北辙的突出例子。两年半前埃及人一举赶走了穆巴拉克，在西方指导下搭建了普选政治框架。人们普遍以为选举就是民主，但接下来却发现，没有经济、社会发展和制度建设支撑的民主是空的。埃及社会迅速撕裂，国家既失去了以往的威权，也从选举中一时找不到任何可以重新凝聚社会的力量。

所有人都知道国家要避免混乱，但是混乱就像决堤的洪水一样，像雨后大片疯长的蘑菇一样，就是堵不住，除不清。同样的选举设计在西方搞得好好的，拿到埃及来用却令人绝望地乱成一团。所有解释都无法像数学论证那样精确，人类的社会科学太神秘莫测。

现在对埃及下一步的形势预测全是悲观的，在世界观察家的眼里，它的混乱看不到头。人类已有的消除政治混乱的手段对它似乎都不适用，埃及军队和临时政府，以及西方世界都急迫希望这个国家稳定下来，埃及大多数民众更有同样愿望，但这却是一件很艰难的事。

埃及缺少大家都愿服从的力量。军队被证明了不是，通过民主选举出来的领导人和政党也被证明了不是。那么还有谁有能力发出让全体埃及人都愿意洗耳恭听的号令呢？西方也常常没有这样的人，但那里的法律和制度形成裁决社会各种争议的权威，这样的权威是几百年发展积累出来的，有些也经历了血的代价。今天的发展中国家获得制度权威很难是一步到位的，严重失序将是伴随民主进程的最大风险。

埃及的混乱不是为穆巴拉克独裁政权翻案的理由。穆巴拉克欠埃及一份改革，从而使国家在他之后毫无抓手，只能碰运气一样四处乱撞。埃及当前没有路，民主选举开辟不了国家的新局面，而走回头路，让军队成为当年穆巴拉克一样的威权化身同样是非常可怕的事。

埃及的动荡也是西方世界的尴尬。这是一个穆巴拉克时代对美国言听计从的国家。对埃及最近两年多的路线图，西方实际也给了大部分设计，但现在事情清清楚楚搞砸了。西方指导发展中国家政治转型的权威必将因埃及案例的失败而大减。

（2013.08.15）

靖国神社，日本对华斗争的"预设战场"

8月15日上午，日本又有3名阁员参拜靖国神社，此外102名日本议员集体"拜鬼"。安倍对在外界压力下未能参拜公开表示"很遗憾"，此外舆论注意到，他在当天"全国战殁者追悼仪式"上的讲话未提已成惯例性内容的"不战誓言"。

中国外交部强烈抗议日本阁员参拜，并且紧急召见日本驻华大使。韩国的反应相对温和，韩外交通商部称日本政客的行为是在历史面前"闭着双眼"。

日本已经大致将靖国神社问题演变成它的一个外交工具，日本可以用它撬动中韩两国的情绪，用它做平衡中国外交力量的砝码。日本处于靖国神社冲突的主动位置，可以灵活调整谁参拜和怎么参拜，中韩受到的刺激比日本因为受到压制而得到的反刺激更为强烈，中韩的回应或者苍白无力，或者要动用较为昂贵的手段，而且两国很难步调一致，都希望对方"往前冲"。

安倍没去靖国神社参拜，但他围绕"不参拜"的补偿措施都是公开的，对他的这些做法，中韩社会的感受也未必就比日本社会的感受好。

日本首相不断释放参不参拜的模糊信息，中国外交施压，日本首相最后耍滑头，阁员和议员参拜，中国抗议并且搞不清自己胜利了还是受了愚弄，这样的"靖国神社游戏"发展下去只会对中国越来越不利。

事实证明只要日本决心用靖国神社给中国脸色看，我们就难成这场斗争的赢家。我们得承认，当我们要求日本怎么怎么做，并且对细节很在意的时候,我们就等于配合了日本把靖国神社设计成对华斗争的预设战场。

中国应更加专注于自己该如何做。我们应当把对日斗争的平台从靖国神社拉到更有利于我们挥洒的地方,做一些我们用较低成本就能做成的事,干一些日本求我们不要做或者少做的事。如果我们能拥有一批这样的对日斗争工具,让日本对它们的在意超过我们对日本高官参拜靖国神社的在意,我们在对日斗争中就赢得了主动。

中国军队选择8·15在东海搞实弹射击演练,这是针对日本战败日一个有创意性的姿态。当然这还很不够,我们还需创新很多能让日本难受的工具。

不是说日本高官参拜靖国神社今后就不管了,继续搞热靖国神社问题有利于向世界揭露日本对待历史的无赖和阴暗嘴脸,但这件事可以交给民间和舆论去做,中国民间在这方面是不乏创意的。

中国官方应致力于对日斗争新工具的开发,少发口头抗议。这两年的情况是有实际进展的,比如中国军舰进日本海演习,执法船进钓鱼岛12海里,加强东海油气田开发,以及中国军舰环日本行等等,都丰富了对日斗争的内容,稀释了靖国神社在中日斗争的焦点位置。中国坚持拒绝中日高峰会,尤其让安培本人着急难堪。我们应不断有新的手段推出,有些可以做得大张旗鼓。

中国人还应清楚,中日博弈最终是国力的比拼,日本不是菲律宾那样的矮子,它不会总输,在靖国神社问题上它"敢于"给中国人更多刺激,完全是有可能的。我们如果一点气也受不了,那我们就很难在当今世界的"险恶江湖"上立足。

中日斗争归根结底是中国崛起的"业余科目",我们既不能掉以轻心,也不能全身心地投入。我们应进得去,还能出得来,保持对日斗争的战略乐观和轻松。毕竟中国在下一盘全球战略的超级象棋,"小日本"只是棋盘上一个比较调皮的棋子。

(2013.08.16)

"阵痛"要多久？埃及开弓没有回头箭

世界舆论强烈谴责埃及安全部队 14 日血腥清场导致大规模人员伤亡。官方公布的死亡人数已经达到 525 人，穆兄会提供的死亡数字则上升到 4500 人。这些谴责和争吵都成为埃及局势混乱的一部分，它们能为埃及社会反思和从僵局突围提供什么刺激与动力值得怀疑。

这是一场很难清楚确定责任人的血腥冲突。美国已经带头发出谴责，从而与这场"屠杀"划清了界限。几个月来为搞掉穆兄会不遗余力、与埃及安全部队关系密切的副总统巴拉迪 14 日宣布辞职，从而也同当前的"暴行"脱离了干系。客观而言，把埃及的乱局归咎于某一两个人或某支单一力量未必公道，从西方政府到埃及时下活跃的政治家们，都不能侈谈自己的良心是"平静的"。

奥巴马没有宣布对埃及军方实施像样的制裁，而只是取消了同埃及的联合军演，与其当初压向利比亚和叙利亚的排山倒海般制裁相比，这个所谓"制裁"实在拿不出手。欧洲国家也是动嘴不动手，埃及军方看样子很有可能"逃过一劫"。

埃及军方手上沾了鲜血，但它们主要是穆斯林兄弟会成员及其支持者的血，而这股力量在西方看来对中东局势是破坏性的。埃及军方的"功罪"因此有了模糊性，这也是埃及局势在 8·14 惨案后仍打不开的死结。

穆兄会在埃及和中东有广泛群众基础，骨子里很大程度上却是反西方的。民主来自西方，但一民主穆兄会等"极端力量"就上台，这让民主在中东进也难，退也难。阿尔及利亚、巴勒斯坦都被这个难题折腾过,现在是埃及。

这场流血冲突估计只能被当成埃及走向民主的"阵痛"大事化小,而且从道理上讲,它也的确是"阵痛"。埃及在无路可走的情况下走了当下的政治道路,不可能不付一些惨痛代价。

开弓没有回头箭,埃及已经不可能回到穆巴拉克时代,人们也未必想往回走。他们只能深一脚浅一脚地走向前方的不确定性。

不发达国家的政治转型目前在道路上过于贫乏,它们关于变革的全部想象力资源几乎都来自西方政治教条。西方对第三世界国家的政治指导千篇一律,就是鼓励那里的人们搞选举,完全不问世界各地的政治文化传统差异。对有可能把那些国家推向动荡,西方政治家和精英们没有做一对一的规避性设计,没有设身处地地为那些国家着想。

更有甚者,西方一些人根本无视选举过程给一些不发达国家带来的社会痛苦,把在全世界树立西方政治体制的权威作为最高目标。尤其是当西方遭遇新兴国家经济挑战的时候,他们认为这样的政治巩固对西方至关重要,埃及这样的动荡是他们完全可以接受的代价。

尽管这样,埃及的悲剧不能简单看成"西方政治阴谋"的结果。西方是不负责任的老师,但埃及社会应有自己的判断力,和自我化解国家内部尖锐利益冲突的政治能力。很遗憾这一切埃及都没有,它天真莽撞得像个孩子。埃及是谁,从哪里来,今天站在哪里,明天向哪里去,这些基本问题对狂躁中的埃及年轻人来说实在太复杂,无法找到理解它们的切入点。

埃及人必须冷静下来思考。没有人会对埃及人民的命运真正负责,他们只有依靠自己。如果说大动荡已经彻底剥夺了埃及人思考能力的话,那么他们只能在这个内部纷争和国家间自私自利盛行的世界上随波逐流了。

(2013.08.16)

"左右论"是当下舆论场的一时嘈杂

一些境外媒体近日刊文,称中国政治的主轴从"防左"开始向"防右"转变,主要依据是互联网舆论在"收紧",党报刊登了反对"宪政"的文章等。纵观改革开放以来舆论场上对国家政治路线的种种评价,贴"左转"、"右转"标签的情况很多。

但不能不说,中国改革开放道路整体上是超越左右的。有过那么多经验和教训之后,中国主流社会对"左"和"右"都有较高的警惕性,国家政治路线朝着其中任何一个方向猛摆都缺少群众基础,只有稳健改革的"中间道路"才能受到广泛认同。

由于改革开放最早是从"反左"开始的,"左"受到的舆论压力更大,比如现在学者们怕跟"左"的帽子沾边大多甚于怕被称为"右派"。中国"左转"的思想和舆论基础尤其不厚实。

关键是什么是"左"和"右"?反对改革开放,无疑是"左"。但有人把坚持有中国特色的社会主义当成"左",把坚持党的领导、坚持国家根本政治制度也当成"左",把国家不按照他们的非理性要求做事都当成"左"。

另一方面,要求在中国推行资本主义政治制度无疑是"右"。但如果把呼吁加快政治体制改革当成"右",把要求严惩并治理腐败以及呼吁、践行舆论监督也都当成"右",甚至把加快市场经济建设也当成"右",就会出现同样的混乱。

我们认为现在大谈"左"和"右"必将造成对舆论的误导。中国在直面实际问题,在推出具体计划。比如八项规定、严惩腐败、群众路线、经济转型升级等都是十八大以来的突出大事，你说它们是"左"还是"右"？至于中国的政治主轴，十八大报告说得很清楚，那就是坚持走中国特色的社会主义道路。十八大报告还有一句话很著名："既不走僵化封闭的老路，也不走改旗易帜的邪路。"

国家道路既是战略设计，更是充满复杂因素、夹着许多意外极端事件的庞大实践过程。没完没了谈"左"或"右"实际上渐渐脱离了国家日新月异的现实，我们需要不断更新探讨的问题和角度。

关于改革，我们认为，第一它必须长期坚持，因为中国问题这么多，不改革没有出路。这不应是空话，而且实际上也不是中国的空话。改革已经是中国实现发展和稳定的基本方式，也是中国意识形态领域争议重重之下的最大共识。必须看到，如今围绕改革的争论是在路径和节奏层面的。

第二，中国的改革进程要坚决保持不失控，这是几十年来世界各国及中国自己政治历程的共同总结。在一些重要方向上如果有失控的苗头，就应进行调整。国家保持这样的调控能力是改革最终成功的关键性保障。

第三，控制失控的苗头很重要，但改革的方向之一应当是国家对揭问题盖子的承受力不断增强，而不是国家变得越来越敏感。这就需要对控制和释放合理运用，不断更新社会对稳定和失控的感受界限，实现国家有序和活力的统一。

中国是在全球化以及互联网时代继续改革开放事业的，中国再也不可能是相对"自给自足"的独立意识形态体系。这要求中国的大方向必须是对的，过程必须是可控的，而且有越来越强承受争议和摩擦的能力。只有这样才能牢牢建立起中国改革路线的战略稳定性。

对中国道路"左"或"右"的议论已是国内外舆论场的常态，它们并没有切中当下中国的迫切问题，中国社会因此不会对它们做认真的回应，更不会被它们牵着走。"左右论"在舆论场上制造的影响也因此只能是一时的嘈杂。

(2013.08.17)

调查美国公司，中国做得很温柔

西方媒体纷纷转引中国媒体上周末的报道：中国准备就安全问题调查 IBM、甲骨文和 EMC 三家美国大公司。这被认为与斯诺登揭露美国间谍机构通过互联网手段入侵中国关键网络基础设施有关，也被认为与美国以国家安全理由抵制中国华为等高科技公司进入美国市场有联系。

中国启动调查的声势与美国调查中国公司相比差远了。按道理说，如果处于技术上游的美国都认为华为、联想等能够威胁美国安全，中国担心美国这些公司的理由就更充分了。有人指出，正因为美国没少通过信息技术搞国际间谍活动，知道这里面"水有多深"，才会对中国公司充满提防。

中国人如果相信西方大公司都会遵守不参与其政府对华政策实施的道德，那我们就天真得太可爱了。斯诺登至少列出 9 家美国大公司参与了政府的"棱镜计划"。

问题是中国明知道有些不安全，但美国大公司的产品能通通不用吗？以中国的现实技术水平，如果我们弃用美国所有有安全隐患的信息技术产品，显然有困难。此外中美贸易的利益格局也未必承受得了如此剧烈的震动。

所以中国正确的做法是尽可能查出美国产品的隐患，堵住它们，同时加快本国信息技术产业的升级，最终摆脱被动。

采取现实主义的态度并不意味着我们要在反对美国的间谍行为上也保持低调。相反，由于我们处于弱势，更应该提高舆论的嗓门，警告那些有可能与美国政府串通的跨国公司，这至少可以增加对它们的压力，不会毫无作用。

　　与美国针对华为等中国公司"隐患"的大喊大叫相比，我们显然过于温柔了。我们的涵养会被一些美国人认为中国人好欺负，当成我们接受跨国公司在中国想干什么就干什么的默认。

　　一些西方媒体宣称中国的外资投资环境因我们调查有的外国公司而"进一步变糟"。拿投资环境说事几乎是西方舆论保护本国商家利益的下意识手段。但在出了斯诺登的事情后，中国查美国公司的理由空前充分，反对声变得少有虚弱。

　　当然，网络间谍活动的真实意义不应被无限夸大，中美建立新型大国关系的战略方向不可被具体摩擦遮住。中国的调查需实事求是，即使发现问题，社会上也不能以民族主义的态度对待外国公司。其实美国之前炒作"来自中国的网络间谍活动"，一方面有莫须有的味道，另一方面就是犯了夸大这个争议对中美关系实际影响的毛病。

　　遗憾的是，国际关系常常并不遵循礼尚往来的规矩，中国讲道理换不来美国的克制。美国在网络间谍方面"恶人先告状"，它在迫使中国加强对美国公司的监督审查，以心照不宣的平衡唤醒美国方面的些许冷静。

　　中国调查美国三家公司给人总体上是某种"反应"的印象。中国今后需要一些"主动出击"。那未必就是"惹事"。中国被西方压制得太久了，我们需要伸展一下自己的胆量和想象力。

（2013.08.19）

表达异见不能越过法律边界

广州"维权人士"郭飞雄（原名杨茂东）近日被刑事拘留。由于不久前北京的"维权律师"许志永也被刑事拘留，境外舆论这两天把这些事联系起来，认为中国大陆在搞"斩首行动"。还有外部舆论将郭、许等称为"民运人士"，推升他们所做事情的政治意义。

郭飞雄被刑拘的罪名是"聚众扰乱公共场所秩序罪"，之前他坐过牢，并多次遭短时间拘留。他的政治观点很激烈，是国内一些政治签名活动的积极参与者。许志永曾被取保候审，经历也很复杂。

郭、许等人在互联网上的影响一般，不及当前活跃的一些大V们，但在"维权"的特定圈子里较为知名。与当局对抗似乎已成他们的生活方式，他们也像是陶醉于自己的"勇敢"里，不太可能妥协。

应当说，存在这样一个喜欢对抗的异见人群，已是中国社会的现实。他们总是给社会带来触动，也同时给社会治理带来挑战。他们做事不是以合法不合法、对社会治理实际有益还是有害为出发点，而是只认自己的价值判断，把与当局尖锐对抗看成道德上的高尚行为。

如何对待这些"对抗人士"，中国社会治理显然尚未找到成熟答案。一方面这些人扮演了比较新的社会角色，他们对一些具体事情的推动不都是负面的。但同时他们直接制造了对现行社会治理体系的破坏力，对长期社会稳定构成威胁。

民间对他们的态度也是复杂的。他们被拘留甚至被判刑的遭遇很容易得到同情，但了解他们的人中很多也认为他们有些"极端"，并不希望他们"做大"。实事求是说，这些人的社会群众基础并不好，他们的主张容易在媒体上炒作，但与老百姓的切身民生改善关系不大。

让这些人改变政治观点几无可能，在多元化的社会里，某种程度上预留了"异见"或"对抗"的角色。重要的是社会需要确定这个角色的活动空间以及他们行为的法律边界。现在异见人士们宣称他们所有行为都是合法的，他们遭到法律追究时就认为受到迫害。只有通过得到社会的坚定支持，法律才能对他们发挥越来越强的威慑力。

这是中国的漫长课题，搞行动对抗的异见人士在中国出了一拨又一拨，其中不少后来去了国外，他们的影响力总体看被互联网上新生的舆论反对派分去一大半。至少目前社会对后者形成较高的适应度。但"对抗"仍是中国社会很不熟悉的事物，围绕它的磨合是中国改革最严峻的挑战之一，各方需要对此抱以慎重态度。

当局需要清楚，拘留任何有一定知名度的"异见人士"都有可能演变成舆论事件，因此每一次拘留都应在法律依据和司法程序上无可挑剔，判决的量刑亦能得到社会认可和支持。无论谁违法，法律都等在那里，这样就有可能使每一次司法追究都成为中国法治建设的清晰证明。由于舆论中非理性的情绪很多，这对当局行为的准确性构成紧迫压力。

对抗性的异见人士也应清楚，中国处在转型和进步的特殊阶段，无论他们出于什么目的，过于激烈的对抗行为有悖社会根本利益，遭到法律追究和限制是必然的。如果他们的对抗是不顾一切的，他们等于选择了非正常的人生。

也许中国的改革和发展注定少不了一些对抗导致的社会代价，但尽量减少这样的代价，比"用对抗改变中国"更应成为广大知识分子的理想，因为前者才是中国人紧迫的共同利益。对抗遍布今天的世界，它们带来我们可以看得见的巨大社会痛苦。减少对抗对个人以及对社会都具有重要的人道主义意义。

(2013.08.19)

政府和民众是抗御天灾的共同体

广东多地暴雨成灾并酿人员伤亡，辽宁、黑龙江等省也遭遇洪水袭击，今年的水灾集中在立秋后，来势凶猛。中国各地都有灾害应急机制，它们在转动起来，但舆论的满意度不够高，批评声四起，网上还流传开围绕水灾的不少谣言。

当前最重要的是救人和抢救财物，但安抚舆论也是重要的。事实上，各地的灾害与应急预案都是针对生命和财产抢救的，如何在舆论上"应急"通常是这类计划中的薄弱甚至空白处。地方基层官员能真正理解舆论真谛的并不多。

广东普宁等地的救援正在展开，但舆论愿意在大灾之下共唱"抗灾主旋律"的时代结束了。媒体更愿意聚焦灾情的严重性，批评政府救灾工作中的种种漏洞。这是媒体的天性，它在互联网时代的中国得以不断释放。

中国官方应有一套行之有效的灾害突发时舆论应急指导方案，帮助各地方政府在重要关头与媒体等舆论平台沟通。这种沟通的成功与否将极大影响灾区民众的士气，也会影响救灾及灾后重建能否顺利展开。

在一个具体灾难中，舆论不是最重要的东西，救灾永远应被置于最高位置。但舆论有极强传导能力，一场灾害中人们的情绪会"残留"到其他与之不相干的灾害中，逐渐形成同一种舆论倾向的惯性。到这时再同舆论沟通就变得很难，"不那么重要的事"就有可能变成某种突出的挑战。

现在灾害到来时，社会的绝大部分反思都集中在政府的反应能力上。这是有道理的，政府是公共救灾力量的主体，把它的赈灾责任往高处定义既符合中国的传统，也符合我们这个社会政治制度的价值取向。

然而同时要看到，在实际救灾中，公民个人的自救能力在第一时间是无可替代的。再强大的政府救援也需要展开的时间，而自我力量永远伴随着我们。自救能力强的人显然多一分安全，这在发达社会受到舆论的高度强调，在我们这里却被对政府的各种要求和批评冲淡了。

自救能力不是绝对的，而是相对的，它同时也是不均匀的，比如老人和孩子的自救能力不可能与成年人一样。但加强公民个人自救能力的训练无疑是中国社会急需补上的环节，它需要同政府完善救灾的应急机制获得舆论的同等重视和督促。

很多灾难中人员伤亡原本可以避免，政府工作的不到位和个人关键时刻处置失当都可能是悲剧背后的原因。政府对一些灾害预估不足，个人的预断和行为失误更容易发生。比如大水来时及时离家弃车非常重要，但什么样的危险才意味着必须做这种舍弃，多大的安全量才是恰当的，现实中很多人因为难以准确判断而表现出致命的犹豫。

发展中国家的灾难中死伤人数多，很大一部分原因是个人自救能力的不足，政府能力的欠缺只是这种悲剧的原因之一。客观而言，中国官方的救灾能力在全球处于较高水平，但中国的水灾中死亡人数还是比较多，这当中基础设施差是重要原因，个人第一时间的自救能力不足也是一个因素。

中国需要补的课太多，政府和民众无疑是抗击年复一年各种灾害的共同体。实事求是看清我们的问题，从多个角度逐渐夯实我们防灾减灾的实力，我们终将变得更强大些，也更安全些。

(2013.08.20)

欢迎各部门都来支持宣传思想战线

习近平总书记在全国宣传思想工作会议上的讲话昨天公布，他强调意识形态工作是党的一项"极端重要的工作"，同时指出做好宣传思想工作"必须全党动手"，要"树立大宣传的工作理念"，动员各条战线、各个部门一起来做。

习近平的讲话切中当前意识形态工作的多个焦点和难点，具有极强的针对性。应当说，宣传思想战线的从业人员当前有不少困惑，国家最高领导人的这番讲话来得正是时候。

在宣传思想战线里，媒体处于核心位置。媒体的报道倾向和媒体人的思想面貌都对整个战线有重大影响。但媒体又不是独立存在的，它们是国家全部事务和真实思想状态的汇合点，媒体卓有成效的工作必须有全社会的积极配合和全面参与。

媒体是与人心的沟通，它的实际效果很容易被表面指标掩盖，因此为实而不为虚应是宣传思想战线最重要的作风。但这的确不是宣传思想战线自身就能做到的，在很多时候，如果其他领域一味"低调"，拒绝对公众关心的问题提供信息和发表态度，媒体就会被置于困难境地，或以虚代实，或被迫沉默，或者跟着网上声音随波逐流。

从新闻工作实践中看，官方很多部门也都认识到舆论工作的重要性，但真正愿意向媒体及时提供信息的部门很少。常有部门希望能从它们自身的利益或为了工作方便"指挥"媒体，对有可能损害媒体的公信力毫不在意，这使得它们与市场化的媒体长期关系不协调，使大家共同维护国家利益、共促正确舆论导向的形成成为一句空话。

习总书记提出宣传思想工作要巩固全党全国人民团结奋斗的共同思想基础，要坚持团结稳定鼓劲，要引导人们更加全面客观地认识当代中国、看待外部世界等等，这都是当前宣传思想工作的迫切任务。实现它们需要各条战线和各部门支持舆论战线一起干出来，而不是谁都表表决心，到了具体关头却不作为。

在开放的社会里，意识形态工作搞得好不好，思想宣传战线所能直接使的劲实际在减少，需要更多部门以及更多官员、甚至更多的社会名流站出来，承担起他们对舆论健康化应负的责任。目前很多部门和人都不愿意"惹事"，希望往后站，让宣传思想战线做抵御不良声音的"孤军"。中国的舆论阵地因此出现部分"沦陷"。

舆论的总体积极、正面是国家前进的意识形态保障，它比任何一个部门的具体得失都具有更高战略意义。以往的情况却是，很多部门都愿意拿国家舆论战线的失声换取它们的短期工作利益，而且这已经成为一种习惯。

宣传思想战线的传播能力和公信力是发挥真实舆论引导作用的基础，也是整个国家的意识形态财富。中国不是西方的体制，我们有必要认真摸索媒体与国家各领域各部门的良性互动方式和规则，创造有中国特色的现代传播格局。

希望各部门都关心各种媒体平台的现实情况，以及它们的各种问题和困难，朝着媒体的方向"联系群众"。这样做就会把贯彻习近平总书记的讲话落到实处。

(2013.08.21)

治中国之难，主要难在治官

中国的历史一再显示，治国的关键环节不是治民，而是治官。国家虽然官少民多，但治官的难度往往比治民大。

虽然中国社会历史上的崩溃大多是"民反"造成的，但导致"民反"的原因却往往是官僚阶层的腐败或社会治理错误。官僚阶层的"内乱"也多次导致国家动荡甚至"亡国"。

世易时移，中国来到现代社会，国家的性质发生根本改变，官员的社会角色也在随之改变。特别是改革开放以来，社会治理形态又积累了大量新变化，官员的社会属性继续跟着变，"治官"的任务不是轻了，而是更重了。

传统称谓的"吏治"如今面临新的问题和紧迫性，它们是：

第一，中国社会经过反封建一个世纪的努力，已经大体现代化，现代法律体系已然成型并且运转，但一些官员对"官"的理解仍受到传统官场文化的大量影响。有些官员仍在思想深处将自己置于社会和法律之上，"公务员"的政治含义并没有被他们理解，对这些人来说，"公务员"只是一套由国家保障的福利体系的代名词。

第二，市场经济来得很猛，新中国建立的以"为人民服务"为中心的官员道德体系受到冲击，但国家没有积累出调整、补充这一道德体系的政治力量，因此这个体系在已经不完整的情况下继续运行，它不断被一些官员的越轨行为挤出漏洞。

第三，互联网突然将以往公众"看不见"的权力推到阳光之下，使经过选择的官员生活展示改变成"现场直播"。对这样的新展示方式官民都不适应，官员们普遍没有经过现代舆论的洗礼，公众对官的要求则是理想化的。互联网对具体官员不雅行为有很强的放大效应，这很容易对冲中国政治领域取得的各种进展。

第四，中国官员的产生方式与西方不同，责任也不太一样，这当中有大量理论问题有待厘清。中国官员权力大，政府同时具有"无限责任"。这究竟是权力架构的设计之失，还是中国的社会现实的确需要强势政府的存在？"一把手"负责制为什么会在中国频现极端，为什么对权力的制约搞着搞着又总是往回走？

治官是巨大的政治和社会工程，而要让它的成果被互联网时代的舆论满意显然更难。当前需要提醒的是，事情再难，也不能搞错中国当前问题的主要方向。这几年各地的群体性事件较多，互联网上云集大量激烈情绪，维稳向这些方向投精力是对的，但切不可忘记，治官是中国长治久安的真正主阵地。

西方体制大体把官"管住"了，那种体制的问题是政府软弱，缺行动力。中国体制下政府成了改革开放的强大引导力量，但官员滥用权力和腐败又成了问题。从实际情况看，中国治官需要认真学习西方的经验，又不太可能完全按西方的方式做，在中国的政治和社会现实下，后一种做法肯定走不通。

中国治官有许多需要我们自己摸索、闯路的地方，这增加了治官的难度和挑战。从为官的政治理念，到适应市场经济条件的官员利益设计，再到有一个有效的监督系统，这是一个完整政治体系的创立和完善过程。这应成为中国政治体制改革的核心内容。

毋庸讳言，直到今天仍有官员将权力视为实现个人及家族利益的万能源泉，这种观念光靠教育是破除不了的，必须通过体制改革和社会舆论力量的倒逼改变之。中国的改革走了很远，已经走出的距离正在化成对治官的持久压力。身在官位的人，对此一定要了然于胸，并顺大势而行。

(2013.08.21)

穆巴拉克出狱，埃及彷徨走"悔棋"

埃及法庭21日下令释放前总统穆巴拉克，从而使后者在阿拉伯之春下台领导人中唯一实现了命运逆转。尽管穆仍背负着一些指控，但是他的出狱对埃及，以及对整个阿拉伯世界都是轰动性的。这件事的象征意义很难说比穆巴拉克两年多前被关进监狱哪个更大。

世界媒体用各种细节讲述埃及当前局势的戏剧性，比如穆巴拉克走出的托拉监狱，正是之前穆兄会几位领导人被逮捕后关进去的监狱。这一进一出，太像埃及政治时钟的倒拨。

历史很难真的"重启"，穆巴拉克重掌埃及被普遍认为不可能。但他的部分影响力显然在恢复，埃及军方的力量在朝着它汇集。这种有强烈"复辟"味道的变化同民主气息严重对立，而埃及以及阿拉伯世界的民主之风并没有真的刮过去。如果穆巴拉克出狱意味着某种新的开始，那么这一定是更大不确定性笼罩埃及的开始。

穆巴拉克的重现再清楚不过表明了埃及社会当前的彷徨。革命撕裂了这个国家，人民尝受了挫折，这个国家现在甚至对最想要什么，究竟是要民主，还是要社会稳定，也变得相当犹豫。埃及已被证明没有能力同时拥有这两样东西，而且埃及人现在很不确定，在经过这两年多的折腾后，他们是否还能保住其中的一个。

埃及社会太缺少政治上的建设性元素，他们几乎是在两手空空的情况下把穆巴拉克赶走的。他们现在仍两手空空，埃及街头这两年多只是留下一批又一批抗议者的尸体，有价值的社会改革在穆巴拉克的稳定时代没计划搞，这两年的动荡中则根本顾不上搞。

民主是什么不是什么,这是一道复杂的政治课题。埃及未必就应与民主无缘,但它的确是一个把民主简单化的悲剧例子。

穆巴拉克像变戏法一样从监狱走出来,曾经高唱"埃及最后一个法老成为历史"的美国和欧洲国家不胜尴尬。力挺过穆兄会的一些阿拉伯国家也很难堪。但面子上的事毕竟红红脸就过去了,外部世界最终不会为埃及这两年的巨大社会代价埋单。埋单的只能是埃及人自己。

穆巴拉克出狱撞击了阿拉伯之春运动的底线,至少是逆这一段时期的"历史潮流"而动,这股"逆流"能撑多久没人能保证。埃及接下来一定会发生"更狠"的事情。或者军方彻底清除穆兄会,以及清除所有反对军人政权和强人政治的力量,或者穆兄会等"革命力量"猛烈反扑,将埃及军队的影响力"扫进历史垃圾堆"。

阿拉伯之春是影响全球政治力量分布的大事件,它的近乎溃散也将缠拽全球力量,让一些其他话题暂时边缘化。美国和欧洲要重新与充满变数的中东政治动向"对表",设计它们的政策。世界可能会出现一个比较混乱的中东对策调整期。

埃及这两年的经历令人炫目,它的各种意外为全球政治学者提供了活生生的案例。只要不糊涂,或者不刻意回避什么,大概不会有人愿意推掉这份原汁原味的素材。

(2013.08.22)

刑拘"秦火火"是迟到的司法正义

北京警方日前打掉一家网络推手公司，抓获网名为"秦火火"、"立二拆四"等四名犯罪嫌疑人，并以涉嫌寻衅滋事罪、非法经营罪将他们刑事拘留。据这些人供认，他们组织网络"水军"长期炮制虚假新闻，策划、制造了大量著名的公共舆论事件。此案还在进一步审理，从昨天互联网的反应看，舆论中有不少对此案将进一步带出其他"黑幕"的期待。

警方初步公布的案情显示，这个犯罪团伙简直就像网络黑社会，恣意妄为，毫无法律和道德底线。而他们造谣滋事能如此猖獗，大鸣大放，也让人看到中国的互联网前一段在某些方面是多么失序，简直就像上世纪三十年代的上海滩。

清除网络造谣犯罪是中国互联网发展必须经历的"文明植入"，是互联网从"半荒蛮状态"迈向现代秩序的重要升级。互联网"非法外之地"已经说了很久，但没有落到实处。刑拘"秦火火"等人看来是有些迟到的强大网络法制建设的序幕。

北京警方的依法行动决非是对网上言论自由的打压。中国舆论场上需要批评，需要不同意见的活跃表达，但我们决不需要造谣中伤、无中生有，我们也决不需要制造网络虚假舆论的"水军"。"秦火火"等人为了扩大其推手公司的影响并从中牟利，用造谣将一些公共部门以及社会名人树为其所操控的舆论事件的靶子，他们的侵权决不能被允许，他们的牟利方式必须受到打击和压制。

"秦火火"们被抓了，下一步会发生什么？人们很关心。会不会带出一串黑幕，导致一批网络造谣犯罪嫌疑人落网呢？

我们希望警方的下一步行动要遵循两个"坚决依法"。

一是坚决依法调查"秦火火"等人的共谋犯，坚决依法追究他们的法律责任。司法部门不应在乎一些人对打击网络有组织造谣犯罪说三道四，因为有更多网民站在支持警方采取行动的一边。目前舆论是分裂的，如果担心这担心那，就什么事情都别做了。事实表明，前些年国家对网络造谣犯罪的处理过软，导致谣言盛行，近乎失控。

二是要坚决依法区分造谣犯罪和一般性网络情绪宣泄的差别，防止司法追究扩大化，造成冤假错案。目前不少人对网络上的过激批判意见很大，认为这种现象的代表性人物应当随着"秦火火"等人一同被处理。这些声音的出现是前一段网络极端舆论的反弹，这种情况下司法机关需严格依法办案，是犯罪的就应坚决依法追究，不构成犯罪的就应以其他教育方式对待。这样"集中打击网络有组织制造传播谣言等犯罪专项行动"就一定能经得起历史的检验。

必须看到，互联网同时给中国社会的进步带来突出的正面推力也伴随了一些乱象。而促成这两股正负力量的因素有些是泾渭分明的，也有些有着复杂的交叉。需要对这些力量和因素依法进行细致的甄别，既要形成对犯罪的坚决打击，也要避免误打误伤。

中国互联网上有许多扭曲的现象，比如"标题党"、恶意断章取义、人身攻击等等。它们其实是"造谣"这艘网络乱象"旗舰"留下的层层波纹。互联网显然同时需要道德规范的强有力介入，否则再强的法律也将孤掌难鸣。

然而法律必须是现阶段网络治理的主力军和主阵地。刑拘"秦火火"等人吹响了令人鼓舞的号角，它把网络法制建设和文明建设的方向都展示得清晰无误。北京警方的行动必将激励正气，重挫邪气，我们希望这是互联网彰行法律和道德的转折点。

(2013.08.22)

舆论斗争，不能回避只能迎接的挑战

舆论作为"阵地"，所蕴藏的政治能量越来越多。这有几个原因，一是人们同舆论的接触变得直接，它对形成社会意见的塑造力不断增强。二是随着市场经济对个人权利的释放，舆论的可控性在变弱。三是中国因改革开放融入全球化，外部舆论影响国内舆论的通道几乎变得畅通无阻。四是大国间和平已久，舆论之争成为国家间博弈以及一国内部保持或打破政治平衡的主要方式。

中国舆论已经"多元化"了，而且"多元化"的涵义过去只是表达不同意见，是不同思想的交锋，但这个"建设性"的边界早已被实际打破。一些力量如今在通过舆论开展"斗争"，目的也不再仅仅是推销思想，而是扩大为对其利益甚至某个政治目标的追求。

不得不说，这几年中国舆论里飘出越来越多的"火药味"。"围攻"开始出现，造谣越来越多，胡编乱造的东西可以变成强有力的"价值观炮弹"，而且经常不再就事论事，就人论人，对再小事情的批评也不时被改造、扩容成对国家体制的批判。

这当中通常有不同因素和力量的组合。很多具体批评出现时都是合理的，指出的问题有着现实针对性。但它们被以政治的方式带到舆论场上，几经引申、添料形成与最初批评已有很大不同的舆论事件。而这些事件纷纷达到震动全国的舆论强度，是与中国内外意识形态大环境反复互动的结果。

这个大环境是什么呢？它就是中国在高速发展，崛起已成事实，西方同中国的地缘政治竞争趋于激烈，但传统的军事和经济施压手段都已不太管用。与此同时西方的软实力仍处绝对上风，这使得无论中国政治道路是否得到充分自证，西方都有能力把他们对中国的阐述传遍世界。西方仍位于经济社会发展的上游，他们的所有东西都更容易挂上"普世"的标签，他们影响了不少中国人。

中国将在很长时间里"辩不过"西方，但我们有可能做得在发展中国家最好。随着西方的流行政治概念及评价体系流入中国舆论场，它们成为遴选中国舆论焦点的重要坐标。中国国内的一些力量通过这个坐标与西方舆论力量相互借用，这也是全球化时代很多发展中国家的普遍现象。

市场经济造就了多样性的利益格局，绝对的政治共识已经不可能在中国呈现。只要中国保持基本的意识形态领域开放，较为激烈的舆论斗争就注定难免。它有可能"挺残酷"的，完全不像一些人想的那样温文尔雅。

由于中国的庞大和不完善，可以放大成攻击体制的基层新闻材料永远都能随手拈来。如果爱国主义的价值观不在中国舆论场上占据稳定的主导地位，那么如今制造攻讦这个国家和执政者的喧哗，就仅仅是几个"意见领袖"同他们的支持者敲敲键盘的事。

只有认识到舆论斗争的严峻性，才能形成对它的真正重视。舆论斗争是对人心的争取，它的成果在短时间里往往捉摸不定。在这里的敷衍了事因此最容易蒙混过关，但这样做对国家的"暗伤"也往往非常持久和严重。

从目前情况看，中国的反体制者在舆论场上非常活跃，一些西方精英谈论中国也很积极。但中国的官员和主流社会精英大多低调，不愿或不敢在舆论的风口浪尖抛头露面，他们也缺乏应对公共关系的训练。中国的主流舆论主要由传统的新闻路径在做框架及技术性支撑，缺少实质内容，这增加了整个国家正面舆论的弱势和被动。

这种情况亟需改变。我们面临漫长的舆论交锋，中国的官员和主流社会精英坚决了，整个正面舆论就有了支撑。我们相信，中国发展的大趋势必将为逐渐扭转舆论斗争的格局不断提供额外力量。

(2013.08.23)

微博直播，带来意外更带来公众信心

薄熙来案的庭审进行"微博直播"，这让中国内外很多人都感到意外。庭审控辩双方的表达，包括薄熙来对控方所陈证据的一一否认都得到呈现，使这一高度敏感案件的审理过程空前公开化和透明化。它的影响和意义也必将是重大的。

首先，这次"微博直播"是薄熙来案依法公正审理的重要保障。毋庸讳言，此前国内外舆论场上有种种怀疑和传言，但"微博直播"的形式把庭审的各种细节直接端到公众的眼前，形成对依法公正审理薄熙来案可信的特殊强制力，这是对公众监督不预留余地的接受。

在中国当前的舆论格局下，"微博直播"意味着此案必须依法审理"开弓没有回头箭"的惯性。此案不是政治审判，也不是道德审判，而只能是法律审判。即使谁有别的愿望，也不可能在众目睽睽之下向此案输送法律之外的其他原则。

除了确保此案依法公正审理，"微博直播"还直接增加了公众对中国认真建设法治的信任度。一段时间以来中国的舆论事件有很多都涉及"司法不公"，薄案以最严格的公开、透明程序审理，让论辩在公众的密切关注下展开，它让人们看到了完全不同的另一幅画面，这对舆论中关于国家司法现实的负面认识具有重要修正力。

当前重要的是把薄案审理好，加强公众对司法公正性和中立性的信心将是它的自然结果。我们现在看到了非常好的"开局"，"微博直播"受到舆论的一致支持和赞扬，这样的舆论局面在近年围绕著名案件的舆情中几乎没有过的。

当然,"微博直播"也不是毫无舆论风险的。薄案原本十分轰动,舆论、特别是互联网舆论的参与兴趣极高。社会本来就已有了多元性,好发表意见的人思想倾向不一,法律知识水平参差不齐,加上境外舆论也早就掺和进来,法庭最后对薄案无论怎么判,大概都会有"说闲话"的。在"微博直播"提供了大量细节后,一些"说闲话"的人可能更起劲。

中国法治建设既是公检法机关依法办案的努力,是依法治国大国策在政府层面的不断践行,也对公众的支持与配合有着重要倚赖。重大案件不仅要排除"政治审判",而且要排除"舆论审判"。依法审判的坚定不移要有程序的保障,有公众监督的砝码,但到最后要落实到听法庭的,这应成为中国舆论活跃时代的终极习惯。

"微博直播"让人看到国家要依法审理薄熙来案的决心和信心,也让人看到公正审理此案的有力保障,体会到中国法治建设坚决、扎实的迈步。这大概算得上是一项"具体改革",但它的效果和后续推动力将是全面、长远的。

(2013.08.24)

军事打击叙利亚？奥巴马需要悠着点

美国国防部长哈格尔25日针对叙利亚政府军使用化武的指控表示，美国政府正在权衡是否对叙利亚动用军事力量。此前奥巴马曾于23日说，叙利亚内战已经牵涉到美国的"核心国家利益"，他将尽快就叙利亚问题做出决定。他同时表示，如果没有联合国授权，美国攻击另一个国家将面临国际法方面的障碍。

由于俄罗斯和中国的反对，联合国安理会不可能通过含有授权军事打击叙利亚的决议，如果美国和北约要想对巴沙尔政权动武，有可能采取绕开联合国实施空中打击的"科索沃模式"。

直到今天美国也没有叙利亚政府军使用化学武器的证据。在埃及政治局势出现混乱和逆转的情况下，美国发动对叙利亚的军事打击面临比一两年前更大的风险。迄今为止，美国在中东收获的几乎都是教训，直接军事卷入叙利亚冲突对它凶多吉少。

"阿拉伯之春"正从最初较为明确的"反独裁"陷入目标的混乱。埃及的军人权威在回归，而且它在西方眼里比通过民主上台的穆兄会要好。叙利亚内战越来越像"宗教战争"，中东地区的什叶派与逊尼派力量——在叙内战双方之间选边站，这样的战争很难有清晰的"胜利者"。

如果西方通过武力直接惩罚巴沙尔，只能为叙利亚内乱制造新的力量对比形势，即使他们能把巴沙尔赶下台，也绝不意味一个稳定结局的到来。西方必须为此后的叙利亚局势承担更多责任。

西方人需要承认，他们并没有真正为中东的民主进程操心。西方只是秀了它在中东局势中最容易秀的政治姿态,对中东民主的不确定性前景实则充满担心。中东的很多"极端力量"都是通过民主选举上台的,如何解决这个问题西方至今没有方案。

奥巴马如果以发动没有联合国授权的"非法战争"为代价,换取一个他并不清楚什么样的叙利亚未来,这对于美国的政治规则来说不啻是一件很愚蠢的事。

自"阿拉伯之春"发生以来,巴沙尔在西方定性的"独裁者"中挺住的时间最长,而且形势似乎在朝着有利于他的方向变化,这里面有中东局势自身的内在力量,不是美国带领北约朝大马士革扔几颗炸弹就能彻底改变的。

外界对中东的干预必须以现实主义为基础,强行在那里塑造一个政治方向是很累的事,即使如美国之强大,也做不到随心所欲地指点江山。

从伊拉克战争开始,美国在中东未能削干净一个"溃烂的苹果",这也确实增加了奥巴马政府在叙利亚局势面前的犹豫。有大量分析认为,奥巴马和哈格尔的表态更像是对国内激进情绪的安抚。

中东目前充满乱象,解决叙利亚问题没有捷径,所谓的"快刀斩乱麻"都是自欺欺人。通过军事干预杀更多的人来"阻止杀人",尤其虚伪。美国如果真那么做,它把自己装入乱局里的可能性,要大于它能在事后甩手开溜的机会。

(2013.08.26)

薄熙来案，用依法审理回答各种猜测

公开审理薄熙来案引来中外舆论的极大兴趣和关注，围绕这个案件，各种声音都欲展现其在舆论场上的影响力。在这种时候对事实的尊重显得尤为重要，它是各种声音来来去去时，我们始终能把事情看清看透的保障。

一直有人担心薄熙来案会遭到"秘密审判"，但纵观庭审过程，这一疑虑已被事实所打消。据了解，薄熙来案的庭审其亲属到场旁听，包括媒体记者在内的近百名各界人士也获准旁听。媒体对庭审进行了客观和充分的报道，济南中院的官方微博第一时间向外界通报了庭审过程，法院新闻发言人也成为中外记者了解案情进展的信源。这一过程，从西方国家的角度看也是无可挑剔的。

即使这样，还是有人主张薄熙来案的审理应当由电视台现场直播，认为只有这样才算"公开审理"。这种要求是对司法公开的误解，即使从世界通行的标准看，电视直播也不在这一范围内。美国媒体报道著名案件庭审，往往只能画插图，这就是因为媒体拿不到庭审照片，更不要说庭审录像。公开审理也有边界，那便是不能让案件审理受到过多的舆论干扰。

必须指出，目前网上有些说法散发了或多或少的"政治气息"，如认为薄熙来将被"轻罪重判"，或者相反，认为他将被"重罪轻判"。前一种说法无视薄熙来涉嫌受贿、贪污和滥用职权犯罪的事实，至今仍宣扬他被"冤枉"了。后一种说法则立足于没有事实依据的猜想，编造嫌疑人比起诉书所列证据多得多的罪行，试图以此证明中国今天仍是

"刑不上大夫"的社会。两者观点看似南辕北辙，却都无视事实与法律，对薄案做出夹带个人私货的"舆论审判"。但审判的公正只能同案情事实相对应，而不能向任何人的主观愿望屈从。

还有一些人通过境外舆论平台编排此案的各种"纵深故事"，营造可能激发无数想象的神秘气氛。这些演绎旨在形成对中国体制的杀伤力，他们编的每一个故事都犹如一颗"政治子弹"。

然而所有这一切都是围绕薄熙来案产生的泡沫。互联网大大降低了这些泡沫产生的成本，但它改变不了泡沫的性质和它们终将一一破灭的规律。薄熙来案最终是事实与法律之间的关系，他犯多严重的罪，就要承受与之相应的法律制裁。这是薄熙来案向中国社会发出的真正信号，也是我们把薄熙来案对照中国法治建设能够得出的理性结论。

薄熙来案发生在中国法治建设与互联网发展高密度互动的全新时期，依法办案的制度保障和舆论监督力度都是前所未有的。事实证明，无论在主观上还是客观上，在重大案件中罗织罪名和有组织地隐匿事实，实际上已成为不可能。

社会舆论如今空前活跃，薄熙来案无法成为超脱的例外，但它的公正审理最终将澄清舆论，增加公众对依法治国正在落实和推进的信心。说到底依法治国不是一个口号，也不能靠一堆牢骚，它是中国一个个案件得到公正审理的积累，尤其是一个个大案审理排除各种干扰对法律精神的坚守过程。

我们期待薄熙来案的最终审判结果，也期待通过对此案从头到尾的回顾，通过对近期几名贪腐高官受到法律严肃追究的事实，公众能增加一份认识国家法治进程的成熟。中国的法治完善是积跬步而成的过程，薄熙来案审理的公开公正，将为中国克服腐败难题留下足以借力的深深足印。

(2013.08.27)

警方坚决，将鼓舞"沉默的大多数"

上海警方近日破获一起造谣传谣、恶意诽谤他人案件，犯罪嫌疑人傅学胜落网。此外《新快报》记者刘虎也因"寻衅滋事罪"被拘留。警方打击网络谣言的行动仍在进行中，这像是互联网在中国落户以来最坚决的一次"大扫除"。

必须指出，从秦火火被抓以来，互联网舆论对打击恶意造谣的支持意见非常活跃。由于网上通常是"怪话"最流行的地方，这么多支持警方行动的"正面声音"奔涌而出，让人看到互联网民意更加深厚的一面。反对谣言称得上是所有社会保持理性的底线，尽管互联网是虚拟社区，但它与现实生活保持基本价值取向的一致，这不应是意外的事情。

但也要看到，互联网上对打击谣言的意见仍是分裂的。以往最热衷"批判"的那些人，大体都对警方行动持质疑或反对态度。现在就让互联网上的各路活跃人士都达成一个"共识"，看来是件困难的事，也不必要。

反对者仍然要求绝对的"言论自由"，认为打击造谣是对这种自由空间的压缩。在他们看来，应当允许互联网用一些谣言来对中国舆论大环境进行对冲，让谣言来"倒逼真相"。还有一部分人把互联网当成反体制的斗争阵地，后一类人对是非的主张完全是政治性的，他们把各种造谣者都当成冲击和动摇体制的同盟军。

围绕谣言的争论因此是多层面的，并且有多种思想和政治元素错综交织。

真正的"共识"或许是把法律权威引入互联网，有人支持它，有人畏惧它，最后所有人或主动、或被迫在法律的底线内发表网上言论，实现依法治网的新局面。那样的网络运行现实，而非人们对它的态度，就是我们应当追求的"共识"。

当前警方应当坚决依法追究恶意造谣者，不必理会一些刺耳的反对声。要相信民众对正常网络秩序的拥护和支持，那些反对声的噪音高，但不代表那些人就自然"支持者众"。只要警方打击造谣者的行动坚定不移，就会鼓舞厌恶谣言、但却不敢表达这一态度的"沉默的大多数"，就会有越来越多的人站出来反对极端声音，网络的氛围就会逐渐改变。

与此同时，警方打击任何造谣者都必须严格遵守法律，不能搞运动式的"严打"，防止过去曾不止一次有过的前车之鉴。中国的法治建设已经打下相当雄厚的基础，经验和教训都很多，我们相信当局如今已经有了严肃法制、同时也让这个过程严格依法的高度愿望和能力。

连薄熙来这么大的案子都严格依法审理，中国显然具备了让依法追究网络造谣者做到公平正义的条件。我们建议不妨选择一两个最受关注的网络造谣案也进行充分开放的审理，让公众了解那些人究竟都做了什么，为什么必须对他们绳之以法。

谣言在互联网上泛滥当然有官方及主流信息渠道不畅的背景性原因，让舆论场渴望的事实真相快速到达，让互联网的辟谣功能充分调动起来，这些是对谣言的"治本"。这个道理如今已是常识，建立这样的良性机制越快越好，但它只能是一系列体制改革逐渐累加的结果。与此同时，坚决打击谣言的"治标"亦是关键性的。

打击谣言既是相对独立的一场硬仗，也是国家主流舆论的一次软力量建设。制止谣言传播不是唯一目的，它应带来互联网舆论场价值倾向的健康化，而不是相反。实现后一个目的要比完成第一步更难，它需要工作的扎实、认真和配套。互联网进入中国十几年了，现在是它继往开来的重要关头。

(2013.08.27)

阻止美空袭叙利亚为上，拆其台次之

美国方面宣称掌握了叙利亚政府军使用化学武器屠杀平民的证据，克里国务卿高调指责巴沙尔政权"道德败坏"，这被广泛认为是美英等北约国家即将空袭叙利亚的信号。中东局势来到新战争有可能爆发的严重关头，最大胆的分析认为，空袭在一周之内就可能发生。

尽管美国的所谓"证据"不是联合国承认的，而且美国此前有用虚假"证据"发动伊战的前科，但如果它下决心绕开联合国实施这次打击，谁也拦不住它。但这将是一次色厉内荏的空袭，扔向叙利亚的炸弹缺少政治的力量，它很可能是冷战后美国最勉强的空中打击行动。

当年空袭南联盟的明确目标是塞尔维亚从科索沃撤出军队，华盛顿做到了。西方空袭利比亚是要帮助反对派击垮军事上占优势、但孤立无援的卡扎菲政府军。如果美国有说得出口的清晰政治目标，它就可以向巴沙尔发最后通牒。但它显然没有，用"道德败坏"做借口发动战争，第一眼看上去是盲目和轻率的。

这次空袭如果发生，必将遭到比以往历次都更激烈的反对和抵抗。巴沙尔政权已在西方打压和反对派攻击中坚持了两年多，证明了它存在的合理性。巴沙尔政权不像卡扎菲那么孤立，俄罗斯、伊朗都是它的坚定支持者，加上"阿拉伯之春"在埃及严重受挫，这个政权不在精神上被空袭摧垮的可能性很高。

美国在世界上的影响力大不如它发动南联盟空袭时的上世纪末，俄罗斯、中国反对诉诸武力的态度将更加坚决。尽管两国都不会直接同西方对抗，但俄罗斯国力与当年相比得到充分恢复，中国影响力上升了一个级别，两国反对空袭叙利亚的声音必将更受世界重视，这会给美英构建支持空袭的阵营增加困难。

美国最希望的大概还是通过空袭拉叙利亚反对派一把，后者在近一个时期的军事行动中节节败退。空袭肯定能起到这方面的一定作用，但彻底扭转叙利亚战场局势决不会像在利比亚那样容易。对卡扎菲的空袭持续了很久，因为它有联合国设立"禁飞区"的授权。空袭叙利亚是非法的，它长期持续将困难重重。

世界反对外部军事干预的力量应当联合起来，尽可能阻止美英等国对叙利亚发动空袭。如果阻止不了，就应当公开支持叙利亚政府进行抵抗。俄罗斯、伊朗有必要考虑提供直接军事援助，中国等其他国家则应给予声援。只要叙利亚政府精神上不垮，美国实现其目标就相当困难。

由于俄罗斯在叙利亚的特殊利益，它一直是外围反对军事干预叙利亚的一杆大旗。伊朗则同叙利亚是唇亡齿寒的关系。如果西方搞掉巴沙尔政权，俄、伊失分无疑最大。两国事实上没有退路，而且只有它们坚决，别的国家才可能不患得患失。

中国不可能在叙问题上扛大旗，但中国的态度一定要比以往任何一次西方空袭小国时更加鲜明。在西方逐渐把中国锁定为"最大潜在威胁"的时候，这样做对中国的战略好处将大于同西方增加摩擦的风险。中国无法通过叙利亚危机改变同西方的战略关系，但却可以通过它巩固另一些国家对中国的信任。

迄今为止美国考量对小国的军事打击比冷战刚结束时还是有了更多犹豫，外界需要把华盛顿不断往知难而退的位置上推。这对新兴国家的战略安全很重要。

（2013.08.28）

称高级文艺兵"将军"是官本位顽疾

解放军总政治部发布最新规定,要求严控全军文艺单位人员参加电视选秀等地方文娱活动,禁止他们开设公司和以盈利为目的的工作室,同时明确要求专业技术三级以上的文职干部不得称将军或文职将军。这些规定引发舆论的正面反响,必将有助于维护军队的形象。

"管好文艺兵"一直是军队治理的难点之一。即使在改革开放前,文艺兵也是针对各种纪律出位较多的群体,领导们有时不得不"睁一只眼闭一只眼"。这些年社会的利益总量大增,文艺兵一脚跨着军队,一脚踩着市场,问题迅速膨胀,到了必须整治的时候。

首先,文艺兵的问题在军内外都触动了不公平感。在军内,这些"文职军官"会让在基层部队中摸爬滚打的军人们感觉不平衡,因为很多文艺兵的"级别"很高。在基层部队当个团长是个多不容易的事,而文艺兵却轻易就做到了。在军外,一些人会认为文艺兵是"用军费捧红的",而这样的投入"与打仗无关"。

更重要的还是一些军队文艺工作者活跃在市场化演出的名利场上,有些卷入丑闻,损害了军队的形象。比如李双江、梦鸽夫妇的儿子两次涉案,舆论将李双江的"将军"身份不断突出出来,二人有口难辩。

其实所谓"文职将军"只是人们对三级以上文艺兵的俗称,军队的正式文件中从未赋予他们这样的称号,他们的所谓"军衔"都是人们参照他们的待遇"非法套用"的。很多学者认为,把高级文艺兵称为"将军",动辄将他们称为"军级"、"师级",这是中国社会官本位顽疾的表现。

新规定明确了不能将高级文艺兵称为将军,这虽是对老规定的解释和重申,但却有很强现实意义,是针对舆论热点的一项重要厘清。但"正称呼"是相对容易的,处理好文艺兵同演出市场的关系才是真正难点。

文艺兵的艺术状态可以有两极,一是他们完全为军队官兵服务,与市场隔绝。二是他们完全融入市场,军队只相当于他们的"签约单位",给他们充分自由。第二种情况显然不能允许,也是总政新规定明确禁止的。但是第一种方式也未必就有利于军队文艺工作的长远发展,如何调控好文艺兵与市场的距离大概最重要。

中国文艺兵中需要有明星,否则军队艺术团体就会失去活力和影响力,鼓舞军队官兵士气的作用必将受影响。还要看到,这些年,军队文艺团体对打造社会主义核心价值观、引领社会风尚也在扮演突出角色。而在今天的中国,明星离不开市场的打造,文艺兵如果不对地方文艺活动有一定参与度,他们的声望就难以打造或保持。军队艺术团体也将对一线明星失去吸引力。

这几乎是军纪和市场的一个"悖论",总政新规定的下发,显示军队下决心解决这个难题。既要把文艺兵的注意力集中到军内演出上,又要应对军队文艺工作在市场条件下的现实环境,争取最佳效果。

文艺兵和公众的配合对新规定的落实执行亦很重要。文艺兵严格自律、公众理解军队艺术团体任务的多重性,这些都是解决上述问题不可缺少的因素。军队是最严肃的队伍,文艺是最活泼的职业,当两者融为一体时,管理它的难度不言而喻。我们显然不希望把军队艺术团体统统"管死",我们希望把它们管得更加精彩。

(2013.08.28)

法庭应当忘记李天一是谁的儿子

李天一等五人涉嫌轮奸案昨天在北京海淀区法院进行不公开审理，在今年庭审的所有案件里，它的受关注度堪称最高的之一。我们首先要说，这一有些"畸形"的奇高关注度是不正常的，但又是有原因的。

与薄熙来、王立军案直接关联中国反腐败大局不同，李天一案原本是一起普通刑事案件，涉案人又是未成年人，本来舆论对它的报道应当是低调的。之所以出现相反的舆论密集跟踪和围观，是因为李天一的父母是李双江、梦鸽。舆论的真正矛头是对着李、梦二人地位的，很多人把这个家庭当成了社会不公平的象征。

舆论中的大量不满都冲着李天一案发泄出来。这个孩子为什么有那么优越的条件，而且胆大妄为？要知道他曾经斗殴犯案，这是第二次吃官司。此外梦鸽为什么有能力和资源调动强大的辩护力量，她凭什么敢为了救子的"溺爱"同舆论对抗？互联网舆论中有一股强大的情绪，那就是要重判李天一，让李、梦这对名人夫妻难堪、难受，付出代价。

这种情绪是舆论的现实，李、梦一家的困境除了自身原因外，他们也在一定程度上成了公众对不公平宣泄意见的靶子。围绕李、梦二人各种传闻和流言盛传于网上，也是因为一些人单说这个案子还不够"解气"，需要更长的发泄链。

激烈舆论可以说已将小小的海淀区法院审判法庭围得"水泄不通"，可以想见这起原本情节并不曲折离奇的刑事案审理和判决面临什么样的压力。

这个时候呼吁媒体减少对这起未成年人案件庭审的报道，能起作用吗？大概不能。对未成年人的犯罪，法院通常采取有利于未成年人的从轻处罚，这一法律基本原则能在这个时候向舆论说吗？大概也很困难。舆论已经为李天一案"定了性"，要求"重判"的呼声此起彼伏，这个未成年人曾经享受普通孩子难以企及的家庭成长环境，现在很多人愿意他为这一家庭出身付出比普通犯案人更重的代价。

这样的情绪既然存在，自然有其深刻原因，因此对它应当理解，抱以严肃的反思。但这应当是社会层面的事，政府层面的事。唯有法院应当把李天一看成一个普通的孩子：他未成年，涉嫌犯了强奸罪，法庭要搞清他的犯罪事实是否成立，并根据法定量刑标准对他进行宣判。法庭应当忘记李天一究竟是谁的儿子。

李天一案让我们看到，影响或试图影响司法判决的因素在中国是如此之多。行政权力曾经影响了它，至今这种影响大概也没完全消除。现在舆论在崛起，并表现出从另一方向影响司法判决的巨大热情。无论面对行政权力，还是面对舆论，司法的地位似乎都还有些弱，可见依法独立行使审判权仍是当前中国著名案件普遍面临的考验。

我们希望审理李天一案的法庭能够在复杂的舆论环境下真正做到专心致志，严格依法查明案情，严格依法公正裁判。舆论的问题让媒体去讨论，让社会和政府去解决。评判判决的只能是法律本身，是历史，而不是随来随去的舆论。

（2013.08.29）

要空袭叙利亚,美国轻率得像敲核桃

美国空袭叙利亚已经箭在弦上。尽管奥巴马尚未作出最后决定,美国国内还有一些小的扯皮,美英表态略有小差异,但空袭的舆论准备已经完成,军事准备更加成熟。它看上去已经势不可挡,世界虽有反对声,但实际在等待最后时刻的到来。

要知道这是一场新的战争,但美国准备轰炸叙利亚的随意态度就像是要敲开一个核桃。如今哪个国家发动战争都非常困难、纠结,中国人从自身的感受可以了解,打仗是多么麻烦、并且风险重重的事。但美国这部机器对于打仗显然十分在行。它不仅力量充裕,而且形成战争的决心要容易得多,畅通得多。它是当今世界在这方面的鲜有例外。

一个国家的实力可以在国际竞争中扬长避短,创造某些技术或市场优势。有时我们会觉得经济竞争就是这个世界压倒一切的规则。但美国突然要轰炸叙利亚告诉我们,那很可能只是我们的幻觉。

美国有绕开联合国强行发动战争的特殊力量。尽管这场即将爆发的战争远在中东,但它还是展示了美国拒绝规则控制的坚决意志,以及支撑这种意志无人能及的综合实力。它会让所有西方不太喜欢的国家感到不安。

与发动战争和操控世界安全局势的超级实力相比,新兴国家的那点经济竞争力实在是浅薄的。它们处在塑造权力的不同层面,新兴国家实际都仍处于美国霸权的笼罩之下。美国在经济遇到困难的时候,其实很愿意世界有这样的反思。

实事求是讲,像中国最有竞争力的制造业,与美国的相比也仍处于下游。我们的力量用于捍卫自己核心利益也还挺紧巴。中俄印等的确都还远不是与美国同量级的国际政治玩家。

中国不仅没有能力与美国在世界热点中争锋，我们还要防范美国有一天把对小国的强势威逼用到中国头上，尽管这样的可能性越来越小。

中国的发展还有着巨量任务，除了推升经济的规模和质量，建设更强大的军事力量是我们一刻也不能松懈的关键使命之一。中国大概需要有类似俄罗斯水准的核能力以及至少美国一半的海军力量，我们的安全才称得上牢不可破。

美国针对小国每打一次战争，都带来世界范围不同的警醒。美国提供了有助于和平的某些国际公共产品，但它同时是世界不稳定的最大源头之一。这样一个超级霸权的存在决定了世界秩序的复杂性质，生活在这个世界上但不做美国的盟友，是件挺不安全的事。

回到叙利亚的事情上，巴沙尔政权在内外反对力量的夹击之下生存下来，一定有其合理的逻辑。现在美国要通过空袭打乱那个逻辑，强行植入局势的新方向，这样的突然变故会制造整个地区的痛苦。

尽管俄中等国的力量远不及美，但决不能让美国把这场战争打得舒舒服服，俄中应调动自己的各种能力，尽量增加美国发动战争的成本，让美国社会对"外科手术式"战争留下尽可能多的负面记忆。围绕这一点俄中是有能力做些事情的。

由于美国拿到联合国授权的可能性几乎为零，俄中反对这场战争就有了来自联合国的道义。把这种道义充分发挥、使用出来，千万别怕美国因此"不高兴"，现在应当是让美国顾忌俄中两国"不高兴"的时候。

(2013.08.30)

"舆论反对派"对薛案的反应太偏执

对成了连环嫖娼丑闻主角的薛蛮子，互联网上仍有一些人在为他辩护。这些人指责官方媒体对薛嫖娼的细节报道过多，认为这侵犯了他的"隐私权"。同是这些人，薛刚被拘留时质疑警方"编造"或"隐瞒"事实，要求"知情"。现在警方把详情端出来，他们又认为这构成对薛的"进一步迫害"。

薛蛮子案和李天一涉嫌强奸案同时成为时下舆论焦点。李天一是未成年人，法律规定这类案件不公开审理，但舆论对它穷追不舍。薛蛮子是成年公众人物，他的"隐私"本应是媒体报道自由度最高的，但一些人却反对公开他的嫖娼案细节。这的确有些错乱。

李天一案触动的社会情绪更为复杂，而薛案却要简单得多。极力区分薛蛮子"私德"和"公德"，认为拘留他就是打击"言论自由"的人完全在从政治考虑出发，他们将薛蛮子嫖娼非法和警方抓他合法这一最基本事实抛到了一边。

现实一再显示，对这种偏执的声音，主流社会是无法说服、化解的。这些声音已在相当程度上"阵营化"，成为事实上的"舆论反对派"。这个阵营同社会主流路线采取了"舆论斗争"的态度，他们现在努力争取的是从事这种"舆论斗争"无条件的合法化，确保自己无论走多远都是安全的。

客观而言，舆论只要保持开放性，它的多元化就无可避免。这对中国是新事物。国家这些年对舆论多元化总体上持积极和宽容的态度，但它的边界应在哪里，全社会并不太清楚。令人遗憾的是，"舆论反对派"极力追求多元化的无限性,政治反对派的合法出现几乎是他们抛出的这个硬币的另一面。

我们想说,舆论多元化的方向决不能与中国宪法相抵触,成为反对国家根本政治制度的合法网上行动。"舆论反对派"对此须有清醒认识,切不可抱不切实际的幻想。

喜欢表达意见的人应当对互联网上的自由氛围倍加珍惜。在中国的政治大形势下,舆论多元化该走多远需要摸索,但它无疑要保持对国家改革开放的建设性,而不是变成破坏力量。如果"舆论反对派"带着"改天换地"的决心猛跑,他们遭遇强大抵制力就是必然的。

"舆论反对派"显然有些高估自己的力量,对"舆论斗争"的前景过于乐观。他们似乎以为社会上的正常不满和牢骚都可以是他们建立"反对政治"的可靠资源,但这是误判。政府与今日中国社会的真实联系度远远高于只活跃在网上的"舆论反对派"。

"舆论反对派"需要向理性回归。像这次薛蛮子嫖娼被抓,是非十分清楚,一些人仍与警方的合法合理行动唱对台戏,他们应当发现自己在这件事上同西方妖魔化中国的舆论形成了同一种声音,无论这是不是"巧合",他们都有必要对此深思。

舆论多元化还需有一个技术性边界,就是它导致的社会对抗程度必须是这个国家和社会能够承受的,它制造的是活力,而不是迫在眉睫的、或者长久而深刻的危险。宪法决定了中国不可能成为奉行西方式政治制度的国家,中西社会的共同之处在增加,但也有些无法逾越的差异,这里有深刻的历史传统和文化因素。这是全社会都需要面对和理解的基本问题。

薛蛮子嫖娼是治安案件,一些人实在不该把此案也当成对抗中国现行法制秩序的一个阵地。这既是中国的理,也应是他们的理性。

(2013.08.30)

大 V 须有能力 hold 住自己的话语权

薛蛮子嫖娼被抓引出舆论围绕网络大 V 的争论。如何看网络大 V，如何看某个具体大 V，舆论的态度在这之前就莫衷一是。

不得不说，大 V 是中国突然冒出来的现象，这在中国舆论场上还是头一遭。过去没有人能够不通过间接舆论渠道，直接对着成百上千万受众随时做直播式发言，就连毛泽东，也得通过人民日报社论，通过电视广播发表"最高指示"。

如今的大 V 们大多未曾进入过社会主流话语体系，他们过去的话语权很小。他们有着各种各样的身份，通过各种方式成为大 V。大学者中几乎没有大 V。

不少大 V 活跃在舆论场上有各种各样的目的，他们一些人发言并非总是出于公德心。大 V 也有私利，这可以理解。但问题是，对突然而来的巨大话语权，一部分大 V 没有能力 hold 住它们。

一方面有的大 V 把推高个人影响力放在高于一切的位置，在这个过程中并不在意对公共利益的实际维护。为了突出个人的"高尚"，他们很愿意把公权力作为反衬的靶子。另外互联网上的万众跟随会让他们有点晕，从而高估自己的力量，以及这种力量的稳定性。

网上曾有报道，薛蛮子遇到保安不让进门，不停说自己有近千万粉丝。粉丝多也是一种"身价"，它应转化成某种现实中的特权，甚至政治特权，有些大 V 流露出这样的认识或期待。

很多大 V 都相信自己"代表民意"，而且代表意识形态领域的未来，代表正义和正确。他们认为自己是改革的真正动力，甚至是最关键的动力。政府如果亲近他们，听他们的建议和要求，这样的政府就是"好的"，是"改革派"。反之政府如果不理睬他们，或者对他们的极端发言有所管理，那么政府就是"坏的"，是"保守派"。

大V登上舆论舞台是社交网络的产物，也是最近几年的事情，而且他们当中的一部分人不断发生潮起潮落的新旧洗牌。这进一步增加了大V在社会责任感方面的问题，大V的真实公益心不足同他们在舆论场巨大影响力的反差逐渐变得严峻。

薛蛮子不能代表大V群体，但毋庸置疑，他又是一个很典型的大V。他的新浪微博粉丝数在时政性个人微博中位居前列，平时一副公益、正义的面孔，把公权力持久当成靶子，要求在中国推行西方式政治制度，几乎支持每一起社会群体事件。但连环嫖娼暴露了他令人吃惊的真实私德。他在微博上出名除了能满足表现欲，还为他的投资活动营造了影响力。他的美国国籍或许助长了他的各种出位。

大V是互联网2.0技术推出的一批舆论新秀，他们来源于时势的塑造，也必将经历时势的进一步洗礼。话语权也是一种特殊公权力，政治话语权尤其是十分敏感的公权力。我们已从政府官员那里看到公权力不仅是权，也是掌权者的风险。拥有了政治话语权的大V必须有能力hold住它，决不可玩儿戏、滥用它。

一些大V不理解为什么他们的"言论自由"会这么"麻烦"，我们希望这只是他们在不断磨练和洗礼中能够最终治愈的幼稚。

互联网，特别是微博开创了舆论多元化的全新局面，它的确为中国改革带来一些意外的推动。保持互联网舆论场的建设性既是互联网自身，也是中国全社会面临的重大考验。大V们有机会在这个过程中扮演抢眼的角色，这是一种幸运。在互联网仍在发展，一些核心问题尚且模糊不清的时候，大V们应致力于真正用公共利益指导自己的网上行为，用国家和人民的根本利益做座右铭。这样他们就不会做错，也避免把网上舆论朝错误的方向引。

(2013.08.31)

空袭，世界捕捉到奥巴马的犹豫

美国总统奥巴马 8 月 31 日宣布他认为有必要对叙利亚政府军发动"有限军事行动"，但他又表示将寻求美国国会的同意。美国内外的舆论齐声认为奥巴马"眨眼了"，表现出人们未曾预见的"犹豫"。由于美国国会要到 9 月 9 日才复会，紧绷的中东局势出现一个喘息期，有分析家在探讨美国放弃空袭叙利亚的可能性。

奥巴马有不经过国会批准就发动空袭的权力，他之所以自找这个麻烦，表现出"数十年来美国领导人身上没有过的软弱"（美国前常驻联合国代表博尔顿之语），根本原因是空袭决定过于勉强，连铁杆盟友英国都宣布退出，主要西方国家里只剩下法国支持，美国国内的反对者也很多。美国如果最终发动空袭，几乎就是"裸奔"，奥巴马缺少底气，所以把球踢给国会。

新世纪几次美国挑头的战争，阿富汗战争得到联合国授权，伊拉克战争无联合国授权，但美国组织起大规模志愿者同盟。这一次它要空袭叙利亚，连组织联盟都困难了。这个趋势不是一连串偶然组成的，它是美国全球影响力缓慢衰减趋势的写照，也反映出世界在逐渐看清战争解决不了中东的复杂问题。

普京高声要求美国拿出叙利亚政府军使用化武的证据，这一要求的国际法力量远远高于美国支支吾吾的说服力。美国发动伊拉克战争的证据欺骗了世界，但那一次美国还敢把那些虚假证据拿到联合国去展示。这一次美国连这点胆量都没有，它的所谓证据据传只是以色列情报机构提供的一段电话录音，根本拿不出手。

美国政府之前太相信自己空袭叙利亚的号召力,以为它振臂一呼,别管证据扎不扎实,西方盟友就会一拥而上,世界其他国家也会噤若寒蝉。但奥巴马和克里显然错估了局势,英国议会给了白宫沉重一击,叙利亚政府军面临空袭的士气也不像是可以轻易打垮的,美国很难光荣取胜,顺利退出。美国在经历新世纪以来最纠结的战与不战"两难"。

奥巴马政府仍有可能获得国会批准,发动对叙利亚的空袭。但即使那样,奥巴马这次犹豫所产生的后果也不会在未来中东局势里抹去得干干净净。它暴露了美国的失道寡助,也暴露了美国政府对干涉政策的有效性开始动摇。世界反对战争的力量将因此更活跃,美国那几颗炸弹所能带给叙利亚局势的政治冲击力也将更小。

在埃及的"阿拉伯之春"发生逆转后,奥巴马政府空袭叙利亚的政治目标本来就被认为模糊不清,奥巴马这一犹豫,西方的人心将更混乱。围绕叙利亚问题已经散落成碎片的美国和西方意见很难重新凝聚起来。

如果美国最终从空袭决定中后退,将是国际政治的重大事件,美国的威慑力将因此受损失。但这也将被视为美国现实主义的表现。如果美国硬撑着往前走,把炸弹都丢到叙利亚国土上,人们也会看到美国至少有一半在跟自己较劲,世界会把这次空袭看成美国因为贴出了海报不得不做的表演。

和平比什么都重要,普京提醒奥巴马是诺贝尔和平奖得主,全世界媒体都突出报道了普京的这句话,这在相当程度上反映了世界人心之向背。

(2013.09.02)

蒋洁敏落马彰显制度反腐的力量

监察部通过其网站昨天宣布，国资委主任、中石油原董事长蒋洁敏涉嫌严重违纪接受组织调查。蒋成为十八大以来第一位落马的中央委员，与前段时间十分轰动的刘铁男案不同，蒋洁敏案是纪检机构直接查出来的，几天前落马的多名中石油高管也是如此。纪检战线在中国反腐败主战场的核心角色得到充分彰显。

纪检机构提供了反腐败的制度性力量，这一力量在十八大以来呈现出明显的加强之势。制度的织密能够带来持久威慑力，通过制度揪出贪官，会极大压缩贪腐的藏匿空间。蒋洁敏落马必将是传得很远的警钟。

一段时间以来，微博反腐吸引了大量注意力。微博爆料式反腐的对抗性突出，悬念大，情节曲折，因而很适合舆论追踪和围观。微博反腐还制造了声势和倒逼压力，成为中国在互联网时代反腐的意外推动力量。

但也需要指出，微博反腐有很强的随机性，撞上谁是谁。它影响大，但真实成果与纪检反腐的庞大立案量不可同日而语。同时需要提到的是，微博只能提供反腐线索，准确说它是举报途径之一，而对嫌疑人的具体查办最终还要落到纪检头上。因此纪检工作是中国反腐败的真正中枢，加强纪检工作是反腐败踩上去就能使上劲的那个关键油门。

蒋洁敏案还有待调查和结论，但它又一次加强了人们对这个国家"天网恢恢疏而不漏"的信心。中国早已不是贪腐者可以尽奢靡并且同时享平安的国度，危险在向每一个贪腐者一步步逼近。现在越来越多的人相信，腐败低成本低风险的时代在中国结束了，而且越来越多的人还相信，正义将抵达到每一个贪腐者，那些仍敢非法攫取巨额财富的人，"出事"是迟早的事。

中国已是当今世界打击腐败最严厉的国家，揪贪官和堵制度漏洞的体制改革在同时进行。中央政治局日前做出决定，将在五年内健全和完善反腐败的有效体系，形成不敢腐、不能腐、不易腐的新局面。从当前反腐倡廉的大量举措来看，人们有理由对这一雄心勃勃的计划持乐观态度。

反腐败曾在中国历史上的不同时期成为吏治焦点，但中国传统社会并未有过制度性廉政建设的有效成果。廉政是中国文化颂扬的美德，但它不曾是社会通过法律和各种文化条件就可预期，并有把握得到的官员表现。在全球范围内，制度性的廉政建设史也不长，成功面很小，腐败仍是世界性难题。

中国社会如今发起了制度性廉政的历史性建设，它从对贪官的毫不留情打击开始，把设计关住权力的笼子作为这场建设的腹地，同时释放全社会的监督力量。反腐败事实上成为当下中国最突出的政治主题，中国的大量改革都同它发生或直接或间接的联系。

当然无论从中国历史纵向，还是从世界的横向看，制度性反腐倡廉都是十分艰巨的使命。它几乎就是中国现代化的政治历程。中国现代化不可能只是经济成果的堆积，它同时必须是政治文明的不断更新、成熟过程。而有效、可持续的廉政制度是国家政治文明的核心。

经济成果使中国在发展中国家里非常耀眼，但最终将是政治上的充分成功使中国成为全新发达国家。廉政建设是中国长期政治昌明的试金石。

(2013.09.02)

中纪委网站，让最敏感的领域更开放

中央纪委监察部网站昨天正式开通，它的举报功能备受关注。此前一天，国资委主任蒋洁敏刚被中纪委宣布接受组织调查，中纪委网站开通被普遍看成反腐败的又一强烈信号。

纪检机构曾在舆论场上不温不火，近年来纪检快速走进中国舆论的中心位置，十八大以来这一变化尤其明显。这是因为反腐败的确在中国迈开了大步，纪检工作与公众愿望形成相当解渴的契合。

中纪委监察部开通网站昨天上了各大商业网站的头条位置，大概没有哪个网站的开通能带来如此的轰动。

反腐败已在中国最受欢迎的新闻门类中排绝对第一位置，每一个高级别贪官被查，都是大新闻，大案的反复出现并没有让公众对这类新闻感到乏味。

分析人士注意到，从舆论效果上说，揪出贪官的反腐败新闻往往是"双刃剑"，它们一方面显示了国家肃贪的坚定决心，一方面也让公众看到问题的严重性，它们对加强或损害社会的信心具有参半的作用。

如果只是孤立看一个或几个案件，情况的确是这样。但把视距放长，累积的社会感受就会呈现明显的方向。

让我们想一想，国人现在是否对"天网恢恢疏而不漏"更有信心了呢？是否对反腐败的震慑力已在发挥作用，增加了贪腐者的畏惧感同样更有信心了呢？答案是肯定的。中国的反腐在与倡廉同行，打击公款吃喝、严控豪华军车、反对奢侈办会等刮遍全国，直接改变了老百姓在生活中对干部的观感，中国围绕反腐败"在变化"已是越来越多人的真实感受。

只要反腐败是一条坚决的直线,持之以恒,而不是忽紧忽松的曲线,它的实际效果就一定会发生,这一效果也一定会转化成老百姓对国家反腐倡廉的正面认识。曝光贪官案情的负面效果将会递减,国家反腐败的决心和成果会一步步占据舆论的中心位置。

腐败是错的,反腐败则是正义的。一个社会不会因为反腐败被反垮,人心也不会因反腐败而反散。舆论有辨别大是大非的内在力量,十八大以来的铁腕反腐赢得了社会的更多掌声,也为社会的预期注入了乐观。

纪检工作曾对百姓来说高度神秘,如今也公开办了网站,接受网上举报,国家核心机构的开放性,它们与社会的互动都迈出坚实的步子。在纪检这个最敏感的领域,如今听到了民意的回响。

中国的反腐倡廉已是不可逆的事业。舆论监督已然浩浩荡荡,豪华车离开了军队,回来的路已被舆论堵住。鱼翅宴被从官场赶走,"复辟"的可能性也将被舆论挤掉。过去搞基础设施开发出了些贪官,如今从纪检到舆论都会紧盯每一个"高危"项目。中国不会从此变得干干净净,但逐渐越来越干净是挡不住的大趋势。

中央纪委监察部网站还是新事物,而从昨天起无数眼光投过来,这显示了它的不寻常力量。祝愿这个网站办好办成熟,它或许是党的群众路线一块试金石,对它的关注里寄托了人们对这个国家的更多期望。

(2013.09.03)

开不开战，奥巴马没兴趣分辨证据

美国又轻而易举地打赢了围攻普京的舆论仗，最近两天美国和欧洲媒体纷纷附和美、法官方的态度，宣扬使用化学武器的就是叙利亚政府军。还有媒体质问，拒绝接受这些证据的俄罗斯总统普京"为什么如此疯狂"。

到底谁在叙利亚使用了化学武器我们无从得知，但不得不说，美法提出的证据的确模糊不清，用这样的证据如果拿到欧美法庭上给一个人定罪，肯定通不过。但美、法却要用它们给一个政府定罪，并且使用发动军事打击的"刑罚"。定一个人的罪只是一个人伏法，但导弹攻击却不知要杀死多少叙利亚人。作为法治国家，美、法的做法显然过于轻率。

当然美、法大概并不太在乎什么国际法，它们现在依据的是自己对叙利亚局势的政治判断，出发点是自己的地缘政治利益。奥巴马要发动战争，普京想要阻止这场战争，无论两人表态的背后动机都是什么，要说欲阻止战争的人比想要发动战争的人"更疯狂"，不太合常理。

叙利亚政府军和反对派在开战，支持、武装反对派已是西方正在执行的政策。美国的判断是，即使化学武器今后被证明不是叙利亚政府军用的，对后者的军事打击也不会受到追究。这样的情形已在伊拉克完整上演了一次，美国向世界宣布了萨达姆政权拥有大规模杀伤性武器的虚假情报，这种虚假后来真相大白，但没有人以此追究布什政府，美国舆论甚至没有发出像样的抗议。

现在已经有一名美联社记者捅出是叙利亚反对派因事故"误用"

化学武器的内幕,但美联社宣称这是记者个人的行为,与该社无关。这一重大新闻受到美国政府的冷落,也没有得到西方媒体圈的广泛呼应。

美俄领导人的隔空嘴仗是当前中东局势最表面化的东西,美国最终打不打叙利亚,不会在证据和俄罗斯的态度上纠结,奥巴马现在重点考虑的是他能否承受这场战争带给美国国内政治的风险,他的政治得分能否明确无误。

从阿富汗到伊拉克,美国可以说打了两场"臭仗"。美国死了那么多军人,虽然最终大体脱身,但留下两大摊"烂尾工程"。阿富汗的塔利班现在又成为国内重要政治力量,伊拉克虽然推倒了萨达姆,但美国想建立的那个"民主伊拉克"让人看到十分丑陋的长相。

重要的是,没人为那两场战争的"烂账"负责,布什总统下台了,但他本来就该下台了,人走一身轻。奥巴马离走人也就剩下三年多,他只要这三年好过些,至于几年后叙利亚怎么样,中东怎么样,是不会有人向他追责的。

美国的两党制也成了逃避重大责任的"旋转门",换个党执政,几年后再换回来,中东的混乱,"9·11"的发生,历届美国政府都可以把责任推得一干二净。

正因如此,揍巴沙尔政权一顿,对中东局势可能是大风险,但对美国、特别是对现任美国政府属于小风险。而且奥巴马最有兴趣权衡叙利亚局势同美国国内政治的关系,其他都是第二位的。叙利亚毕竟很小,普京的激烈反对对美国构不成实际损害。

巴沙尔政权是美国和西方下定决心要除掉的。它在西方强大压力下继续生存了两年,它还能生存多久,将检验这个世界的力量格局真的发生了变化,以及变化的程度和方向。

(2013.09.04)

互联网时代，官方的定力最重要

管理互联网舆论成为中国意识形态领域的重大课题，它的难度是新中国成立以来未曾经历过的。客观而言，由于互联网技术发展太快，准确认识开放的网络空间就是一个挑战，对于制定有效的互联网政策，不仅中国一个国家遇到了困难。

中国社会或许不得不适应一个现实：只要保持网络空间的开放性，偏执言论无论如何都会存在，无论叫"多元化"也好，"百家争鸣"也好，与主流社会的对立性声音都会有些市场。这些声音还会自然捧出一些"意见领袖"，甚至组成某种松散的"舆论反对派"。这是开放空间里的舆论构成规律，中国舆论场不会成为例外。

存在一些与主流价值观对立的声音，并不意味着它们和它们背后的力量就一定能在政治上影响中国社会。它们有可能是社会无处不在的"牢骚"的一部分，甚至对监督和倒逼政府的廉洁运行发挥独到的作用。

其实在互联网时代，最重要的是以执政党为核心的官方系统要表现出充分定力和团结。国家在改革开放，面对众多问题，而实施改革的战略大环境却不断变得紧促。官方内部经常会就具体问题出现不同意见，这些不同意见很容易被复杂的舆论场捕捉到，并且进行放大。

事实多次证明，面对重大问题时，官方通过各种渠道发出的声音需保持毫无悬念的团结和一致。这并非是我国独有的做法，许多发达国家的官方也都是这样做的。官方发出的系列声音要明确、坚定，不能含含糊糊，自相矛盾，给偏执声音有可能"获得支持"的误读和联想创造机会。只要官方真正能做到这一点，社会上偏执舆论的影响力就很难发酵。

现实中确实常有官方人士或机构喜欢在对立性政治舆论面前扮演"开明"角色，这样做大概并不是出于维护党和人民的根本利益，而是过多考虑塑造个人或机构形象。无论动机如何，现实是这样做影响了民间对国家重大政策坚定性的认识，客观上帮助推高了"舆论反对派"对公众的误导。

中央强调政治纪律，主张在重大问题上把思想统一到党中央的认识和决定上，有着很强的现实意义。这在全社会不可能做到，互联网舆论场上一定会有人反着来，但党内切实做到这一点，社会的凝聚力就有了强大内核。

对有些极端言论需要直接管理，对有些则需有效地冷落之。冷落它们也是一种管理，而且效果未必差。这种冷落有时不仅仅是"不炒作"，而且还可以是明确反对，与之坚决保持距离。

中国大概已很难摆脱"舆论反对派"现象，这一现象对社会活力和破坏性究竟是什么关系，不少人仍有疑惑。但中国需防止这种偏执的"反对派"现象扩大和蔓延，这是全社会沿着既定道路前进的根本利益所在。

为实现这一点，主流社会至少不应"捧"热衷政治对立舆论的人，促成他们在舆论传播中的有利位置，帮助他们获取利益。因为如果那样做，就会有更多人学着通过搞舆论对抗来获取自身利益，主流舆论阵地和他们之间就会此消彼长。

前段时间互联网舆论场有些"乱"，除了互联网自身的问题，还因为网上的一些偏执声音在主流社会获得了不该有的反响，网上网下错综交织，致使公众在有些问题上失去了主心骨。

执政党毫无疑问是中国社会现实中的第一凝聚力，以执政党为核心的官方发出任何"不同声音"，都需十分谨慎。民间可以是活跃的，互联网尤其活跃，官方的坚定态度是复杂舆论条件下的定海神针。只要官方态度是稳健的、连续的、有定力的，互联网上一些咋咋呼呼的东西就不会再被人们当回事。

(2013.09.05)

G20 不能放大美国的军事霸气

G20 峰会 5 日、6 日在圣彼得堡举行。它原本讨论增长和就业的世界经济主题被美国即将空袭叙利亚干扰了,至少舆论的注意力脱离了原来轨道,直奔当下世界最刺眼的政治冲突。最近的两次 G20 峰会,政治议题大规模"僭越"讨论经济的峰会设置初衷,这似乎成了趋势。

新兴国家的强项是经济竞争,一碰政治,美国的霸道就又如鱼得水。经济能力在于创造财富,而政治却能影响分配财富的方式,决定世界经济格局的性质。战争是调动国际政治最强有力的杠杆,美国计划绕开联合国军事打击叙利亚,而且选在 G20 峰会前炒热这个计划,是向世界炫耀它主宰国际政治的肌肉。

叙利亚战场呈现了有利于政府军的进展,它同埃及局势形成对"阿拉伯之春"的双向打击。美国想用轰炸叙利亚实质性改变当地军事形势,并进而促成一系列影响。

空袭叙利亚将使西方在小国扶持反对派,并用空中打击帮助反对派夺取政权的模式进一步成型。西方在利比亚成功做到了这点,现在华盛顿欲在叙利亚复制它。由于西方惩罚的小国都是精心选择的,它们以推动民主为名,其实要拔掉它们眼中的地缘政治钉子,因此美国空袭叙利亚是把失衡的国际政治进一步往偏了推。

"阿拉伯之春"并未解决中东地区的民主问题,但在短时期内,它冲散了该地区蕴藏在民间的对美国和西方的强烈不满。西方认识到不能指望阿拉伯世界变成民主社会,但西方更愿意该地区的政治围绕内部问题释放能量,从而防止反西方情绪在那里快速复合。

俄罗斯作为本届 G20 峰会的东道主,把这次会议视为动摇美国发动空袭决心的最后机会。但做到它的希望很渺茫。叙利亚局势的最终结局看来要由战场决定,它取决于巴沙尔政权能在多大程度上承受空中打击。叙利亚有可能是第二个利比亚,也有可能不是。

新兴国家没有阻止美国向国际政治乱插军事这把尖刀的有效办法。但道义的争取仍不能放弃,这是从长远看抑制美国使用军事力量必须有的艰苦铺垫。美国打一个小国打得舒舒服服,和它打出更大的烂摊子、给自己打出更多的后续责任是区别很大的两回事。

阿富汗、伊拉克、利比亚,这些西方实施了军事打击的国家如今都是烂摊子,这个印象在逐渐加强。这些记忆是英国退出空袭叙利亚计划的原因之一。尽管美国的空袭仍然看上去不可阻挡,但美国每次发动战争能够构建的"统一战线"在萎缩,美国发动战争的决心开始受到更多牵制。

G20 峰会不应把精力全投向叙利亚。不能让美国的军事行动计划左右全球的经济、政治节奏,而应让新兴国家更有话语权的经济议题削弱美国空袭计划的意义。G20 峰会能增加美国动武的困难最好,即使做不到,也不能放大它挥舞军事大棒的得意和霸气。

中国舆论应加入对美空袭叙利亚计划的谴责行列,这既是出于维护世界和平的根本道义,也是维护中国地缘政治利益的应有态度。在叙利亚局势的问题上,中国人不可被美国舆论高唱的所谓"普世价值"忽悠了。

(2013.09.06)

"共识"应当扩大,"共行"必须保障

转型时期的中国社会需要有哪些共识？我们能达成它们吗？如果达不成怎么办？这些是我们只要不做鸵鸟就需面对的重大问题。

社会的共识越多越好，但我们往往看到的大多是分歧。现实是，无论提出什么样的共识目标，都会遭到一些人的反对。不得不说，我们虽然经常把凝聚共识挂在嘴上，但它的实际艰巨性不是通过某种力量、哪怕是国家力量的积极投入就能有效化解的。

尽管如此，我们还是要提出一些基础性的共识目标和方向。

首先，在中国社会思想、观点多元化的时代，国家的指导思想不能多元化。国家的指导思想是不同于个人思想的社会政治思想体系，它融入了丰富的社会现实实践和历史总结。比如马克思主义中，马克思的个人思想只是它的源头之一，它经过一百多年的发展和锤炼，与毛泽东思想和中国特色社会主义理论层层衔接，形成对中国社会的持续指导。国家的指导思想如果多元化，中国就会陷入意识形态的深层混乱，社会力量就形不成国家前进的合力，而是相互抵消。

第二，中国一定要认真构建社会经济发展的评价体系，不能处处只同欧美比。如果拿欧美做绝对参照，我们的思想就会大乱，国家就有了政治上的"原罪"，有了社会经济发展的"归零"。只有同发展中国家和发达国家的共同比照，特别是基础国情相似的人口大国进入参照系，中国社会才能找到真实可信的镜子。

第三，"中国不能乱"符合绝大多数国人的根本利益，它应成为中国社会寻求政治共识的切入口。国家不乱虽也有多种解释，但它的一些社会治理指标仍是刚性的，由不得诡辩。

第四，守法应是社会共识的首要底线，任何民主、自由等价值追求和任何现实利益追求都不能与之对立。现在互联网上有关于中国法律制度是否具有合法性的极端争论，这已是对国家现行政治法律制度的根本否定。这类所谓"合法性"的争论在任何国家都不会被接受。

然而只要社会在价值观层面存在分歧，对方的政治和意识形态主张就都会被认为是错的，不同的价值观群体达成思想共识无现实可能性。这种情况下，"共行"就变得十分重要。

我们提出"共行"，是指全社会需要围绕法律形成处理各种利益分歧和思想政治分歧的规则。这对当下的中国至关重要。当思想共识不足时，社会"共行"能力的强弱将决定中国各种多元化的性质，并影响中国社会治理面貌变化的总方向。

一段时间以来，一些人不断突破以往社会解决分歧的规则框架，试图将执政党和政府的权威从解决问题的过程中挤走。还有一些人在推动社会力量各行其是局面的出现，甚至主张一些违法行为的"合法化"。这种情况如果发展下去，"共行"就不可能实现，中国社会的分歧就会朝着分裂演化，最终失去控制。

中国社会应尽最大努力促成共识面的不断扩大，同时对国家这一政治能力的局限性保持清醒认识。共识的不足部分，必须用"共行"来弥补。"共行"需要有法律的强制力做保障，并逐渐成为全社会在转型时期不受挑战的行为准则。

自由主义可以在中国的社会生活层面发展，但决不应在中国的社会治理甚至政治层面受到推崇。至少在今天，中国庞大的社会肌体消费不起细分成无数块、甚至彼此对立"思想政治堡垒"的奢侈，共识和"共行"是这个大国保持行动能力，也健康存在下去的骨骼和血脉。

无论推动共识还是保障"共行"，中国有8000多万成员的执政党都扮演关键角色。党的责任也无其他力量可以取代。这是不是共识不在这里争论，但它应是中国的政治常识。

(2013.09.06)

美国对 G20 冷热，都绕不开新兴国家

G20 峰会开了 8 次，这一次可能是最"热闹"的。普京与奥巴马为避免尴尬调远了座位，日本为安倍"站着"跟习近平搭上话而欣欣然，奥巴马因为对巴西总统解释为何长期监听她而迟到宴会，此届峰会原本"增长与就业"的主题也被美国要打叙利亚的事冲歪冲淡。

即使大国峰会，也很难扭转历史的演进，但它是历史演进脉络的集中体现。G20 峰会本是金融危机的产物。当年美国遭金融危机冲击，很愿意多同新兴国家对话，将七国集团（G7）"扩充"为 G20。G20 峰会登上舞台被普遍认为是世界多极化的标志。

随着美国自信心稍有恢复，它对世界多极化的抵触有可能会抬头。它对 G20 的态度同样可能会变化。它在 G20 上的表现或许会趋于强硬，阻止新兴国家影响的进一步扩大。美国的对外战略奉行实用主义，只要它的经济复苏能够实现，它对从 G20 上受到的制约就有可能从比较谨慎变成满不在乎的态度。

世界正经历力量格局变化的积累，矛盾和摩擦多，充满不确定性，这种不确定性表现为不确定的风险和机会。当前大国之间的核心战略竞争是建构新国际体系的竞争。二战后，美国精心谋划，主导构建了以美元霸权和政治军事结盟为支柱、联合国等多边国际机制为框架的国际体系，时至今日，美国仍从这个体系中获得稳定的收益。为保证长期获得"优势位置红利"，美国有时会"革自己的命"，打碎自己亲手培植的东西。如美国正强力推动 TPP（跨太平洋伙伴关系协议）和 TTIP（跨大西洋贸易与投资伙伴关系协定）来瓦解 WTO。

世界的变化方向是单极向多极变、西方中心向多中心变。多极化是大势所趋,但这里的"多"也一定是有限的,是屈指可数的。怎么变,以什么速度变,每一个细微的不同,对中国、美国、任何国家都意味着巨大利益差别。中国必须积极主动推动多极化,尤其需要用好G20这个平台,而这个过程犹如逆水行舟,不进则退。

现在问题的关键是非西方世界如何平衡西方世界。1990年G7的经济总量占世界近8成,如今不到6成。这个变化有两方面含义:第一,新兴国家在崛起,这是G7变成G20的根本原因;第二,新兴国家与G7仍有大差距,这则是G20效率不够理想的根本原因。

总体而言,G20仍是当前效率和合法性平衡最好的国际经济治理平台,它有着特殊的存在价值。但G20里包着一个G7,G7大且有成熟有效的协调机制。要想在G20内部搞好平衡,就要在G7之外,形成另一个非西方的轮子。对中国、俄罗斯等新兴大国来说,一个现实的选择是做实金砖机制,转动两个轮子推动G20的机制化,有效化。

美国很强大,它不重视哪一个国际平台,这个平台的影响力就会下降。但美国毕竟过了一家说了算的巅峰期,即使华盛顿有一天想冷落G20,但它绕不开新兴国家的力量,只要其他国家仍然看重、珍惜并努力经营G20,美国未必就能拗得过。新兴大国需要G20,韩国、澳大利亚等中等强国也需要G20,这些都是G20生命力的来源。

在本届G20峰会上,中国国家主席习近平是最从容的大国领导人,他的自信也多次被外媒提及。在习近平的身后,是更加自信的中国。回望中国的近现代史,今天中国扮演的全球性角色让人恍若隔世。只要国力强大,国人的自信可能会迟到,但一定会到。强大自信的中国一定会有自己的舞台,无论在G20,还是APEC,或者联合国,中国的"主场"感觉都会越来越多。

(2013.09.07)

东京举办奥运会，中国人乐观其成

日本东京在2020年奥运会申办中最终胜出，据说其6亿多美元的申办费压倒了马德里和伊斯坦布尔加起来不到4亿美元的抵抗。尽管现在是中日关系40多年来最糟糕的时候，我们还是愿意在此祝贺日本人，并祝愿他们未来7年筹备顺利，把奥运会办好。

分析人士普遍认为，申办奥运成功对日本来说有很深的政治意义。它能重塑日本社会的信心，提振国民士气，为这个国家带来二次经济起飞的希望。

如果奥运会真能扭转日本社会的心态，我们乐观其成。众所周知，日本经济低迷已经持续20多年，其间的中国崛起进一步强化了日本社会的衰落感。日本政治的右倾化同不自信在该国蔓延有着深刻联系，它对中国的强硬和挑衅姿态是其迷茫和沮丧的扭曲性极端表现，是对弱势心理甚至恐惧的下意识掩饰。

奥运会为日本社会注入久别的空前乐观，这对整个东北亚都是好事。新世纪以来，日本在历史问题、海上领土问题上在东北亚四面树敌并挑衅，奥运会有可能带给日本自我克制的压力，也必将转移日本社会的部分注意力。未来7年日本大概会变得温和些，不那么咄咄逼人。

必须指出，日本对二战历史的认识和反思态度从世界标准上看是很差劲的，如果日本官方今后几年再高调折腾靖国神社的事，那么中韩就可以借世界舆论对奥运会的特殊关注，把日本对待二战历史的顽固和嚣张展现给全世界，让全球公众都看看，官方对二战战犯施以重礼的国家，究竟适不适合举办弘扬和平的奥运会。

日本在钓鱼岛问题上的激进态度直接导致中日在那片海域的执法力量对峙，并且造成两国潜在军事力量之间的紧张。奥运会之前，日本按常理需避免中日军事摩擦，保持东海的和平稳定。如果日本的所有行为都符合奥运会举办国的正常表现，不啻是东亚的利好。

　　我们很愿意日本同中国开展良性的竞争，如果日本能"二次崛起"，它不会构成中国的战略威胁，只会为东亚区域经济总面貌创造新的活跃点，刺激国家间的合作。对中国来说，日本的强大有着天然上限，因此我们不怕它强大，就怕它因为嫉妒或惧怕别人强大而胡来。

　　日本举办奥运会还对中国人有着地理上的特殊好处，比如观看电视直播几乎没有时差，去日本观赛很方便，昨天中国人最初听到日本申办成功的消息时，很多人都因为这些便利而释怀了希望东京输给其他城市的情绪。

　　当年中国赢了奥运主办权之后，日本政府和很多友好组织都表示祝贺和支持，那时的中日关系要比现在好得多。也有一些日本右翼组织给中国捣乱的，北京奥运会的火炬传递在日本也遭遇了麻烦。现在东京申办成功撞上了中日最僵持的关系，我们相信，未来几年日本社会将看到中国人支持它举办成功的大度和坦然。

　　日本自己要"懂事"，别没完没了惹事和闹事，那么日本社会将有积极向上的7年，东亚将有相对稳定的7年，这些都是中国人很愿意看到的。

（2013.09.09）

在中亚"三不",中国拒绝帝国思维

中国国家主席习近平正在中亚国家访问。一位大国元首抽出很长的时间连续访问中亚四个国家,这是罕见的,足以证明中国对中亚的特殊重视。

苏联解体后中亚出现多个独立国家,它们成为欧亚大陆地缘政治的全新因素。在传统国际政治思维中,中亚的变化为大国争夺影响力和构建势力范围提供了空间。一些国际观察家习惯性地将中国纳入这种战略游戏,视中国为中亚地缘政治的"新玩家"。

习近平主席日前在哈萨克斯坦表达了中国的"三不":决不干涉中亚国家内政,不谋求地区事务主导权,不经营势力范围。这决非空话或外交辞令。从构建新型国家关系的角度来看这些主张,就不难理解中国的真诚。

现代中国不是帝国,中国社会对外交关系中的帝国思维有着根深蒂固的拒绝。近代以来中国饱受欺凌,对国家平等怀有欧美社会难以理解的向往和追求。中国人很讲国际关系中的"权利",不喜欢动辄谈"权力"。中国今天的力量变得强大,但我们作为弱国时的很多国际理想融进国家的政治血液中。

中国向世界各地、包括向中亚的外交拓展不是以炮舰政策推动的。中国同小国的经济合作也不是高高在上、通过大国综合优势强行谋利的。比如在中亚,中国同该地区各国的合作充满互利精神,中国大小公司在中亚勤勉做事,认真搭建所在国同中国的互惠桥梁。中国人在中亚既做了大型工程,也做了不少低端工作。无论中国公司还是中国人在中亚都只是合作者,而非发号施令者,更不是"老爷"。

中国同中亚的各合作项目、包括能源合作都不是中国一方说了算,而是双方共同把控合作方向。互利是所有项目最强大的纽带,而不是一方对另一方的屈从关系。中国在创造中亚各国与外部世界开展合作的一种选项,如果说中国因此同其他大国存在竞争关系,那么这种竞争也是公开透明和良性的,它的直接受益者首先是中亚国家。

中国崛起不是排他性过程,处处洋溢了共存和互利意识。由于中国国家规模庞大,我们清醒意识到中国的国家利益构建必须具有开放性,必须尽可能同时有益于其他国家的战略利益,或者至少不与它们直接发生抵触。

我们相信,世界的发展空间还有着巨大的待开发容量,它们不是你占了我就没有的关系,那对人类的未来将是可怕的。最重要的是中国要同世界各国在发现、创造这些新空间上开展耐心、有效的合作。

西方舆论不断有中国与美国等西方大国在非洲或拉美激烈争夺的说法,俄罗斯舆论也有中国同美俄在中亚开展博弈的议论。其实中国压根就没打算到世界任何地方做什么"拳手",外界把中国的外交动机想复杂了。中国就是在不断发展,经济能力在溢出,同世界各国发生自然而正常的联系、合作。中国在以合作者的诚意和姿态走向世界。

外界对中国有误读可以理解,因为世界在零和性国际政治游戏中生活得太久了。中国不是新型国际关系的苦行者,而是这样做对中国来说最现实,也最符合中国的利益。中国不愿意刚刚有一些发展起来的眉目就四处冲突,不希望中国开始扮演重要角色的世界重新往帝国主义时代走,我们认为和平而且平等的世界最适合中国人民。

中俄关系已然是大国关系的典范,中美在发展一种新型的大国关系,中国的外交探索面堪称非常广泛。我们真心希望,中亚国家同中国也能成为不同实力国家之间战略互信和全方位合作的楷模。这显然能最大限度地创造利益,而且能最大限度地扩大利益分享面。

(2013.09.10)

互联网"大字报时代"正在结束

9月9日很可能是中国互联网发展史上有重要意义的一天。最高法院和最高检察院昨天联合发布《关于办理利用信息网络实施诽谤等刑事案件适用法律若干问题的解释》，这一《解释》将极大压缩谣言类非法信息在互联网上的传播空间，从而标志着互联网"大字报时代"的结束。

互联网经过在中国十几年的发展，开辟了信息和意见传播的崭新时期。互联网对民主建设、对社会言论自由的渠道建设作出巨大贡献，对推动改革、实现对政府的舆论监督都发挥了积极作用。互联网作为信息技术的火车头还带动了中国对世界前沿经济领域的追赶，中国的互联网技术和经济都相对成熟，与世界顶级水平的差距小于很多领域的差距。中国总体上赢得了互联网时代的前期考验。

然而互联网带来的问题也在积累，其中最严重的就是网络谣言和各种人身攻击逐渐失控，非法信息的传播猖獗达到甚至超过当年的"大字报"。中国社会在经历前所未有的全面繁荣，互联网的正能量持续显现，但网络谣言类非法信息就像一颗毒瘤在社会的机体中不断作乱，其对全社会健康的危害逐渐接近危机。

两高的《解释》厘清了依法追究网络犯罪的若干问题，对指导司法机关办案有重大意义。正因如此，《解释》必将对网络造谣和诽谤者等产生空前的威慑，它使追究相关网络犯罪变得更加可信、可行。

现在依法管理互联网的任何举动都会同"限制言论自由"扯上关系。这个政治罪名俨然成了什么都能往里装的"筐"。然而世界上没有一个国家会保护造谣和诽谤，也没有一个国家会鼓励通过任何手段寻衅滋事。一些人主张保护"造谣权"在中国现阶段有其"合理性"，这是开法治建设的倒车，让"斗争艺术"重新主导中国社会。

有人担心互联网会因"治谣"而失去活跃，但事实是，网上的信息混乱冲销了社会的许多正能量，使很多人产生疑虑，对公开互动的社交网站敬而远之。互联网上的意见面貌同社会真实情况出现越来越大的差距，以谣言为基础的那部分活跃逐渐泡沫化，对社会建设无益，对互联网经济也没带来好处。

由法律主导互联网秩序，不会削弱互联网发展的以往成果，而只会防止这些成果遭"虫蛀"，带动互联网良性调整，帮助它释放新力量。由于互联网具有天然开放性，在网上搞封闭和朝着"前互联网时代"倒退都毫无出路，互联网上的任何调整只能是面向未来的调整。

依法管理互联网是个实践过程，两高的《解释》不大可能是中国有关机构围绕互联网释法或立法的终结。互联网的发展尚看不到穷尽，对它的依法管理也将随之前行。但只要是在互联网上做坏事，遭到法律的抵制是或早或晚的事，正义的脚步不会走得太慢。

相信绝大多数互联网使用者不会因两高的《解释》而担心，因此顿觉说话"不自由"的人只是极少数。这样的人的确需要思考过去是否做过了头，他们需要调整思路，扭转情绪，跟上互联网更加有序发展的大趋势。

中国不可能"禁言"，也不会为正当的网络监督设置障碍，因为这不符合中国的国家道路，也对应不了改革开放以来中国形成的强大社会现实。但中国也决不会成为造谣诽谤合法的所谓"言论无边界"社会。对依法管理互联网"想不通"的人都应跳出偏见和情绪，在这一核心问题上尊重现实、尊重法治。

两高的《解释》实际预示了互联网在依法管理下的新机会。法律无论在哪里的进入和加强都会带来变化，未来互联网各个层面的成功者必将也只能在遵法守法护法者中间产生。

(2013.09.10)

战和大牌局，美国气势暂输俄罗斯

叙利亚化武危机出现新的戏剧性转折。俄罗斯方面建议叙利亚政府交出化学武器，在国际监督下逐步销毁，并加入《禁止化学武器公约》。叙利亚方面迅速表示接受这一方案，美国总统奥巴马也很快抛出了积极的信号，认为叙利亚的声明"可能是一个积极的进展"。自美国政府表示将军事打击叙利亚以来，这是最明确的一次局势松动。

美国媒体已在议论奥巴马开始"设计逃跑路线"，预测空袭计划最终将被取消的人大增。他们的依据主要是美国民众支持空袭的比例太低，议员中目前已经表态反对空袭的人则太多。奥巴马自己表示对国会通过对空袭的授权"不能说很有信心"，一些分析认为普京这个时候提出叙利亚交出化武，是给奥巴马铺了个台阶。

局势的下一步仍充满变数，但围绕美国的这些变数已是冷战结束三十多年来空前的。从来表示要惩罚某个小国就一定会那样做的美国，表现出前所未有的犹豫。奥巴马不敢放手使用总统的开战权，把球踢给国会。国会在涉及美国重大利益的决策上又严重分裂，这些难道都是奥巴马个人"缺少领导力"的结果吗？

显然不是。这种犹豫的根源是美国对中东局势失去了方向感，对空袭的真实效果缺少把握。中东"反专制"容易，但埃及穆兄会通过选举上台让西方感觉更糟。空袭获得军事胜利容易，但它的政治目标模糊不清，风险重重。总之，推翻萨达姆时提出的"大中东民主计划"被证明是乌托邦，打不打叙利亚，奥巴马都很难。

美国的国际号召力也大大下降，冷战后美国的空袭行动还没有一次离开过英国皇家空军的配合。但这一次奥巴马却几乎要单干。在俄罗斯提出最新和平方案后,欧洲大国几乎都表示欢迎,西方显然无心再战。

在西方信奉的国际政治游戏里,绝对强大的一方是不用讲理的,或者它就是理。奥巴马的一再犹豫显示了美国力量的相对下降,这个国家对自己一意孤行蛮干变得不那么自信了。

普京是在这个时候高调阻击美国的战争计划,并且对奥巴马软硬兼施的。莫斯科击中了华盛顿的软肋,迄今为止形成超水平发挥,令全世界刮目相看。俄罗斯在南联盟等多次危机中都在关键时刻退缩,莫斯科这一次的表现最坚决,也最有手腕。

然而最近十多天的戏剧性变化都是叙利亚化武危机这幕大剧的中间情节,只有最终的结局才对中东地缘政治乃至大国关系产生塑造力。第一个关键性结局是美国最终放弃还是实施对叙空袭。接下来是如果美国实施了,它能否推翻巴沙尔政权。

如果无论以什么理由美国最终放弃军事打击,那么它有可能成为结束西方军事干涉时代的开始,也可能是美国面临巨大争议时被迫开始"讲道理"的序幕。力不够,理来凑,这本是政治的规律。

如果美国到头来还是发动了对叙利亚的空袭,那将是近年来最激烈、结果最不确定的一次角力。美国支持者少了,叙利亚的盟友则比此前几次遭军事打击的阿富汗、伊拉克、利比亚都要多,这场战争将在一片悬念中开打和终结。

(2013.09.11)

钓鱼岛对峙一年，中国得大于失

昨天是日本"国有化"钓鱼岛一周年。这一年来，中日因钓鱼岛主权之争差不多全面翻脸，双方政治和经济关系或倒退，或停滞，两国在钓鱼岛上的执法对峙成为常态。

盘算这一年的得失，中日大概应算"双输"，但这样的评价又过于简单。

日本没有实现它固化对钓鱼岛非法控制的目的。它当初低估了中国保卫钓鱼岛主权的决心，错估了中国的反应，因而在之后的事态发展中有些措手不及。为反制日本的"购岛"行动，中国的海上执法力量大规模挺进钓鱼岛海域，形成在该海域执法的常态化，并反复进入钓鱼岛12海里。日本实际上吞下了"偷鸡不成蚀把米"的苦果。

中日关系落入最近40多年的低谷对中日双方都是损失，但日本经济对中国的依赖呈增长趋势，已经越过中日相互依赖的平衡点。对于中日僵持，日本的战略耐受力低于中国，焦虑则大于中国。

日本右翼是中日反目的最大受益者。对华强硬增加了安倍政权的支持率，但这是一本日本政治的内部账。日本右翼不是能够单独实现"正常国家化"战略目标的力量，国际环境的警惕和拒绝有能力对日本的内部努力做出抵消。

中国的得分首先在于获得了钓鱼岛主权争议的更有利位置，正如共同社10日所承认的，日本对钓鱼岛的"有效控制"开始动摇。此外更重要的是，中国以实际行动对外展示了维护海上领土主权的意志，中国的决心变得更加可信，更有威慑力。这一意义超越了钓鱼岛的一岛之争。

中国的最大目标是实现和平崛起,钓鱼岛摩擦之所以凝聚了超乎一个岛争的能量,也是因为它一定程度上代表了日本、包括美国一些力量对中国崛起的抵触。换句话说,钓鱼岛成了日本等外界不满、甚至敌视中国崛起情绪的爆发口。中国成功捏住了这个爆发口,赢得了这个回合,对不喜欢中国的力量做了无声的回答。

中国现在有资本同日本长期僵下去。中国近期出口的总形势趋好,日本市场的损失并未影响中国大的经济面。此外民意对国家对日政策的支持度很高,当前政策有很强的政治可持续性。

中日对立会导致日本进一步倒向美国,但美日一直是盟国,美在日本有驻军,美日进一步走近的空间和价值实际上都有限,能形成对中国的额外压力同样有限。

中日冷淡甚至"冷对抗"将持续,重要的是,中国已是战略主动方,中国的实力增加更快,逐渐更有吸引力。日本四处拼凑对中国的"价值观包围"既虚又空,在对日关系上,中国社会空前团结并自信。

国内态度是一致的,长期执行的资源是充裕的,国际大环境是匹配的,这样的对日政策应当就是当下"最好的"。中日关系应当有助于我们对什么是"恰当"对外关系的理解,它不意味着一定是同有关国家"你好我好",它应最符合中国的国家利益。

日本必须改变钓鱼岛"无领土争议"的僵硬态度,否则中国决不同它改善关系。中国需要尽量避免围绕钓鱼岛发生战争,但主要方式应当是增加日本对与中国发生冲突的潜在成本和它对此的畏惧。这一点在过去的一年中国做到了,由于日本获得2020年奥运会主办权,中国在未来7年做到这一点将更轻松。

钓鱼岛对日本的教训更多,中国从中获得的经验则更多。我们可以对自己迄今的答卷给出高分。

(2013.09.12)

奥巴马朝着和平"接招"值得赞一回

美国总统奥巴马10日发表全国电视讲话，要求国会推迟授权对叙动武。他表示美将同俄中共同推动安理会通过决议，要求巴沙尔政权放弃化武，并最终在国际社会监督下销毁它们。叙利亚化武危机迎来明确的转折。

尽管奥巴马的决定由多重因素促成，但他毫无疑问带领美国朝正确方向迈出了步子。西方有人批评奥巴马的退缩损害了美国的威慑力，但也有舆论赞扬他的表现可以同肯尼迪当年处理古巴导弹危机相媲美。这些褒贬都是一时的，奥巴马的决定有可能使他最终避免同时成为诺贝尔和平奖得主和战争发动者，他还有可能成为最近几任唯一没发动战争的美国总统。

美国的相对实力显然在下降，这大大增加了它为发动战争获得国际支持的难度。美国舆论也对空袭叙利亚表现出犹豫不决。但美国的主战派仍很强大，如果奥巴马本人坚决，他发动战争的条件仍很充足。但他的做法是没有阻止围绕战争争议的发酵，当俄罗斯创造性地搭建出避免战争的台阶时，他真的踩了上去。

承认争议的存在，不对空袭计划一意孤行，这可以看成奥巴马的"胆怯"，也可以看成他的"勇敢"。毕竟他是这些年发出明确战争威胁后又面向和平做了转身的唯一美国总统。这一做法会被舆论赋予丰富含义，对美国实力形象的影响见仁见智。

然而美国必须承认，它冷战后打的几场战争留下的都是烂尾工程。时代不同了，军事力量已经不是国际政治中一招制胜的法宝，战争的收效越来越单薄，战争结局的不可控性在增加。

美国虽是唯一超级大国，但其政治能力的局限性不容回避。它的对外干涉实际上虎头蛇尾，开始打得痛快，最后总是拖泥带水，以备受批评的"开溜"代替凯旋。美国已经"打伤了"，对发动新战争的国家自信折了大半。

美国的核心问题目前都在其国内，它能否重振雄风，巩固把其他国家远远落在后面的全面优势，必须在国内调整上下足工夫。对外战争很难刺激这些目标的实现。美国社会似乎在逐渐悟出这个道理，奥巴马更清楚些。

然而美国毕竟是缺少制约的世界超级力量，这种环境下的国家意志清醒很难是稳固的，仍会不断有各种诱惑促使美国滥用权力。在对外军事干涉的情况下，美国即使有损失，也不会是损失最大的一方。美国仍会有很多人相信，军事干预在一定条件下是各种手段中性价比最高的。

比如美国舆论中已经有人欢呼，奥巴马这次用战争威胁达到了长期没有实现的目标：迫使巴沙尔政权交出化学武器。这些人将这一结果看成是挥舞战争大棒的胜利。

奥巴马作为世界最大战争机器的统帅，从本质上说不可能是"吃素的"。即使他想"吃素"，他的后任也未必愿意效法。当美国其他撬动世界的杠杆不太好用时，更加看重自己的军事力量，试图用它来弥补其他手段之不足，有可能成为美国精英的思考方式。

均衡是实现世界持久和平的重要保障。其他大国未必都要有与美国相同水平的军事力量，但对美国的综合平衡及制约能力必须不断发展，达到最终的充分有效。美国这些年不断做蠢事，还是因为制约不够，它犯错的代价也太小。

奥巴马的决定是"推迟"对叙军事打击，他是附上了一系列条件的。世界现在需要看到走出战争威胁的完整版本，希望未来一段时间各方都不让人失望。

（2013.09.12）

中国急需经济转型的改革示范者

李克强总理在大连夏季达沃斯论坛上提出中国经济奇迹已进入提质增效的"第二季"。他再次强调经济的转型升级，誓言"壮士断腕"的改革，呼吁创新。

转型、调结构、创新这些词汇反复出现在中国最高层的讲话中，出现在中国最重要的报告中，充分显示国家深化经济体制改革的决心坚定不移。然而各地贯彻中央这一十分清晰的经济路线并不顺利，很多人认为，这是因为各地政府已被旧发展模式的"既得利益"所绑架，而创新却需要"冒险"。

这在一定程度上是实情。"土地财政"成了大部分地方财政的"不二法门"，它造成了地方政府对发展的"路径依赖"，形成了惰性。此外各市县的主官任职时间短，走老路的仕途风险小，而深度改革却要触动周围的利益，为自己平添曲折。

然而同样是这个问题，我们换一个角度来看，又会有新的发现。

通过政府主导投资搞基础设施建设，这是中国整个执政团队终于学会、并且驾轻就熟的社会经济发展模式。实事求是说，在大范围内熟练掌握这个本领并非容易的事，很多发展中国家至今没学会它，有些衰落的发达社会也没在这个领域做好。

问题是中国发展得太快，基建投资刚刚成熟，就迅速呈现过度和过热，几乎走向极端。它挤占了社会过多资源，破坏了环境，积累了房地产泡沫，预示了投资危机等。全社会现在越来越认识到问题的严重性，很多地方官员也想改变做法。但除了"既得利益"问题外，还有一个重要障碍是，他们不知道具体怎么改。

整个国家目前缺少增长方式转型的成功范例。粗放式发展相对简单得多，只要有投资就能干，政府可以通过权力实现大体市场平衡或债务平衡。老百姓嘴上反对，实际在经济上同粗放发展成为"利益共同体"。但转变经济增长方式却需要艰苦的"二次创新"。

一些二三线城市出现了"鬼城"，但它们毕竟曾经带来了就业，拉动了消费，创造了税收。现在需要不造新城就能有就业，有税收，它们应当是什么样的产业呢？怎样通过它们的彼此刺激和协调来实现地域经济的总体增长呢？目前只有一些理论，缺少现实的呈现和经验。

中国急需改革的突破者，就像三十年前曾经涌现出过一批改革的精英一样，时代在呼唤他们的出现。需要有几个城市的领导者有能力打破目前的僵局，用新创造的利益消化所谓的"既得利益"，证明转换增长方式不仅是应当的，而且完全可行。这样的改革者将不仅是地方上，也是全中国的大功臣。

必须指出这样的探索是难度极高的工作。西方国家重大产业调整往往是在经济危机的废墟上实现的，而中国的调整则是在危机尚未发生时主动进行的。有太多诱惑让人们的改革决心发生动摇，改着改着又往相对轻松的老路上走。

充分释放市场的活力或许是改革成功的总法宝。由于政府一直在市场中扮演重要角色，很多中国企业亦养成依赖政府政策的惰性。要把企业的创造力充分激发出来，今天让我们一筹莫展的诸多问题有可能以我们想象不到的方式得到化解。

改革开放初期中国设立经济特区，发挥了巨大示范效应。实现经济转型，特区的模式未必好用，但当时创造条件、让几个地方放手去干的"特区思想"和实践模式却依然是宝贵的。建立经济转型的有效模式是全国的大事，值得用全国的智慧和鼓励去突破它。

(2013.09.13)

欢迎航母来股市帮老百姓挣钱

中国船舶重工股份有限公司11日发布公告，拟发行22.08亿股，收购大船集团、武船集团军工重大装备总装业务及资产等。在此消息刺激下，中国重工11日复牌后直接"一字"涨停，A股市场船舶股整体亦受提振走强，多只相关股票一度涨停。

市场普遍将"重大装备总装业务"同航母建设联系起来，并对国家"建设海洋强国"的战略充满信心。中国重工的举动被认为是"历史性"的，是"军工资产证券化"的大动作，国家军工核心资产与资本市场的大规模对接有望开启。

中国民间积累了雄厚资本，但国家的核心国防建设长期与它们绝缘。这既剥夺了老百姓的一项重要权利，也助长了军工企业相对封闭的经营模式。中国骨干军工企业从早年科研人员都是穿军装的，到成为完全的企业，经受市场经济的洗礼，再到要与资本市场对接，这称得上是中国国防工业"洗心革面"的改革历程。

让老百姓通过买股票直接参与"造航母"，或者将来直接买股票造"战略导弹"，这乍一听有点不伦不类，但这却是发达市场经济中的普通一幕。世界最著名的军工巨头往往高度开放，融资渠道与迪斯尼或沃尔玛没什么区别。只要国家有订单，这种企业的生产能力就会源源不断。

老百姓的钱既是"钱"，也是改革的动力。长期以来人们对大型国企"官僚主义"的议论，也包括了一些军工企业。股市是比"整顿"严厉得多的压力，参与了股市融资的军工企业必须在运用资金的高效和透明上达标，这对企业管理来说往往意味着一场"革命"。

国防工业同时也是最典型的实体工业和重工业，把它向民间资本开放，将刺激全社会对投资方向的调整。与四处泛滥的房地产项目相比，大型舰船的建造是更符合国家实力建设的正事。这次中国重工发行股票获追捧显示，只要国家提供强有力的引导，民间资本对关键性实体经济的热情就会奔涌而出。

航母是中国人当下爱国主义的一个符号，中国重工所发行的虽然不能称为"航母股票"，但彼此之间的联系对舆论来说已经足够。即使是爱国的，资本市场也不会追捧一笔亏本的买卖，把爱国和逐利放到股市上去"磨合"，这是中国社会全新的经历，我们从中的收获一定是丰富的。

国防是属于全体民众的，包括它的收益，以及它的各种问题。国防工业往往是大国国民经济最重的一部分，让民众以主人翁的姿态更多直接参与它，会带来国防内涵的微妙变化，使它与民众的息息相关不再是一个遥远的概念或说教。

中国的国防建设面临一系列大项目，希望中国重工开好这个头，从而把更多核心国防项目引向资本市场，开辟中国军事工业的全新市场格局。如果现代国防不仅花纳税人的钱，还能同时帮老百姓"挣钱"，这是强国与富民一举两得的佳作，对中国社会来说可真是开天辟地的事情。

(2013.09.13)

为王功权无条件背书有违法律精神

互联网昨天传出消息，北京投资圈较有名气的鼎晖创业投资基金合伙人王功权当天被警方拘留。消息称王功权于昨天中午先被警方传唤，到晚上正式转为刑事拘留。微博上有人晒出警方对王的拘留通知书。

根据相关法律，传唤必须在24小时内结束。但传唤可以依据案情直接转为拘留。拘留需要向家属送达拘留通知书，是否向社会公布可由警方视情况决定。到昨晚本报截稿时，北京警方尚未就此事向媒体通报。但由于此消息已在互联网上广为传播，估计警方随后会有所回应。

从昨天下午开始，一些自由派人士开始在微博上密集发声，声援王功权。在不了解警方对王传唤、拘留细节的情况下，这些人断言王的无辜、无罪，警方带走他是对他在互联网上的表现进行打击报复，是"政治迫害"。

有人贴出王功权热心公益事业的事迹，引用他的话说"我从来没有同流合污"，强调他所做的一切只是为了国家更好。到昨晚，几名自由派人士在微博上发起签名，更是将这件事完全政治化，将对王的拘留称为"粗暴行径"，宣称"公民社会正遭到全面镇压"，中国面临"最危险的时候"。这一声明还警告官方"不要激怒社会"。

我们认为，这种以价值观划线，不由分说为王功权背书，同时站到警方对立面的做法不可取，对警方执法采取征集签名式的对抗做法尤其不应该。王功权目前已身处司法程序中，对他的援助应当通过法律手段实施，在连情况都还没搞清楚时就宣布他的清白，抓他的警方是"野蛮"的，只能说明这样的辩护是立场先行的。

警方不会无缘无故抓人，他们一定掌握了一些证据。但王功权有对抗这些证据的机会，法律给了每一个公民这样的权利。都而他作为有钱和有一定社会影响力的人，更熟悉、也更有能力通过法律手段使用这一权利。他的朋友们则应尽力帮助他做到这一点。

目前自由派人士在强力塑造一种舆论：他们当中的人以任何原因吃官司，都是官方对他们的"政治迫害"。他们宣扬自己是民主、自由的追求者，必然遭到官方的忌恨，因此连薛蛮子因嫖娼被抓那样的事，都是官方对"言论自由"的打压，而忽视了在任何国家，言论自由都与守法不矛盾。

他们实际上把自己划成一个中国法律已"不能管"的群体，只能由舆论、而且是微博上的舆论对他们进行评判。他们在害自己。因为他们主观上将自己的权利特殊化，其中一些人有可能做事失去对法律应有的敬畏感。

中国还是要依法行事。警方需依法办案，王功权也应依法维护自己的权利。到昨晚截稿时，我们只是通过微博上的照片知道警方拘留王给出的原因是"涉嫌聚众扰乱公共秩序罪"，这个罪名的最终成立与否还将面临进一步的司法程序。现在我们既不能对王做有罪判定，也不能做无罪判定。

在国外，一个公众人物被抓，常有部分人通过媒体或到法庭外表达反对。但这种现象在全世界都不被认为应当具有影响司法的力量。如今中国的微博实现了相当程度上的意见开放，网上出现一些反对声也不再值得大惊小怪。

希望王功权被拘留的后续过程能够与法律对照得严丝合缝，如是，即使目前网上有一些争议，也不影响这件事情最终能成为复杂舆论条件下严格执法的一个范例。

（2013.09.14）

英国就香港事务表态应谨慎、自重

英国负责东亚及香港事务的高官施维尔 14 日在香港《南华早报》和《明报》上撰文，表示英国对香港 2017 年的特首普选"随时准备提供任何支援"。一段时间以来，美国驻港总领事夏千福就香港政治多次说三道四，中国外交部驻港特派员宋哲日前给予公开批评。9 月 15 日是国际民主日，英国官员借这个机会发表上述谈话，不能不在香港引起敏感联想。

众所周知，香港内部围绕普选的争议一直存在，泛民力量要求按照"国际公约"推进普选，把香港完全当成独立政治实体对待。这一要求与香港是中国特别行政区的法律地位相抵触，不可能得到中央支持。中央已经表示，香港普选要依据《基本法》进行，与中央对抗的人不能作为特首候选人。

可以预见，"普选之争"随着 2017 年临近将会风波迭起，但泛民派不可能将特区政府和中央压倒。因此泛民派很欢迎英美力量过来插一杠子，尽管这也不会有什么实际作用，但总能帮着壮壮声势。

英美官方就香港普选说几句话，这只能是一场游戏。但政治的规律有时会鼓励某些假大空的表演。英国在还控制香港的最后日子里都斗输了，现在它说几句"官话"能有什么作用？香港泛民派竟然觉得英国发声很重要，他们当中至少部分人的思想还停留在旧时代。

经常有人拿一个质问揶揄英国政府：你们现在关心香港的民主，早干什么去了？港英时代的港督都是女王直接任命，什么时候听过香港人的意见？说英国人在推动香港民主的问题上"动机不纯"，逻辑是缜密的。

  香港回归16年，民主获得了大发展。立法会议员的直选比例不断增加，将在2017年同特首选举实现"双普选"。香港用20年时间完成向民主的全面过渡，这是它在中国怀抱里的全新经历。此前英国统治了它99年，派总督，强行输入英语，要求香港人对女王效忠。因为这一切，英国方面在谈香港民主问题时不该像功臣似的，而应有几分歉疚。

  香港特首梁振英15日已经做出回应，表示香港不需要英国政府和任何其他外国政府提供"支持"，普选行政长官是香港特区市民、特区政府和全国人大、中央之间的事，完全是中国人范围内（中国内部）的事，与英国无关，亦与任何其他外国政府无关。

  香港回归之前邓小平就表示，香港制度将50年不变。这一承诺在《基本法》的保障下得到严肃的落实。香港舆论比港英时期更多元（那时是不允许骂女王的），游行示威更容易得到批准。香港反对派达到开埠以来最活跃的程度，政治宽容成为香港的真正现实。

  然而香港的民主必须有利于当地社会的发展和进步，而不能对香港繁荣构成破坏。实事求是说，对香港政治发展有这份高度责任心的只能是港府和中央，其他外国政府在利益上都不可能与香港是共同体。英美政府现在对香港事务表态，只能从它们各自的国家利益出发，这大概属于国际政治常识，不是什么深刻的道理。

  英国作为香港的前宗主国，有时多表现出一些热心也可以理解。但英国政府做政治表态时应当谨慎和自重，这是它应有的一份外交文明。

（2013.09.16）

为普京批"美国例外论"喊一声"赞"

普京本月 11 日在《纽约时报》发表文章，除了呼吁通过外交手段化解叙利亚危机，还在文章最后部分批评了奥巴马前一天全国电视讲话中强调的"美国例外论"。从最近几天美国舆论的反应看，普京不啻是捅了"马蜂窝"。美国大小媒体纷纷抨击普京对美国重要价值理念的不恭，奥巴马用不着自己开口，他的身边就形成一大拨"近卫军"。

美国虽然内部争议很多，但舆论在关键时刻或围绕重大问题有能力突然团结起来，这还是相当醒目的。美国作为超级力量能够独步世界，遭遇挫折也总是能够缓过劲来，大概与此有关。

"美国例外论"是自其 1776 年宣布独立以来两个半世纪中逐渐形成的价值观念。它既包括美国社会对本国成就所产生的骄傲，也有上帝对美国特殊照顾的宗教认识。它是理想主义的思潮，也是美国基础性的政治理念。总体看，围绕"美国是否例外"是很难同美国人争辩出一个所以然的，既然是价值观，道理在它面前就是第二位的。

有人说，除非有一天美国真的衰落了，沦落成今天英国这样的二流国家，"美国例外论"才会从美国的核心价值体系中淡出。而这样的假设从国际政治学的角度看，显然毫无意义。

然而即使这样，我们还是要为普京敢于抨击美国引以为豪的观念而鼓掌。即使美国人把普京的质疑顶了回去，普京的话还是会在美国人的意识中留下点什么。美国舆论"很生气"，还是说明普京戳痛了他们。美国一直在教训世界，它这些年反过来遇到的重量级批评者太少，美国多少被这个世界有些惯坏了。

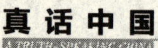

在叙利亚化武危机中，俄罗斯再次回到与美国战略对弈的位置，并且表现出色，获得外交加分的效果。以俄罗斯当前 GDP 总量大约两万亿美元的国家实力，似乎难当这一角色。然而西方世界低估了克里姆林宫和普京。

一个国家的综合实力取决于两方面，一是它的力量是不是强，二是它的弱点是不是少。俄罗斯除了军事力量很突出，科技力量差强人意外，其工业化和信息化总水平都算不上世界一流。但是俄罗斯的弱点非常少。比如它既不依赖外部市场，也不依赖外部能源和原材料，因此外部世界几乎没什么战略筹码可以威胁俄罗斯，俄是敢于为核心利益同任何威逼者"翻脸"的特殊全球性力量。

叙利亚化武危机显示，俄是当今世界的重要平衡者，它最大化使用本国力量的能力扩大了它的全球影响，而且它对扮演高于本国力量的角色很有兴趣，这也符合它的利益与外交传统。俄罗斯国土辽阔，资源丰富，民族关系复杂，与前苏联国家纠缠不清。它需要以积极的，甚至有些咄咄逼人的姿态吓阻外界对俄各种利益的侵犯和觊觎。

当今世界的大国均势过于脆弱，这时俄罗斯对恢复国力和影响力的追求虽是从本国利益出发，但它对全球均势的再塑造有益无害。普京亲自到美国媒体上撰文，直言对"美国例外论"的不满，也是值得世界舆论欢迎的。

所有人生而平等，这既是西方政治思想的基本主张，也是在美国占主导地位的基督教基本教义之一。但"美国例外论"必然延伸成美国人同时"例外"的幻觉。作为西方民主的代表性国家，美国应当能做到对世界的不同声音"兼听"。但美国国内众多"名角"对普京的过度指责恰恰是美国社会缺乏度量和自尊的表现。

(2013.09.17)

双轨制终将像粮票那样走进历史

经济学家林毅夫日前在一论坛上表示，双轨制在中国已经走到了尽头，未来中国经济改革的一个很重要任务就是把双轨制消除掉。林的讲话经媒体传播引来巨大反响，由于退休金双轨制问题已在社会上饱受诟病，林的讲话再次激活了这个热点话题。

正如林毅夫所说，双轨制在改革开放过程中维持了经济稳定，促进了发展，但也使社会产生很多不满情绪。几乎所有经济学家都相信，最终消除双轨制势在必行，目前难以预见的只是它的路线图和时间表。

取消双轨制对于建立公平的好处是一目了然的，它对改革能够提供的新动力也不需要怀疑。它的难点在于触动一些群体和企业、机构的利益，如果它不是像中国过去所做的那样通过利益增量来进行改革，而主要是对现有的利益存量重新分配调整，那么它差不多是一种"新的改革"。

舆论经常使用"利益集团"这个词，它已经具有了明显的贬义。其实利益群体在很多时候就是某一相关领域的老百姓，比如户籍制度取消双轨制，两条轨上的都是普通人，双轨走向并轨必然让一部分人欢呼，也会让另一部分人感觉被"动了奶酪"。

不取消双轨制，社会的不满将越积越多。取消某个领域的双轨制，则面临当下的社会风险。中国经济和社会政策并轨的过程注定是充满纠结的。

然而我们坚决支持国家向取消双轨制的目标加速前进。保持双轨制和并轨不能用"长痛"、"短痛"做简单对比，但中国现在的确越来越多面临在它们之间做出选择。因为各领域双轨制对于稳定经济和社会情绪的好处已经逐渐小于它们所带来的问题，有些时候它们虽在小环境里仍发挥作用，但对于大环境却只剩下破坏力。

但也需要指出，取消双轨制决不是喊个口号那般容易，参与过事业单位转企改制的人都知道，当触动一些人具体利益时，推动改革是多么艰难。很多这样的改革不得不采取"老人老办法、新人新办法"，这实际又是一种变相"双轨制"。

并轨改革需要尽可能做得平稳，这至少需要以下几方面的努力：第一，要多做加法，少做减法，从而增加改革的受益面，减少受损面。第二，要多做实际推动，少做目标宣传，避免社会的期待过高，改革再快也跟不上。第三，要加强改革决策的权威，不能无限制讨论，不能允许"钉子户"现象在并轨过程中泛滥成灾。

目前舆论中谈论最多的是养老制度改革，对取消企事业职工退休金双轨制的呼声尤其高。一些城市用缓涨公务员和事业单位人员退休金、加快提高企业职工退休金来缩小双轨的差距，为并轨实际上做了大量准备。但最终实现退休金并轨仍是莫大的考验。

经济和社会改革会牵动千家万户的利益，并轨要尽量把就地调整规则变成有大量利益增量的进入，因而它注定还是需要一个过程。问题是我们必须加快这个过程，有高度的紧迫感。再艰难的主动改革也比逼上门来的"不得不改"要有利得多，这是我们面临两难甚至多难选择时应有的理性。

双轨制早晚会像"粮票"一样成为历史词汇，其实粮票就是双轨制最典型的历史现象之一。想想粮票是怎样消失的吧，我们今天回忆它时又是多么的轻松。退休金等双轨制的消失应当像粮票退出历史舞台一样平稳、有序。粮票从改革开放到它完全弃用一共用了大约20年，希望从现在开始，到退休金并轨，不多于20年。

(2013.09.17)

从美国人接受枪案频发看中美不同

位于华盛顿的美国海军大楼16日发生枪击案，造成包括1名枪手在内的13人死亡，另有14人受伤。34岁的犯罪嫌疑人曾在海军服役4年，退役后受雇于军方的承包商。事件发生后，奥巴马指责行凶者是"懦夫"。

枪案是美国长久的痛。它在美国反复发生，引来大量争论，但问题在原地打转，毫无解决的进展。枪案为我们观察、了解美国社会提供了独特角度。

重大枪案发生后，美国总统会发表讲话，说一些激励社会、有感染力的话。总统不会坚决推动解决问题的措施，也不向社会做这样的承诺。社会也没有不再发生或者减少发生枪案的期待，不认为做到这一点是政府的责任。美国社会总体上对不断发生枪案"很认命"，对政府的要求不是"责任制"的，比如要政府"必须做到什么"。

美国人对控枪的态度是高度分裂的，有一批无论发生多少枪案也不接受控枪的铁杆枪粉，也有主张控枪的群体。但双方平衡对冲后，剩不下能够对控枪造成实际推动的力量。这是个"马蜂窝"，美国总统顶多做做样子，不敢真去捅它。

如果实行控枪，对民间拥有2.7亿枪支的美国来说是重大社会改革，牵动很多利益，除了个人的爱好和安全感以外，它还会触动生产及销售枪支的庞大经济利益链。外人会觉得美国有点"怪"：因枪案死这么多人，控枪难道不是理所当然的吗？然而它真的就是这么难。

不能因为枪案多，就认为美国"很乱"。美国是自治色彩浓厚的社会，政府之所以"小"，社会的自治能力高是重要原因。客观而言，有2.7亿枪支"散落"在民间，每年有10余万人遭遇枪击，约3万人死于枪伤，这个比例还是比较低的。

美国是与我们有着巨大差异的社会。中国的政府"大"，社会要求它承担的责任也是"无限的"。舆论界关于中国也应是"小政府"的呼声并不太真诚，实际上大家是有时希望政府"大"，有时希望政府"小"，这当中并无明显规律，舆论的态度相当混乱。

中国民间无枪械，但有犯罪分子会自制土枪土炸弹，中国发生投毒案件的比例不低。中国社会自治能力不足，就靠政府对管理的加强部分来"凑"。维持同样水平的社会治安，在中国要比在美国的管理成本高很多。这一切不可能不对中国社会治理的基本面产生影响。

想想看如果中国基层社会普遍拥枪会发生什么，再看看中国学校里发生持刀砍杀师生事件后，舆论对政府的要求又是什么，对比美国反复出现校园和公共场所枪击案后社会的相对平静，大概不难悟出中美两国的社会治理文化是多么不同。

美国自有它一本难念的经，中国有中国的。两国都别对对方发生的极端事件幸灾乐祸，多一些相互的借鉴和祝愿吧。有一点很清楚：和平与秩序对任何社会都是头等重要的。

(2013.09.18)

不应动辄怀疑警方办案的动机

互联网上昨天一度盛传知名鉴表网友@花总丢了金箍棒与外界失去联系,并已被警方控制。"花总"曾在微博曝光"表哥"杨达才时成为网上"鉴表专家",并在之后网上反腐案中"鉴表",有了一定名气。

网上称他因涉及多起网络谣言而入案,但警方到昨晚没有表态。一些人发帖突出惊讶态度:连花总也被抓了!不难看出其中一些帖子是要表达对官方近一段行动的不满。

近来有多名大V或者有一定网上名气的人吃官司,一些人士将它们联系起来,认为这是官方在"整顿网络"。有些过去说话激烈的自由派人士显出一定紧张。

我们认为有必要对当前的情况作出一些厘清。

第一,官方在加强网络管理是事实,一些官员的讲话和撰文、"两高"发布《解释》都是清晰信号。依法管理网络确有必要,打击网络谣言是正义之举,用不着遮掩。

第二,警方迄今对几名网络名人的控制与"管理网络"是什么关系不是最重要的,真正重要的是警方行动是否严格依法。只要警方确实是依法办案,被抓的几个人都确实触犯了法律,那么警方就没做错。一些人有"管理网络"的集中联想,感觉受到了某种威慑,这未必就是坏事。

第三,被抓的人既是网上名人,也在线下有着不同身份。公众熟悉的只是他们的线上表现和形象,它们往往被塑造得挺成功。对这几个人在线下都做了什么,是否违反了法律,人们并不清楚。认为警方的行动都是冲着这些人的线上形象去的,这一总结太简单化,薛蛮子案已经提供了大V在线下触犯法律而被拘留的先例。

第四,中国法制建设已经实现历史性跨越,今天为了政治目的而在众目睽睽之下制造冤案是难以想象的事。认为警方在集中制造一批冤案,这种想法尤其是高度偏执的。

应当对警方将依法公正办理这些案件有信心。打击造谣、诽谤就是要维护法律秩序。对官方任何管理都做"打击言论自由"的有罪推定,这是一部分人在网上推动的意识形态攻略。

前段互联网上的一些现象有些失度,对此大多数人都心中有数。少数人清楚自己有些自我放纵了,只是当时觉得那样做无所谓,甚至对自己有好处。这样的放纵如果也影响了部分人的线下行为,这应该不是什么意外。

并不是说吃官司的人在网上都没做过好事。比如"花总",至少对杨达才落马有功。但功过不能相抵,这是最基本的司法原则。我们并不清楚"花总"的涉案情况,但如果他有违法行为,依法追究他就是应当的。就像有些贪官也曾做出过贡献一样,他们犯了罪必须受到惩处。

互联网对推动改革发挥了积极作用,但这并不是说它就是干净的,为保护它的积极一面,它上面的活跃角色就应受到特殊保护。法律一是一,二是二,各种违法行为,无论它们是直接在互联网上发生的,还是在线下发生的,都没有逃脱的权利。

我们也在此希望警方针对公众的关切提供必要信息,帮助一些有误解的人增加对司法公正的信心。必须说,网上一些担心的出现值得理解,因信息不对称发生的认识差距需要逐渐克服。我们相信,随着时间推移,社会处理争议的做法和规则将逐渐成熟,对执法的支持也将能更多摆脱干扰,成为全社会稳定的主流理性。

(2013.09.18)

中国弱点多，会给综合实力打折扣

中国的综合力量有多强，搞清楚这个问题非常重要。它会全面影响我们对国家外交行为的评价。中国已是世界第二大经济体，GDP 总量接近英法德的总和，或者约为日本的 1.5 倍，俄罗斯的 4 倍，但直觉又告诉我们，中国的综合国力并不像 GDP 显示的那样强大，我们很难说已是真正的"世界老二"。原因何在？

经常有人提到，中国的军事实力还不够强，拉了中国综合国力的后腿。此话有其道理。但也要看到，中国的军力与国家发展大体是协调的，而且中国是核国家，年度军费已是世界第二。同世界其他大国相比，中国的力量相对比较均衡，国土面积、人口规模、经济和军事实力都符合成为世界大国的条件。

然而一个大国的综合实力除了取决于它有多大的力量，还要看它有多少弱点。同其他大国相比，中国力量的来源多，但弱点也非常明显。恰恰是那些弱点抵消了中国的部分力量，给中国的综合实力打了折扣。

中国有什么弱点呢？

第一，中国的经济总量大，但质量不高，中国尤其还不是尖端技术大国。中国的科技能力在大国中排位靠后，不如美日德，甚至很多方面不如俄罗斯。

第二，中国能源和各种资源的对外依赖度越来越高，同时中国是贸易大国，与国际市场高度相互依存。中国是世界工厂，原材料和销售市场这两头都和世界咬得很紧。历史上这样的大国都具有超级军事力量，能够把控世界秩序。而中国不是。中国目前的军力只够保卫本土，远远不够保护中国已经遍布世界的各种利益,我们甚至担心马六甲等关键水道有一天会"被掐断"。

第三,中国有台湾问题,流亡海外的达赖集团等民族分裂势力也非常活跃,对国内民族地区有一定影响。这些弱点构成了中国外交的严重掣肘,为外部力量同中国博弈提供了杠杆。此外,中国同周边国家的海上摩擦近年集中爆发,这都增加了中国外交的不确定性。

第四,中国社会的价值观近年出现分裂,社会矛盾多发,任何大国出现这种情况,都对国家的综合实力是减分,而不是加分。

力量规模的庞大和上述弱点使得中国成为大国俱乐部中的一名特殊成员,中国力量大,但后顾之忧多,国家的使命首先要做到通盘照顾,不能只谋其一,不顾其余。比如中国有彻底解决领土问题的神圣任务,同时发展经济、提高13亿人口物质及精神生活水平亦很迫切,很难说两者哪个"更重要",中国会经常面临抉择。

对比俄罗斯我们会发现,那是个所有资源齐全、市场对外依赖也很低,几乎可以"自给自足"的国家。美俄贸易只有400多亿美元,而中美贸易是5000多亿美元。

中国崛起注定需要是充满战略创新的过程。中国须扬长避短,进退有据,并有能力化弊为利。比如中国市场对外依赖度高,但这种依赖同时是双向的,中国贸易体量的不断扩大能够转化成国家力量新的源泉,我们同世界的相互依赖,将逐渐表现为一些具体国家对中国的依赖超过我们对它们的依赖。

随着中国力量规模的继续扩大,我们对局部损失的承受力将越来越强。这必将为中国捍卫具体国家利益提供决心和能力,也会使外部力量损害中国利益时越来越有顾忌。这是一个渐变的过程,但这种变化会很清晰,钓鱼岛就是一个变化点,黄岩岛更是。达赖集团在世界上活动的空间在缩小,还会有其他的变化纷至沓来。

(2013.09.22)

基层案件争议否定不了两高《解释》

甘肃天水市张家川县一周前发生一男子意外死亡事件，一16岁初三学生杨某在网上发布消息称，"警察与群众争执，殴打死者家属"，并提出"看来必须得游行了"。这些与事实不符的言论获大量传播，致使案发现场数百名群众聚集，交通堵塞，现场失控。警方后将杨某以涉嫌寻衅滋事罪刑拘。由于杨某是未成年人，此事在网上引起较大反响，一些人将此案称为"两高"发布《解释》后的"第一案"，有北京的律师表示要为杨某辩护。舆论对张家川县警方非常不利。

接受《环球时报》采访的多名法律专家认为，张家川县警方的行动确有被质疑的空间。我们希望此事得到依法善处，警方和质疑者最后都要通过法律说话。

然而无论此事的结局是什么，将它说成两高《解释》的"第一案"，以此证明两高的《解释》是不合理的，这是不恰当的借题发挥。

事实上两高的《解释》十几天前一出来，一些自由派人士就强烈反对。其中一些人一直在盯着各地的相关信息，寻找可以用来否定两高《解释》的案例。网上有这样一种逻辑：只要有一个执行两高《解释》不准确的案例，整个《解释》就是错的。

一段时间以来，网上已经形成北京等大城市自由派知识分子对基层官员工作的批判潮，应当说被找出来的很多问题都是客观存在的。这样的批评对改进基层政府工作形成压力，有正面效果。但一些人借此否定整个官方的工作，同时误导了舆论。互联网不具备区分个别官员行为同政府之间差别的能力，而一些自由派人士又故意把前者说成后者的缩影，这次张家川县的事情就是典型一例。

中国很多基层政府没有经历过互联网舆论的洗礼，有些基层警方的执法精细度不足，这是个长期问题。迅速让所有基层政府的工作水平达到以互联网要求为代表的统一高标准，看来并不现实，尽管这应是一个明确的努力方向。

我们认为，由于互联网上形成了大城市知识分子与小地方官员的对立，每遇基层事件，上级政府机关应给予基层政府及时的政策援助。这会减少公共舆论事件的形成，为实际化解基层问题，促进基层工作的持久进步赢得有利舆论环境。

目前互联网上不利官方的舆论氛围已经固化，这已成为中国社会建设的最大障碍之一。这不是几个强有力的政策和行动就能改变的，需要彻底的实事求是精神和敢于担当的工作态度在一线发扬光大，百折不回。舆论工作必须注重面向群众的工作效果，而不是对上负责，或者通过一两个生硬的表态"免责"。

就张家川县的事情来说，事情在早期是有更充分回旋余地的，但警方在现实中强势，上了网又很弱势，他们严重缺少面对互联网上"全国性质疑"的经验，导致了后来的被动。

张家川事件无论有什么结果，都证明不了两高《解释》的问题，就像再完善的法律法规也有各种各样的执行情况。负责任的法律界人士应当监督两高《解释》的执行情况，促进它得到准确落实，而不是寻找基层工作的问题，用来对两高《解释》本身进行攻击。

两高《解释》已对网上造谣诽谤形成震慑，这是有目共睹的事实。它也没有损害网上的正常意见表达，没有影响正常的舆论监督，张家川县此次成为舆论焦点恰恰佐证了这一点。让法律在中国畅行，让法律建立起尊严，全社会的聪明劲应一起往这个方向使。

(2013.09.22)

默克尔对华外交可供欧洲殷鉴

德国议会选举昨天举行，由总理默克尔领导的基民盟、基社盟联盟党预计将保持议会第一大党，从而使默克尔继续作为联邦总理执政。默克尔如果连任三届，将成为德国又一位长期在位的总理。

默克尔2005年上台，2007年会见达赖，一时间成为欧洲对华搞价值观外交的代表性人物。中德关系一度因此紧张，波及两国经济合作。但默克尔转圜很快，在之后的几年逐渐成为稳定发展欧中关系、超越价值观分歧推动双方合作的代表性领导人。默克尔在位的这些年完成了对华关系战略定位的一个大转变，为整个欧洲提供了思考和经验。

如今的中德两国价值观分歧依旧，但德国对中国的战略认识以及对中德关系的利益评估都趋于冷静和成熟。这几年中德双方共同释放了两国经济合作的大量潜力，它们如此真实，具有吸引力，彰显了让价值观代替一切这种外交冲动的幼稚。

德国是典型欧洲大国，而欧洲大国同中国的实际利益关系相当接近。中德关系既不像中美关系那样有着大国竞争的天然复杂性，也不像中日两国因挨得太近，很多事纠缠不清，任何实力变化都会触发彼此关系中的心理变化。中德只要双方都愿意，就能让两国关系相对"干净"，不被一些枝节性的意识形态或政治主张所绑架。

欧洲原本是价值观至上主义的发源地，欧洲存在着一些比北美更着迷的意识形态小圈子和小环境。重要的是欧洲大国政府不能被它们牵了鼻子，让部分人的偏好、主张扩大成整个国家的对华外交和政治路线。

默克尔在执政的后几年将最大限度实现德国的利益带入对华外交的

正统位置，也在逐渐改造德国社会的总体对华心态。德国的亚洲外交因此像它的制造业一样更加务实，告别了围绕价值观的华丽表演。

当然，默克尔的选择在很大程度上是中国实力发生作用的结果。随着相互依存的加深和利益关联度加大，任何加诸中国的"价值观外交"在现实中的成本都越来越高，其遭遇碰壁的疼痛感也越来越强烈。这是促使默克尔大幅度调整对华战略的最大塑造力。

中德关系这些年的戏剧性曲线证明，国家实力的相对变化和政治领导人对共同利益的清醒认识，是推动中欧关系从捆绑在价值观上的过山车式外交，转向平稳、宽阔的混合动力驱动的主要动因。欧洲社会对华态度的不稳定因素多，驾驭这些因素既是实力行为，也是外交艺术。

欧洲的对华态度仍有可能"局部出轨"，中国已经拥有很强的矫正力，但中欧关系需要持久的典范，需要欧洲社会对"价值观外交"极端化的更多思考和警醒，从而在双方仍存在价值观分歧的同时，形成相互尊重的强大习惯。

中德关系证明了西方世界同中国和平共处并实现高强度互利合作的现实性，这种合作在德国内部制造的利益链逐渐固化，并且一定程度上成为德国国家利益的一部分。然而中国不要高估中德关系对西方人的示范效应，我们仍需要就中国的真实吸引力保持冷静。

当下中国是一块特殊的磁铁。背离中国的引力并不容易，但让中国的引力成为主导性力量似乎更难。保持并扩大中国的吸引力是一份持久、艰巨的工作。

(2013.09.23)

一审判薄无期徒刑彰显法律的刚性

济南中院昨天判处薄熙来无期徒刑，剥夺政治权利终身，并处没收个人全部财产。从去年3月薄被停职接受调查，到对他做出一审宣判，过去了一年半时间。虽然薄不是被审判的第一名同级别前高官，但这起贪腐案受到的舆论关注度最密集，带来的警示也形成强烈递进性。

曾有人"根据经验"预言薄熙来将会被判有期徒刑十几年。这些"经验"的依据是薄熙来之前的"地位"等非法律元素。就像他们认为薄案庭审的信息公布会非常有限一样。然而薄案自始至终扣紧法律，它不是一部提前写好的"剧本"，法律在这当中的至高无上地位不断得到验证。

王立军去年2月份一出事，尼尔·伍德案重新调查就展现了司法的刚性逻辑。再接下来的事情，也都体现了法律的惯性。

法律面前人人平等既是法律的重大原则，也是民间对于所有社会公平最突出的呼声。依法审判薄熙来是对这一民意的顺应，也是对法治精神的忠实坚守。这一年半以来，民间曾有过各种议论和担心，到昨天，应当说它们绝大多数都尘埃落定。

公开审理薄案对昨天的判决得到舆论认可起到了重要作用。在薄案东窗事发的早期，民间的各种观点中有两种比较抢眼，一种过度想象、渲染薄的贪腐罪行，认为足以判他中国刑法的最高刑罚。另一种则自认为薄"无罪"，他的各种贪腐证据根本"拿不上台面"，"经不起推敲"。

薄案庭审的公开让真相得以大白于天下，当事人不仅犯罪事实清楚，其罪行有多大也让舆论的认识落差大为缩小。对他拒绝认罪的态度和检察机关指控其犯罪的事实法律依据，公众都看得一清二楚。

　　昨天的判决宣布后，虽然也会有一些对量刑的不同看法，但这些意见的出现更容易被看成大案宣判后社会正常反应的一部分。

　　中国反腐有全社会从各个角度的积极推动，但它的最终依据只有一个，那就是中国法律。依法反腐是刚性的，薄熙来案的审理过程和最终判决有效提高了法律在中国社会中的威信。

　　曾经有人认为，薄熙来这种身份的人是"扳不倒"的，或者认为一旦"扳倒"他，就可以"想怎么判就怎么判"，现在我们了解了这些想法与真实情况的距离有多远。

　　相信薄熙来案是一记非常响亮的警钟，中央依法反腐的决心和信心都坚定不移，各种侥幸心理，以及各种怀疑都应被彻底放弃。天网恢恢，疏而不漏，腐败能够逃脱惩罚的几率必将越来越小。这是大趋势，切不要把它当成很快就可能刮过去的一阵风。

（2013.09.23）

恐怖主义马蜂窝被捅破，穷国最遭殃

肯尼亚首都内罗毕的恐怖袭击尚未平息，巴基斯坦边境城市白沙瓦又发生针对基督教的自杀式爆炸。两起恐怖事件都造成大规模人员伤亡，情况悲惨，令人唏嘘。

如今全球的绝大多数恐怖袭击都发生在第三世界国家，大中东地区尤其是重灾区。美国的十年反恐战争大体保证了美国和西方世界的安全，但同时期恐怖活动在动荡的不发达国家严重泛滥，这让人们产生一种印象，西方反恐战争诱发了更多恐怖袭击，使它们像癌细胞一样扩散，只不过西方给自己修了一道"安全堤"，同时任恐怖主义在堤外蔓延。

美国从上世纪九十年代起，先后动用军事力量打击了索马里、苏丹、阿富汗、伊拉克、利比亚等多个伊斯兰国家。这些国家今天无一例外都更动荡。巴基斯坦的失控性混乱发生在其帮助美国开展反恐战争之后。西方的反恐并未做到准确割掉恐怖主义的瘤子，而实际上只是将它们捅破，导致它们就地放毒感染。

作为极端斗争方式，恐怖主义很快被用于动荡国家的内部政治。反恐是个非常昂贵的综合工程，由于动荡国家都很贫穷，政府无力反恐，而西方又不致力于消除恐怖主义的根源，它们的反恐目的都是自保，这使得恐怖主义向更容易得手的动荡国家内部逐渐集中，恐怖主义在全球范围内越反越多。

全世界不可能调集那么多人力物力开展西方水平的反恐运动，第三世界国家首先要避免惹上恐怖主义，不能因短期利益蹚进与之相关的浑水。肯尼亚和巴基斯坦一个靠着长期混乱的索马里,一个挨着阿富汗,它们想躲开是非也难。12年前巴基斯坦几乎是在美国逼迫下充当攻击塔利班的前线基地的,这进一步引爆了巴国不同力量的殊死搏斗。

发展中国家经不起内部严重的政治对立,它们缺少内部调和、妥协的能力,政治、宗教、民族对抗很容易失控,升级为社会动荡。一旦走到这一步,恐怖主义就会用来当做追求政治目标的廉价工具,财力薄弱的政府只能眼看着恐怖主义发酵,而无力阻止之。

西方社会目前对反恐的注意力仍大体局限于直接"涉我"的范围内。如果恐怖活动针对的是西方目标,或者殃及了西方人,就会受重视。否则西方就相当麻木,甚至对恐怖主义采取双重标准,就一些西方不喜欢国家里的恐怖主义者给予或明或暗的支持。

恐怖主义是全球最严重的公害之一,现在一定要制止它作为一种政治斗争方式在全球被效仿。全球对恐怖主义的定义需要实现高度一致,在反恐问题上各国政府必须坚决,相互配合支持,恐怖主义力量尤其不能作为国家间斗争或博弈的筹码。

这种呼吁似乎是理想主义的,因为无论是对恐怖主义的定义还是在反恐行动上,大国之间都做不到一致和团结。在反恐领域更多呈现了各国的实用主义甚至利己主义,而西方的自私是世界无法形成反恐统一战线的主因。

美国等西方大国已经自我建成反恐的堡垒,堡垒之外的世界参差不齐。中国显然无力引领世界在这方面的变化,让我们好自为之。

(2013.09.24)

杨某获释是对两高《解释》的实践磨合

张家川县16岁少年杨某昨天凌晨被释放，其寻衅滋事刑事案件被撤销，改为行政拘留7天。《环球时报》在两天前发社评，提出警方因一名16岁中学生在网上制造谣言而对其刑拘值得质疑，我们在此欢迎警方撤销案件。我们认为警方在舆论监督下及时修正执法行为的态度应当受到鼓励。

一些人在互联网上发帖，称赞获释的杨某是"英雄"，这就像警方当初刑拘杨某一样，也做过了头。杨某毕竟做错了，是否该刑拘他是一回事，但其行为的错误性质是另一回事。杨某的父亲鼓励孩子，让其"抬起头来"可以理解，这或许对孩子的心理健康有好处。但互联网上一些人继续炒作这件事，把杨某捧成"正义的化身"，那就是不放过这个孩子，继续对他的心理伤害。

微博围绕张家川的事情形成舆论斗争的是非地，抗议警方的人有一个突出目的，就是借此案打击两高不久前发布的《解释》。一个16岁的孩子陷入围绕网上谣言激烈斗争的风暴眼，是不应该的。警方的行动是一方面，网上活跃人士亦应及时收手，让事情回归就事论事的简单。

互联网舆论场经常流行极端，这种极端有时在一些方面或许能与舆论监督合拍，发挥某种作用。必须指出张家川事件中就透出了这样的正面性。但互联网舆论缺乏自控性，它的正面元素往往夹裹着许多负面的东西，这样的复杂性不是16岁的孩子，甚至也不是他的家庭能够驾驭的。杨家也应在孩子获释后及时了结此事，远离互联网斗争。

网上活跃人士将杨某获释当成抵制两高《解释》的"胜利"，这样说话或许能给他们带来快感，帮他们发泄情绪。但如果他们真这么认为，就是想多了。

两高《解释》保持着它的肃然存在，杨某案的争议实际上提供了厘清《解释》边界和细节的一个机会。全社会形成准确执行、遵守《解释》的能力需要一个过程，但现在已经开始了这样的磨合。

这几天网上有人要晒张家川作为贫困县的各种问题，那些问题与杨某案毫无联系。官方应从这些带着巨大情绪的曝光中汲取改进作风的有益材料，同时保持正常工作心态和执法的坚定性，在对具体事件的处理中恪守原则，对的坚持，有错必纠。

张家川事件显示，微博上特有的对抗情绪大体依然如故，这种情绪不是网络质疑能冲散的，它有深刻的社会原因，亦是互联网的特殊现象，中国主流社会必须准备与网上的这种情绪表现长期相处。

政府需要有不断改进工作的决心，主流社会要对国家所走的道路有信心，全社会要对国家在开放时代谋求共识和前进的方式有所认识和适应，那样的话，我们就具有了客观、全面看待张家川事件的能力，看到它积极的一面，接受它所展示的特殊舆论监督方式，同时也不夸大它的意义，对反两高《解释》的所谓"胜利"说一笑置之。

中国基层社会的遵法和执法能力都存在一些问题，大城市自由派知识分子往往选择性挑出基层社会运行中的毛病，正确的做法或许是接受这样的舆论监督，同时以有效方式平衡、对冲这些监督造成的"中国一团糟"的负面假象。至于怎么才能做到后一点，这是时下的一大难题。

打击网络谣言只是舆论正面建设的必有作为之一，这一建设需要很多艰苦的探索和创新。没有人对该如何做很有把握，它需要勇敢、积极的探索，围绕这一点的主流社会共识或许是创造未来全社会舆论共识的前提。

(2013.09.24)

上海自贸区，"网络特区说"过显夸张

香港媒体报道称，将于9月29日挂牌的上海自贸区具有不设互联网防火墙的特殊政策，这一消息迅速形成焦点关注，将人们对自贸区经济改革试验的兴趣引向对"网络特区"乃至"文化特区"的探讨。然而这种探讨在眼下很可能又是泡沫。

上海自贸区是国务院批准的最新经济改革试验区，在上海浦东占地28.78平方公里，含外高桥保税区、外高桥保税物流园区、洋山保税港区和上海浦东机场综合保税区等4个海关特殊监管区域。根据商务部的对外通报，自贸区的3个主要目标都是围绕经济改革展开的，特区的性质相当清晰。

不能排除自贸区在网络设置方面更加开放的可能性，但即使自贸区真的那样做，它也属于对自贸区国际商务环境的配套服务设计，而不会是自贸区的主打特色。现在一些人突出这个问题，宣扬对此"羡慕嫉妒恨"，甚至编出"租界"说，这又是一种成心的戏谑。

中国设立防火墙是大步走进互联网时代"留的一手"。它一方面为中国的政治安全提供了网络技术保障，同时这种安全也有可能增加国家各领域主动适应网络时代复杂性、扩大承受力的惰性。不能将防火墙简单化成价值选择，它应被看做中国的实验性临时举措，防火墙工程需要追求的是中国对外开放和国家安全之间的最佳搭配值。

尽管在特定时间内防火墙有可能受到重视，但是随着社会发展和国家政治自信的增加，防火墙的作用逐渐弱化直至淡出互联网管理，一定是个大趋势。

如果技术上容易做到，防火墙在某些领域逐渐放开应不是什么政治问题。我们认为，上海自贸区应根据实际需要决定是否对脸谱网等境外流行网站实行开放，不要把舆论反应作为做这个决定的首要考量因素。互联网上反对的事情有很多，提出的要求也有很多，国家不能看互联网的脸色行事。

上海自贸区虽是经济试验区，但它毕竟有28平方公里多，而不是一栋大楼。区内更具自由市场特色的经贸活动必然会对那里的生活形态产生一定影响，从而波及一些其他的"试验"。应让这一切自然发生，而不是刻意阻止或拔高它们。

30多年前中国设立经济特区是由中央决策的，民间给予了可圈可点的创造性配合。如今设立上海自贸区的社会舆论环境大为改变，但中国目前的价值观分裂过于严重，如果现在就由社会舆论主导自贸区的主要政策规划和执行，就会什么也做不成，光看争论的热闹了。

香港舆论高度关注上海自贸区建设，甚至比内地舆论的兴趣还大，主要是担心上海自贸区会抢了香港的风头，这种心态是可以理解的。但我们认为，中国这么大，已是香港回归前那个中国经济总量的好几倍，完全撑得起香港和内地多个自贸区的同时繁荣。而且上海自贸区不具备香港当年发展的历史环境和各种地缘条件，上海自贸区不可能复制香港道路。

上海自贸区是中国"新十年"的重要经济创作，我们寄希望于它能给中国经济下一轮的增长和升级带来重要发现。想想当年深圳等特区刚建立时社会有过多少争议和困惑，今天关于自贸区网络防火墙的那点小议论实在不足挂齿。我们祝愿上海自贸区好运。

(2013.09.25)

美国伊朗改善关系必将好事多磨

美国和伊朗官方分别出面表示，奥巴马和伊朗总统鲁哈尼不会在联合国大会期间举行历史性会晤。此前美国媒体曾大谈这种可能性，但对美伊关系出现转折性改善的乐观估计只维持了一两天。

然而无风不起浪，美伊两国在酝酿改善关系大概确有其事。现在最值得关注的很可能是它们改善关系的机缘、方式和力度等。

伊朗是中东地缘政治的支点国家，美伊敌对是当前中东政治面貌的决定性因素之一，美国的中东政策如今很大程度上是围绕遏制伊朗设计的。叙利亚战争被很多人看成是美国打击伊朗计划的一部分，此外巴以冲突中伊朗的影子也越来越强。如果美伊实现和解，整个中东地缘政治形势就会出现有趣的改写。

美伊并非永恒的敌人，两国也曾有过蜜月。如今两国敌对时间已久，未必没有斗累的感觉。伊朗虽同中俄友好，但中俄毕竟都代替不了美国。伊朗唯有改善对美关系，才有可能摆脱国际制裁。美国则面临国内问题一大堆，加上急于"重返亚太"，有从中东收缩力量的现实需要。

然而美伊敌对深刻影响了两国各自的整整一代人。两国的年轻人都是在妖魔化对方的教育中长大。即使两国找到了和解的共同利益，并且双方领导人都下决心推动，两国结束敌对的进程也会是历史上各种外交奇迹中最曲折的之一，很难做到一拍即合。

美伊成为朋友在可预见未来内尤其不可能。这除了需要两国克服彼此间当今世界最为严重的意识形态分歧，还需中东地区的什叶派与逊尼派之争平息，巴以矛盾化解等多个战略性条件。美伊走近注定是有度的，美国不会同时成为所有伊斯兰主要国家的朋友，它需要伊斯兰世界及中东的一定程度内乱来维系它在那些地区的存在。伊朗也不具有左右伊斯兰世界内部竞争的能力，无力彻底改变国家路线。

有人认为一旦美伊关系改善，就会有多个国家嫉妒并阻挠，这些人还把中国列入其内。我们倒是认为，如果真有那一天，中国会乐观其成。虽然伊朗构成了对美力量的一些牵制，但伊朗核问题以及由此造成的美伊战争危险早就反过来威胁到中国利益。此外中国对中伊经济合作并非零和战略，中国总体上没有把伊朗变成排他性合作伙伴和大国博弈工具的想法。

伊朗在中东的影响力不可取代，其独立性和自尊心都很强，任何外部大国都没有实力绑住它，将它变成自己的外交附庸。事实上中国保持同伊朗友好关系的机会同美国改善同伊朗关系的机会是一样的。

中国已是一支世界性力量，中国实力今天处在国家外交资源的首位。中国应把实力和共同利益作为外交的法宝，而不是仅仅笃信传统友谊和感情。后者都需要实力和共同利益来维系，只要这些关键要素不出问题，中国就应对中伊关系以及其他双边关系有信心。

大国的实力增长就是外交能力的扩充，中国处在实力上升期，这是中国外交自信的最大来源。中国无论同伊朗的关系还是同缅甸的关系，事实上都自成一体，双方的共同利益相当牢靠，这些国家同其他国家改善关系，伤害不了它们同中国发展合作的根基。

目前的国际关系越来越少排他性，而流行交叉性。美伊将改善关系的传闻倒是提醒了我们，中国永远都要争取让自己的朋友"多多的"，要不断寻求新的外交突破。连美国都在化解敌对关系，我们更要防止在这个世界上增加敌人。

(2013.09.26)

夏俊峰伏法，法律拒向价值争议让步

杀死两名城管的夏俊峰昨天被执行死刑，自辽宁高院作出这一终审判决后，网上一直有对该判决不小的反对声。最高法院核准死刑是在网上舆论压力下完成的。这也是近两年微博舆论场异军突起后，一个受到网上舆论追捧的杀人犯被执行死刑的突出例子。

夏俊峰于 2009 年 5 月 16 日在因非法摆摊被带到城管勤务室后，将两名城管刺死，刺伤一名。事件引起网上舆论的密集关注，一些人通过舆论称夏俊峰是"英雄"，并努力证明他的"正当防卫"。自由派人士还组织向夏家捐款，帮助其子办画展等。夏俊峰案客观上促成了对城管文明执法的强大舆论压力，同时也刺激了舆论对司法审判的围观，既对司法腐败形成监督，也鼓励了对热门案件立场先行，搞舆论审判的倾向。

必须指出，网上舆论不等于民意，而是首先反映互联网部分活跃人士的意见。网上舆论直接打造了一些著名案件，并且表现出影响这些案件判决的强烈愿望。网上舆论的立场先行非常突出、公开，要求法院的判决首先与他们的价值选择相一致，而不是把法律作为根本依据。网上舆论要求重判一些人，如李天一。同时要求轻判一些人，如夏俊峰。他们的意见被层层裹上了情绪。

司法是要用事实和法律说话的，而事实的组成只能是证据，价值观并不能被用来改变事实的性质。这个案件中没有证据可以支持夏俊峰是"正当防卫"，最高法核准对他的死刑判决应是对法律精神的可贵坚守。

近来多起热门案件进行庭审和宣判时，网上舆论的参与度极高。如今庭审和宣判都越来越公开，这虽然会让舆论影响司法更加方便，但也提供了引导全社会成熟认识司法公正的重要机会。

只要各地法院坚决对热门案件依法审理、公正裁判，这样的判案积累就会逐渐搭建起司法公开条件下的公众认识坐标，培养公众在复杂舆论环境下的甄别力，慢慢搞清舆论与司法的正当关系。

中国采用的虽然是成文法体系，但在舆论充分开放时代，法院判例有着至关重要的影响力。一个案件越抢眼，正确的判决就越是一堂面向社会的普法课。中国处在社会转型的纠结时刻，法院判例应逐渐获得一锤定音的裁决力量，法院做到这一点的那一天，就是中国真正成为法治社会的时刻。

网上舆论如此频繁地与法院竞争影响力，说明中国在一些核心问题上的共识严重不足，舆论监督缺少明确的方向和边界意识。中国的法制建设和舆论监督都来得太晚，舆论与司法之间的建设性关系尚需反复磨合，当前的一些乱象或许就是我们走向法治社会的"一路风景"。

当社会治理形态充分稳定之后，很多事情的对错将变得更加清晰。现阶段判断是非的价值观视角太多，而很多事情拿到历史中去看也许真的就是有价值的两面性。但今天的中国不能是和稀泥的社会，需要有对是非裁决的勇气，并保持终极裁决的权威。

当这一终极裁决角色由法院担任时，我们应当对之表示欢迎。人们在越来越多关心法院审判，虽然这种关注以争议的形式出现，但它们同时铺垫了法律在社会运行中获得更高影响力的基础。希望司法机关充分认识自己的角色，真正做到不辱使命。

(2013.09.26)

为高官们公开批评和自我批评鼓掌

习近平总书记近日在河北参加省委常委班子民主生活会,提出要坚决用好批评和自我批评的武器。河北常委班子的一些批评和自我批评细节得到报道,令人耳目一新。许多在公开报道中从不与在职高级官员沾边的缺点和问题,在该民主生活会上与具体人挂钩,这出乎很多人的意料,是一次罕见的批评和自我批评示范。

批评和自我批评是党保持先进性的重要法宝,在新时期坚持它被证明并不容易。一段时期以来,中国一些官员乃至主流社会流行"表扬和自我表扬",其造成的负面效果已经不言而喻。

实际上,开展批评和自我批评在任何国家的官方系统内部都是一个考验。西方政治的主题词是竞争、对抗,但它是各种力量之间的事情,在执政党和反对党之间尤其尖锐。西方的社会反思和纠错以政治竞争和对抗为动力,执政党需要优先应对来自反对派的意见倒逼,而不太有能力和空间在内部做主动的批评及自我批评。

中国作为共产党长期执政的社会,批评和自我批评成为关键性的思想资源和政治动力。然而这个信念不断受到干扰。一方面中共执政的国际环境只在改革开放初期有过短暂的相对缓解,在大多数时间里都较严峻。另一方面互联网带来中国内部舆论环境近年的剧变,中国无政治反对党,但社会上的"舆论反对派"表现激烈。这些因素导致党内一些人对开展批评和自我批评产生犹豫。

中国官方必须有能力在复杂舆论环境下坚持批评和自我批评,并且实现这样做与激励社会信心的相互促进和平衡。将二者对立起来必然导致最终的只逐其一，伤害国家之本。

西方舆论对中国的态度永远都取决于西方同中国的利益关系，中共执政的真实效果能对此产生的影响很小。但国内的"舆论反对派"则有很大不同，"舆论反对派"中多数人的终极利益同国家政治的运行目标是一致的，他们的逆反和抵触有着极其复杂的原因，官方的批评和自我批评对他们有着很强的长期化解作用，而被其"利用"加以炒作的风险往往是一时和短线的。

官方的成绩和不足都摆在那里，它面对一些批评事实上无法避免。这和一个人的舆论处境有相似之处。一个人如果多做自我批评，社会对他的支持和包容就会相对多一点。如果他爱摆自己的成绩，来自社会的批评就会更多。

同理，如果官方多做批评和自我批评，公众反而会给予更多的理解。如果官方盛行表扬和自我表扬，批评一点也不会少，而且它们将由公众带着巨大情绪去做，甚至形成官民对立。

如今批评和自我批评的重兴，首先是中央新领导集体政治自信的表现。如果它能够成为官方的常态作风，不仅会在官方内部带来有益的改变，也必将对舆论的氛围产生强有力的影响。中国的官风一直是社会风气的关键性塑造元素，这个规律不会在批评和自我批评的问题上出现意外。

开展批评和自我批评，当前最重要的恐怕还是官方内部的适应度问题。民间对它的欢迎以及它对全社会的正面作用都不必怀疑。互联网上少数人搞借题发挥，这决非社会主流态度。我们坚信，官方批评和自我批评作风坚持得越好，中国社会将越和谐。

（2013.09.27）

李案和夏案必双重巩固法律权威

备受关注的李双江之子李某某案昨天一审宣判，李某某被判处有期徒刑10年。此强奸案中的唯一成年人被判处12年，未成年人中李某某获刑最高。法庭解释说，李某某在共同犯罪中属于犯意提起者、主要暴力行为实施者，且无悔罪表现。法庭表示此判决已经考虑了李某某是未成年人的因素。

李某某强奸案是近年受舆论围观最集中的未成年人刑事案，李某某的家庭背景是这种罕见围观的第一原因。昨天的一审判决宣布后，互联网舆论在第一时间表现出了满意的倾向，同再早一天夏俊峰被执行死刑网上的一片反对声形成对照。

李某某案和夏俊峰案的两种不同效果显示，舆论对司法的评价极不稳定，但不一定就是对立的。

我们相信，近期多起热门案件的公开审理和判决会总体上增进社会对中国法治建设的理解和认同，在满意和不满意之间，公众审视法律的价值系统会逐渐自然修正，中国社会朝着法治共同体的转变不会原地踏步，更不会倒退。

李某某强奸案和夏俊峰杀人案是互联网舆论要求重判和轻判的两个突出例子，但这两种要求出于同一种民粹主义价值观，那就是极度厌恶富人名人特权，反对公共权力对个体、特别是弱势个体的权威。

民粹主义是网上舆论的精神轴心，它本身并非是高度政治化的，但却往往是社会各种政治圈子花心思要影响、借助的力量。中国的民粹主义经历的法律洗礼太少，因此更容易被政治极端主义者左右。

民粹主义在哪个国家都有,但让中国民粹主义多一些法律认识,把法律作为它发出各种要求的精神框架和思想底线,这是国家秩序长期稳定必补的一课。

就李某某案来说,它本应作为未成年人犯罪案件远离公众视线,但从一开始民粹主义就没有放过它,舆论的高度围观带来严峻考验。现在舆论大体认为它的判决是公正的,这会在客观上增加民粹主义对国家正义的信心,使中国法治建设对全社会的公益性质得到进一步彰显。

李某某案对"官二代"、"富二代"以及他们家庭的触动应当是深刻的。它显示了在舆论高度公开的社会里,"官二代"、"富二代"的家庭资源优势会受到强有力的平衡,这些优势的不当使用会遭到报复性制约。这样的家庭成员需要有更多的自重。

公众围着法院转,尽管会一定程度上干扰法院判决,但这比公众情绪的其他宣泄方式都更有秩序倾向。因为公众如此着迷地围观、指摘法庭细节的同时,也在把法庭捧为中国社会治理的超级明星,这是法律在中国建立真正权威的前奏。

当民粹主义深刻影响舆论的时候,要大量涉官、涉富案件的判决都得到舆论赞许是不现实的,但大量公开审理的案件应能逐渐培育公众对判决结果与舆论期待之间存在差距的适应,这种适应是公众认真理解法律精神的前提,也是社会上民粹主义提高法律品质的关键条件。

李某某案还面临上诉环节,舆论围观不会停止。我们希望法律有能力在社会正义标准模糊不清的时候扮演引导的角色,而不是成为软弱的被引导者。

(2013.09.27)

愿上海自贸区为改革升级大胆探路

上海自由贸易区今天挂牌成立，浦东那块 28.78 平方公里的土地，将检验中国社会在改革开放 35 年后，还有多少再改革、再开放的勇气和智慧。

自贸区挂牌成立距三中全会召开只有 1 个多月，尽管官方从没有把两者做直接联系，但由于三中全会将探讨全面深化改革，自贸区的挂牌就像是提前吹响了号角，它预示了新一轮波澜壮阔的改革正向中国人走来。

过往 35 年的改革深刻改变了中国，把它从贫穷落后的国度魔术般转变成世界第二大经济体。然而改革红利的存量也在越来越少，与发展伴生的问题则越积越多。在经济及社会管理的诸多领域，中国社会都逐渐遭遇新的瓶颈。我们必须突破它们，并且找到以最小代价实现这些突破的方法和路径。

上海自贸区是中国第一个正式设立的自贸区，它挂牌的意义很可能不小于当年深圳等 4 个特区在广东、福建的成立。如果中国的改革开放决心往前走，它就应是新的试验田和桥头堡，其更大的对外开放尺度将为改革提供更大的拉动力。当然如果我们对下一步改革持有没有都无所谓的态度，那么这个自贸区就有可能成为样子货。

我们想说，中国进一步改革的决心已经与 30 多年前不同。首先中国最高层的改革决心跟邓发动改革时一样坚定，但不一样的是，当时的改革几乎完全由自上而下推动，如今中国改革的决心里包含了民间的强烈愿望。中国社会当下继续改革的共识度大概是这三十几年里最高的，除了更深入的改革，如今听不到什么对解决各种问题有竞争力的设计和主意。

中国继续改革的主要障碍通常被认为来自"既得利益集团"，但这个障碍多少被夸张了。平衡不同社会群体之间利益是改革的基本功，很多人大概忘了、或者根本就不知道当年改革曾经有过的平衡利益艰难。

中国继续改革的真正难度是向"自由市场"深处走去的同时，保持国家的各种调控能力。政府应在经济领域尽可能放权已是国家上下的广泛共识，创造公平、扶持中小民营企业发展也已不存在思想和理论障碍。向外国公司开放金融等领域所能带来的好处几乎是明摆着的。但实施所有这一切而不削弱经济及社会领域的秩序，这样的把握并非自然伴随着我们，而只能靠高超的实践能力来保障。

很多新兴市场都吃过金融失控的大亏，政府在"自由市场"中的角色也决非一放了之那么简单。尤其是中国作为超大规模的市场，以及作为对政府作用一直有较高依赖的社会，上海自贸区大概很难成为世界上其他成功自贸区的翻版，它大概注定要有某种程度的"中国特色"。

上海自贸区不仅要成为一枚中国经济的"金蛋"，它更重要的意义应是给中国广大地区的下一步改革探路。希望它的实践大胆些，即使有些偏差，它们的扳正过程和经验也将具有全国意义。

中国社会应对上海自贸区的各种实践给予鼓励和宽容，切莫一开始就反对它的某个具体做法，或者在政策层面高呼"不公平"，让"羡慕嫉妒恨"左右自贸区运行的外部舆论环境。让我们就把上海自贸区当成中国新的"深圳"，让它走到中国改革的最前头，并进而激活、带动全国的改革升级。

舆论一直呼吁改革，现在改革真的来了，衷心希望叶公好龙的故事不会出现"上海自贸版"。

(2013.09.29)

自贸区是硬骨头，不是甜点心

上海自贸区昨天挂牌成立，必将带动中国自贸区热。事实上多个省市早就在竞争设立自贸区，对上海能率先获得国务院批准，捷足先登，很多省市颇为羡慕。

上海自贸区着重5个方面的深化改革，涉及大量具体措施。但这些大概不能理解为各种优惠政策的堆砌。在中国经济及社会管理已经"自成一体"的时候，任何新的开放措施都会同时有利弊的双重性，自贸区的真正意义是探索经济进一步开放升级的有序过程，让新增利益压倒风险。

中国各地从官到民都有一种印象："开发区"对拉动经济最管用。不少人把自贸区当成新的"开发区"。以为有了它，就可以获得国家优惠政策，投资自然源源涌入，地方经济就会迅速腾飞。

关于自贸区的这种狭隘理解对中国深化经济改革决不是好事。中国经济面临结构性的一堆问题，它们根本不是靠注入优惠政策能够化解的，新增投资对解决它们的拉动作用也变得有限。很多地方争自贸区的设立权，但未必所有提这种要求的地方都很清楚，它们实际争取的目标究竟是什么。

比如自贸区的一项重要改革就是要为所有区内企业创造公平竞争环境，这根本不是什么"优惠"，而是深化改革必须下的一道决心，是对各种不合理保护的彻底放弃。各地即使没有自贸区的招牌，也可以朝这个方向大兴改革，把设自贸区"倒逼"做的事情，现在就主动去做。

全世界现在有税收优惠的国家和地区已经比比皆是，在中国各地之间，这种优惠也一直是竞争投资的常用手段。改革开放初期就出现过的各种优惠政策，大概都已难继续再现让自贸区在中国遍地开花的魔法。

中国经济的粗放，其表现之一就是各地不少"开发区"的粗放。建了很多楼，铺了很宽的路，然而开发区内的经济项目支离破碎，它们彼此之间以及与城市之间的功能联系都不强。中国各地建了那么多开发区，但能毫无愧色称之为"成功"的却很少。直到现在，中国急缺的PX项目反而没处可建，最需要开发的项目无处敢接，这反映了各地为实现开发"啃硬骨头"的能力相当弱。

PX项目当然与自贸区不是一回事，但要克服难题的道理是一致的。中国经济目前的很多症结可以看成另类的"PX故事"，很多我们看上去应当做的事情，实际一做就掉入各种矛盾和"既得利益"的重围中。自贸区就是要蹚出中国经济突破这些重围的方式。

那些现在还搞地方经济保护，在公民权利等方面实行差别政策的地方，搞自贸区都会面临重重挑战。上海也非完美无缺。浦东的自贸区大概不会一路鲜花掌声，在走向成功的路上，它一定也会将几颗"被打掉的门牙"咽到肚子里。

中国经济过去35年的增长有不少惨痛教训，在今天这个位置上继续发展，全世界的经验都告诉我们它将更难。自贸区让人一想就很"高端"，富丽堂皇，但请相信，它所代表的中国经济升级一定会更艰难、痛苦，越往前走，我们越会感受到"高处不胜寒"。

所以让我们坚决支持、鼓励上海自贸区的探索，并从它那些可复制的成功经验中获得我们曾经从"深圳"那个名字里获得过的力量和希望。自贸区的设立只能是有限的，但自贸区的精神应当传遍中国，它应伴随我们迈过或者踢碎不断遇到的障碍。

(2013.09.30)

释法越细，言论自由越有法可依

《最高人民法院关于审理编造、故意传播虚假恐怖信息刑事案件适用法律若干问题的解释》29日对外公布，这是继两高本月针对造谣诽谤发布《解释》之后的又一次释法。此前一天，北京警方发布以涉嫌寻衅滋事刑拘所谓"环保专家"董良杰的消息，成为依照两高《解释》侦办的典型案例。

网上舆论对高法最新释法的反应比上一次平静多了。高法在释法的同时，举了三个公众一看就懂的案例。北京警方刑拘董良杰，董的案情清晰，没什么争议空间。官方在舆论高关注领域表现的成熟度似乎在增加，网上舆论也似在逐渐适应，磨合在进行中。

然而网上舆论是高度不确定的，它随时会因为一个具体细节而再次爆发。高法释法的目标应是对法律本身的厘清，既指导基层司法机关办案，也让公众把法律边界看得更清楚。舆论总体上不能是司法机关履行职责的第一考虑。

网上舆论本来是意识形态的问题，但前段时间造谣诽谤等违法犯罪行为也被当成了"舆论"，甚至恐吓民航飞机的人也因网上"言论自由"而变得胆大。治理网上乱象决不能是冲着"舆论"去的，舆论只能引导，使用司法对付它最终不会管用。

如今法院变得众目睽睽，俨然站到了"舆论斗争"的风口浪尖，这是一些人的错觉。法院只能解决涉及言论的各种犯罪，它的职责是定分止争，干涉不了人们怎么想，以及在合法范围内表达好恶，发表尖锐意见。

舆论活跃人士必须建立更严谨的法律意识，不能为了实现"斗争目标"，或者为了加强自己在舆论中的地位而借助非法手段。法律同时有限制和保护的双重作用，随着有关"言论"的释法越来越细，网络空间的言论自由既能逐渐确立边界，也能得到越来越多具体的法律保护。

围绕法律的争议及关注近来集中爆发，这说明全社会都在逐渐认同、接受法律的权威，中国法治建设慢慢进入"细节磨合"的阶段。这一历史性进展应当得到全社会尤其是知识分子群体的积极配合和响应。

中国一定要过"言论自由"这一关。它的内涵究竟是什么，边界在哪里，它如何契合中国社会现实，如何为中国的前进贡献建设性，也提供开拓力，主流社会唯有就这些问题达成较为牢固的共识，中国政治团结的质量才能真正上台阶。

法律目前做的，都是为了切掉纠缠"言论自由"再清楚不过的毒瘤，因为造谣、诽谤、恐吓是人类社会的普遍公敌。如果这个小坎迈着都困难，中国长远的社会建设将令人堪忧。

我们认为网上谣言治理已经取得一定成果，造谣现象变得收敛，很多人做转发也有了谨慎的意识。目前一些人对这样的谨慎还不习惯，有些牢骚，张家川警方处理造谣失当时，在遭到批评的同时还招来一些情绪发泄，但这些就是依法治理网上谣言的正常过程。

中国的言论自由不是可以从外界"照搬"来的，也不是可以什么都不顾，照着它的字面意思做就是了的，中国社会需要言论自由，而且也一定能够做到让它越来越成熟，与中国的现实全面融为一体。中国法治建设的坚定性和政治上的创造力，应能共促它的实现。

(2013.09.30)

全球发展自有序，美国也该顺应之

亚太经合组织（APEC）领导人非正式会议昨天在印尼巴厘岛举行，中国国家主席习近平的讲话备受关注。中国总理李克强也将于明天前往文莱，出席东亚领导人系列会议。中国国家主席和总理几乎"同时"出现在东盟，与美国总统奥巴马因政府关门而取消参加APEC会议及整个东盟之行，都令世界舆论印象强烈。

亚太地区是世界经济最活跃的增长带，但这里的争议也层出不穷。由于美中两大国隔洋相望，交往和互疑都很突出，世界如今谈亚太必谈中美，但角度和基调则见仁见智。

美国推出TPP（跨太平洋伙伴关系协议）进程，给整个亚太地区出了一个难题。美国在这个新贸易体系中究竟要给中国画什么样的圈子，以及中国将以什么样的姿态应对之，这已成为亚太贸易体系未来最大的不确定性之一。

然而无论美国怎样设计亚太及全球经济秩序，有一个趋势它是改变不了的，那就是在全球化时代，发展中国家的全面进步是世界经济无法替代的动力。发达国家需要从参与、促进新兴市场的繁荣中获取自身利益。

发达国家虽然技术创新能力强，但经济对技术进步的接受并非是无限的。比如视窗和苹果手机的代际更新不能过快，汽车市场并非由技术单一主导，生产地的劳动力价格和销售地的购买能力等许多非技术因素也很重要。

而发展中国家的潜力在全球化时代十分突出，这些潜力对经济的拉动至少不小于技术创新。正因如此,世界上增长速度靠前的大多是新兴国家。事情很简单,那些国家需要大兴基础设施建设,修更多的路,盖更多的楼,方方面面把发达国家曾经走过的好几步合成一步。

西方工业化的那些经验大体已经成为全球经济及政治学的 ABC,发展中国家只要能大体保持社会稳定,不内部瞎折腾,它们的经济增长率超过发达国家是很容易的事。

美国等西方国家对经济增长率偏低有些焦虑,这种心态很正常。但除非发展中国家再陷入连锁性的大规模动荡,主要新兴国家重新沦为殖民地或半殖民地经济体,否则后者发展速度在未来一段时间继续快于欧美,是很难扭转的。

欧美国家需看清大势,为自己所能为,以人类整体进步为前提,实现本国利益的最大化。一个人不能太自私,一个国家同样如此。如果美国为本国经济增长不惜损害发展中国家的经济社会进步,那么这样的急功近利对其自身只能是有害的。因为美国已经坐在世界经济的最高端位置上,只有发展中国家"水涨",它才能"船高"。

由于美国的政治本身往往鼓励自私和急功近利,它在世界贸易体系的"改革"上走出弯路的可能性令人担忧。

TPP 尚未定型,它与 WTO 和 APEC 的关系也未确定,世界还有很多机会促它"走正道"。发达国家处于优越位置太久了,它们需要认真清理在 21 世纪遇到的新情况,接受全球化是逐渐缩小世界差距、而不是越来越扩大它的过程。唯如此,它们才能重新确认什么是世界经济的应有秩序。

(2013.10.08)

旅游是内需亮点，也本是幸福源泉

十一黄金周对中国旅游业又做了一次相当极端的洗礼。各地很多著名景点人满为患，并且不断因人多发生冲突和摩擦。中国的旅游景点建设发展飞快，但面对游客的惊人增长，前者的成绩永远落后一大截。北京故宫本次黄金周的单日最高客流量达到令人咋舌的17.5万人次，这肯定是全世界人类文化遗产景点中密度最大的客流之一。

中国的旅游业在继续井喷，因为越来越多的人在这个国家加入中产阶层。旅游成为中国人新的时髦，并且带来我们社会特有的从众压力：当同事和邻居带着孩子去旅游时，你几乎也必须这样做，而且别人带孩子走多远，你就要带孩子走多远。

如果中国只有山东省或者浙江省那么大，问题要简单得多。在世界上很多小国里，大量中产阶级家庭一辈子都没有走出国界，他们的生活及旅游圈子就那么大。

中国人口比整个西方加起来还多，但历史名城和著名景点毕竟是有限的。所有中国人大概都想去一趟故宫和颐和园，都想走一走杭州西湖苏堤和上海的南京路。十几亿的人口一拨又一拨地拥向这些"一线景点"，当九寨沟等"偏远景点"补充进黄金周旅游的一线后，也迅速跟着"沦陷"了。

至少在未来十年内，中国黄金周里人们"花钱买罪受"的扎堆旅游将无解。旅游大军中将不断增加城镇化中产生的"新中产阶层"，旅游业的扩容也带来许多新从业者，这些人将增加黄金周旅游的摩擦，并会随着出境游将中国人的一些习性带向国外。

旅游需求是中国人消费需求增长最迅猛的部分之一，它既是中国社会的烦恼，也是内需的巨大亮点。中国人生活质量升级，旅游所占比重很高，它是幸福感的重要源泉。让人们减少黄金周旅游是很不明智的，那是对中国内需和国民幸福感的双重压抑。

中国不缺挣钱的人，更缺"愿意花钱的人"。旅游对于重塑中国人的消费心理具有突破性作用。但组织、发展好中国旅游业，又像解决中国的春运一样极具挑战。

带薪休假早于黄金周制度4年写进了1995年的劳动法，加强带薪休假制度作为缓解黄金周旅游的选择也已经提了好几年，但实际效果不佳是不争的事实。这不仅因为带薪休假难以落实，而且中国家庭大多夫妻都有工作，加上孩子上学，全家人能不困难凑到一起的时间只有黄金周。在五一黄金周取消后，十一黄金周对旅游的特殊重要性尤其无可取代。

让大家在黄金周休息好，玩好，那种不同寻常的幸福感和满足感往往会支撑人们好几个月。对越来越多的中国中产家庭来说，旅游成为一年计划的最大亮点，对下一次旅游的期盼也成了很多人工作日子里自我鼓励的精神力量。

如果拥挤一时解决不了，门票过贵以及各种宰客行为却是各地通过强化管理可以改变的。靠门票致富是极其短视的算计。如果注意梳理就会发现，门票奇贵的地方都不是中国最发达的地区。中国人实际上很大程度上习惯了拥挤，但被宰的痛苦对他们来说更加强烈。让黄金周的旅游市场更有序，会带来人们感觉上的舒缓。

此外不断有人呼吁应当恢复五一黄金周，这也是非常值得国家认真考虑的动议。取消五一黄金周决定于2007年12月，当时那样做有其道理。但5年过去，此一时彼一时，中国假日旅游的空前火爆在呼唤五一黄金周的回归。敢于迈这一步，是勇气，也是实事求是。

(2013.10.08)

瓦解爱国主义像是对中华文明下毒

央视在国庆节期间播出关于爱国的系列街访，很多人被问及"爱国让你想起了什么"，"什么样的行为让你觉得是不爱国"等，回答五花八门。这些采访提升了公众对爱国主义的关注，也带来了知识分子层面新的思考和争论。

中华文明是人类穿越几千年唯一未曾中断的文明，埃及人为古埃及文化骄傲，印度人为古印度文化骄傲，但他们都与历史上的那段辉煌文明没多少关系。只有在中国，今天稍微受过教育的中学生就能读懂两千多年前祖先写在竹简上的文字，中国分分合合，但文明一脉相承。

没有爱国主义的护佑，中国不可能历经沧桑而幸存。反过来说，中国独一无二的历史对爱国主义做了特殊锤炼。从屈原开始，直到今天街市上的一名普通百姓，他们的"国"无论疆界和性质都有很大差距，但把他们连在一起的除了前者美丽的诗文，就是爱国主义。

爱国主义在全球民族国家里普遍流行，它们当中，中国显然有颂扬这种情感更充分的理由。在人类"国家博物馆"里，大多数都是"新造的"，中国是唯一的"原件"。世界上，往往越是新生的国家，爱国主义的政治元素越多。而中国这样数千年历史的庞大文明古国，爱国主义的文化元素更浓烈，中国的爱国主义根本用不着费尽政治心机去点燃。

倒是中国舆论场上近年出现的"反爱国主义"完全是政治性的。一些人不断强调"爱国不等于爱政府"，造出一个伪命题做靶子，因为从未有人说过"爱国就是爱政府"。中国政府和国家的关系同世界其他崇尚爱国主义的国家是一样的。还有人挑出国家的种种毛病，以此来论证"不爱国"的正当性。

中国在大多数时间里并不完美，但爱国主义同国家的完美度并非是绝对正相关关系。爱国主义在历史上多次崛起于国家的危难时刻，按照一些网上活跃人士的逻辑，汪精卫在上世纪30年代接受"更先进"日本的统治，要比国共两党联合抗日"更加爱国"。

爱国主义在互联网上受到冲击，是中国舆论混乱突破价值底线的清晰写照。中华文明最悠久的价值信念之一受到挑战，这种挑战像是政治无厘头，颇有网上虚拟空间的技巧，本来很容易被唾弃，却反而赢得网上舆论的部分喝彩。

无论出于什么理由向爱国主义开刀都不应该，这背后一定有与中国长远利益相抵触的某种小集团利益，中国社会决不应鼓励这种小集团的自私和不顾一切。如果爱国主义都能踩，大概没有什么精神的东西还能在这个国家作为共识受到坚持，中国终将成为充满诡辩和斗争的一盘散沙。

中国摆脱了近代史上积贫积弱的悲惨境遇，但中国又来到民族复兴接近成功的另一较劲阶段。不得不说，我们的周围充满别国的爱国主义，它们在相当程度上融入了国家政治意识，非常坚决。这种时候中国如果失去爱国主义，就犹如在精神上被"解除武装"。

中国要避免极端民族主义，但爱国主义是中国国家健康的基础性指标。说得重一点，攻击爱国主义有点像是向中华文明下毒，对它进行放射性照射，贻害无穷。

爱国主义本是不需要反复探讨的，中华文明已经框定了它的大致精神含义。它是情怀和经验，与人们是总体的利益正向关系，但它不是一一对应、锱铢必较的条形码。中国社会应当反对向爱国主义做庸俗化的讨价还价。

但爱国主义不得不拿出来公开讨论，我们这代人或许应当为此感到惭愧。那些最初挑起这些争议的人，尤其应当汗颜。

(2013.10.09)

越精神独立，越能看清该学西方什么

中国改革的彼岸是什么？有一些人直到今天还认为，它应当"是西方"。他们主张，对中国传统的传承只应是一些文化上"花花草草"的东西，中国应在政治上全面西化，不应羞羞答答。

中国存在这种声音一点不奇怪。西方是近现代史的赢家，现在公认的发达国家走的都是"西方道路"，西方至今保持着全球政治、经济和文化优势，西方之外唯一的超级大国苏联垮掉了。在中国这样的后发国家里，"西方崇拜"情结即使不在民间文化中占主导地位，也决不会因一个具体挫折输得精光。

中国在过去的一百多年通过对外学习一步步摆脱落后。尽管我们从苏联也学习了不少东西，但西方仍不啻为我们的"首席老师"。经验主义往往是中国最强大的哲学。中国今后也必须学习西方，只有把西方的技术和社会治理经验都学到手，消化了它们，我们才有可能最终超越之。

这不就是"全盘西化"吗？然而不是。学习西方和全盘西化有一个根本区别：作为学习者，我们在精神上是独立自主的，具体学什么不学什么，以及学习的节奏都由中国人民的利益和中国国家利益决定。而全盘西化是绝对膜拜西方的"休克疗法"思路，它把西化作为先决性选择和条件，让人民和国家的利益围绕它"撞大运"，"自生自灭"。

中国今天的道路是混合型创新，其中包含着西方元素、苏联因素，也有对本国优秀传统的重新阐述。而且存在这样的情况：有些中国过去拒绝学习西方的事物，后来又以"此一时彼一时"的思路引入了。这当中最宝贵的经验恰是坚持中国人自己的判断力，以中国利益为中心，而不是接受西方的指挥。

西方不会是全心全意教授中国的老师，国际政治的性质决定了西方指点中国的复杂用心。中国如果自己不聪明点，我们就有可能沦为被卖了还帮着别人数钱的傻瓜。

幸运的是，中国成为全球极少数能把学习西方和坚持精神上独立自主融为一体的国家，这或许就是中国改革成功的政治秘诀，也是让实践检验真理以及实事求是精神的胜利。中国的经济及社会进步幅度在最近三十几年全球最大，但中国没有付出苏联、南斯拉夫以及一些中东国家的惊人社会代价，中国的平稳发展的确受到广大发展中国家的羡慕。

然而只要中国还同西方有距离，主张全盘西化的圈子就不会在中国消失。或者出于无知和短视，或者有特殊政治目的，这些主张有时慷慨激昂，或者显示出为民请命的悲情，不时在舆论场上经营出一块"道德高地"。它们会刺激出自己对立面的另一种极端，即拒绝改革的主张。中国主流社会不得不在所谓"左"和"右"的两极骚扰中前行。

全盘西化主张还带来了评价中国现实的"西方式坐标"。这个坐标有意忽略已经形成的中国与西方历史性差距，把中国改革开放取得的进步与西方现实水平一一对比，不是为了激励中国社会，而是要打击中国人逐渐积累的道路自信。

然而必须指出，虽然互联网为全盘西化主张提供了方便的传播途径，但这一主张的实际市场在萎缩。因为中国道路的阶段性成果拿到世界上一比如此突出，而同时期全盘西化的失败例子很多。中国人在逐渐领悟学习西方和坚持独立自主的复杂辩证关系。

中国最终会是具体学习西方很多，同时又"另搞一套"的特殊大国。中国注定要上演21世纪的人类政治绝技。祝愿我们的祖国成功。

(2013.10.09)

中美都不必在东南亚排斥对方

李克强总理昨天前往文莱出席东盟系列会议及东亚峰会，并访问三个东南亚国家。李克强紧接着习近平出访东南亚，使中国与除菲律宾外的东盟国家都实现了今年以来的领导人访问或互访。美国总统奥巴马因国内事务缺席在东南亚的两场峰会，更凸显了中国的地区角色。

奥巴马称"中国或许乐见"他的缺席，然而中国可没美国人想的那样天真。一次缺席不会导致美国亚太再平衡战略的坍塌，中国人对长期与美国在东亚保持"复杂接触"有充分思想准备。

中美都应接受对方在东南亚的强有力存在，并且不以排斥对方为各自东南亚外交的目标。中国对东南亚的影响首先是地缘性的，中国的一些优势总会让美国感到鞭长莫及。其结果是，中国超过美国成为东盟第一大贸易伙伴，随着中国经济总量持续攀升，中美对东盟的贸易差距肯定会进一步拉开，这会不断影响外界对中美在东南亚影响的评估。

然而美国亚太再平衡战略对应了东南亚一些人对中国崛起的担心，它扮演"平衡中国"的角色符合地缘政治的规律。对这种赤裸裸的"博弈"，中国人感觉不舒服，但也没什么可说。

关键是应当为这种博弈保持较为宽松的氛围，无论中美，还是地区国家都不应把它搞成一决胜负的"拔河"。中国致力于和平发展，官方连"和平崛起"的说法都不愿意用。应当让时间来消化问题和各方的担心，中美都不宜急于给对方的行为定性。

东盟是中国外交的重中之重，东盟"周围"大国林立，但东盟在亚洲政治格局中长期扮演主导性角色，这同中国的鼓励和配合有关。东盟处于其在亚洲发挥最大作用的时期，如果中国是"霸道的"，这一局面完全不可能出现。

中国同几个东盟国家有南沙岛礁争端，中国的实力不言而喻，但中国没端出实力对抗的姿态，始终强调合作共生，这是保持南海纠纷不走向冲突的基础。相关南沙岛礁主权声索国也应低调行事，不应走借外力对抗中国的道路。只要理性和大局观能重回南海，这一地区的长期和平与稳定就不难实现。

对奥巴马缺席东亚领导人系列会议虽不应做战略意义延伸，但它的确是一个信号：美国推行其亚太再平衡战略需要大量财力和精力，然而华盛顿在这两方面都显捉襟见肘。美在亚洲"平衡中国"是可能的，但要它"遏制中国"，无论华盛顿的精英还是美国的盟友，都不应做过高期待。

其实中美都有兴趣构建新型大国关系，它将是整个亚太甚至世界的福音。不仅中美最高层应努力，更需要两国社会全面配合。当然，"中美之间"的那些国家和力量怎么做也很重要。像菲律宾，一直想把其与中国的岛礁主权摩擦转变成中美军事摩擦，还有日本想拉美国成为钓鱼岛争端的参与者，做这种规划的都是短视之辈，他们决不会成为赢家。

东南亚既是中国的地缘政治前沿，也是屏障，这里国家多，与中国利益相关性强，但现实摩擦和历史纠葛也多。长期同东南亚保持良好关系将考验中国的战略构建能力和外交实施能力。中国的南海岛礁主权不能丢，但中国也不能成为东南亚人眼中的"凶神恶煞"。中国处处都要走出创新之路，包括对外战略。

(2013.10.10)

英语不计入高考总分,希望不是传闻

据江苏《扬子晚报》报道,江苏省正酝酿对 2016 年高考做重大改革,有可能不再将英语考试计入总分,英语将实行一年两考,划分等级,高校在录取时对考生英语等级提出要求。尽管这还不是最终方案,但我们支持这一可能降低英语在高考中权重的改革方向。

高考是基础教育课程设置以及学生攻读方向的终极指挥棒,英语在恢复高考不久就获得与语文、数学相同的地位,这极大刺激了中国中小学对英语教学的重视。这种重视还广泛流传到社会上,成为很多地方课外辅导教育的"第一课程"。英语教学还渗透到大中城市的幼儿园里,中国大城市学生直到大学毕业投入到英语学习的时间,很可能是全球非英语国家中最高的。

这带来了一些好处,除了提高了中国人的整体英语水平,这种大范围的外语学习还创造了中国人通过语言了解世界的机会。学一些外语带来的见识,往往比到外国蜻蜓点水转转的收获还要多,因为语言是思想的外壳,学外语可以直接接触外国人的思想,感触与我们差别很大的思考方式。

然而即使这样,中国社会投入到英语学习的总时间还是太多了,而且考英语几乎"八股化",大多数人都是硬着头皮学,除了为了高考,还为了职称和各种证书,那通死记硬背的痛苦对人们创造性带来的伤害,在很多时候已经多于它对增加见识和活跃思想带来的建设性。

中国人学习英语如此群众性,比当年"学毛选"有过之而无不及,但中国社会真正英语好的人却不多,所谓精通英语者大多是"二把刀"，需要高级英语人才的机构很难找到称心雇员。中国的英语教育太群众化、低端化、应试化。

那些从幼儿园就开始花大价钱学来的英语，基本都交给了高考。越来越多的中国学生把英语当课程学的时间已经高达20年，这实在太过分了。背英语单词不可能不对他们的成长造成影响，至少它占去了他们可以看杂书、动手做事的许多时间。把中国学生同欧洲非英语国家学生作对比，前者往往明显读书少，缺动手能力，思想不活跃。

改革开放之初中国社会过于封闭，极缺英语人才，猛冲一下英语教育有当时的必要性。今天中国已经大变，留学逐渐低龄化，国家再投入那么大的资源突出全民英语教育，就失去了必要性。中国的英语教育应进行重组，没必要小学一年级就开设英语课，社会自会为英语教育搭建辅助平台。

这决不会影响中国的国际化。只要对外交流的需求在增加，只要英语好意味着更多人生机会，中国社会学习英语的真实积极性就不会降低。但如果英语的高考权重真能降下来，就会缓解"英语比什么都重要"的幻觉，消除"越早学英语越好"的恐慌，把英语放回中小学教育的应有位置。

北京八达岭景区农民出身的小贩都会讲不少英语，开罗哈利利市场的小贩都能用汉语对中国游客说"春节快乐"，甚至喊出"哥们儿"、"姐们儿"，"手工制作"等等。这些充分显示了需求对外语学习的强大推力。中国的国际化不是要用我们的英语水平来"招商"，而是需要创造更多需求，让它们自然抬高中国人的英语水平。

(2013.10.10)

以苏联解体为鉴，应是中国最低要求

围绕苏联解体，中国舆论场近来又争成一团。由于争论者持完全不同的价值观，自然会得出南辕北辙的结论。本文试图超越价值评价，客观梳理那场剧变带来的种种后果。

苏联解体深刻改变了二战后形成的国际政治格局，雅尔塔体系崩溃，美国是最大的受益者，其他西方国家次之。苏联的消失恶化了中国坚持走社会主义道路的国际政治环境，但同时又大大降低了中国北方的长远地缘政治压力。它对中国可谓利弊参半。

苏联各国人民对苏联解体的感受不尽相同。波罗的海三国是苏联的坚决掘墓人，它们早在1990年前后就脱离苏联，后又加入北约，苏联解体是三国求之不得的事情。

对其他苏联加盟共和国的人民来说，苏联解体来得很突然。1991年3月苏联曾就是否保留联盟国家举行全民公决，支持者高达76%。

苏联突然解体摧毁了联盟内的经济联系，带来剧烈阵痛。各新生国家的第一批受益者大多是前官员、政治活跃人士和经济冒险家。比如各新生国家的领导集团几乎都是前加盟共和国领导层，第一书记纷纷成为总统，那批领导人大多在位很久，有几位执政至今。

俄罗斯的政治变化从一开始就比较大，但两代俄罗斯领导层都同苏联官方系统有千丝万缕的联系。俄罗斯完全意义上的"反对派"至今尚未获得他们满意的政治机会。

从经济情况来说，俄罗斯得到全面恢复，哈萨克斯坦、土库曼斯坦等因资源丰富也实现较高国民收入，但一半以上的前苏联共和国在经济上成了联盟解体的输家。比如总人口约4700万、曾很富裕的乌克兰目前人均 GDP 只相当于中国的一半多一点，我们的中亚邻国吉尔吉斯斯坦、塔吉克斯坦的情况更糟，几乎已进入世界最穷国家行列。

对苏联解体最耿耿于怀的是生活在俄罗斯境外的近 2000 万俄罗斯族，他们一夜之间成为少数民族，他们在与俄罗斯关系紧张的新生国家里处境艰难。

俄罗斯是苏联的主要继承者，它的国土面积比沙皇俄国小了许多，丢了乌克兰和白俄罗斯等，也丢了外高加索和整个中亚。但俄罗斯仍足够大，横跨欧亚，资源丰富。苏联解体后的前十年，俄国家政治很不稳定，并且陷入车臣战争，民间饱尝困顿。普京上台后采取内外强有力的政策，又赶上世界石油价格飙升，俄终于摆脱了自苏联末期就开始的漫长经济政治危机。民众的生活质量在最近几年全面超越苏联时期。

俄罗斯人对苏联解体的感受可谓一言难尽。如今的国家欣欣向荣，苏联时期的基本免费教育和基本免费医疗都得到保留，人们的收入在提高，有钱人逐渐多起来。但国家的实力规模小了，影响力与苏联不可同日而语。虽然国家大小强弱与老百姓生活质量并非完全直接对应，但全球大国和地区大国都以扩大影响力为主要外交目标之一，显然有其道理。俄也对沦为"二流国家"非常抵触。

与其他新兴国家相比，俄罗斯可以说经历了"纠结和停顿的 20 年"，它今天的技术能力基本吃的是苏联老本，军事实力更是如此。但这样的停顿对俄罗斯来说并非很严重，因为俄罗斯充裕资源的弥补力量是无与伦比的。很多去过俄罗斯的人都相信，近十年来俄罗斯民众的实际生活质量是不断提高的，俄罗斯的富裕就扎根在它的幅员辽阔之中。

中国今天能同俄罗斯"比一比"，有些基础设施建设甚至超过了它，完全拜改革开放这些年建设成就之功。但将两个国家的经济境遇做细致对比肯定是荒谬的。

我们的结论是：苏联解体留下了一代人的痛苦，和很多原苏联公民的遗憾，以及一份争议。但苏联在逐渐被遗忘。作为其他大国，都应以苏联为鉴，不断改革，避免走向苏联式危机和解体。这应是历史对执政者的最低要求。

（2013. 10. 11）

刘虎被批捕不是民间反腐的终结

《新快报》记者刘虎被正式批捕,北京市检察院昨天对这一消息做了证实。刘虎因几个月前通过互联网公开举报国家工商总局副局长马正其"侵占和渎职"而闻名。自罗昌平去年在互联网上公开举报时任能源局长刘铁男以来,已有多名记者以网络做平台爆料官员腐败。罗昌平的行动获得完胜,刘铁男落马。现在刘虎成了相反的例子,批捕他的罪名是"诽谤",尽管是不是"诽谤"马正其尚不清楚。

前两年互联网上的反腐爆料一路高歌猛进,拉下来一批"表哥"、"房姐"。罗昌平揭露刘铁男被广泛认为开启了民间反腐的新阶段。新的参与者是有调查能力的职业记者,而且他们都实名举报,被举报者则是权力更大的高官。

然而这些曝光者可能并不具有相应的法律知识功底,他们所获材料的真实性,以及他们对这些材料的甄别能力很容易存在隐患。他们的行为虽然无一例外都受到互联网舆论的欢呼,但面临法律的检验时,他们所搜集的证据是否扎实将决定各自举报的命运。

刘虎被批捕的消息一传出,立刻就有一些人发声,认为这是对举报者的打击报复。强调绝大多数官员都是坏人,根本就不应有针对官员"诽谤"一说,举报错了也不应负任何责任的民粹主义舆论目前在网上仍占主导。

但是罗昌平的胜利以及杨达才等其他一批贪官的落马都已证明,一旦官员真有贪腐并遭网上举报,其实施非法自我保护甚至打击举报人都已很难做到。中国早已不是无法无天,权力能够肆意凌驾于法律之上的社会。

中国的法治不可能是只针对贪官的法治，它必然要求全体社会成员依法行事。互联网举报影响如此之大，它受到规范必是法治的题中之意。在任何一个案例中，法律提供的保护和处理都是双向的，这要求举报者应有负责和谨慎的态度，以公共利益为发起举报的唯一目的，避免受一些偏执氛围的裹挟，避免掺杂其他考虑，确保举报材料的真实可靠。

从概率上说，有记者因举报不实而出现问题是完全可能的。举报百分百成功的宏观可能性最小。一旦举报不实形成诽谤，举报本身造成的影响越大，法律后果就会越严重。

有人担心批捕刘虎与两高《解释》后形成的"打击运动"有关，其实《解释》只提供了打击网络造谣诽谤的法律依据，会带动依法治理网络的坚决，但这不可能形成"运动"，法治和运动是相互抵触的。

刘虎是记者，他的举报本应通过《新快报》发布，那样的话就会多一道验证程序，报社将与其责任共担。但他选择互联网爆料，其记者身份帮助扩大了举报的影响，很多媒体是反对这样做的，美国的美联社就是这种做法的坚定反对者。

现在没有记者该不该通过互联网反腐的行业规范，以罗昌平为代表的"探路者"实际承担了较多风险。他们的成功与否会影响行业及舆论对这个问题的思考。

由于记者难免有搞错的时候，我们希望司法机关在审理这类案件时认真甄别记者爆料的动机。对于非恶意造成的名誉侵犯，还是应依法从轻处罚。

刘虎是一个教训，这个教训应同罗昌平的成功合并起来理解，它只是个人的挫折，但不应被看成民间反腐的终结。

(2013.10.11)

多元化面前，诺贝尔和平奖依然窄

挪威诺贝尔委员会将 2013 年诺贝尔和平奖颁给禁止化学武器组织，以"表彰其在全面禁止化学武器方面的贡献"。禁止化学武器组织被称为是匹黑马，此前得奖呼声最高的是巴基斯坦 16 岁女孩马拉拉。或者是考虑到诺贝尔和平奖这几年面临的争议太多，此次诺委会不想再招惹是非，遂把奖有些"乏味"地颁给一个组织。

马拉拉是个值得同情和尊敬的女孩子。她因为争取女童受教育权利而闻名，曾被塔利班成员残忍枪击，一度生命垂危，到英国医院被救治，后在英国上学，并继续她的公共活动。她的传奇经历鼓舞了很多人，被认为象征着"自由与光明"。

然而即使这样，马拉拉成为诺贝尔和平奖的热门人选还是隐含了很大争议。首先这个世界是否应当鼓励一个孩子站到权利斗争的第一线值得考虑。第二，马拉拉是两种价值观对立的受害者，这种对立并非通过从外部制造强大精神压力就能铲除。西方帮助马拉拉是对的，但把她塑造成反塔利班的楷模，用她来刺激在逐渐参与阿富汗和平进程的这支力量，这种思路更像是西方人的自我情感消费，未必对阿富汗及巴基斯坦的和平进程有利。

诺委会此次避开围绕马拉拉的争议是明智选择。然而长期以来西方价值观对诺贝尔和平奖的强大影响犹在。

随着全球化进程的深入，世界文化多样性与西方价值观对全球文化的主导不断冲突，这不应看成是非黑即白的斗争，文化的相互影响是必然过程，西方文化的一定强势有其道理，但西方一定要保持自我克制。

诺贝尔和平奖这些年扮演了推行西方价值观的顶级角色,它做了一些"探索"和"创新",但与西方价值观越绑越紧,对西方世界之外新兴国家的蓬勃发展反应迟钝。诺贝尔和平奖与世界多元和多样化相比在"变窄",它一直不敢在承认新兴国家对人类政治文明的贡献方面做出突破。

当初设和平奖,选了全人类政治共识度最高的"和平"概念,从而有可能使它成为全球性质的。但和平奖很快堕入西方与非西方世界的政治纠纷,不断误导人们对西方世界的偏见。比如中国蓬勃发展,几十年没有战争,人权大规模进步,但中国获诺贝尔和平奖的两个人都是对抗中国主流政治的人士,诺贝尔和平奖在加剧西方舆论同中国的对立。

诺贝尔和平奖应当为扭转西方对非西方世界的认识做出贡献,这个奖项需要比普通西方舆论更有深度和内涵,而不再是到处乱贴的标签。世界最缺的是不同文化之间的理解和包容,以及真诚的帮助,而不是一种文化对另一种文化的强势宣示。

西方社会对马拉拉的帮助令人欣慰,但很多人推动她做诺贝尔和平奖的热门人选,就有了展示压力的味道。这就做过了。

其实发展中国家的主流社会里有很多人对社会进步等和平事业做出了贡献,一旦诺委会把和平奖颁给他们,和平奖本身也将跨入新的时代。

(2013.10.12)

两岸政治靠近很难"自愿"发生

首届两岸和平论坛 12 日在上海落幕,它的主要参加者是大陆学者及台湾蓝绿两个阵营的学者,因而被认为代表了"两岸三派"的意见。论坛关注到两岸政治关系,并主张推动两岸领导人实现会晤。大约一周前习近平在印尼会见萧万长时表示,两岸政治分歧问题终归要逐步解决,不能将问题一代一代传下去。这一讲话在两岸都受到广泛关注,被认为意味深长。

"只经不政"无法成为两岸交流的长远模式,这是两岸都看得很清楚的。两岸必须朝着克服政治分歧的方向往前走,否则说不定什么时候就会从"原地踏步"突然转向倒退。

两岸积累政治共识并朝和平统一迈进的动力主要来自大陆,台湾大体分为"维持现状派"和"独立派",这是当下两岸的基本政治面貌。大陆的战略任务是,促台湾岛内政治力量逐渐转化成"促统派"和"维持现状派"。

前些年岛内"独立派"过于激进、强势,试图突破"一个中国"的底线。大陆付出巨大努力,并且做了不惜一战的最坏准备,才遏制住了"台独",让台湾的主流政治路线回到"维持现状"的轨道。

大陆这几年主动加强对台经济合作,但这一切实际只够巩固对"台独"的打压。大陆显然需要付出进一步的艰苦努力,才能让台湾社会严肃认识到解决两岸政治分歧的必要性和迫切性,也才会让"和平统一"作为正面概念逐渐融入台湾主流舆论,并形成两岸间政治靠近的进程。

从人类历史上看,统一大多是"强制"的,也有少数"自愿"的例外。后一种情况往往需要发起统一的强大一方在政治、经济上都有压倒性的优势和吸引力，就台海两岸的现状来说，这种局面的出现还需要相当长时间。

完全的"强制"统一也不适合两岸面对的地缘政治大环境，不仅风险高，也越来越难实行。中国大陆单独对台湾拥有绝对的实力优势，但改变台海现状将触动亚太战略格局，美日等力量必将使出浑身解数"平衡中国"。

大陆比较现实的做法大概是摸索、创造"自愿+强制"的混合模式，推动两岸政治走近，并将其逐渐转变为和平统一进程。

大陆需要进一步的自我实力壮大，逐渐挤压华盛顿对台湾政治的直接影响，并使美国在极端情况下军事干预台海事务的可能性越来越小。大陆的战略威慑力需要再连上几个台阶，或者中国的大国外交取得质的突破，使台海事务真正变成两岸间的事情，成为绝对的"中国内政"。这是台湾内部出现稳定"促统派"的必要外部条件。

台湾的"民心"很重要，但直到实现两岸统一之前，追求"台湾利益最大化"都会是岛内占主导的政治意愿。我们需要做的是，要让岛内主流社会认识到，与大陆在政治上逐渐走近是台湾最现实的路，顺应这一趋势符合台湾绝大多数人的利益。

如果顺利的话，大陆实力会在十年内有新的重大提升，这个过程应当被用来改变越来越多台湾精英对于两岸关系的思路，并且支持台湾社会调整对台海局势的认识。

台湾需要出现更有魄力的领导者，敢于让两岸克服政治分歧在台湾公开破题。大陆也应在台湾问题上保持坚定信心和坚决立场，对于因此而产生的短期摩擦，需要促台海局势逐渐形成承受力。

俗话说"不怕慢只怕站"，大陆应当不断推着台湾方面往前走，哪怕迈些小步，但不要为了"稳定"而停下来。两岸关系处于大的"过渡期"，某一种模式"太稳定"了反而不合适。要让两岸不断走近的变化本身成为大家都适应的"稳定趋势"。

(2013.10.14)

民粹主义大发酵不是中国社会之福

民粹主义在中国舆论场上获得强劲发酵，它不断通过一些公共事件滚雪团，虽是松散的思潮，但又很容易受到刺激和引导，形成集中爆发。民粹主义算不上是意识形态，但它在逐渐成为意识形态领域的核心材料之一。

民粹主义通常被认为起源于19世纪中期的俄国，实际上它在人类近现代社会里几乎无处不在。它片面追求人与人之间的绝对平等，反精英情结十分突出，对不同意见缺乏容忍。民粹主义有时是社会公平化的强大动力，但往往又以理想和激情代替理性。现代西方国家大多对民粹主义采取冷淡、限制的态度，民粹主义可以主导舆论场的西方社会几乎没有。

民粹主义在中国现实社会中的影响也有限，但它在互联网上表现出所向披靡的奇特力量。一些新崛起的网络精英与民粹主义结盟，借助民粹主义宣扬自由主义价值观，甚至一些自由派律师也利用民粹主义来扩大自己在中国社会的影响力。围绕民粹主义中国社会在形成一些通常不可思议的价值观及政治组合，并使一些原本局限在一定范围和领域的争议扩散向全社会。

一个社会不能花费力气"反"民粹主义，因为它不断变异，是反不掉的。而且它很少单独行动，总是与具体意识形态或政治目标捆绑出现，被临时打造成后者的"群众性基础"。成熟社会需要做的是，搞清民粹主义客观存在的现实及其性质，尽可能阻断某些政治势力挟民粹主义冲击正常法制的渠道，并且让这种做法为主流社会所不齿。

民粹主义只要不被恶意利用，它本身是"清白"的，是社会不平衡发展过程中自然堆积、破坏力并不大的一些情绪。但这种假设本身也是理想主义的。主流社会、尤其是政府在反政治极端主义的时候，要认真甄别目标，避免与民粹主义直接冲突，陷入舆论被动。

网络民粹主义的分析逻辑呈现出极其简单化和标签化，喜欢道德先行，且仇官仇富。但很难说我们应该把这些现象同网络民粹主义画等号。由于网络民粹主义表现出过于清晰的政治方向性，它已不是单纯的情绪和思潮，而是政治化了的民粹主义。主流社会需要做的是阻止政治对民粹主义的侵蚀，让民粹主义至少保持它的本色。

必须看到，随着中国中产阶层的逐渐扩大，社会对秩序的需求将越来越压倒情绪宣泄的愿望。此外随着法制建设的不断加强，一些人和势力肆意操弄民粹主义应受到依法限制和打击。

主流社会当然不能鼓励民粹主义，但同时也切忌把民粹主义推向政治对立势力的一边。在舆论开放的社会里，政府都不得不在民粹主义面前保持一定的弹性，这是一个技术难度极高的社会治理课题。

民粹主义对中国这样发展中大国的有害一面，需要通过舆论层面的开放讨论让社会彻底搞清楚。这个过程一定要来得充分，让公众把民粹主义掰开揉碎，从而大家达成共识：民粹主义是不可避免的，但不应是肆意泛滥的，它被政治极端主义当工具用尤其要受到警惕。

需要指出的是，民粹主义者中本身就有一些极端主义者，他们很容易与国家内外的政治反对力量形成互动，从而客观上带动民粹主义政治化。这样的人越多，民粹主义的边界就会越模糊，危险性越高。

民粹主义已经在中国舆论场上扮演重量级角色，主流社会再也不能回避它，而要正视它，力争化解嫁接在它之上的国家政治风险。

(2013.10.14)

中越海上纠纷峰回路转值得鼓励

中国总理李克强 13 日在河内同越南总理阮晋勇达成共识，双方将成立海上、陆上、金融三个联合工作组。其中成立海上共同开发磋商工作组被普遍认为是中越关系的重大突破，也是近来南海事务令人眼前一亮的进展。

众所周知，南海领土纠纷中，以中越争议的范围最大，"品类"最全。中越除了发生陆上边界战争，也发生了多次海上军事冲突和摩擦事件。至今双方除北部湾以外的海上划界尚未解决，越南还占据着中国 29 个南沙岛屿。而越南方面则声称连西沙也是他们的。

虽然黄岩岛危机突出了中菲海上领土争端，但中越南海之争隐藏着更大的爆炸性。最近几年中国成了越南国内民族主义的主要矛头，而因为具体海上摩擦以及河内鼓励美国在南海牵制中国，越南在中国舆论中的形象也已同两国海上冲突绑定。

尽管中国互联网上也有人夸越南的"民主进展"，但鼓动政府派军舰"夺回"南沙被占岛礁的声音显然更多。然而当中越将成立海上联合工作组的消息传来后，舆论的总体反应又是正面和接受的。这件事在很大程度上反映出，不仅中国政府，中国民间也很愿意通过和平方式解决南海纠纷。只要外界不逼中国，我们并无意把南海纠纷演变成显然中国人胜算更多的实力对抗。

领土纠纷是不能使劲"拱火"的，因为斗争的激情一旦燃烧起来，冲突的哪一方都无退路。

中越成立海上共同开发磋商工作组不可能很快弥合两国围绕岛礁主

权和海上划界的分歧，但这是双方愿意和平解决争端、尽可能防止发生摩擦的重要姿态和举措。它不仅将提供两国处理纷争的直接管道，还将给两国社会增添彼此友好的信心。

没有国家会觉得有一寸领土是多余的，但东亚各国之间的领土纠纷再严重，也没中印目前涉及争议的陆地领土面积大。同样的争议导致过中印战争，也在今天中印对彼此关系的新思维中实际处于半搁置状态。南海争议或许一时解决不了，但它们不过多干扰地区内国家合作却完全是可能的。

越南是东南亚最有影响的国家之一，中越南海纷争的时间长度和强度也都最突出，中越如果能通过谈判真的达成海上谅解和合作，对整个地区将具有示范作用。作为亚洲最严重的地缘政治难题之一，南海问题就有可能从这个突破口开始，呈现柳暗花明。

如果说中越纷争恶化总能找到理由的话，中越合作解决问题的战略牵引力其实更多。中越不少学者在谈论这个问题时，都会立刻想到两国相同政治制度和意识形态对两国战略合作的特殊意义。越南的敌友性质会决定中国全球战略刚一走出家门口的感受，而越南作为东盟唯一社会主义国家，作为西方的潜在颠覆对象，它背靠友好还是敌对的中国，对其长远国家安全尤其至关重要。

外部有媒体称中国在"拉拢越南，孤立菲律宾"，而越南的重要性很可能比这一对照所呈现的更大。

当然了，中越海上纠纷十分复杂，牵扯到双方的核心利益，需要两国政府和社会都保持长期的清醒。领土纠纷总会要多严重有多严重，但多严重的问题也是可以管控的。中国不会放弃一寸领土，同时中国也在追求民族复兴的平稳和全面成功。看似必有冲突的这些意愿，一个伟大的民族应当有能力把它们协调起来。中国应能做到这一点。

(2013.10.15)

中国改革要啃的"硬骨头"是哪些

改革要敢于"啃硬骨头",这已是中国上下的共识。但什么是改革的"硬骨头"呢?这个问题既像是很清楚,但又实际上挺模糊。

改革初期的主要任务是突破政策限制,比如农村搞联产承包,城市允许设农贸市场,工厂搞绩效考核等等,都需要解放思想。但那些新政策导致的结果和反馈都很清晰,有时甚至是单一的。今天我们常说改革进入深水区,主要"深"在利益的多元和对改革反馈的多元,每一个难题呈现两面性甚至三面性、多面性。

舆论中常说改革要敢碰利益集团,它们似乎就是改革要啃的"硬骨头",而且舆论所指的利益集团首先指向一些政府部门以及由国有企业主导的垄断行业。但以往的经验显示,政府部门和国有企业并没有抵制改革的资本,只要国家下了决心,说改也就改了。

比如"铁老大"很牛,但国家撤销铁道部,似乎并没有比解决乌坎村的问题更难,甚至没有新农村建设中拆陈宝成家房子引起的风波大。

中国舆论所指的利益集团其实很松散,与西方社会公开而明确的利益集团截然不同。奥巴马的医改就是遭到三大势力的反复打击而至今推行不了。中国的利益集团并没有组织化,国企在国家权力结构中处于从属地位,因此它们对改革形不成决定性的阻力。

中国改革的现实阻力恐怕还是一些客观的东西,而不是对改革的主观抵制。此外过去中国经济的盘子小,改革的切入口很窄,可以就事论事。如今改革的牵动性很强,设计要改一件事,实际触碰的却很可能是一个领域甚至是多个领域。改革的真正"硬骨头"大概是要形成全社会对于解决一个难题获得取舍共识的机制。

任何稳定的社会都有一些利益固化的倾向,完全打破它必致社会动荡,而放任它就会鼓励社会分化和不公平,因此构建具有弹性、可以不断进行调节的利益机制显然也是改革的"硬骨头"之一。

中国需要建立方方面面的公平机制,而不是简单的公平。过去各级政府总是强调要办多少件"实事",这助推了政府"无限责任"的形成。政府的"实事"永远办不完,能否真的由政府搭建框架,充分调动民间做事的积极性和创造性,这也是改革需要尝试啃的一个"硬骨头"。

中国这些年发展很快,但也出了很多问题,舆论对国家缺陷和不足的不满十分强烈。改革的好与不好的确不是绝对的,它既取决于中国与其他国家的对比,更取决于国家实际情况与民间期待的对比。中国的社会评价体系显然出了问题,重建一个客观的、官民都高度认同的中国改革评价系统却是很难的一件事。

不要以为改革的"硬骨头"就是开放汇率、让民营资本进入几个过去由国资占主导的领域、或者抑制住房价等等具体的事情。中国现在最突出的是对难题的看法不一致,感受不一致,而且利益的多元形态很不规则。奥巴马医改所遭遇的混乱好恶局面也有可能成为中国一些改革面临的实情。因此改革不可能追求"满堂彩",不能为改革而改革,改革要明确方向,改革者须勇于担当。

在舆论开放环境下搞改革,这是一份额外的挑战。不仅政府应当对不同声音有承受力,社会今后也要接受在舆论上未必"很好看"的一些改革相貌。中国社会将面临宽容和支持改革的考验。

中国改革还面临一项持久的挑战,那就是无论怎么改,都不迷失国家政治路线的大方向。这个问题在国家层面解决了,未必等于在社会层面也已经一劳永逸地解决。围绕这个问题的争执往往费力耗神,会干扰做一些决策时的决心。规律往往是:一个社会的政治共识越高,它的经济和社会改革就越有能力迈大步子。

(2013. 10. 16)

美债今到期,美国两党你们玩够了吗

眼看10月17日美国国债违约的"大限"将至,民主和共和两党仍无妥协迹象,外界现在只能靠美国政治游戏"会在最后一刻戛然而止"的经验来支撑信心了。但世界对美国的怀疑显然越积越多,即使最后一刻的妥协如期而至,美国这次政府关门造成的巨大阴影也不是一下子就能吹散的。

新华社前几天发了一篇呼吁世界考虑"去美国化"的评论,引起美国舆论的高度警觉。其实美国人实在怪不着新华社,如果美国如此不靠谱,继续折腾下去,世界各国不琢磨通过"去美国化"少受它的牵连,那才是怪事。

美国两党在向世界做在钢丝上跳舞一般的"民主表演",但外界不傻,能看得出美国政治出了问题,医改危机前所未有地暴露了美国体制的深层缺陷。更严重一些的背景是,美国创造财富的能力减弱,国势走向遭议论,美国也来到"矛盾多发期",而美国政治却驾驭不了它们。

美国一旦真的债务违约,中国作为其最大的债权国必将首当其冲。如果美国长期赖债,当然是债主的损失更大。但就现阶段来说,美国的损失要远远大于中国。中国等债主的钱一时还丢不了,但美国的国家信誉将遭受灾难性的打击。美国从此的融资成本将剧增,其在全球的政治号召力也将大减。

美国如果财大气粗并且政治稳定,是不会赖账不还的,甚至不会让世界产生这样的担心。如果美国真的就是因为种种原因"还不起钱"了,那么这是人们所熟悉的那个美国霸权走向崩溃的清晰信号。因此到头来最倒霉的还是那个赖账者。

新华社发文谈论"去美国化",美国人应当把它当警钟来听。他们自己应当发现,这个国家的很多表现已经严重不符它的"超级大国"地位,它在创造财富时投机取巧,在消费时变得贪婪,在政治上"我就是国际法"。美国靠着它的总实力强势堵住了世界的嘴,其实全球有越来越多的人和国家对它产生不满甚至厌倦。

中国人至少今天根本没想取代美国的地位,我们很有自知之明。美国再出问题,也"瘦死的骆驼比马大",其威风岂是当下的中国可以比拟。但美国作为"图腾"在中国社会已经垮了,从中国今天的位置上已能很容易看到美国的真实弱点,中国需要做到不被或少被美国的问题牵连,这是中国的权利。

如果美国这次真的赖账,将带来中国社会对购买美国国债的颠覆性反思,也将造成中国人对美国人信誉的全面警惕。这些负面后果将不会局限在美国的国家层面,美国公司及美国产品在中国社会的形象也都将受到牵连。

有人认为美国的制度潜力已接近用尽,美国需要不断从其他大国的崩溃和混乱中获利,汲取对自己至关重要的养分。希望美国不要为这种悲观的阴谋论提供证据,它应当作为一支健康的超级力量为21世纪的世界秩序做出贡献。

美国两党是否会在今天达成关键性妥协,全世界拭目以待。我们不希望今天成为美国国家信誉破产的里程碑式一天。相信有备而来的中国也不会被任何其他结果如雷击顶。

(2013.10.17)

谁是人民？不应乱说也不应乱代表

"人民"这个词在汉语里的使用频率很高，它与"公民"不同，后者是法律概念，而"人民"是政治概念。"人民"这个词被频繁使用，说明中国社会一直处于较高的"政治化"状态。

上世纪前半叶，中国充满动荡和革命，"人民"的概念高度流行，也不断有内涵上的变化。比如抗战期间，人民和敌人是以是否参与、支持和同情抗日来划分的。到了解放战争时期，一切反对帝国主义、封建主义、官僚资本主义的阶级、阶层或社会集团都被划入人民的范畴。

新中国一度流行阶级斗争，但人民的范畴总体上越来越广泛。除了传统上被认为是人民主体的工人、农民和知识分子，后来又加入了小资产阶级以及一切拥护社会主义的爱国者和拥护祖国统一的爱国者。近年来官方和社会上大多数人都认为这个国家内部的"敌人"越来越少，绝大多数人都应属于人民。

官方经常使用"广大人民群众"这个词组，也是在尽量扩大人民涵盖的范围，凝聚全社会力量。与改革开放前不同，中国主流媒体如今几乎不大使用"敌人"这个词，阶级划分这一上世纪六七十年代被用到极致的做法，今天不再被鼓励。

然而中国舆论场特别是互联网上，对"人民"概念的使用出现了相反趋势，它的范畴不是越来越大，而是越来越窄，而且充满争议和对立。由于自由派在互联网舆论场上占据优势，在他们的言论中大体呈现出这样的划分：他们和支持他们观点的人属于"人民"，政府属于人民的对立面，而反对他们的非政府人士则属于"政府的帮凶"。

中国舆论场还有一个突出现象，谁都希望代表人民，认为自己的"人民性"最彻底。而且由于某些官员的形象出了些问题，越是出自社会底层，人民的身份就显得越纯。现在一些知识和商业精英也愿意将自己的身份"草根化"，他们将自己看成人民的真正代表。

不能不说，舆论场这种对"人民"概念的特殊喜好和尖锐使用，与我们所处的改革和建设时代很不相符。这多少让人想到改革开放前的官方舆论场，以及运动风头上的一些群众舆论场。那时"人民"的概念常被当成武器，致使一些运动对象今天还是人民，明天就成了敌人。

中国不可鼓励动辄树立人民对立面的舆论倾向，也不应鼓励某些小团体、小圈子以"代表人民"自我标榜。这样做是对社会的撕裂，是将中国社会正常的多元化进程朝极端的方向推。

中国在高速发展中，社会也在转型中，这个国家的政治元素不可能永远一成不变。中国社会对政治元素的陈述应尽量保持开放性，使它们释放团结的力量，而不是营造新的冲突点。改革开放以来中国主流政治进程呈现了这一精神，谁都不应促这个进程逆转。

不要让"人民"的概念重新"阶级斗争化"，也不应让它"民粹化"，而应当不断促使它现代化。中国从上世纪80年代以来就不断对"人民"的概念进行新的摸索，我们都能很清晰地感受到它正在朝着符合社会现实和改革开放目标的方向发展变化。

（2013.10.17）

减持美债，并非像喊的那样容易

美国民主、共和两党终于就债务上限达成妥协，从而在北京时间17日上午结束了长达16天的"政府停摆"，亦使债务危机得到临时解决。不过双方的妥协期只能续到明年的2月7日，如果搞不好，说不准到时候两党又要折腾一回。

作为美国国债最大单一持有国的中国，肯定会因此而不踏实。呼吁减持美国国债的声音这几年一直在中国此起彼伏，最近又响成一片。

关于是否应减持美国国债，以及这样做是否现实，中国能否实际做到，中国财经界的看法有相当大分歧。主张大规模减持的学者每次这样呼喊都能获得很高关注，甚至赢得舆论场的掌声，但实际情况却是中国虽有短期的减持，这几年持有美国国债的总量不降反升。

看来事情不像减持派所说的那样简单。增持派和维持现状派认为，中国大量国际收支顺差积累的外汇储备无更好消化渠道，美债仍是当前全球国债中的重要选择。美国作为全球最大经济体和金融霸权国，有很多办法对付中国减持美债，中国一旦那样做将面临更多风险。

一个很重要的现实是，美国是美元的发行方，美元是国际贸易的最大结算货币，只要中国经济总量不达到与美国同量级水平，人民币的国际地位不与美元并驾齐驱，中国安排外汇储备的用途就总体上很难跳出"美元的手心"。

中国对美出口挣的钱又要借给美国人花，这看上去很不公平，但这就是后发国家的艰难之一。中国扭转这一局面需要付出极艰苦的努力。

然而中国在这一漫长过程当中并非是完全被动的，中国仍有不小空

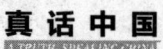

间能同美国开展博弈。比如对持有美国国债附加有利于中国公司进入美国的条件等。这么大的国债量毕竟意味着一定权力,美国有很多气短的时候,中美实际在互相拿着对方,中国需要有能力不断积累自己的强势。

中美经济已经高度"互相持有",一旦美债最终出大问题,那将意味着美国经济的重创,进而牵动世界。中国作为全球性的开放经济体,届时不可能做到"独善其身",跟着受一些损失是躲不过的。中国需要做的是要确保我们的债务损失远远小于美国国家信誉崩溃的损失,那应是美国经济"近乎完蛋"来换中国部分外汇的泡汤。必须说,这种情况出现的可能性极小。

我们最要防止美国一点点吞噬对中国的欠账,通过剥削中国单方面损害我们的利益,肥了美国自己。这是中国人时下最担心的。

中国急需国际大金融博弈的操盘手,他们不仅要熟谙西方金融的各种工具和规则,还要非常忠诚于中国国家利益,并且了解国际政治,能与中国金融决策者形成良好沟通。

美债解套的根本出路是中国逐渐强大起来,使得美国不敢对中国耍赖。从人与人之间的关系我们就能悟出,要一个人不敢对你赖账,你自己都需要有什么本事。

让普通中国人都能理解中美债务博弈的复杂性很难,在民粹主义喧嚣的时候,这对国家操盘外汇储备意味着额外困难。经常有人提出"为何不把外汇储备用于国内教育和医疗"等听上去挺有道理、实则违反外汇常识的问题。美债一直有在中国国内被"政治化"的倾向。

3.66万亿美元的巨额外汇储备实在太大了,中美之间的债务是人类历史上经济体之间最大的主权债务,而且它是在两个既合作又互相视为潜在对手的国家之间发生的。只有中国国力的持续增长和金融外交的快速成熟才能有效对冲这些风险。

(2013.10.18)

季建业落马，为"不敢腐"再打一根桩

南京市长季建业涉嫌严重违纪违法被调查，17日的这一官方消息再次引起舆论场的轰动。据媒体统计，季是十八大后落马的第十名副省级以上干部，中国反腐败之猛烈，令人感慨。

季建业落马决不仅仅是他个人的悲剧，中国政府以及中国执政党受其牵连再次蒙受了政治损失。严厉的反腐败总是一把"双刃剑"，它向全社会展示了执政党反腐倡廉的决心，但也让公众清晰看到腐败究竟有多严重。它同时带给社会信心和担忧。

如果反腐败是执政党迫于舆论的作秀，那么它的前景一定是不妙的。一旦大张旗鼓抓贪官不能抑制住腐败，官员贪腐反而愈演愈烈，这样的政治秀最终将导致民心的大规模丧失，国家将陷入政治上的不确定性。

非常重要的是，中国当前的反腐风暴不是作秀，而且整个官员群体都相信了中央遏制腐败的坚定决心，相信了国家在动真格的。老百姓也相信了"老虎苍蝇一起打"是真的，治理腐败已成中国上下高度共识，反腐倡廉已无回头路走。

这是令人鼓舞的进展。虽然十八大之后高官落马的频率达到最高，腐败问题进一步向公众"露了底"，但反腐败的高压态势被普遍认为已经形成，贪腐被抓的概率空前提高，贪官所受到的精神压力前所未有。这一切为反腐倡廉形成历史性转折构筑了条件。

只要腐败能得到真正抑制，眼下抓贪官积累的负面舆论效应终将逐渐消散。因此当前的尖锐舆论只是反腐败过程的阶段性代价。相反如果对腐败问题掩着盖着,一定有相应的民怨同时潜伏着,而且实际腐败有多严重,有待爆发的民怨就有多激烈。后者是绝对躲不过去的。

坚定不移反腐败,以短痛避免长痛或剧痛,这是中国政治建设的必由之路。中国致力于建立官员不想腐、不能腐、不敢腐的长效机制,前两条都需长期耕耘,其中让官员"不能腐"还需配以大量改革措施。唯让官员"不敢腐"是有可能在短期内通过铁腕肃贪快速见效的,而且它是促全局转折的一个关键性杠杆。

如今所有人都相信腐败的成本在急剧增高,通过对八项规定的贯彻,四风问题赖以存在的空间也受到猛烈压缩。反腐倡廉并非由抓贪官单项"穿插前进",它的确在实现整体的前行。

全社会都希望反腐倡廉得以持续推进,这项巨大工程的政治资源和舆论资源都十分充足。对反腐败的乐观情绪实际已在社会上逐渐显现。

舆论尽管会一时脱轨,但它总体上必定是社会现实的客观对应。中国反腐败事业的强劲推进终将促成舆论氛围的改变,反腐败对中国社会治理的意义很可能是全面的、决定性的。

季建业被调查引来舆论的欢呼,其中有一些是对政府的辛辣嘲讽。不必担心它们,只要反腐败的进展是真实的,民众的眼睛就一定是雪亮的。中国需把握当下更需赢在未来。

(2013.10.18)

靖国神社，最后一个牌位留给日本国

日本总务大臣新藤义孝和159名国会议员18日参拜靖国神社，这是继今年"春季大祭"166名日本国会议员参拜后，日议员的又一次大规模"拜鬼"。首先必须说，日本政客多少把参拜当成了对中国的示威，但他们实际所能达到的示威效果越来越小，他们现在更多让中国人以及韩国人感到厌恶。

日本首相安倍晋三17日"自掏腰包"向靖国神社供奉了祭品，他本人没有去，据日本舆论分析主要是迫于中韩的外交压力。安倍可能觉得他为缓和与中韩的关系做了挺多，但实事求是说，中韩都不会买他的人情。我们觉得他是在中韩对他要求的底线附近打擦边球，他远远还不是一个能与中韩真正"破冰"的温和首相。

东北亚的诸多分歧像是在通过靖国神社来做"摊牌"，这首先是日本人的选择。也许他们这样做有一种醉醺醺的悲壮感，但不能不说他们的这个选择很蠢。中日韩三角关系中，能够明确形成"中韩对日本"局面的，以靖国神社之争再清楚不过，靖国神社让日本在东北亚处于绝对孤立状态。

中韩国民在情感和心理上永远不会接受靖国神社。无论与日本的贸易额有多大，经济有多相互依赖，日本政客对靖国神社起哄一般的集体参拜都构成一种刺激性抵消。日本政客在客观助推一种情绪和信念在中国舆论中的蔓延：日本过去是敌人，今天不是朋友，明天仍有可能是敌人。

既然政客参拜靖国神社在日本社会受到一定鼓励，总有其内部逻辑。大概要承认日本国内还是挺"抱团"的，即使错了也集体不认账，一条道走到黑。外界没有直接改变日本做法的杠杆，只好谴责它，围绕靖国神社问题做对抗。

然而日本在这场对抗中毫无胜算。中韩的总人口是日本的十几倍，经济总量也远超日本，尤其中国的整体国家实力正逐渐把日本甩在后面。日本人打的是悲情，中国人越来越靠的是自信。相比之下，日本的具体做法调来调去，严重患得患失。中韩的决心则恒定得多。

中国人现在已经不容易被日本人"激怒"了。因为我们发现靖国神社说到底是日本人给他们自己挖的坑，那个坑根本就装不下不断强大的中国。日本的国际形象总体上还是不错的，但靖国神社逐渐成了它能被世界看懂的一个污点。中韩可不怕靖国神社的事情闹大，它闹得越大越好！中韩跟日本是两对一，而且事情越往深讲越让世界上原本看热闹的人能搞明白：日本的坚持是多么变态。

中国人当然要继续坚决反对日本政客参拜靖国神社，并不惜代价与其做坚决斗争。但我们要注意不再为那些人的小人之行动气。他们曾经以强势的姿态做这件事，但现在他们做得越来越猥琐，敝帚自珍。我们如今有数不清的办法可以让他们比我们更不舒服，比如我们对日本的长期冷淡就够他们受的。

我们的一个重要近邻不断上演以给我们脸色看为最大主题的丑剧。但现在那张脸上的表情对我们的重要性在下降，我们的脸色对他们才越来越有分量。靖国神社问题在发生根本性转折，这比什么都重要。

全球化时代的日本在迷失，那个致力于和平现代化的日本似在消失，它似乎化成了靖国神社里的一个牌位。

(2013.10.19)

全中国不能为转基因主粮集体试吃

"全国首届黄金大米品尝会"近日在武汉华中农业大学举行，数百名志愿者一起吃了该大学生命科学学院培育的转基因"黄金大米"。类似试吃活动实际已在全国很多城市举行过。华中农大生命科学学院院长张启发对记者说，曾有61名院士联名写信给国家领导人，请求尽快推进转基因水稻产业化。

围绕转基因农作物是否应在中国全面推广的争论近来很激烈，一些科学家力推这一进程，但他们遭到一批人文学者及普通大众的猛烈反对。转基因食品早已进入中国，尤以转基因大豆和玉米的进口最广泛，但中国人的主粮稻米和小麦都不在此列。

我们认为，对转基因科学应采取积极态度，但谨慎也是必须的。涉及基因安全的事情，它们的显现周期要比普通健康问题漫长得多，这不是在探索拉不拉肚子，人类对基因的认识只有几十年历史，这方面的知识仍在积累中。

转基因农作物有防虫抗病能力强等优点，它的最终目标还是保障人类的食品充足。中国耕地少人口多，转基因作物对我们来说有不小的诱惑。但另一方面，中国的人口增长在逐渐走向拐点，中国的农作物缺口是可以通过转基因以外其他手段克服的。转基因应作为中国确保粮食安全的最后手段。

现在就大规模推动转基因稻米、小麦的商业化种植，各方面条件都不成熟。首先中国的粮食供应形势虽然紧紧巴巴，但远没有紧迫到非走转基因这条路的程度。中国并不存在可以让民众忘记对转基因食品疑虑的战略性食品短缺。

在食品问题上,中国这样大国的政策还是不宜太激进。转基因大米如果在中国商业化种植,中国人主粮的基因变异就走上不归路。目前全球各国还很少有主粮转基因化的,中国的13亿人口贸然走上"试吃"转基因主粮的第一线,全国为人类的这一技术做"超级实验",这决非明智的国策。

中国应在发展转基因科学的层面争取世界领先位置,但中国人对转基因食品的食用比例没必要赶超其他国家,这一原则应当进入中国人食品安全的"顶层设计"。

由于转基因稻米的商业化种植会产生新的利益格局,对它的推动过程确实有可能掺入一些人和机构的利益考虑,而且不能排除对利益的追求发生在有较高科学地位的研究者中间。政府在做这类决策时一定要多听不同意见,要把中华民族的长远食品安全放在第一位。

由于转基因食品安全的结论尚未在全球科学界获得压倒性共识,一旦中国人的主粮被转基因化,社会情绪出现严重波动的可能性是存在的。这种社会情绪的不确定性也须是粮食安全的关切方向之一。

人类历史表明,粮食作物产量的大规模提高总是伴随人口的迅猛增长,因此以本身有风险的方式推动粮食产量猛增,它在多大程度上符合或不符合人类的整体利益,这是值得思考的。在这个更大、更根本的命题前,转基因农作物所带来的一时性商业优势和利益,相对来说都是短线的。对它们的追求还是以克制为好。

(2013. 10. 21)

俄印蒙总理同时访华，奢侈的巧合

俄罗斯总理梅德韦杰夫、印度总理辛格和蒙古国总理阿勒坦呼亚格分别于今天开始中国之行。俄印蒙都是中国的重要邻国，三国总理同时来访大概是日程上的巧合，但即使这样，其中的意义还是受到世界舆论的挖掘和放大。

一些评论把中国的陆上外交成就同海上受到美日"包围"做对比，认为中国的海陆外交可谓"冰火两重天"。

然而中俄印并非走在"构筑同盟"的路上，中国的海上形势也不像一些人分析的那样糟糕。中国对周边外交一直高度重视并用心经营，有耕耘就有收获，以中国当前的实力和其不断增长的趋势，中国有能力营造以友好及合作为主基调的周边大环境，同时化解和应对西太平洋上的任何风浪。

中国是俄印蒙各自最大的贸易伙伴，同时也是亚太很多国家最大或名列前茅的贸易伙伴。在整个地区，中国首先是贸易大户和合作者，也是利益的提供和分享者。中国经济上的崛起和繁荣奠定了周边大外交的基调，它不是人为说改就能改变的。

近日中越在和平解决南海纠纷上有突破，加上中印两国陆地边界争议得到较好管控，这些都说明领土问题不必一定是中国周边外交不可逾越的绊脚石，完全可以通过谈判协商方式加以处理。亚洲对和平发展的真实愿望真实而又强烈，各国要做的是正视这个愿望，别让它输给民族主义的口水。

亚洲没有哪两个国家之间的合作能够超过美日同盟的紧密度，但就地区和平发展的战略目标来说，中国与俄印蒙等国的关系还是跟得上的。

不少普通中国人对中俄战略合作能走多远存有疑虑，但两国关系从叶利钦时代开始不断上台阶，这形成两国彼此间的巨大经济、政治和安全利益，它们逐渐固化，几乎没有退路。

中印的问题更多，看看印度媒体，似乎一根火柴就能把两国的积怨点着。然而中印关系这些年成了某种意义上"有领土争端国家之间合作处理边界问题的典范"，现在无论中国还是印度都很难承受两国关系的再度恶化。

蒙古常被美日战略界当成打在中国边上的一个楔子，蒙古也提出美日等是它的特殊"第三邻国"。中国没有计较蒙古的"摇摆"，中蒙关系这些年愈发顺利，相互吸引力在增加。

菲律宾不足道哉，日本成了来自海上的最大麻烦。然而日本没有能力全面挑战中国，中国有一个恶邻，未必就全是坏事。中国人保持警惕以及紧迫感，日本都以特殊方式做了贡献。中国目前有能力控制中日之间的摩擦强度，我们正历史性地逐渐拿到对日关系主导权。

一个大国是很难真正"与世无争"的，有一两个对手或潜在对手实属正常。关键是要能形成所有对外关系的总平衡，并使这种平衡支持国家的强劲发展。并非你好我好才是"好的"外交关系，对外关系应当最大限度地服务于中国国家利益。

中国今年以来的外交显示了魄力和坚决性，虽然仍麻烦重重，但中国在国际舞台上的主动性不断增加，而不是萎缩。中国发展所面临的国际大环境有了更多战略确定性。

俄印蒙三国总理同时访华，他们的国家包含了中国近一半的陆地边界。这三个国家都曾在不同时期与新中国关系紧张甚至敌对，但如今都成了朋友。中国今天的外交属于"稳扎稳打型"，对外战略目标与实力相匹配，因此中国外交整体上是"宽裕"的。这也是亚洲和平与稳定局面总体感觉比较"宽裕"的重要源泉。

(2013.10.22)

房价狂涨严重挑战中国治理能力

国家统计局昨天发布 2013 年 9 月份 70 个大中城市房价变动情况，其中新建商品住宅同比只有温州一个城市是下降的，其余 69 个城市的房价都继续上升，北京领涨全国，同比涨了 20.6%。

这个消息是对准备购房者的又一沉重打击。前段时间的消息说，一些大中城市的房价出现下降势头，这给无房者带来希望。或许有房的人很难想象，那些一线城市的"漂"者们对房价蹿升是怎样的愤怒和绝望。

中国近年频频出台的调控房价措施，很可能创下世界之最。但中国一线城市房价上涨之猛同样处在全球的"领跑"之列。中国政府无所不能的调控力似乎在房价上跌了大跟头，上届政府"促使房价合理回归"的公开承诺打了水漂。

北上广等一线城市的房价已越来越演变成政治问题，这些地方的房价能否实现软着陆不仅事关经济稳定，也会影响社会稳定的质量。

如果一线城市房价以 20% 的速度涨下去，它形成大泡沫并且破裂是迟早的事。这是常识。房价猛涨意味着一部分人的巨大痛苦。房价一旦崩盘，它制造的痛苦面决不会更小，它对经济的连锁打击有可能严重到"危机"级别。这一涨一崩的反复可不是好玩的，决非经历了风光，又回归原点。

房价失控有可能迫使政府祭出高额房产税等杀手锏，或者成为一些人推动政府做这种决策的理由。必须指出，如果征房产税让中国普通中产阶级家庭蒙受较大损失，它的负面效应一定会达到政治层级，中国解决高房价的过程就会演变成新问题出现的过程。

任何社会都有极端办法压住房价的疯涨，我们探讨的是努力以最小社会代价解决这个问题，这就是我们所说的"软着陆"。

减少调控房价的社会代价应优先考虑几层利益。第一是要让无房者享有购房的优先权和贷款优惠等；限制有房者再购房，尤其是投资性购房，但不应把人们已经购买的房屋作为调控重点。尽量以市场手段实现调控，行政调控需有舆论的较大共识做支撑。在政府、开发商和购房者之间，购房者的利益应放在前两者的利益之上。

对照这几条可以发现，以往房产调控措施中，有不少是相当合理的，比如二套房的首付比例和贷款利率都上调，禁购第三套以上住房等。然而"限购"这一关键性措施在很多地方都没有得到认真执行。人们不仅可以异地购房，还可在同城通过"做手续"购买第三套以上住房，房价上涨趋势促使很多不需要购房的人也加入这一"投资"行列。

住房不是纯商品市场，关于应让它完全遵循市场规律的说法毫不现实，它的背后倒蛮像有特殊的"利益集团"。把中国住房分出几种类型的建议看似合理，但做到它是需要付出更大努力的社会工程。

关键是要把抑制房价从中央政府的决心真正变成各地政府的决心，把现有的合理调控措施做实，抑制并打击违背调控政策的投资购房行为。中央应公开点名警告没有完成房价调控目标的城市领导，甚至追责，惩处一些违背限购政策的房产商和中介机构。社会将因此对国家调控房价的严肃性产生更震撼的理解。

房价猛涨的表象之下有着极其复杂的利益结构，这才是壮士断腕的真正痛处。然而现在出手狠一些，会避免今后社会无法承受的大手术。房价问题已经跳到了国家正常调控能力之外，它实际上是很严重的警钟。中国治理必须补上几乎被房价狂涨冲垮的一角。

(2013.10.23)

香港反对派莫学"台独"做敌对派

多名香港建制派立法会议员 23 日联署要求"占领中环运动"发起人朱耀明等停止勾结"台独"分子,并要求他们停止"占中"。其中一名立法会议员表示,"占中"破坏法治,无助争取普选,而联合"台独"分子推动"占中",令人担心"占中"走向暴力,置香港于危险境地。

据媒体报道,朱耀明等人本月 19 日赴台与民进党前主席施明德谋划"合作占中",双方一同召开记者会表示,明年是香港决战的一年,双方将与港台"推动民主化"的人士一起在港举办圆桌会议,讨论台湾协助推动香港"占中"。施明德将号召全台"关心民主的人士"支持"占中"和"香港民主化"。另有"台独"大佬日前赴港鼓吹"台独经验",鼓动香港反对派年年举行占领运动。

这些动态让一些香港人联想到去年以来少数反对派人士大搞"港独"活动,举港英时代的"龙狮旗"或英国"米字旗"等。香港多家媒体批评"港独"与"台独"合流,祸港、害港。

众所周知,香港从来都不是一个"政治城市",今天反对派引"台独"势力来港搞极端政治活动,既不合香港主流民意,也毫无做成事的战略环境条件。他们的作为不可能有前途。表面上轰轰烈烈的事,只要中央和港府下决心抑制它,它最终就是"茶杯里的风暴"。

"台独"势力曾导致台湾与大陆的激烈对抗,如果香港反对派学习"台独",他们做不到把香港推向中央政府的对立面,但这两拨人合流有可能带来港内的极大混乱,迫使中央考虑采取维护香港稳定的更为坚决措施。

反对派的"占中"等抗议活动都把目标指向2017年普选，他们试图让对抗中央的人出任特首成为可能。中央已经明确否定了这种可能性，普选产生的特首必须忠于《基本法》。香港反对派人士根本没有要求整个国家向他们退让的资本。

香港反对派必须清楚，他们是中国特别行政区里的反对派，而不是一个独立国家里的反对派。而且香港与台湾的情况也不同。香港有中央派的驻港部队，有中央政府派驻机构，全中国的民意高度支持《基本法》。即使"台独"势力也要在最后时刻慑于《反分裂国家法》，在政治的悬崖边止步。香港反对派不应做不切实际的幻想。

香港继续实行资本主义制度，这为香港的政治反对派开展活动提供了空间。这个空间究竟什么样，有多大，会有一个摸索摩擦的过程，中央政府和内地舆论对此是持积极态度的。但大框架在哪里，底线在哪里，不仅《基本法》里写了，正常香港人凭悟性也能感觉得到。

香港反对派一边追求活动空间，也一边要通过行动建立整个国家对他们基本政治理性的信任。他们是反对派，但不应是"敌对派"。他们在香港和全中国促成这样的信心，他们自己将是最大的受益者。

"台独"是被中国大陆社会普遍视为"敌对势力"的，我们希望香港反对派别跟他们往一起搅，那样做不会对他们有好处。香港反对派应表现出他们建设性的一面，他们需要创造性的思想能力和政治大智慧。

香港是全中国人眼里的"东方明珠"，我们希望它永远是。香港反对派做什么样的表现，会在一定程度上影响这颗明珠的成色。

（2013.10.24）

依法保护记者，依法维护企业

广州《新快报》记者陈永洲因连续撰写"揭露"湖南中联重科的稿件，上周被长沙警方以"损害商业信誉"的罪名"跨省"刑拘。《新快报》昨天在头版以大标题"请放人"发起抗争，轰动舆论界。中国记协昨天表示已介入此案调查，将"维护记者的采访权"。

长沙警方昨天进一步说陈涉嫌三项犯罪行为，包括诬称中联重科管理层通过改制制造"国有资产流失"，以及财务造假等。中联重科方面向媒体表示，陈永洲发表十几篇抨击该公司的文章，从未对该公司做过采访。《新快报》方面表示陈的工作纯属职务行为，警方应当起诉报社，而不是抓记者。

目前质疑对质疑，要求"公正"的呼吁对抗同样的呼吁。双方对事实的陈述相差很大。但在互联网上，《新快报》的集体抗争受到更多同情，长沙警方处于舆论劣势。中联重科方面昨晚称，中纪委和中宣部已介入此案。他们相信案件将得到公正处理，"清者自清"。

我们希望这件事得到完全、充分的依法处理，陈永洲所报内容是否真实，是否侵犯了中联重科合法权益是事情的关键所在。此外如果他的报道有失实之处，应严格依照法律甄别这些失实是否处于新闻工作的正常范围，因为并非所有记者的失实报道都有背后的恶意动机。

中国出现舆论监督的时间不算长，媒体精确操作批评报道的能力尚不够成熟。一方面陈永洲所写稿件全都发表在《新快报》上，而不是发在他的个人微博账号上。一方面他向港交所、深交所做了实名举报。这些因素都有可能影响对此案的定性。这个案件显然深度牵涉中国新闻业和企业的动态发展变化,如何判此案具有一定的"判例"意义。

这件事虽然发生在两高关于打击造谣诽谤《解释》之后,但由于与长沙警方争议的是广州媒体机构,而且记协已经正式宣布介入,这件事不应看成网上舆论同司法机关之间的对抗。

中国今后将少不了舆论监督者与被曝光者之间的冲突及官司,这是中国舆论监督和此领域法律实践逐渐精细化的必经过程。经过早期的"意识形态化"之后,中国社会将逐渐对这些案件形成就事论事的平常心,这样的平常心将最终促成矛盾纠纷的有序解决。

由于此案受到极高关注,而且看似"公说公有理,婆说婆有理",我们呼吁接下来的每一步处理都依法公开进行,以此促进社会对司法公正的信心。如果长沙警方抓人有误,就应促进社会对国家纠正这种误差决心的信心。虽然此案目前争议重重,但如果它得到公开透明的依法坚决处理,这些争议就会得到最大化解,围绕这件事的社会信心就会出现反转。

现在断言长沙警方和《新快报》究竟谁"肯定是对的"为时尚早。我们惟希望对错的结论来得有序,而且最大限度地服众。如果长沙方面无能力实现这样的过程,我们认为上一级司法机关就有必要介入,加强中国记协介入的正面效果。这可能麻烦些,但这是政府为这些年公信力缺失所做的必要埋单。

司法公正以及公众对司法公正的信心是当前中国最宝贵的,我们想在文章结尾处再强调,让这起轰动的争议最终转化成这样的结果。

(2013.10.24)

默克尔批美国应顺便"骂醒"中国人

德国总理默克尔 23 日夜间与美国总统奥巴马通电话,愤怒讨论她的手机被美国国家安全局监听的事情。她表示美国这样做是"对信任的严重践踏","完全不可接受"。奥巴马只是对默克尔保证"现在没有监听","将来也不会监听"她的手机通讯。舆论纷纷解读,奥巴马间接承认美国人的确之前监听了默克尔的电话。

法德先后就监听事件向美国强烈表达不满,此前进入抗议行列的还有意大利、巴西、墨西哥等。斯诺登捅出的棱镜门事件给了世界换个角度认识美国的机会,西欧国家也因此得以重新品味它们与美国之间"盟友"的涵义。

欧美围绕电话窃听的争吵再次展现了当今世界秩序的无序和不公。美国作为全球"老大"很自私,一切以自我为中心,它为了利益会把道德抛到一边。美国表面上奉行"普世价值"外交,但它严于律人,宽以待己,美国外交根本经不起扒开来细看。

然而如果说棱镜门事件"毁了"美国的形象,是不准确的。事实上美国因此遭遇的批评总是很快就刮过去。试想一下,如果这个丑闻发生在俄罗斯或者中国政府身上,欧美舆论会闹成什么样子。

我们都能感觉到,美国形象至少在中国社会因此受的损失很小。斯诺登的出逃点是香港,他兜出的受害者名单中包括中国内地不少机构,中国人的通讯安全受到威胁。但中国互联网上的反应出奇温和。

至今在中国互联网上有一类声音:美国政府不仅热爱美国人民,而且真心为中国人民的权益着想,它们做的同中国有关的事,比中国政府做的事更对中国人有益。对这类声音的发出者来说,对美国是不应以任何理由进行批评的,"爱美国"在一些社区网站上比中国自己的爱国主义还"道德正确"。

如果说这只是文化或时尚领域的表现,也就罢了。但这种扭曲的价值取向常常是政治性的。

实事求是说,尽管美国搞出棱镜门,但那个国家的确不像一些仇美主义者所炫耀的"那么坏"。就对华关系来讲,美国虽高度防范中国,但真说到遏制,它还算克制。面对中国崛起,美国算不上是个歇斯底里的霸权国,中国的和平崛起愿望应当说得到了美国一定程度的回应。

但美国的国家利益中,有没有中国的长期稳定发展这一项,一直在美内部激烈争论。当然,让美国付出巨大代价换取中国的衰落,也不符合美国的利益。让我们把美国假设得文明些吧:那里的一些力量支持"藏独"、"疆独"等都不算美国故意整我们,美国总体上是对中国走向"无为而治"的。但如果中国自己搞不好,比中国自己搞得很好,显然更符合美国精英群体的愿望。

美国政府再怎么盼中国社会好,也不会比中国政府在发展本国人权和建设社会福利方面更用心,更着急。当中美政府就中国某项国内事务发生争执时,情况一定是这样:美国政府最关心它所采取姿态的形象效果,而中国政府则关心如何让那件事的处理对全社会更加有益。

美国是不值得恨的,因为中国人确实没多少恨美国的理由。但对美国是需要有一些提防的,无论我们怎么学习它,与它合作,这层提防心都不能彻底放下。我们尤其不能天真到相信美国国会的议员们每一次讨论中国事情,都是在为中国社会、而不是在为美国选区的利益奋斗。

只要我们保持基本理性,不自我欺骗,看懂一个真实的美国其实并不难。

(2013.10.25)

"发展才是硬道理"仍应是中国座右铭

"发展才是硬道理",这是邓公的名言,也可以说是他给中国社会的遗训。这句话连同"白猫黑猫"论大概是中国人记得最清楚的邓公的话了。

"发展才是硬道理",这不是标准的理论论述。它是一句口语,代表的是一种信念。邓公一生见识广博,百折不回,他的这句话堪称是他对经历新中国风雨,以及设计、领导改革的总结性认识。他用这短短几个字改变了中国。

然而记归记得,"发展才是硬道理"如今在中国社会上实际能听到的并不太多了,它尤其被互联网舆论场几乎"屏蔽"了。"公平"取代"发展"成为当下中国舆论场上的主导性词汇,"发展"倒是没有沦落到被批判的地步,但它往往被加上一长串的限定语,而且 GDP 等与发展挂钩较紧的词汇在舆论场上变得很臭。

时代在变,中国从人均几百美元的穷国一跃上升为人均 6000 多美元,经济有了些底子,至少不挨饿了。经济基础的变化总是会带来意识形态的变化,这个道理相当准确。

对公平的追求又像急风暴雨一样开始冲刷中国。在民粹主义有着很强根基的中国社会里,公平口号的号召力无与伦比,并有着极强的道德威慑力。中国舆论场上如今的"左派"和"右派"都高举公平大旗,政府、大型国企等则被说成背离公平的代表。

现在有一些大企业主从未听说有在企业内部提高劳工工资和福利的善举,自己身家亿万,但也成为舆论场上高呼公平的风云人物,这的确非常有趣。

中国社会出现了比较严重的分配不公，是绝对公平主义迅速重新抬头的根本原因。对公平的理想主义愿望永远蕴藏在民间，它会不断转化成舆论，对国家政治构成持久压力。建设公平的确是现代人类社会的"规定性"目标之一，它不是国家可有可无的"自选动作"。

然而我们这个曾把公平作为"头号政治"的国家，对公平的认识应当逐渐趋于成熟和理性。我们应当看到，公平不是"只要下决心"就能有的，不是单靠路线和政策就能实现的。我们尤其不能信有些人嘴里蹦出的"公平"口号，不能被忽悠。

中国曾经很"公平"过，现在的年轻人不太清楚，上世纪六七十年代，所有中国人差不多住同样的小房子，挣差别不大的工资，甚至穿同样的衣服，留同样的发型。改革开放就是从打破平均，搞绩效工资，对"投机倒把"睁一眼闭一眼开始的。那时中国公开鼓励"一部分人先富起来"，中国人当时对使他们受了穷的平均主义真是恨透了。

斗转星移，中国创造了震惊世界的发展速度，如果单说效率，资本主义要反过来羡慕我们了。但公平出现了缺失，中国的发展失去了平衡，今天对公平的特殊强调，应当是我们前进中的回调。

然而，回调不能是对我们曾经有过教训的重蹈。我们需要知道，理想的公平只存在于理想中，现实的公平只能与社会的发展不断相互穿梭。"发展才是硬道理"应继续是中国社会的座右铭，没有发展的丰厚支撑，对公平的追求就像要从一条毛巾里使劲拧出最后一滴水。

全民免费医疗需要大量财力，养老金并轨同样需要巨额财力，因为并轨的过程是要尽量让低的向高的并轨，而不是反过来。中国需要一步一个脚印地逐渐走向"富公平"，而不能骤然退回到"穷公平"。中国上世纪50年代末曾经有过公平到连吃饭都不花钱的大食堂，但"没几天"就给吃垮了。

"发展才是硬道理"一定要牢记，除了官方对"效率"和"公平"关系的纲领性论述，这句话应受到中国社会的特殊尊重。它应超越所有意识形态争论，成为衡量各种学说、主张是否真正有益于人民和国家的一把尺子。

(2013.10.25)

若有敬畏之心，薄夫妇安有今日

薄熙来案二审维持一审无期徒刑的原判，这也是薄案的终审。从去年2月王立军事发导致牵出薄谷开来杀人案，直至牵出薄熙来案，一年多过去，事情终于画上句号。

薄从当年在政坛崭露头角，一路都是风云人物，而且处处强势，与他今天的结局反差之大，令人感慨。看来无论谁，不管他位置多高，身世多么不凡并且重权在握，都应在历史面前，在国家、人民和法律面前保持一颗敬畏之心。权力不是永恒的，再大的权力也不能将任何人变成"超人"。

回顾薄案以及薄谷开来案的案情，细读关于这个家庭的种种信息，我们会发现，薄熙来夫妇似乎缺的就是敬畏之心。薄谷开来敢杀人，这家人请儿子国外的朋友、同学40多人来中国玩，找徐明报销机票。薄熙来生气了就敢动手抽公安局长的嘴巴。薄夫妇做什么都觉得无所谓，别人怕的他们不怕。

敬畏之心的普遍存在对任何社会都至关重要，精英们必须垂范持守，其他群体也同样需要它。近来的反腐风暴应有助于把更多的敬畏感带给官员们，这是最生动的精神补课。

人在做，天在看。不是不报，时候未到。天欲其亡，必令其狂。中国人一代代念诵这些警示恒言，薄熙来夫妇却再次演绎了相当老套的悲剧。

反腐正酣，官员丑闻最叫座。然而，因缺少敬畏之心而导致的悲剧以及出的"怪事"又何止在官场。

"霸"在汉语里是个流行字，"霸"不时出现在中国各地基层和各领域，这些"霸"利用国家体制漏洞或市场漏洞构筑自己的权势，范围或大或小，但都以侵犯公共利益而肥了私利。他们都清楚自己所作所为不合法律，也不符天道，但他们就是缺少敬畏之心，对自己的"霸道"不以为耻反以为荣。

即使在互联网虚拟社区上，前段时间也有些人"半霸半匪"，大肆造谣诽谤，他们以为自己"永远不会出事"。

有人认为，宗教是一个国家国民敬畏心的最大来源，它对人们的社会道德构筑力高于法律。由于大多数中国人不信神，中国社会的敬畏心不足无可避免。

中国人的政治思考决不能沿着这种观点往下走。宗教敬畏心与法律面前的敬畏心虽有重合之处，但现代社会治理决不能依靠那点重合的放大来实现，我们这里所说的敬畏之心就是法律以及制度意义上的。再广泛的宗教传播也不是它的特效药。比如腐败问题，世界有多少受宗教深刻影响的国家比中国还要严重得多。

作为宗教观念淡薄的国家，中国对犯罪的惩处需要相对更严厉些，坚决促成全体社会成员对法律的敬畏之心，反过来，巩固人们对公德与伦理的敬畏。当有一天在堵车的路上，别人排队，一个驾车违规加塞的人畏惧其他车里投来的蔑视目光时，这个社会上的敬畏之心大概就达至一个正常的水平。

薄熙来将很快淡出舆论，但希望他的教训能被最广泛地汲取，首先是官员们，同时也包括因种种际遇而获得不同权力的人。

(2013.10.26)

安倍在赌他能把中国吓住

日本首相安倍晋三接受《华尔街日报》专访时宣称,复苏的日本将表现出更有决断力的领导作用,在亚洲做对抗中国强权的"舵手"。日本国家最高行政长官以充满恶意的语言描述中国,如此明确地宣扬中日对抗,尽管他同时也谈到了中日关系的"互利互惠"等等,但那些套话根本抵消不了他在中日之间散布的敌意。

不久之前日方曾宣布考虑"击落"飞往钓鱼岛空域的中国无人机,中国国防部发言人就此回应说,如果日方那样做将是"战争行为",中方必将果断"反击"。

中国领导人从未像日本领导人那样公开宣扬中日"对抗",中国军方也从未做过任何可以理解为要"先发制人"的威胁,中国国防部至今使用的措辞是"反击"。中国至少在迄今与日本的摩擦中使用了相对克制的语言。安倍的对华语言嚣张则达到日本历届首相之最。

如今中日官方口舌战已不再避讳"击落"、"战争"这些字眼。日本舆论不停喊"包围"中国,中日摩擦上升为军事冲突的可能性在变得越来越现实。

只要有一架中国飞机被击落,中日之间的各种"深仇大恨"恐将全面激活,东北亚局势也将像多米诺骨牌一样垮塌,中日冲突升级为一场局部战争极有可能。由于美国支持日本的态度很确定,但其以什么方式介入并不确定,中日局部战争会打成什么样,变数很多。

中国已很久没有打仗了,现在突然面对了来自日本的尖锐挑衅,如果中日你来我往摩擦下去,等在前面的大概就是战争。中国社会对战争的真实态度是和平时期很难准确评估的。

中国海军同日本海上自卫队之间的力量对比存在争议,但加上空军和二炮,中国的总力量大于日本无疑。一旦爆发战争,中日两国经济都将遭受打击,但中方的承受力应比日方要强。

现在安倍政府多少有些在赌他们能把中国人吓住。他们认为中国战略目标远大,现在为钓鱼岛同日本军事冲突会威胁中国人倍加珍惜的"战略机遇期"。此外中国人虽不怕日本,但有些"怕美国"。

中国人的确不像抗美援朝和抗美援越时那样对美国这只"纸老虎"满不在乎了。但其实美国也有点在西太平洋"怕中国"。如果中美因中日冲突在中国近海交手,中美相互"谁更怕谁",应当说同样是不确定的。

如果西太平洋"打成一团",中国同美日以及东亚国家谁的经济及社会发展损失更大,今天很难预测损失排行。

我们认为中国一定要想清楚了,我们究竟要在钓鱼岛冲突中争取什么,要在与日本不断上升的对抗中坚守什么。我们必须知道,这些目标有可能通过高超的战略表现以及幸运"无痛实现",但也有可能我们真的会卷入战争,付出我们已很不熟悉的代价。

就历史经验而言,大国极少能完全"和平崛起",中国迄今的努力获得极大成功,但也一定程度上导致外界对中国人"惧战"的怀疑,这增加了日本等用战争吓唬中国的兴趣。

战争大概是中国需要迈过去的一道坎。我们需要在心理上迈过它。我们决不招惹它,但这么大的国家,需要有对它的"平常心"。如果我们没有那么好的运气绕过它,它非来不可,我们就应当坚决接受它,不抱怨它给我们带来的一切。

我们不该幻想一旦开战就"灭了日本",我们需要很认真地做到让日本的损失比中国"稍微大那么一点"。我们要同日本打的是持久战,让它长痛。中国不会用战争"灭日本",最终将是中国的实力增长把它"压垮"。日本其实最怕中国这种冷静、持久的决心。

(2013.10.28)

舆论场像舞台，一些人入戏太深

　　广州《新快报》同长沙警方的轰动性对抗周末出现戏剧性进展，《新快报》被抓记者陈永洲星期六通过央视播出的录像承认，自己受人指使撰写攻击中联重科的报道，并且收受 50 万元的酬金。《新快报》的抵抗随之崩溃，在星期天出版的该报上刊登致歉声明。《新快报》连续两天在头版使用巨幅标题要求警方放人，又迅速以自己道歉收场，这一大跨度转折既冲击了新闻界，也令无数关心这一事件的人瞠目。

　　中国舆论场现在有些像舞台，震撼的戏剧一幕接一幕，高潮连着高潮。中国社会其实没那么壮烈，具体的爱恨情仇能陡然迸发成惊涛骇浪，是不是因为很多人入戏太深了，或者受周围环境感染，不跟着入戏都难？

　　陈永洲被抓后，《新快报》本来是有机会通过司法渠道或体制内其他途径进行维权的。但该报走向破天荒的断然对抗，成了中国媒体之最。如果说《新快报》领导层有些冲动的话，23 日、24 日两天有不少媒体也跟着一起"冲动"了。铺天盖地的评论充满了遭受警方欺压的悲情，而这些情绪的事实依据一眼看上去就那么悬乎。

　　《新快报》让一名二十六七岁的记者承担揭露中联重科如此重的任务，之后又以全报社同警方的对抗为其背书，紧接着一些都市类媒体和互联网站又一起为《新快报》背书，这些重量级的环节，串起它们的竟是一根立场先行、人云亦云的细线。

　　舆论场现在成了中国最混乱的地方之一。有人说它很像江湖，但它有时比江湖还不规则。中国的舆论场太拥挤了，生存资源匮乏，道义的真诚、人穷志短以及自私的假借道义在这里错综交织。由于经济和政治地位的双重弱势，媒体和媒体人总是受到重重诱惑。

然而表面上看，舆论场上像是总有"义军"在整装待发，一件基层冲突就能成为发动"总攻"的号角。而且舆论场上除了蓝军，就是红军，每仗不是滑铁卢，就是斯大林格勒保卫战。其实中国社会哪是这样？中国的黑白并非那么分明，很多时候都是灰色的，这并非是很适合编写大悲大喜剧情的社会。

中国警方是民众及舆论界"穷凶极恶的对头"吗？我们都在生活中遇见过"警察叔叔"，常识告诉我们，他们不是。为什么一到舆论场上，"警察叔叔"就变得比谁都坏了呢？中国舆论场如今果真成了哈哈镜。

偌大的中国社会，总会有些问题和不满，它们如今一起流向互联网，在那里汇集、扎堆成抢眼的山头，这个山头是中国社会的"奇迹"之一。在中国当下的现实中，这个虚拟的山头被一些人当成或者描述成了"圣山"。它影响了一大批年轻媒体人，并使离经叛道成为时髦。

那么多媒体一起为《新快报》那两天显然不够冷静的奇特头版叫好，这决非中国社会时下的真实情绪写照。舆论场又一次掉进了虚假的悲壮中不可自拔。

如果《新快报》几乎"倒射点球"的乌龙都不能带来些稍微像样点的反思，那么中国舆论场可就真是病入膏肓了。当然，社会和官方也需加入反思的行列，后者成为舆论场那么固定的靶子，岂能仅仅归咎于他人。如果所有人都固守自己的意识形态城楼，不肯将思想角度挪动半步，那么我们就只能为今后不断纷至沓来的新公共危机事件一次次喟然长叹了。

(2013.10.28)

中国核潜艇露面，战略威慑力更强

中国官方媒体最近两天大规模报道中国战略核潜艇部队的情况，这被普遍评论为中国对战略"撒手锏"的一次展示。由于中国是第一次这样做，它的效果一定非常丰富。

军事透明的首要条件是对力量的自信。美国的核潜艇是游客可以参观的，美国五角大楼也有游客可以参观的部分。美国更乐于展示力量，让民众了解国家的安全程度，同时也向对手发出威慑的信息。美国显然认为核心军事力量与舆论接触的正面效果更多，这些好处甚至压过了美国人对"泄密"的担心。

随着中国军事力量的不断增强，我们对"国家机密"的认识也会逐渐变化。一方面保密的任务越来越重，因为外界对中国的总体情报兴趣将不断上升。另一方面中国通过主动释放一些信息达到战略效果的空间越来越大，中国将从单纯的"保密"转为与外部世界的信息博弈。

中国是安全的吗？会不会有外部力量敢向中国做战略摊牌，或者在中国的核心利益上对我们做尖锐挑衅？这样的疑问在中国社会里一直存在。公众对国家安全拥有牢固信心，这是中国长期政治稳定的基石之一。

中国是有第二次战略核打击能力的强大国家，而不仅仅是经济大国，这应是世界对中国的普遍认识，而且这种认识需要成为大国构建对华政策的重要元素。现实情况是，一些国家社会层面对中国的这一认识不够深刻，舆论对中国的态度比较轻佻，这会一定程度上导致那些国家对中国的战略性尊重打折扣。

因此对核潜艇部队的情况做部分解密符合中国的利益，这样做既能巩固中国社会的凝聚力，也能对增强外部世界对中国的全面了解起些作用。抱有侥幸心理的邪恶势力亦能从中得到警告。对现代大国来说，核心军事力量投入实战的机会并不多，它们所承担的战略威慑角色就变得越来越突出。建设好军队除了要确保它的真实战斗力，还要让这种战斗力最大限度地释放出战略威慑力。由于中国崛起已经前进到非常敏感的位置，中国今后会对战略威慑力产生越来越大的需求。中国崛起能够最终成为"和平的"，将有赖于战略威慑力的强大和有效。

客观而言，中国目前的核力量水平和世界对中国核力量的了解程度，都不足以确保我们的战略威慑力在任何情况下都不可撼动。中国核潜艇的数量还太少，还不够压制一些敌对势力用极端方式损害中国利益的狂想，也不够让一些西方精英的对华政策思考保持稳定、持久的冷静。在西方民间，一个小孩子能在美国广播公司电视节目里脱口说出"杀光中国人"，说明在那里很多人以为对中国可以选择友善，但不是必须那么做。

要让全世界都很清楚，不挑战中国的核心利益是所有国家的唯一选择，根本就不存在其他选项。对于培育这种全球性的对华思维共识，中国还有很多工作要做。继续发展中国的战略核力量，尤其是发展海基核反击力量，是中国这项庞大工程的"基础设施建设"，也是首要之举。

这或许会一时让外界找到一些"中国威胁论"的噱头，但这些工作带给中国的战略收益将远远大于外部舆论鼓噪给我们制造的麻烦。

在国内，战略性军事设施进一步向国民开放也是件有意义的事。应让公众有机会直接接触到中国的航母、战略导弹基地，观摩重大军事演习等等。军方有必要在这方面不断解放思想，开创加强军民关系的新途径。国防离不开民众的支持，而且这种支持在现代社会里越来越重要。保密和让国防更加"亲近"民众，这两者的结合与平衡值得在摸索中不断创新。

(2013.10.29)

日本投靠美国，难获对抗中国资本

日本防卫相小野寺五典29日上午在记者会上说，中国"入侵"钓鱼岛周边领海的行为，"已落入和平时期和紧急状态之间的灰色地带"。他的这一表态把中日对抗再次做了程度和气氛上的拉高。

中日已经没什么可谈的了，有的只是相互攻击和警告。现在双方都固守自己的强硬立场，一边做谨慎的摩擦并试探对方底线，一边做一旦爆发军事冲突的最坏准备。

美国是中日之间挥之不去的影子，日本的挑衅姿态很可能部分受到了美国默许，但日本对美国将怎么支援它并无把握。中美日之间并非中国为一方，美日毫无悬念绑在一起那么简单分明，美国同时并没放弃"平衡者"的角色，即使中日发生军事冲突，以什么方式介入对美国也是艰难的选择。

只要美国不公开支持日本同中国作战，我们就需忽略美国的态度，集中力量压制日本的挑衅。日本虽然出语嚣张，但它实际上很心虚。否则日本高官就不会几乎天天都出来表决心，对中国说狠话。他们也就不会利用每一个机会要求美国就支持日本反复表态。

中方一直拒见日本高官，中国官方也只是外交部和国防部的发言人出面表态，与日本首相及内阁部长不停向中国隔空喊话形成很大反差。中方已在心理上对日取得优势，日本为了刺激中国的注意，不断释放极端信息，撒泼耍赖。

日本搞"国有化"钓鱼岛偷鸡不成蚀把米，钓鱼岛由日本所谓"实际控制"的现状被中国打破。在中国的坚决反击面前，日本表现了软弱。日本现在要重构它的"底线",防止中国在钓鱼岛维护主权的行动进一步升级。

由于中国现在彻底夺回钓鱼岛不太现实,这也不是中国当下的目标,中日双方围绕该岛的摩擦形成某种规则,暂时默认新的"现状"是可能的。

日本威胁击落中国无人机,高官发表对华强硬言论,某种意义上也是提高他们与中国妥协的要价。现在看来日本是要坚持口头上不承认中日存在钓鱼岛领土争议,但对中国执法船在钓鱼岛海域搞常态化例行巡航,以及对中国船只进入12海里睁一只眼闭一只眼。

中日仍在进行意志对抗,这一对抗的结果会影响今后一段时间中日相处的方式。

中国不仅要在钓鱼岛主权争议中尽可能扩大对己方的有利,还要通过这件事给日本一个深刻教训:它肆意挑衅中国决得不到任何便宜,尽管有美日同盟,它同中国作对也取得不了优势。

中日这样对抗下去,就将成为战略敌人。但中美不会因为钓鱼岛冲突也走向战略敌对。中美要在全球开展的合作很多,日本是美国的棋子,日本没有力量反过来把美国变成它的棋子。

只要钓鱼岛地区的形势达不到中国的要求,只要日本人坚持对靖国神社的态度,中国就应保持对日本的压力,让它难受。但中国没必要给自己加码,把教训日本的目标提得很高。那样中国就不是逼日本,而是逼自己。

日本高官还会对中国说新的狠话,让他们说去。中国需保持对日本施压的稳健和可持续,展现大国的力量和威严。中国还需同时显示自己的战略克制和理性,这样的中国将最终瓦解日本的意志。

(2013. 10. 30)

"383"报告引领改革建议值得关注

国务院发展研究中心推出的"383"改革方案引起轰动性关注，连股市都跟着"动了"。所谓"383"是对"三位一体改革思路、八个重点改革领域、三个关联性改革组合"的简称。这是由中央级智库在十八届三中全会以前发布的相当完整的改革路线图。

历史证明，没有一个智库可以左右中央的决策。但国研中心对形成国家改革政策的真实影响，在中国所有智库中多年来无疑处于最高之列。"383"路线图涉及行政审批、反腐倡廉、土地制度、财税体制等公众高度关心的领域，很多建议"尺度很大"。无论该报告最终被中央采纳多少，其意义都不可低估。

首先这份报告透出强烈的改革愿望和决心，这种愿望和决心决非是国研中心一家的，而是中国智库普遍的。由于智库连着决策层，它们的思考和研究方向不可能是偶然及书生气的。

报告在很多方面都反映了民间的意见，不少提法在互联网上耳熟能详。积极回应民间声音，这已成为当下制定政策时比较靠前的出发点之一，这不仅是政府智库，也是政府本身工作态度和方式的真实转变。

"383"路线图涉及的改革领域相当宽阔，它从侧面印证了一点：这次改革的力度可能会很大，涉及面会很广，而不是零敲碎打的修修补补。

然而"383"报告出台后，关注极高，但舆论的反应可不全是鼓掌。比如针对公务员廉洁年金的反应，争议、揶揄占了大部分。这一切再次显示，改革的民间呼声虽高，但真实舆论环境却是复杂的，民粹主义对改革的"挑肥拣瘦"尤其严重。

还有一些声音认为"383"方案的改革程度还不够深,特别是没有触及政治体制改革。这也反映出,社会上总是会有新的以及更激进的改革要求。如果全社会竞赛口头谈论改革的尺度,不仅政府会显得"保守",官方智库也很难长期扮演振臂一呼举旗者的角色。

十八届三中全会在即,由于它将制订中国新的改革计划,最近这些日子围绕具体改革内容的传闻一波接一波。它们有些可能是提前下的"毛毛雨",有些则是未必会被采纳的建议,甚至就是一些小圈子的意愿,却被人放到舆论场上,进行"倒逼"。

我们相信,十八届三中全会一定会对改革形成又一次历史性的强力推动,并将因此载入史册。十八大以后国家新领导层不断从不同角度论述继续改革的重大意义,对发动新改革,相关舆论这一年实际上已经做了大量铺垫,中国"深水区"的改革呼之欲出。

另一方面,中国新的改革是对民意的呼应,但不会刻意取悦互联网上的舆论,受它的牵制。新的改革必会振奋中国社会,但新的争议也无可避免。中国不会为改革而改革,对改革的评判取决于大多数人的感受,取决于它给中国带来什么样的变化,这一检验需要时间。过于关注互联网上掌声的多少是浮躁的。

国研中心通过"383"报告提出对改革的全面建议,对这种建议进行竞争已在中国变得越来越公开,参加者既有智库,也有个人,包括一些"圈子",互联网是这种竞争的平台之一。让此类竞争变得更有序,不仅需要有对它们的公开呈现,还需要社会对其中很多建议不被采纳逐渐习惯。只有这样,民主的这个环节才能相对完整。

中国是头大象,我们虽然都睁着眼睛,但每个人往往只能看到它的一个局部。千万别以为我们自己"最清楚"中国该如何改革,我们更应当相信这个国家通过种种渠道汇集起来的全民智慧。

(2013.10.30)

三中全会将为全体中国人创造机会

十八届三中全会已确定在 11 月 9 日至 12 日召开,全会将研究全面深化改革,令舆论高度期待。

这次会议是党的中央全会,但中国全社会对它的关心度极高,这种关心实际上也是一种参与。三中全会的成功不仅取决于它自身开好,做出重大决定,还取决于中国社会对改革形成全面、准确的认识,并与党的决策高效互动。

同十一届三中全会相比,十八届三中全会面对的中国社会环境已大为不同。那时改革的决策以及对改革的推动几乎完全来自中央,而今天,改革不仅是党和政府的事,从改革的决策到它的展开,社会意见的影响无处不在。

由于中国社会越来越多元化,不同群体的利益冲突越来越明显,这增加了中国上下互动的挑战。如今影响中国的不仅有主流意见,一些非主流意见也能通过在舆论场放大声音施加影响。

社会各界现在需要准确认识中国的改革。从 1978 年开始,三十多年过去了,进一步深化改革将带来更复杂的利益触动,大概不会再有让全社会立竿见影一起受益的"肥项目"了,今后改革见效周期会更长,因利益调整一时感觉"被动了奶酪"的人会比改革初期多,支持改革不是表现在口头上的,积极配合改革的利益调整才是真的。

现在舆论中有一种较强的声音:改革就是改官方。这有一定道理,但远不全面。除了政府,其他从以往改革中获益较多的群体也需有在利益上做一些退让的思想准备。如果大家都想着从改革中迅速分红,都认为改革必须立即给自己兑现利益,那么博弈就会成为改革进程的主导面,甚至可能失控为社会分裂和对抗。

近年中国出现较普遍的"钉子户"现象,而且"钉子户情结"已被舆论部分合理化。"钉子户"过去常是弱势者,现在强势的"钉子户"越来越多。我们决不能让这种情结扩大到改革当中去,不能让国家的改革也总是遇到"钉子户"。

改革是解决中国发展中问题的主要方式,由于中国的国家路线已经确定,今后的改革越来越具有改进国家治理的技术性意义。不断有人热衷对改革做过度政治解读,从每一项改革中挖掘它的"政治意义"。这对改革的平稳进行不是什么好事。应当反对带着意识形态的痴迷解读所有改革。

改革不能鼓励"等靠要"。改革既需要中央的决策,也需要各地涌现大批的探索者。改革的成功有赖中央正确决策与基层探索努力的对接。自己改革不力,就抱怨上面的政策不好,这种牢骚只会让一个地方或一个圈子滑向改革的边缘。

即将召开的十八届三中全会意义重大,它会促成中国进一步深化改革的大势。但一个人要成功,一个地方要成功,必须有应势而为、大胆开拓并付出艰苦努力的断然跟进。每一轮改革都有成功者,也都有坐失良机者,过去这样,今后还会是这样。

中国是当今世界成功机会最多的国度,十八届三中全会必将进一步让中国成为"机会之国"。机会在中国除了多,还会变得更加公平,这是全社会的愿望,也是三中全会最关切的工作方向之一。机会属于愿闯肯干的人,属于积极乐观的人,而且属于能坚持有耐力的人。我们大多数人都将在三中全会的现场之外,但我们又都会因为它而面临新的机会选择。

(2013.10.31)

决不让暴恐分子制造社会隔阂得逞

"10·28"吉普车冲撞天安门金水桥事件经警方侦查，已确定为暴力恐怖袭击。作案人乌斯曼·艾山及其妻子、母亲等3人已当场死亡，另5名涉案嫌疑人被抓获。这是新疆暴力恐怖势力第一次在北京搞出重案。

新疆暴恐势力的活动区域在蔓延，但公众一定要保持充分的冷静。暴恐分子的目的就是要制造社会恐慌，同时要制造社会隔阂，我们一定不能让他们的这些目的得逞。

恐怖主义与普通作案不同。普通刑事案件的爆发量与犯罪分子的人数是完全正比例关系，然而恐怖事件则不是。也就是说，暴恐事件近来的多发并不直接意味着暴恐势力在扩大。他们有可能受到打击，但他们的疯狂度增加也会造成其行动短时期内的活跃。

乌斯曼·艾山带着家人同时犯罪，其思想的极端令常人无法理解。他们开车撞向普通路人时候的残忍，在任何民族的文化中都决不会被接受和原谅。

对付暴力恐怖活动，社会往往面临两难困境。我们既要更严格地防范它，提前发现暴力恐怖分子，又要尽可能避免这种防范对正常社会和谐的伤害。要把这种难处真实告诉公众，争取全社会最大限度的理解和配合。

比如，从名字就能看出，这几名暴力恐怖分子是新疆维吾尔族人。新疆往返内地的班机会因此受到更严格的安检，新疆人在内地正常工作学习感觉受到"牵连"的机会也会增多。恐怕以后新疆牌照的汽车在内地也会少一些方便。这些都是暴恐分子给社会制造的负面成本，它们都是现实的。

我们必须有能力和气度消化它们。内地人在提高警惕的同时，要知道这种警惕给新疆人客观上造成的心理不适。我们应当以更多的善意和热情，通过各种机会抵消它们。社会安全成本的增多不能成为人民之间的一堵墙，我们一定要让新疆人感受到我们这一愿望的真诚和强烈。

新疆人也需对暴恐势力制造的种种负面成本展现出理解和包容，决不助长它们的放大或固化。现在是内地人和新疆人合作克服这些成本，坚决阻止它们在感情层面放大的时候。这个问题以及围绕它的心结我们应实事求是地面对它们，只有这样我们才能把它们掰开揉碎，瓦解它们的破坏性能量，避免它们加剧社会隔阂，形成恶性循环。

暴力恐怖分子是全体中国人的共同敌人，就暴恐后果的受害程度来说，新疆人、尤其维吾尔族人无疑处在受害者的最前列。我们大家不仅是朋友，而且应当是对付暴力恐怖势力的战友。暴恐分子一再要给我们之间打楔子，播撒怀疑，要我们彼此仇视。这个世界没有技术上超越暴恐成本的办法，能够超越它的只有我们的心和意志。我们必须在精神上要远远比暴恐分子想象的我们更加强大。

恐怖分子不仅穷凶极恶，而且很阴毒。我们要用正义和阳光对付他们。把我们的难处和尴尬都说出来，我们就会知道，你我彼此不是这些难处和尴尬的制造者，暴恐分子是唯一制造它们的坏人。在现代社会里遭遇暴恐势力，我们不得不付一些代价。但没有一个现代社会能够被恐怖主义打翻。

我们需看到，暴恐分子再猖狂，他们的能力也极其有限，暴恐事件在中国仍属于非常低概率事件。中国的整体安全和社会秩序决不是他们能撼动的。全世界都受到恐怖主义的骚扰，我们未能幸免。但正常生活在全世界延续，在中国尤其会是这样。

(2013.10.31)

普京影响力登榜首，中国人乐见其成

美国《福布斯》杂志发布最新全球最具权力人物排行榜，普京超过奥巴马位列第一，这一下子成了世界舆论最热门的话题之一。

俄罗斯媒体普遍很开心，中国舆论场上的最初反应也很正面。中国公众愿意看到俄罗斯强大的证据，不因为俄是"苏联的碎片"、也不因为它走上与中国不同的道路而盼它"不好"，这种从中国国家地缘政治利益出发的心态是值得肯定的。

全球舆论大多认为《福布斯》把普京和奥巴马的影响力排名"倒过来"是对的，俄在斯诺登及叙利亚化武危机两件事上都确有突出表现，成功挑战了美国。莫斯科的老道外交使俄发挥了超过其国力的影响力，而奥巴马则显得瞻前顾后，缺少关键时刻的决策力。

世界不得不对普京身后的俄罗斯多看几眼，反思前一段时间是不是低估了这个国家的实力以及它使用力量的决心。今年大概可以算作苏联解体以来俄罗斯的政治"丰收年"。

中国社会这两年对俄罗斯的好感增加很快，对普京个人亦是如此。这对中俄发展全面战略协作伙伴关系是好事。

然而中国舆论整体上对俄的看法波动很大，远不像两国官方关系那样稳定。中国公众需要形成对俄更全面的认识，避免各种错觉。这要求我们要客观评价俄罗斯及两国关系的潜力，而不是把这种评价建立在我们对俄的好恶之上。

比如中国民间有一种愿望，那就是中俄"结盟"对付美国。还有一些人希望俄的强大能够成为分担美国对华压力的强有力因素，从而把俄的各种动作都用来印证这样的预期。

然而我们需要清楚，中俄的"全面战略协作"不是解决中国国际难题的万能药。它为中俄同时带来"背靠背"的稳健战略态势，帮助两国可以"直视前方"，但就中国来说，我们正面的重大战略挑战还要靠我们自己的力量去应对。

俄罗斯不会同美国发生当年美苏级别的对抗，美国已将中国列为头号竞争对手，俄美的具体摩擦很难改变美国的国家战略主方向。中国社会中想让俄罗斯"挑头反美"的愿望不现实。

此外一旦中国同日本发生军事对抗，日本可以直接向美国求助，但中国不能寄希望于届时让俄罗斯为我们"两肋插刀"。

中国已经走在成为世界"超级力量"的路上，我们受到的防范、挤压就属于我们今天所处的这个位置，它们是没有人能为我们实质分担的。为减轻自己的压力，我们多交朋友很重要，但我们也需了解，如果做不到少树敌人，交朋友的效果就会被抵消。

我们还要知道，俄罗斯崛起会全方位增加它的外交雄心和要价，中国方向未必就会是例外。中国与更为强势的俄罗斯打交道，除了可以借力，这当中的问题增加大概也不会是零。北京同莫斯科的关系史上有过诸多曲折，保留这样的记忆或许并不多余。

然而俄罗斯影响力的上升终究是值得欢迎的，这完全不需质疑。它会进一步增加世界多极化的动力，也会提升中俄全面战略协作伙伴关系的整体分量。俄罗斯文化崇尚袒露和高调，中国文化则信奉放低身段的哲学，俄喜欢有八说十，中国喜欢有十说八，两国的外交气质差异并非两国的刻意做作，而是两国民族性格相当自然的流露。

普京走上《福布斯》全球最具权力人物的榜首，中国舆论场的高兴直抒胸臆。一个愿意举旗，一个真心鼓掌毫不妒忌，就凭这一点，就说明中俄全面战略协作伙伴关系已在两国社会的心理中深深扎根。

(2013.11.01)

土耳其买或不买，中国导弹都赢了

据报道，土耳其国防工业局近日宣布，将采购中远程防空导弹系统的招标期限延长至2014年1月31日，此举意味着该局之前做出的购买中国导弹的决定出现变数。舆论大多认为，这是美欧包括日本向土耳其施压产生了效果，中国导弹这笔30多亿美元的出口大单可能会被搅黄。然而，无论土耳其最终买还是不买，中国导弹其实都赢了，且赢得光明正大。

中国"红旗－9"防空导弹能在土耳其的首轮招标中胜出，本身就是一个"历史性突破"。土耳其是北约成员国，对欧美来说，土耳其买中国导弹无异于一种"背叛"。中国"红旗－9"靠性能优、价格低、服务好，超越意识形态和政治因素，在北约内部打败美国"爱国者"、欧洲"紫苑30"，这一次又通过欧美日对土耳其的高调施压而广为天下知。"中国制造"正一点点挤进世界顶端的大竞技场，这样的好成绩甚至出乎很多中国人的意料。

欧美力量依然很强大，可根据自己的意志改变一个主权国家的决定。但这一次实际更暴露出欧美的失败。它们不能在正当竞争中取胜，最后不得不使用堪称低劣的手段，欺行霸市，强迫土耳其取消"上一轮成绩"，重新比赛。

第二轮竞标，中国方面仍要全力以赴，我们的胜算还是最大的。我们心里坦坦荡荡，第一轮成绩靠的是真本事。同时我们也应做好心理准备，土耳其最后很有可能因担心欧美给它穿小鞋，而放弃购买中国的导弹。当然也不排除土耳其利用中国导弹压欧美价的可能。若结果真是那样，我们也没有输，这是欧美的一个污点，也是土耳其对我们的亏欠。

　　武器装备是特种商品，不是白菜萝卜，受政治的影响很大。在国际关系中，谁跟谁好、跟谁不好，从对武器贸易的态度上能看得很清晰。欧美把控着国际军火市场，长期对中国进行武器禁运；如今中国靠独立自主，军备制造有了竞争力，欧美又干扰我们出口武器。在欧美心里，中国大概永远是个"异己"，它们对土耳其显然也并不信任。

　　不应奢望等待在中国崛起面前的是一条平坦大道，中国越往上走，将越遭遇西方强大干扰和抵制。"红旗-9"也好，华为、中兴、三一重工等也好，因它们身上的"中国"标志，不得不付出更大努力，承受更多代价。西方的"找茬"其实也是对中国产品够强大的ISO质量认证，我们难受，西方可能更难受，中西方只能在这种带着痛的磨合中，找到各自的新位置。

　　在冷战结束之初，西方有过一段黄金岁月。政治、经济、军事、文化上的绝对优势，让欧美得以占据道德高地，欧美人有钱有时间，可在发展中国家搞搞慈善，当当人权和民主的导师。但风水轮流转是自然规律，新兴国家特别是中国的崛起逼出了西方的虚伪和自私。

　　中国导弹在土耳其中标，欧美日的惊慌溢于言表，这种惊慌一定程度上是它们自找的，它们内心深处并没有像嘴里说的那样"乐见中国崛起"。它们的惊慌也应让我们更自信。它们可以搅黄中国的生意一次两次，但不可能永远得逞。中国凭借努力，完全可以拱出属于自己的一片天地。

（2013.11.02）

CNN 表现了部分美国人的阴暗心理

美国有线电视新闻网（CNN）的官方网站日前刊文，评北京天安门广场上周一发生的吉普车碾轧行人和冲撞金水桥事件。文章回顾了中国政府对新疆维吾尔族的"压制"，并且质疑中国警方对这起事件的定性，公开提出这件事究竟"是一起精心准备的恐怖袭击，还是一个挣扎在中国巨大发展机器边缘的民族仓促组织的绝望呐喊"。

CNN 这一次做得实在过分了。西方媒体通常通过采访热比娅等东突势力的头面人物，借后者的嘴来表达对新疆暴力恐怖主义分子的同情和支持。CNN 这篇文章的作者是美国乔治·华盛顿大学的一名助理教授，CNN 网站予以突出处理，直接表达了 CNN 的态度。

我们相信这篇文章反映了美国不少人的观点和态度，但即使他们这样想，将它以美国社会主流观点的方式呈现出来，也是非常恶劣的。

其实当年"9·11"事件发生后，有部分中国人是很高兴的。在中国民间的餐桌上，有不少赞扬本·拉登的议论，甚至有人把他称为"当代罗宾汉"。然而这样的态度从没有中国一家媒体将之变成文章刊载出来。中国所有主流媒体都严厉抨击基地组织的恶行，坚决站在同情美国政府和美国人民的一边。

我们认为，虽然各国利益有分歧，大国之间存在博弈，但针对恐怖主义，全球正义的以及热爱和平的力量都应团结攻击之。在恐怖主义问题上搞双重标准，给自己造成损失的就是恐怖主义，给别人尤其是给竞争对手造成损失的，就是发动袭击者的"绝望呐喊"，如果大家都这样干，人类政治文明就将倒退。

说到"绝望"和"仇恨",凡是搞自杀恐怖袭击的,哪一个袭击者没有一些?是袭击美国和欧洲的基地组织成员没有,还是袭击以色列的巴勒斯坦女自杀爆炸者没有?但如果没有极端宗教势力的洗脑,杀戮无辜平民的恶行又怎能被当成"正义"乃至"圣战"的事业,被那些袭击者狂热执行?

在文明之间、民族和族群之间,从古至今一直存在一定程度的隔阂。迄今没有一种社会治理彻底解决过这个问题。西方社会绝非这方面的楷模,美欧的种族冲突不时发生,西方文明同外部世界的冲突尤其严重。

西方一些精英在恐怖主义问题上针对中俄等搞双重标准,对世界反恐事业一点好处也没有,而且也达不到把中俄搞乱的目的。西方人应当有切身感受:任何大国对恐怖主义的真实承受力,要比发生恐怖事件时舆论所呈现的样子强大得多。

CNN登那种无良文章,其实就是憋不住了,转着弯要发泄一下他们幸灾乐祸的情绪。但文明社会的经验是,这样做能让发泄者得意一时,但总体上他们一定是丢分的。比如CNN这次不仅自己在中国受众中失了名声,而且连累了整个美国社会的形象。

冲撞天安门金水桥事件发生后,法国总统奥朗德及时谴责这一恐怖主义事件,表示慰问受害者家属。他为法国在中国公众中一下子赢得了特殊好感。相比之下,CNN所代表的"美国心胸"越来越与那个国家的超级大国地位不相符。CNN让人看到一个正逐渐被某种阴暗心理绑架的美国。

前几天美国ABC电视台出现一个孩子主张"杀光中国人",不几天CNN网站又为在天安门广场作案的暴力恐怖分子辩护。我们该对美国媒体说一句了:请你们自重。

(2013.11.04)

日本野心大胆子小，行动软嘴很硬

中日会在钓鱼岛"擦枪走火"，并进而爆发一场局部战争吗？迄今为止大多数的分析认为不会，基本理由是：日本不敢打，中国不想打。

中国不想打的原因我们都有切身体会。很多中国人对日本的挑衅很愤怒，巴不得好好教训它一顿。但中国社会总体是理性的，真正认为一场战争能解决钓鱼岛问题的国人并不多，人们更希望能在钓鱼岛问题上压制日本咄咄逼人的姿态。实际支持通过非战争手段解决钓鱼岛问题的中国人更多。

日本不敢打，是很多中国从事对日外交和研究工作者相当坚定的看法。他们认为，日本根本没有资本同中国开战，一旦两国打响，无论打成什么样，日本社会将陷入惊慌，政府在政治上必输。安倍对华强硬并渲染紧张的意图是要推动修宪扩军。不仅他本人，整个日本没有与核大国中国迎头猛撞的意志。

然而没有什么事情是绝对的。日本作为区区岛国，历史上同中俄美三大国都发生过战争，它有时的冒险几乎就是自杀式的。东北亚风云变幻，现在无法预测今后中国的"不想"同日本的"不敢"将如何互动，以及产生什么变化。

但至少在目前的"不想"和"不敢"之间，中国事实上历史性地处于对日关系的战略主动地位上。日本这些年一直扮演了挑衅者角色，但无论在靖国神社，还是在东海，日本的瞎折腾都无力对其地缘政治困境做出改善，日本的对华被动逐年增加。

比如在钓鱼岛，日本搞"国有化"导致中国的猛烈反击，中国执法船在该海域的常态化巡逻打破了日本之前的所谓"实际控制",日本实际有所退让,但嘴变得更硬。

中国这些年军费持续增长,海军力量通过宫古海峡走向太平洋,这会让日本方面感到不小压力。日本不得不接受逐渐适应中国海军力量崛起这一虽不舒服、但却是唯一的选择。

日本对华的担心和不满主要发泄到靖国神社冲突上,这是日本能够相对主动的擂台。但中国在历史问题上施加的压力同样是强大的,加上与韩国联手,有部分西方舆论支持,靖国神社并不能给日本对华战略加分。

中日目前陷入密集的相互示威,一来一往,掩盖了大局。中国社会需要拽紧大势的主要线索,始终看清中日间的态势,不做误判。

时下的日本是有野心、胆子小、不敢大动作却又忍不住挑衅的对手。中国在钓鱼岛维权和海军走向太平洋等方面都取得重大突破,实现了我国的部分神圣权利。同时我们需知道日本的感受非常沮丧和不安,它处于对华战略守势。我们宜保持节奏,给日本的适应留出时间和空间,不让日本右翼利用其社会上的"对华恐惧",煽动悲情。

钓鱼岛是中国给日本挑衅以教训的地方,我们开创了维护该岛主权的新空间。但我们也需清楚,钓鱼岛问题短时间内无法彻底解决,中日即使围绕钓鱼岛开战,它也一定是没有胜负的战争,而是中日各自表达不放弃该岛意志、摸索下一步和平解决的一个昂贵环节。

今天的中国根本没理由怕日本,我们所要计算的是在经营中国全球战略的关键时刻,陷在与日本的纠缠里值不值。日本现在与中国对抗得很专心,而我们实际只能对它采取"三心二意"的态度。

然而我们不是中日关系的唯一决定者,日本有可能利用我们的犹豫而提高对华政策要价。这一切对我们构成做全球大国极不熟悉的挑战。又要能镇住日本,又不使我们的反击进一步刺激它的敏感和各种变态的情绪,对其胡萝卜加大棒,驾驭它,而不是降低自己做它的平等对手。难。崛起的中国,的确需要大智慧。

(2013.11.05)

印度探火星，大国谁能漠视战略竞争

印度今天发射首个火星探测器"曼加里安"号，把它送上太空只是"万里长征的第一步"，如果它能一切顺利，需飞行10个月，明年9月24日方可抵达火星轨道。目前成功实现火星探测任务的只有美国、俄罗斯和欧洲宇航局，因各种原因，日本和中国各自第一个火星探测器——"希望号"和"萤火一号"都未能进入火星轨道。

印度的航天计划雄心勃勃，该国科学界有志于在火星探测领域领跑亚洲，尤其是一步跨到日本和中国的前面。作为穷国，印度发扬了"穷国自有穷办法"的精神，使得发"曼加里安"号一共只花7000多万美元，远比其他国家的火星探测计划更廉价。

即使这样，火星探测在印度国内还是遭到舆论的一些质疑，美欧舆论也不乏嘲讽。反对的观点大体是一个意思：一个3.5亿人口每人每天生活费不足1.25美元、1/3人口用不上电的国家，花钱跑几亿公里外拍几张火星的照片，值得吗？

然而这些质疑并不能阻止印度向太空领域不断投钱，除了发通信卫星和遥感卫星，印度已经成功发射了第一个月球探测器，目的是"紧紧咬住中国"。

印度在太空领域遇到的风言风语，与中国航天事业近年逐渐复杂化的舆论环境有些相似。甚至可以说，印度越来越像中国的一面镜子。

印度很穷，但中国同欧美发达国家比起来也属于穷国。西方对中国"穷但是肯向航天花钱"的印象，同我们看印度"这么穷还有钱探测火星"，感受差不太多。印度的追赶目标就是中国，中国航天则逐渐把美俄的最高航天水平当作参照。

全球参与航天竞争的还有日本、巴西甚至韩国等，中国是"航天俱乐部"综合发展水平较低，但又被认为现阶段"比较有钱"的特殊成员。

"航天有什么用，不如去发展教育医疗。"这种民粹主义的口号在国家战略层面不可能得到响应。印度搞的是西式民主政治，还有几亿文盲，处处需要用钱，但它的综合意志是"既不能放弃月球，也不能放弃火星"，看上去有些"不着边际"的印度国家利益战胜了只认眼前实惠的民粹主义。

中国航天这些年硕果累累，载人航天和空间站研究都实现跨越。中国虽还远远落后于美国，但与俄罗斯、欧洲和日本相比已经各有所长，同印度等比更是不在一个水平线上。中国在各战略性科学技术领域齐头并进，我们在发展民生的同时，国家科技战略力量也在扎实前进。

大国必须往人类探索的第一集团里挤，这是大国全面进步、变成强国的唯一方式。偏科和突出的短板都不可取，大国规划容不得朝任何方向的激进。印度这么穷，却不敢丢下航天，而且造航母，研制核潜艇，因为它不敢在某个方向上让落后不断扩大。

做大国很累，总是被迫卷入自己未必情愿的国际地缘政治竞争，一些普通竞争落到大国头上也会变得沉甸甸，甚至惊心动魄。此外小国的钱可以"吃光喝光"，大国却要挤出一些钱来搞看上去"没用"的东西，比如研究遥远的星体，甚至向太阳系外发探测器。

现在要防止民粹主义将中国当成一个理想主义的小国，用社区具体利益反对国家战略利益，否定国家间竞争的必然性。看看印度在中国身后气喘吁吁的追赶，我们就应清楚，除了继续做好，我们别无选择。

"曼加里安"号代表了印度的雄心，无论它成不成功，都可以让中国人更清楚地看到，这个世界大国都在忙些什么。民生永远是第一位的，但它不是全部，而且很难孤立繁荣。

(2013.11.05)

中国社会莫为日本民族主义伴舞

"民族主义的幽灵在东亚徘徊",套用这个著名句式来谈民族主义,是否过于夸张了呢?

中国人能清楚地感受到日本民族主义的汹涌澎湃。反过来,中国也常被一些国家认为是"民族主义严重"的社会。当前中日严重对立,有人认为,这同时就是两国民族主义情绪的交锋。此外韩国等东亚多个国家也常被拉上"民族主义"的名单。

如果我们一口咬定中国"没有民族主义",外部舆论不会同意。有意思的是,中国国内自由派也常常指责他们的舆论对立面是"民族主义者",而且他们对民族主义的定义同外部舆论对它的使用差不多。

"民族主义"这个概念在各个时期有着不同褒贬寓意。就今天来说,它在各主要语言里大体是个贬义词。"民族主义"同"爱国主义"内容之间的界限比较模糊,舆论对这两个概念的态度则逐渐分离。一国国民针对国家感情的积极部分被归入爱国主义,消极和极端部分被归入民族主义。

即使这样,围绕民族主义经常出现纠纷,被一些人认为是爱国主义的情感和行动,常常会被另一些人看成民族主义。

中日互指对方"民族主义",只能是一场比谁声高的舆论仗。

然而必须指出,中国民族主义的内涵与日本的有很大不同。中国民族主义主张领土主权完整,国家强盛。日本社会除了与之相近的上述内容外,更突出的是要摆脱二战结局的束缚,突破和平宪法,日本的民族主义还纠结于想要阻止中国正常发展带给世界力量格局的自然变化。

很显然，日本的民族主义更容易矛头对外，引发摩擦。事实上，中国的民族主义情绪主要是社会层面的，而日本的民族主义则由国家领导人冲锋陷阵，日本首相等高官不断针对中国发表强硬言论，中国的官方回应一直相当克制。

但是民族主义很容易在国家间互动，相互刺激，形成一来一往的连环升级，直到后来互为因果，不再容易分清谁是源头。就中日来说，如果中国对来自日本的挑衅有则必应，最后就会纠缠成激烈的一团，将是非淹没在其中。

外界可能会对中日民族主义"各打五十大板"，当然，外界的态度未必就是对我们最重要的。但我们需要警惕，如果与日本在所有具体冲突中争胜利感觉，这种胜利很可能在战略上是廉价的，为此消耗中国的战略资源未必符合中国作为全球大国的长远利益。

中国决不能在原则问题上对日本妥协，但我们或许需要跳出与日本你来我往的"强硬竞赛"，不把我们的时间和精力大量浪费在日本的三流政客、无聊文人和极端媒体上。

中日国家力量已经实现逆转，时代在变，中国面对日本需要不断建立、巩固强者的自信，牢记历史，但同时摆脱旧时代的受害者心态。日本现在很愿意中国全心全意陪着它闹，中国不能为这个衰落的岛国不断伴舞。我们在释放自己的情绪时，需要保持定力和理性，不尾随日本走得太远。

我们要防止一种舆论定式：只要对日强硬，与其针锋相对"死磕"，就大快人心。如果长期这样，就会束缚中国的外交空间和智慧，由日本"一根筋"的对华政策，派生出中国的策略僵化。

中国人在两千多年前就已注重战略的运用，反对专注于一时一事的赢输。今天的中国已经走向亚太和全球的超级舞台，我们对战略的理解和运用战略的气度都应超越古人。让我们做一个假设：给孙武或孔明写封信，问问他们今天的中国应如何应对日本，我们应能大致猜出来他们会怎么说。既然如此，让我们别离他们的"锦囊妙计"太远。

(2013.11.06)

支持京张两城以平常心申办冬奥会

中国奥委会正式同意北京和张家口申办 2022 年冬奥会，北京承办冰上项目比赛，张家口承办雪上项目，昨天爆出的这一消息引发轰动。至少从互联网上看，舆论的态度比当年北京申办夏季奥运会时复杂多了，有支持，但风凉话也不少。

我们支持京张两市的这一联合申办，同时呼吁两市以更成熟的平常心组织申办活动，使这一过程不仅对两市有益，而且能向中国北方广大地区辐射其对经济社会发展的积极影响力。

我们理解舆论场上出现的一些反对声，有了这些声音，中国申办冬奥会的舆论环境与其他国家更加接近。但我们也看到，世界各城市对奥运的申办虽都遭到一些反对，但也都坚持了下去。

目前有不少情绪在中国互联网的表层舆论中流动，比如对雾霾天的不满，对以往大型活动是否做到了节俭的质疑等。而且网上情绪有了一定逆反倾向，其中部分批评是严肃的，也有些类似球场看台上的发泄，还有些就是"骂着玩"。在京张申办冬奥会的事情上，不能因为网上出现反对声，就得出两市市民反对申办，中国人反对申办的结论。

京张申办 2022 年冬奥会未必就能成功，这有可能是两市申办冬奥会过程的开始。申办必将倒逼京张及河北、内蒙等广大地区对突出环境问题的解决，这同中国未来十年经济社会发展的大方向是一致和促进的关系。

中国已经成功举办过夏季奥运会、世博会等全球顶级盛事，该见的世面我们都见了，即使中国人有"虚荣心"，该满足的也都满足了。接下来再申办冬奥会,中国社会将会更加实际,对"面子"的关注将被大大朝后挤。

举办冬奥会总体上肯定是好事,否则它为何供不应求,每次都有多个国家的城市抢着办?夏奥会更是如此,即使是东京那样已经举办过它的城市,今年9月重获举办权,也带动了日本的举国欢呼。我们注意到,在奥运会申办城市的名单里,还有吉隆坡等社会发展任务很重的第三世界国家城市。

我们希望,京张两市申办冬奥会,是中国彻底形成举办世界级盛事平常心的转折点。不能不说,此前北京、上海举办奥运会和世博会的心态还是紧张了些,回过头来看,我们当时追求的完美无缺未必是绝对必要的,如果我们当时的精神放松些,实际效果或许更佳。

然而从多少有些紧张的高度重视到向"平常心"的过渡,这就是一个国家和民族一边发展一边建立自信的成熟历程。再往更远的过去看,我们曾经搞个乒乓球锦标赛都重视得不得了。没有最初迈步的认真和惴惴不安,哪会有随后逐渐而来的从容和洒脱。

北京与张家口联合申办,这是一种积极的组合。这预示了北京带动河北加快发展的战略动向。中国中心城市应对区域经济社会发展承担更多责任,北京作为首都尤应如此。环北京地区的经济繁荣度迄今不够理想,这当中有北京今后需要补上的一个角色。

京张申办冬奥会赶上中国舆论多元化的时代,各种声音通过互联网等平台得到呈现,申办活动将在全新的舆论环境中穿行。中国社会的平常心大概不仅要针对申办本身,还要针对围绕申办的争议。中国需是能够释放各种意见,又能把事情办成办好的国度。我们希望京张的申办成为中国社会走向更高成熟的一次旅行。

(2013.11.06)

双重标准早晚把西方自己绕进去

10·28吉普车在天安门前碾压行人和撞击金水桥事件发生后，CNN和BBC等美英主流媒体质疑中国警方对事件"暴力恐怖主义"的定性，用"民族矛盾"、"上访"等一些关键词构筑报道的基调。这些报道毫不掩饰对暴恐分子的同情，将他们对平民的杀戮描述成行凶者的"绝望呐喊"和"反抗"。

西方媒体的双重标准恶习在恐怖主义问题上表现得特别突出。对双重标准的滥用已经使它们同中国社会之间失去了论辩的基础。

按照CNN和BBC等西媒的说法，中国新疆地区之前发生的所有暴恐事件大概都不能算恐怖主义，只有在欧美发生的杀戮平民行径才是恐怖主义。英国不久前有两名移民用菜刀砍死一士兵，这个行为比天安门前开吉普车撞金水桥要简单、简陋得多，几乎不需要"精心设计"。但那件事被英国政府坚定地定性为恐怖主义事件。美英媒体同时却嫌天安门前作案的吉普车和砍刀等工具"过于简陋"。

如果说恐怖主义只在西方有，中国发生的都不算，当年9·11之后美国何必要拉国际反恐阵营，何必要中国的支持？我们不知道下一次美英发生恐怖主义事件时，两国对中国舆论的态度有什么期待。

美英部分精英已经不以恐怖分子的动机、作案方式、被袭击者的身份属性来区分是什么主义了。连"自杀爆炸"这么突出的特征都起不了识别作用，他们如今的区分标准实际只有一个，那就是受害国是西方和西方的盟国，还是中俄等西方圈子以外的国家。在他们看来，袭击西方社会的才是恐怖主义，新疆暴恐分子在北京天安门前发动袭击，就应受到理解和同情，他们甚至可以为后者鸣冤叫屈。

这是西方优越感向反恐领域的扩大吗？还是西方在把同情中国境内的恐怖主义作为大国博弈的特殊工具？中国人不能不产生这样的困惑。

美英这样搞下去，最终有可能导致全球主要力量在恐怖主义问题上的彻底分裂。必须指出，西方社会是国际恐怖主义精锐力量的首要攻击目标，总体看，在反恐问题上西方对中国支持的需要，绝不会小于中国希望从它们那里得到的支持。

CNN和BBC等西方媒体在撞金水桥事件的伤口上撒盐，不会带给中国什么实际损害。它们一贯这样，中国人习惯了。它们真正起到的作用就是让我们又一次领教了部分西方人针对中国的阴暗心理，让我们看到这个世界的复杂。

实际上，西方对中国社会的价值观渗透还是忽悠了不少人。但西方对中国民族分裂势力和暴恐分子的支持、同情是他们心胸狭隘导致的自我抵消。从3·14事件到7·5事件，再到眼前的这些事，西方媒体总是同情13亿中国人民的敌人，它们把一盆盆凉水浇到中国人民的头上，浇灭我们对西方的幻想。

中国人或许用不着为此生气。中国已很强大，有充足资源和能力打击内部极少数暴力恐怖分子。西方怎么评价我们，对我们已不那么重要。我们一路走来也没得到他们的什么掌声，我们用不着竖起耳朵听他们针对我们蹦出的每一个字。其实西方一些媒体总想激怒我们，它们不怕我们愤慨，它们更担心受到冷落。

(2013.11.07)

今年记者节，别有一番滋味在心头

今天是记者节，这是我们所有新闻从业者的节日。毋庸讳言，今年记者节的气氛受到诸多冲击，尤其是陈永洲事件极大伤害了记者的声誉，让我们更强烈感受到这个行业的问题，以及艰难。

记者曾是充满光荣的职业，这种光荣既是全社会的真实认同，也是那些年记者们的切身感受。然而时移世易，市场化大潮和互联网的冲击深刻改变了媒体生存环境，记者作为职业可谓历尽沧桑。

如今在一线做记者的大多是年轻人，而且女性居多。新闻的"体制"在收缩，大多数从业者都已是市场化身份。就各地的"都市报"来说，记者的流动性极高，很多优秀的年轻媒体人跳槽到其他行业，或者在考虑转行。

以知名的复旦大学新闻学系为例，该系 2005 届做了记者的本科毕业生今年都在 30 岁左右，然而他们当中约一半都已在这 8 年间先后告别媒体转行，这是中国媒体行业现状的一个缩影。

媒体要留住人才，需要有合理的薪酬安排，有可预期的晋升空间，还需有社会对记者职业的尊敬等。然而从工作的性价比来说，记者的尊严、闲暇、收入这三个要件都不理想。在很多市场化媒体里，记者已经"劳工化"，实行计件工资。记者的平均收入勉强维持社会中等水平，但近年的收入增幅大大低于社会平均，薪酬前景不容乐观。

传统媒体因为全行业经营收入下滑，已被普遍看成"夕阳产业"。这样的困境不可能不对从业者的精神状态及职业精神建设产生影响。

然而媒体在中国社会转型期的使命却愈发重大。媒体是推动中国改革的重要思想力量,也是人民利益,以及中国国家利益的守护者,是舆论监督的主力军。媒体是阐释党的路线方针政策的强有力平台,是把党性与人民性连接在一起的桥梁。

尽管面临诸多困难,但媒体仍是中国社会最活跃的角色之一。我们无处不在,无坚不攻,我们为公平正义呐喊,为揭露丑恶冲锋陷阵。如果没有媒体和媒体人的贡献,中国社会大概就不会像今天这样多元、生动,充满活力。

诚然,记者行业出了一些问题,记者跑发布会拿通稿、被安排有组织采访、排队领取红包等成了社会对记者工作的部分印象。生存在这个行业里同理想时常发生冲突,媒体的权威性在受到不成熟市场经济时代一些俗套的侵蚀。

但我们认为不能因一些问题否定媒体和媒体人对中国改革进步的突出贡献。媒体其实是中国改革最敏感的实验区之一,它的政治和社会牵动性都很强,反复调试无可避免。这会影响媒体功能发展的稳定性,也会造成部分媒体和媒体人利益的受损。

社会或许需要更多关注、关心媒体行业,权力部门应配合优秀媒体的打造,而不是一味责难媒体,或者把媒体当成实现各自利益的工具。如今媒体是年轻人簇拥的地方,这会强化媒体的优势以及它的一些问题。社会应从各自的角度善待媒体,用更好的从业环境帮助媒体稳定队伍。

媒体的面貌是中国精神面貌的关键性环节,而媒体的表现不仅是"管理"出来的,它还来自大环境的塑造。中国记者群体注定要走在中国变革的前沿位置,他们实际在与这个国家的未来互动。千万别轻视他们,别漠视他们的困难。给他们应有的尊重和鼓励,他们一定会不辱使命,不待扬鞭自奋蹄。

(2013.11.08)

三中全会将塑造未来十年中国竞争力

备受瞩目的十八届三中全会今天举行。这次会议规划的改革将决定未来十年中国的竞争力，将让中国的国家道路更有时代活力，与解决中国种种紧迫的现实问题准确对接。

改革已是中国上下的普遍信念。过去35年的成功改革，已经使中国成为全球改革经验最丰富、内在改革动力最强的国家。有学者从社会生活控制力的角度分析，认为从一定意义上说，中国改革的过程就是把原来由政府控制的诸多领域一一还给民间，不断释放中国人的巨大创造力。

这样看来，经济改革是从开放农业开始的，然后依次是商业、轻工业、重工业、房地产业等。然而中国的铁路、海运、航空、金融、教育、能源、电信等领域至今仍主要由政府管控，它们代表了中国经济的巨大潜力，能够提供中国社会力量充分施展的新舞台。

将这些重要经济部门更多向民间资本开放，为中国所有企业创造更为公平的竞争机制，政府简政放权，这些意识目前被舆论关注。十八届三中全会将把中国真正推向历史性的改革升级，提供现实、有序的战略。

然而必须看到，中国的各种利益集团已经形成，或者隐约可见。社会不同群体对改革的具体利益诉求存在差异，甚至南辕北辙。中国当前更难的不是就应当改革形成共识，而是形成让社会各方都满意的改革路线图，使改革既全面平衡，又有力度。

30多年前的改革即使有一时的较大反对力量，也能推行得开。现在就很难了。但现在政府说服全社会的办法并不多。过去的社会对改革见效有一定耐心，现在大家更希望改革红利来得立竿见影。此外改革总会有成功和失败的，但现在舆论对失败的态度更为严厉，这实际上压缩了改革的实验空间。

因此中国舆论看上去对改革的支持度很高，但各种附加要求也变得更多，更急躁，也更"挑剔"，改革的支持力量很容易出于利益博弈转化成具体改革实施的反对力量。这样相互损耗后，很多改革的社会实际支持度未必很高。

历史证明，下改革的决心很重要，它是关键性的一步。但接下来真正的考验是改革者对社会不同利益的协调能力。任何政府的协调力都不是无穷大的，所以好的改革路线图既要有突破力，又要使它同政府的真实协调能力相契合。

中国过去的改革自上而下推动，不断迎来自下而上的掌声。但中国的现实早就不是这样。中国当前的实际状态是舆论对改革提出种种要求，几乎是在"抽鞭子"，政府很难同舆论竞赛改革的"勇气"。再致力于改革的政府，有时也会显得"保守"，舆论开放的社会大体都是这样。

中国面临不断深化改革的持久战，根据新的现实建立一套实事求是的改革评估体系很重要。由于各利益群体有能力将自己的要求舆论化，或者做其他有效展现，改革者一定要专注于全社会的利益和国家长远利益，不能把掌握话语权优势群体的满意度作为设计改革的优先考虑。

十八届三中全会是第一次在中国舆论高度活跃时代为全面改革举行的中央全会，它是与社会意见互动的决策会议。中央的决策力被赋予更高的时代要求，社会也面临进一步政治成熟的考验。中国的前进一定是全面的前进、齐心协力的前进。我们祝愿三中全会在这个时代的更高意义上获得成功。

（2013.11.09）

中国舆论应支持抗议"杀光中国人"

美国华人 11 月 9 日在 20 多个城市里集会示威,抗议美国全国广播公司（ABC）播出明显带有歧视性言论的电视节目。该电视台 10 月 16 日的一档脱口秀节目中,一名美国儿童在回答美国欠中国 1.3 万亿国债怎么办时,说出应当"杀光中国人",主持人吉米·基梅尔当时回应"这是很有趣的想法"。

ABC 公开播出这档节目后,在美华人的反对声此起彼伏,并于刚刚过去的周末发展成为美国建国以来最大规模的华人抗议活动。在白宫请愿网站上相同抗议内容的签名已经超过 10 万人,这意味着美国联邦政府部门不得不就此事件进行回应。

这次在美华人的抗议行动达到空前规模,它所展示的华人团结也被认为"前所未有"。一些华人认为,基梅尔如果以同样的歧视性语言针对美国犹太人或者黑人,他和 ABC 的麻烦一定大得不可承受。但对华人他们却敢这样做,因为他们觉得拿中国人开涮"没事儿"。

原因几乎不言而喻。在美华人的影响力还太小,他们既掌握不了美国的经济命脉,迄今他们选票的流向也未同候选人的对华态度形成过有威慑力的挂钩。此外中国的力量也还很有限,对美国社会的一些层面不具有操控力或说服力,对于抑制美国主流媒体的辱华仇华言论鞭长莫及。

ABC 的这期节目多少反映了美国人相当普遍的对华赖账心理,他们不觉得公开讨论不向中国还钱、而且是同小孩子讨论这个问题是不妥的。

在美华人这次联合示威大体被美国主流媒体选择性忽略了。美国媒体不仅漠视华人的感受，也在轻视华人抗议的实际力量。

这件事要跟美国人讲理，显然是讲不清的。它再次显示：美国只尊重力量，力量是很多事情对错的最重要标准。这样看来，要让基梅尔这类主持人真正不敢再对中国及中国人乱放炮，大概还需要些时间。

然而我们不能坐等中国力量的积累，在它达到一个界限前，就对美国媒体上的公然辱华言论无动于衷。其实这个界限不是绝对的，它在很大程度上取决于在美华人的抗议强度，以及北京使用外交资源抑制美国媒体辱华言论的决心。

在中国社会，对美国媒体不断出现辱华言论的态度并不一致。有部分精英主张中国人的心胸应当宽阔些，不跟那些美国电视名嘴一般见识。他们认为中国人的不悦感很大程度上出于自卑，解决问题的途径在于我们自己的心理要逐渐强大。这种分析并非毫无道理，但这种道理却是书生气的，在政治上没什么价值。

"杀光中国人"的公开电视谈话带给在美华人真实的歧视感，他们感觉受到伤害，这决不是装出来的，不是他们在向美国社会撒娇。他们现在拍案而起，不仅是要求美国社会的公平对待，而且包含了向全世界华人社会乃至向中国政府的求援。

中国是大国，大国的国民以及侨民、海外后裔少受些气，这是大家对祖国和故国的期待之一。中国不能也不应该无限满足这类愿望，但真心重视并力所能及地给予帮忙，是这个国家以及全球华夏子孙保持团结和凝聚力的应有选择。

我们的确还不够自信，但我们大概也用不着假装自信。我们尤其不该大度到把中美两国间什么"玩笑"可以开，什么不可以开的判断标准都让美国人说了算。

美国人只尊重力量，而且他们也会尊重敢于并善于使用力量的大国。谦逊、"卧薪尝胆"故事流传了两千年的中国需要学会同美国更好地打交道，这是充满矛盾和纠结的过程。动不动就"豁出去"不行，什么时候都"忍"字当头也会惯坏美国。

(2013.11.11)

中国应积极救援菲律宾灾民

超级台风"海燕"重创菲律宾中部,当局初步统计至少有 1 万人遇难。有报道分析,这有可能是人类有记录以来级别最高的台风。

世界在迅速形成针对菲律宾灾民的救援潮。菲律宾外交部 11 日宣布,至少已有 22 个国家承诺向菲律宾灾民提供援助。据报道,美国、俄罗斯已决定向菲律宾派出军队、军机或临时医院参与救援。

我们认为,在对菲律宾的国际救援阵列中,中国不应缺席。尽管中国沿海也有遭到"海燕"袭击的地区,受了损失,中国首先需要搞好自救,也尽管因南海冲突菲律宾同我关系紧张,但我们积极参与对菲中部灾民的救助还是十分必要的,甚至是必须的。

在一个邻近国家遭遇罕见天灾的时候,中国伸出援手,这是我们作为大国应该有的道义。这同哪个邻国是友好国家,还是不太友好的国家无关。以正常规模援助菲律宾,这是中国不因这场风灾在国际社会丢分的底线。中国是开放型国家,与世界是紧密互动的关系。中国的国际形象、尤其是我们在重大问题上行为方式的可预测性和稳定性,对我们自身的利益至关重要。

如果中国这次采取冷淡的援菲态度,我们自己的损失很可能会大于菲律宾因这项受援不足而受到的损失。

我们相信,中国主流社会对政府及相关机构援助菲律宾灾民是支持的,大家不仅理解这当中的利害关系,而且援助那些灾民也是大多数了解灾情的中国人的天然反应。我们应当行随心指,果断做我们应当做的事情。

如今每当有国家对外援助的消息传出，互联网上都会有人激烈反对。国家有关部门应对此表现出足够的承受力和担当精神。这些声音不代表中国社会的主流态度，有关部门在必要时应当对这种声音进行正面回应，引导社会对援外形成更理性的思考，而不能任由一些非理性的声音主导舆论场。

援助菲律宾灾民是正大光明的人道主义援助，它同历史上出于地缘政治考虑的某些过度外援完全不同。尤其是，菲律宾有很多华人华侨，他们是中国大陆遭灾时发起海外援助的积极力量。在他们和他们所处的社会遭遇重大灾难时，我们提供援助的正当性不容置疑。

不仅政府，中国民间慈善机构如果针对这次对菲救援有所作为，应当受到舆论的鼓励。中菲因南海产生的恩恩怨怨，不应阻断两国民间共同抵抗天灾的合作。

我们呼吁向菲律宾灾民提供援助，不影响我们对国家南海一贯政策的支持。援助灾民应与国家坚持既有的领土主张互不相扰，中国社会的胸怀应能同时容下这些不同的事。

菲律宾政府在马尼拉香港游客被劫持事件中态度不佳，至今难以了断。但风灾出现后，香港特区政府向菲律宾灾民表达了人道主义的慰问。中国内地亦应超越中菲间的各种问题，就救援谈救援。

中菲历史上有过漫长的交往史，当前因岛屿纠纷的关系紧张只是历史的一个瞬间。我们既要认真对付这个问题，也不能让这个瞬间把中华民族的雄心和各种品格拴住。

(2013.11.12)

双十一是数字化中国的潜力井喷

一年一度的电商"双十一"购物节昨天创造更惊人的爆发。淘宝和天猫的交易额全天突破 350 亿元大关,这是当之无愧的全球电商单日销售纪录,而且它是美国电商单日最高销售额的数倍。这是中国现代服务业第一个把全球同行远远甩在后面的单项纪录。

阿里巴巴以中国市场为依托,绝大部分业务在中国,还算不上是全球电商,但它的商业成就已然出现井喷。它的两家门户网站 2012 年交易额高达 1.1 万亿元,超过美国 eBay 和亚马逊的总和。有人惊呼,即使阿里巴巴"只在中国做",就已经是世界最大的电商。原因是中国有十几亿人口,他们当中的近一半已经通过电脑或手机走进互联网时代。

中国的"数字化基础设施建设"在迅速追赶西方,虽然某些方面的质量还有差距,但中国的"数字人口规模"已毫无悬念地成为全球老大。"双十一"从一定意义上说成了对"数字化中国"的一次检阅。

单就移动网络建设来说,它的第一代(模拟)完全依赖美国,第二代(数字,GSM/CDMA)欧美争霸,第三代(3G)中国参与,第四代(4G)中国跻身世界第一梯队。这必将对"数字中国"的后续发展提供强大支撑。

中国的潜力让世界,也让我们自己吃惊。数百亿的单日电商销售额几乎第一次让人想到,它是把美国的最高单日销售额乘以了中国高于美国的人口倍数。这种"乘法"大概不会只在中美之间使用这一次。

电子商务最早起源于美国,但中国的"光棍节"演变成电商"双十一"购物节,却是中国电商的原创。这是一项极有意义的社会创新,它汇集了中国民间的巨大能量和热情，实用而新潮，"双十一"有可能最终成为中国的全民性购物节，并逐渐被世界年轻人喜爱。

阿里巴巴已经站到全球电商的最前列，它崛起于中国民间，身上融入了中国改革开放的多重元素。我们认为，中国社会应有足够的心胸支持它继续成长，包括接受它开拓网络金融业务。其实阿里巴巴、腾讯这些网络公司都具备了成为全球同类业务领军者的能力或潜能，它们登上行业榜首，显然对中国来说是好事。

当然，"双十一"也是中国电商的"血拼日"，同时还被一些人称为它们对中国实体商家的"抢劫日"。我国的城镇化方兴未艾，实体商业还未充分发展起来，就遭遇电商的严峻挑战，"双十一"是中国商业加速重新洗牌的清晰信号。

竞争非常惨烈，规则有些混乱，中国社会的商业文明和法治水平对于支撑这场革命性的大变革，显得相当紧促。电商在倒逼社会的全面进步，包括怎么让电商对实体商业的冲击尽可能实现"软着陆"。

美国的十大电商中，除了亚马逊，其他几乎都是实体商业公司所办。中国不仅阿里巴巴是纯网络公司，其他几大排名靠前的电商也基本无实体商业。这预示了中国的"数字化革命"会更痛苦，代价有可能更大。

然而"双十一"证明了中国社会实现跨越式发展的现实性，尽管它未必很经得起细看，但它的确让我们认识到，中国巨大的人口规模里究竟蕴藏着什么样的力量。只要面对中国实际，把社会的独特资源盘活，在这个国家未来还可以创造更多的奇迹。

马云在"双十一"之前说，他希望单日销售额300亿就够了，不要太多。他的担心不无道理。销售额过大，系统有可能阻塞，物流可能跟不上。淘宝是这样，环绕电商的中国社会在面临同样考验。又快又稳地崛起是电商以及中国全社会大系统的共同挑战。

(2013. 11. 12)

深度改革启航,谁也别当看客钉子户

12日落幕的十八届三中全会通过了《中共中央关于全面深化改革若干重大问题的决定》,它被广泛认为是"中国改革新进程的总纲领"。这次全会也因此被赋予十一届三中全会级别的历史性意义。

从十八大之前的一两年,关于深化改革的各种争论就在中国思想界和舆论界不断涌现。这次全会既全面总结了35年的改革历程,也对中国社会各界的期待做了回应,全会闭门举行,但互联网时代中国社会对它的实际参与是前所未有的。

前一段时间舆论中一直有担心,即中央是否会真下决心啃改革的"硬骨头"。到昨天,围绕改革"决心"的争论应当基本结束了,中国社会的注意力应当迅速转移到如何把三中全会决定转变成全面深化改革的现实。

未来一段时间,要防止并反对以下情况的出现。

一要反对继续对"什么是真正改革"漫无边际的耍嘴皮子。三中全会已经凝聚、反映了社会对改革的最大共识,全会的决定不仅有理论高度,而且具有实践上的可行性。社会各界有影响力和话语权的人应致力于为这些决定的贯彻做出贡献,而不是额外扯出更多的争论,通过损害改革共识来彰显自己的存在。

第二,随着改革的推进,要坚决反对一些利益群体"闹利益",或者做改革的"钉子户",尤其要反对这种现象在中国社会"合理化"。应坚决维护中央在统筹改革上的权威。中国作为利益多元化已成现实的大社会,如果不追求小群体利益同社会大利益的辩证统一,而鼓励彼此的"绝对平等"甚至对抗，那么改革就是一句空话。

第三，要反对把改革同快速增加社会福利资源画等号。改革是再创业过程，它不只是对以往形成的财富和福利资源的简单再分配。中国人未来的福利状况有多好，同时取决于我们今后的财富创造能力和它们的分配机制。有人宣扬改革就是要迅速形成全民免费医疗和免费教育等高福利体系，这样的误导应当受到纠正。

改革之所以得到中国社会的普遍支持，十一届三中全会之所以有经久不衰的崇高威望，关键在于这35年的改革的确成功了，它深刻改变了中国，给全体人民带来了无可辩驳的好处。从这个意义上说，十八届三中全会的历史地位还刚刚打下一个基座，历史对它的最终记述将取决于中国社会是否能围绕它行动起来，创造真实的改革辉煌。

回顾第一个改革十年中国曾发生过多少曲折，我们就可以想到，即使我们已经经验丰富，但改革的路上仍有很多不确定性需要面对。改革不仅是对领导者的考验，也是对社会理性和成熟度的拷问。

全面深化改革需要再出几个能够高度服众、能带给中国社会骄傲、并有可复制推广价值的"样板"。它们应当是具体的城市或城市社区，具体的社会增长模式或社会创新模式，以及具体的改革者。这样的名字曾在中国大量涌现，我们期待在未来听到更多。

十八届三中全会确定了改革的方向，它需要各级管理者和全社会创新性实践的海量跟进。现在有些地方官员政治正确性保持得好，但缺少担当改革风险的勇气，也缺少创新的智慧和能力。这是推动《决定》在全国落实需要正视和解决的问题之一。

需要指出的是，十八届三中全会是在实现中华民族复兴的关键时点上召开的。改革的实际落实情况将决定中国未来的社会面貌，也将决定这个国家以什么姿态和能力参与21世纪竞争。我们所有人都是改革的参与者，谁也不应做看客，拖后腿，或者投机取巧。

(2013.11.13)

成立国家安全委员会正当其时

十八届三中全会决定设立国家安全委员会，成为此次全会的突出亮点之一。维护国家安全是中国21世纪的重大课题，中国在越来越强大，但国家安全形势越来越复杂，成立国家安全委员会来得正当其时。

成立国家安全委员会必将强化中国的"大安全"概念，也会触动我们对国家安全内涵不断变化的更多思考。过去国人对国家安全的认识大多局限于传统安全领域，如国防建设、大国博弈、领土安全等等。但现实已在不断提醒我们，21世纪中国国家安全的内容远不止这些。

经济，特别是金融安全的重要性异军突起，信息安全也在互联网时代有了特殊含义，此外很多领域的安全变得界限模糊，相互交错。全球化还催生出一些隐形的"国界线"，如何守护它们对我们来说很陌生，这一切对国家主权的传统认识形成挑战。

社会转型造成了中国内部的矛盾多发，而随着中国的开放以及大国竞争的加强，外部力量利用中国内部问题与我博弈的兴趣在增加，杠杆也越来越多。这使得中国民族问题等面临了截然不同的外部大环境，原本孤立事件恶性发酵的几率在增加。

维护国家安全的重要性和紧迫性常被舆论忽视，但对崛起的大国来说，它们却十分真实。国家安全是中国全社会的核心利益，是中国改革和发展的前提。现实国际关系的性质决定了中国国家安全外部环境的性质，在这一重大问题上，舆论切不可抱违背国际政治常识的幻想。

我们知道美俄都设有国家安全委员会，对美国国家安全委员会在华盛顿内外政策制定中扮演的重要角色，我们听到的尤其多。中国的国家实力仍不如美国，而国家的长期使命和当下任务却很重，这决定了中国的整体安全形势很难比美国更好。

中国社会从未有过号召人们为维护国家安全做贡献的口号，或许我们今后应当做出这样的提倡。国家安全虽然要由中央统筹部署，但它也是"众人拾柴火焰高"的事业，它应是中国民间爱国主义的核心内容之一。

国家安全当然不能被舆论一天到晚挂在嘴上，但公众对国家安全的意识却应是深刻、牢固的。做有利于国家安全的事，这种要求对普通人来说未免过高，但不做损害国家安全的事，这应当成为国人的普遍自觉。原因之一是，当一件事一旦有损国家安全利益时，人们很容易产生警觉，即使在非传统安全领域，一些是非也是不难分清的。

成立国家安全委员会有利于对国家安全利益的跨部门维护，防止它们因为各部门的工作分治而被削弱。有学者分析，除了国安、国防，各大涉外部门都会参与国家安全委员会的工作。此外中国的国安会还会体现中国作为经济强国的安全需求等。

现代社会对国家安全质量的要求空前提高，无论它在哪个方面出问题，发生对外领土摩擦、遭到恐怖主义袭击、或者金融稳定受到意外冲击，都有可能引发社会的敏感反应。我们希望国家安全委员会的成立能有效应对新的形势，让中国社会这部超大机器运转得更稳更平安，让社会信心更加牢固。

(2013.11.13)

让人民大众满意是改革最重要标准

十八届三中全会标志着中国全面深化改革新时期的开启，改革的进程将不断受到检验。那么谁是检验主体呢？这个检验者应当是中国最广大的人民群众。

改革说到底是为了人民的利益而改。人民是国家的主人，人民的感受应是改革质量的终极标尺。改革如果只能带来远期的繁荣，却要一、两代人付出动荡的人生代价，就不是好的改革。相反，改革如果只带来一时的短期好处，却可能损害甚至毁掉大多数人的未来，也不是好的改革。人民要的是实在并且可持续的改革红利，要的是人生不断向好的保证。

古今中外，国家的崛起与中兴都在相当程度上是改革的结果。但历史上的改革常常只围绕增强国家实力展开，民众的利益处于次要位置。这几十年改革从民生领域开始，又把终极目标落回到民生。纵观过去35年，尽管出现过一时的"失败群体"，但从改革全过程看，受益面几乎是全民，在世界范围内，中国改革称得上是真正"人民的改革"。

人民满意改革，但这种满意的形成和呈现都是不均匀的。首先，人民的概念很宽泛，社会的利益多元化不断发展，要全体中国人在同一时间对改革、尤其是对某项具体改革都满意，这很不现实。人民满意最重要的是两点，一是在同一时刻有多数人对改革满意，二是对改革的全过程形成绝大多数人的满意。

改革不可追求在推出时社会满意度的最大化，改革者要相信民众建立在长期感受上的理性和判断力。中国政治的连续性使得改革协调好短期和中长期目标成为可能,确保改革的长期战略一以贯之。

如何分辨民众的态度,是这个时代的新课题。民意与舆论不完全相同,大多数情况下还有较大差异,这一认识对时下的中国社会很重要。就民意来说,它已是多元的,应遵循多数人意见,尊重少数人意见,同时让劳动者的呼声获得最大意见权重。

作为全面崛起的大国,中国改革决不可能是某种"单项竞赛",它的综合性必是人类社会前所未有的。人民的利益最直接表现在民生领域,国家的持久强盛和繁荣又是这些利益实现的唯一可靠途径。由于民粹主义走强,舆论很容易较多专注于改革与民生的关系,而忽视甚至排斥改革对国家利益的维护,但这决非是中国社会的真正本意。

回头看中国民间对改革总的满意和35年间不同时期起起伏伏的态度,我们就能悟出,改革让人民满意是既明确又曲折的过程,它对应的是一个不容分拆的民意大系统。

全面深化改革面对的中国社会不仅更多元,也对意见表达更积极活跃。但改革让人民满意的原则必须坚持,而且这种坚持有时意味着承受短时期部分人和部分舆论的不满意。无论改革者如何追求全社会意见的最大公约数,未来围绕中国改革的意见纷争都很可能多于前30年。

改革真正让人民满意是一种高度负责任的态度,它比西方政治中常见的取悦短期民意要更严肃,也意味着更多的政治担当。十八届三中全会标志着国家进入中共领导全国人民改革开放的新时代,在接下来的漫长岁月里,这个国家的执政者和人民注定荣辱与共。

(2013.11.14)

联合国 176 张支持票挺中国人权

第 68 届联合国大会 11 月 12 日选举产生联合国人权理事会 14 个新成员，中国再次高票当选，在 193 个联合国成员中得了 176 票。除去少数国家，差不多所有投票者都支持了中国的当选。这反映了联合国绝大多数成员对中国人权建设压倒性的正面评价。

人权问题是西方同中国最活跃的政治摩擦点之一，西方对中国的批评，有很大一部分都是对中国人权的指摘。西方的话语权以及政治软实力帮助其构筑了"道德高地"，形成了他们攻讦中国的天然优势。

客观说，西方对华施加人权压力的实际效果并非都是负面的，这些压力触动了中国社会的思考，一定程度上成为促中国社会加快人权建设的外力之一。中国很早就同美国等就人权问题开展对话，这是一种积极务实的态度。

中国这些年根据本国国情形成了发展人权的战略，并取得了全球有目共睹的实效。中国强有力的民生建设从根本上改善了 13 亿人口的生存权利，参政议政权利的发展别开生面，这些被广大发展中国家视为发展人权的成功样板。这是符合联合国人权公约的，而且切中了第三世界国家的共同问题。

令人意外的是，中国这么大的人权成就遭到了西方舆论的集体无视，西方精英们把人类普遍的人权观念做了剪裁，将其中的公民政治权利做了单独突出，使它同其他权利割裂开来。西方一些人近年来有越来越将这种诠释极端化的倾向，这让人怀疑，他们这样做有成心抹杀中国人权成就、在政治上刁难中国的用意。

由于西方话语权太大，西方否定的，好像全世界都在否定。西方肯定的，好像全世界都在肯定。这形成了"中国人权越来越糟"的假象，蒙蔽住数不清的人。这是当今世界最大的错觉之一，甚至有不少中国人、包括一些知识分子都在被这种错觉牵着走。

联合国12日的这次选举，可以看成是全人类对中国人权建设状况的一次信任投票。我们当然还有很多问题，但176票从人权的角度对中国表达了好感和信任，这从外部为中国人自我认识提供了一把比少数西方国家评价更客观、全面的尺子。

别人评价是一回事，中国人的自我感受毕竟更重要。不得不说，中国社会的利益诉求在分化，不同群体最迫切希望实现的人权内容也出现差异。中国一些知识精英现在最看重西方式公民政治权利，他们的确希望周围的社会能在这一点上做得与西方一模一样。

然而他们的要求拿到中国的宽大背景下，就是非常个性化，甚至是极端的。由于西方政治制度是一个体系，它与中国政治现实无法兼容，中国人权建设必须走一条自己的路，与中国波澜壮阔的改革协调一致。少数人的追求不应与大多数人的人权利益对立，中国建设本国公民政治及经济社会权利体系，是最大限度保障每一个群体利益的唯一现实方式。改革不能因少数人的愿望改变总设计，冒整体失败的风险。

中国的人权建设在稳步前进，中国的经济成就总体上比较及时地实现了人权转换。今天一名普通中国人享有的物质和精神权利是倒退几十年完全不可想象的。而且很重要的是，中国人权发展已经形成强大惯性，没有力量可以阻挡它的继续前行。

我们还有很多事情要做，不仅让我们每一个人的权利增多，而且要让不同人之间的权利更加公平。权力要真正为公民服务，法治和民主需要扎实前进。我们知道实现这一切需要付出革命性的努力，而不是从西方拿来某一招就能全局成功并一劳永逸的。所以什么话都可以听，但我们自己的主心骨必须坚定、牢固。

(2013.11.14)

中国应向菲律宾提出派军舰救援

美军"华盛顿"号航母已于14日下午抵达菲律宾受灾严重的来特省，舰队共运送来5000名士兵和80多架飞机。另有90名美国海军陆战队员已作为先行部队11日进入菲律宾。日本首相安倍晋三13日决定派遣1000名自卫队员赴菲救灾，这是自卫队史上最大规模的海外救援行动，日本王牌护卫舰"伊势"号直升机航母等将前往菲律宾。

菲律宾风灾带来罕见的外部军舰聚集。所有军舰来菲的公开目的都无可争议，那就是救灾。但世界舆论对该地区围绕救灾的"地缘政治竞争"议论却很活跃，公众会从这些纷至沓来的信息中做出各自理解和判断。

我们认为，中国也应派出军舰前往菲律宾救灾。中国军队以往都在国内开展救援，将其人道主义工作扩展向海外，这是大势所趋。中国军舰在这个时候前往菲律宾，理由堂堂正正，菲律宾理应接受中国的动议。如果马尼拉出于其他考虑拒绝中国军舰前往，只能表现出菲方不够大气，中国并无任何损失。

如果说中国派"辽宁"号航母前往救援既不成熟也有些敏感的话，那么海军派出"和平方舟"号医院船，并由战舰护航，则更容易被各方接受。美日舆论当然还会炒作此事，但那些舆论带不来对中国的伤害。就像美日军舰前往菲律宾救灾也引来世界舆论的关注，但那些声音都汇入了扩大美日地缘政治影响的大合唱。

"和平方舟"号已在东南亚参加过联合救援演习，它若能随中国军舰此时出现在菲律宾，救援是它们的唯一工作。至于外界如果从中看到其他意义，接收到额外信号，这种政治敏感并非是中国制造的，中国也没必要刻意绕着它走。"存在的就是合理的"，我们应对此采取顺其自然的态度。

有美日军舰前往菲律宾在先，中国军舰效仿之，对菲律宾救援是加强的关系，如果受到其他解读，与美日行动是彼此抵消的关系。

中国向海外派军队过去一直很谨慎，除了有我们的能力问题，缺少经验和担心过多也是重要原因。时代在变，中国军队和周边地缘政治环境都在变，中国多在世界各地发生灾难的时候果断派军救援，这既符合大国的人道主义道义，有助于提升中国负责任大国的形象，也将促成中国军队使命的自然延伸。

我们不需追求军队海外执行任务的完美无缺，在初期尤其不应这样要求自己。军队就是用来应对不确定性的，中国军队必逐渐演变成中国强有力的外交资源和杠杆，而任何外交至少有中外两个操盘手，精确到位从来就不是外交的真实属性。军队参与外交，就必须随时准备面对变量。

以往中国人很重面子，根本原因是实力不足，缺少自信。今后我们越强大，就会越不在乎如果我们提出向菲派军舰遭到拒绝怎么办，以及如果去了表现一般受到舆论非议怎么办这类细节风险。其实2008年汶川地震时，日本提出派军机向中国运送救援物资，中国当时拒绝了，日本舆论没觉得难堪。

中国会向菲提出派军舰救援吗？不妨就让我们从这一次有可能碰钉子的不确定性开始，把步子迈开，积累我们的经验和胆略。

(2013.11.15)

落实《决定》，我们将迎来"新的中国"

《中共中央关于全面深化改革若干重大问题的决定》昨天全文公布，其触及面之广之深都超出很多人的预期，废除劳教制度等舆论广泛谈论的问题被纳入其中。借用路透社的一句评论说，"《决定》若落实，中国将迎来翻天覆地的变化"。

《决定》大量谈论经济体制改革，但它远远不是一份只针对经济改革的宣言。《决定》对抑制腐败提出了具体的制度建设对策，如各级纪委书记和副书记的提名以上级纪委和组织部门为主，查办腐败案件也以上级纪委领导为主等。《决定》推进依法治国，要求建立健全宪法实施监督机制和程序等。《决定》还对限制各级领导的福利如住房用车等做了严格规定。

《决定》听取了最近两年民间的很多意见，如放开单独二胎，缩小征地范围，逐步取消一些事业单位行政级别，允许非国有资本参股国资项目，允许民间办中小型银行。《决定》还要求改革高考，取消以药补医，建立全社会房产、信用等基础数据统一平台等。《决定》也对舆论尚有较大争议的改革表明了推动的态度，如要求房产税立法，研究制定渐进式延迟退休制度。

我们不难看出，这些改革将塑造一个几乎"全新的中国"。中央改革的决心之大，尊重民意之真诚一目了然。同时因为改革的广度和深度都是十一届三中全会之后最为突出的，不打折扣地实现这些改革，不让它们落空或者在基层走样，这无疑是对全党全社会的共同考验。

然而我们对改革的前途充满信心。这一是因为，《决定》虽是自上而下制定贯彻，但它的大部分内容都在过去几年经过了中国社会的争论，很多议题如放宽二胎政策、废除劳教制度等已经获得较大社会共识，《决定》的大量内容已有广泛社会支持的基础。

第二，中央推出八项规定和开展群众路线活动，为制定严格的干部福利政策扫清了道路。一段时间以来揪出一批级别较高的贪官，纪检系统备受全社会关注，要求加强纪检权威，为其监督同级党委、政府创造更有利条件的呼声很高。"把权力关进笼子里"的具体化已是中国的大势所趋。

第三，要求公平正义已是中国舆论场上的最强音之一，这既包括居住权公平、医疗教育权利公平，也包括经济机会的公平等。《决定》的很多内容都是要动真格促公平的建立，尤其是提高国企上缴公共财经比例，要其与非公经济分享机会等等，这是中央决策与民意的坚定对接，在这中间搞敷衍打折将意味着很大的政治和舆论风险。

《决定》的改革内容如此多，把它们拿出来一两项，放到西方社会里都是大事。比如奥巴马搞医改造成美国政治的一连串紧张，法国延迟退休年龄引发严重的全国大罢工。中国改革必须有中央权威和公众支持的强有力呼应，中国以往这方面一直是高分，这是中国可以推出一揽子改革方案的前提。

仔细分析不难发现，《决定》的大多数条目都触动了部分人的利益，但却符合中国社会的整体利益。改革要顺利推进，就应使克服少数人对具体项目的反对或不悦尽可能软着陆。软着陆越多，改革的总支持度越强。如果硬突破成为普遍手段，改革就会更坎坷。

中国已经大踏步地走在经济更市场化和社会变得更公平的路上，完全不可能逆转。事实上这已是中国社会的总认识。它是改革决心愈发坚定的源泉。改革不易，但却是顺应历史大势而为。同改革讨价还价，甚至逆改革而行，必将置自己于大的逆境。因此与改革同行，这是我们这代中国人的唯一选择。

(2013.11.16)

冈比亚"断交",两岸无须谈输赢

非洲国家冈比亚 14 日突然宣布与台湾"断交",成为震动台湾的大事。岛内绿营向马英九发起攻击,有人称两岸"外交休兵"已失败。自马英九 2008 年当选台湾地区领导人以来,这是第一次有"邦交国"与台"断交"。

说两岸"外交休兵"已经失败,这是绿营成心找茬。两岸再打"外交战"的可能性几乎是零。"外交战"曾耗费两岸大量精力、人力和财力,并给了其他国家投机渔利的空间。冈比亚就是 1974 年与大陆建交,1995 年又与台湾"复交"。在"外交战"中,谁也不是赢家,对这一点,两岸都印象深刻,不会傻到再重蹈覆辙。

如今冈比亚与台湾"断不断交",对大陆的影响已经微乎其微。这条消息在大陆各大网站的位置并不起眼。据外媒报道,之前有台湾"邦交国"表示愿和大陆建交,被大陆方面委婉拒绝。可以说,"外交休兵"的达成有两岸默契的因素,更多则是两岸力量此消彼长顺理成章的结果。

接下来,冈比亚可能要和大陆谈复交。对此,我们不妨先缓一缓,事前也可和台湾方面通个气,搞清楚是怎么回事,协商好协调好。在两岸之间的反复者应付出一定代价,而不是受到鼓励。冈比亚是世界上最不发达的国家之一,对外来援助的期待值很高。如果拿放弃与台湾的"外交关系",来找大陆方面要补偿,今天很难实现了。

其实无论两岸打不打"外交战",历史发展的"势"不以人的意志为转移,且不可阻挡。这个"势"就是大陆越来越强,国际空间自然变得越来越大。近几年,中国与非洲大陆的各项合作轰轰烈烈,与台湾"建交"的四个非洲小国却不能参与,因此损失的机会不是台湾提供一些援助所能弥补的。冈比亚与台湾"断交",不能简单说成是马英九的"外交失败"。

台湾若拒绝面对这个现实和"势",会很累。要维护现在的22个"邦交国",台湾不得不付出越来越大的成本,直至自己不可承受,最后只能眼睁睁看着它们一个个从指缝里漏掉。如果放弃政治上的幻想,冈比亚的"断交"对台湾就没那么重大:第一,这不会给台湾民众的生活带来什么具体影响。第二,对有些拮据的台湾财政来说,则是甩掉了一个包袱。说白了,它是个心态问题、面子问题。

台湾虽小,但政治却搞得很复杂很敏感,绿营定会放大冈比亚"断交"一事,有人担心,可能因此影响到两岸关系。这种担心是不必要的。对大陆来说,台湾政坛的风波越来越是"茶杯里的风暴"。只要大陆设置底线,保证战略方向,两岸统一的前景可期。

"台独"势力近年来受到压制,但仍很活跃。整个台湾政治都在用一个"拖字诀",想以拖待变。但形势只会"变"得对台湾越来越不利。冈比亚与台湾"断交"不是大陆的外交胜利,但却说明了一个现实:时间在大陆这边。台湾拖得越久,手里的筹码越少。对这一点,希望岛内各界能早一点看清。

(2013.11.16)

《决定》尊重并开掘了互联网正能量

初读《中共中央关于全面深化改革若干重大问题的决定》，很容易发现，《决定》针对一些问题的论述同互联网这两年关注的焦点话题有部分契合。换句话说，互联网上的一些呼声在《决定》中得到回应。这从一个侧面反映了中央决策与民间意见的互动。

互联网在表达民意方面异军突起，作用十分突出。同时它又因充斥了极端声音和谣言而备受争议。然而通过《决定》可以看出，互联网的正能量得到开掘，网上意见在《决定》的形成过程中产生了一定影响。互联网仍在发展中，中国社会对它的认识在不断修正，而且这两者也是高度关联的。

互联网已是中国社会发展的最大变量之一，它带给中国社会的活力和麻烦几乎一样多。它意味着中国全新的执政环境，确立了众说纷纭的新社会格局。互联网很像是时下中国的"问题单"，同时也是大量人的"竞技场"。网络话题有些是全社会关注的，有些是代表部分人利益但却被伪装成全社会的意愿，此外它们有些是长远和战略性的问题，有些虽属短线但却显得更急迫。对政府的考验，就在于如何正确识别问题，而不是被声音大小误导。

中国需要互联网对社会发展乃至政治进程的积极参与，这有助于国家大政方针更加"接地气"。但另一方面，治国理政又不能被互联网牵着鼻子走。这两个方面该如何平衡，以求互联网正能量的最大化和其负能量的最小化，这是中国未来需要不断探索的重大关系。

一些学者认为，互联网不仅表达问题，而且它本身还构成了缓解社会压力的一种方式。就像我们在日常生活中倾诉、宣泄，不一定都是为了解决问题，有时只是为了表达本身，互联网常常就是"吐槽"的工具。这种看法是有道理的。中国社会需要适应互联网的"吐槽"，并且逐渐形成使其无害化的舆论机制。

三中全会《决定》的有些内容并未顺着网上意见来，比如对公有制的强调，提出渐进式延迟退休，以及加快房产税立法等等。总体看《决定》回应了网上的焦点问题，而不是简单接受对那些问题的答案。

各地政府和官员常常表现出对网上意见的过于重视甚至畏惧，或者相反，对它们麻木不仁。有少数官员希望打击网上造谣诽谤能够顺势把互联网"管住"，这大概是对网络治理的巨大误解。在互联网技术不断进步、信息流动越来越快的时候，让中国大体回到"前互联网时代"的治理状态，是完全不可能的。

互联网应当也必须成为中国社会发展的支持性要素，如果它要放大其破坏性一面，恐怕不仅仅是政府会反对，社会也将通过市场手段对其进行自发的抵制。比如微博社区前段时间造谣诽谤和人身攻击过多，影响了它的活跃度，迫使一些人转向其他网络社区。

微博等社交网络是表达各种民间声音的宝贵渠道，《决定》显示，它们已经对中国的前进贡献了价值。然而互联网的问题不容回避，它们越是被反思和改进，互联网参与中国社会治理的前景就越光明。为此，社会期待网上活跃人士表现出与他们所扮角色相称的责任感。

(2013. 11. 18)

为减少新疆反恐的干警伤亡而奋斗

9名暴徒11月16日持刀斧袭击新疆巴楚县色力布亚镇派出所，致使2名协警牺牲，2名民警受伤。暴徒被当场全部击毙。今年4月23日，巴楚县色力布亚镇曾发生严重暴力恐怖事件，造成民警、社区工作人员15人死亡。时隔半年后再出暴力袭警事件，反映了该地区反恐和治安形势的严峻。

我们认为全中国人民都应向新疆基层的公安干警致敬。他们工作、战斗在复杂环境里，未必做得完美无缺，但他们的坚守本身就值得敬佩。无论何时，全国人民永远站在他们的身后，对他们给予无条件的支持。

同一个镇反复出现暴力袭警事件，说明对恐怖主义和极端主义的震慑在巴楚县还未做到足够强大。暴徒们仍然有胆子聚集起来发动袭警，而且他们仍有能力进行这种组织。此外当地基层派出所的警力还不够，防范暴力袭击还做不到万无一失。

甘愿以死试法的暴徒毕竟是极少数，希望国家下大力气加强新疆复杂地区的基层派出所建设，配备充足警力和装备，把干警遭暴徒袭击时做到零伤亡作为奋斗目标。

首先，需进一步发动舆论和基层干部群众，形成打击暴力恐怖主义的强大声势。这样做的正面效果一定会远远大于它的负作用，对此我们应当有充分的信心，切不可犹豫。

要坚决构建震慑各种暴徒的军警形象和真实打击能力。新疆应多搞军警打击暴恐势力的演习，并动员基层群众参加。不要担心这样做会影响新疆的经济运行环境，它们很可能会增加人们的安全感。只要新疆的暴力事件不断减少，发生概率进一步降低，外界是能分辨出新疆治安的真实质量的。

应当进一步增加新疆警察队伍、包括特警的维吾尔族比例，这能增加反恐的效率，动员新疆各民族打一场共同对付暴力恐怖主义的人民战争，同时也有益于击碎暴恐事件是所谓"民族冲突"的诡辩。此外要切实把重要地区的基层派出所建成足令暴徒畏惧的堡垒，应当给基层警察向暴徒开枪回击更明确的权力，使他们的临场决断和处置真正做到及时、有效。

应当保障新疆基层警察更好的工资福利待遇，为他们提供更多奖励的机会。不仅牺牲的民警应被追认奖励，正在工作、战斗的警察也应得到各种荣誉。要确保新疆基层干警昂扬的斗志，并让他们的精神面貌充分感染全疆。

打击恐怖主义和极端主义既要治标，也要治本。治标一定要坚决、果断，绝不含糊。治本则需耐心，把中国的强大国力转化成化解暴力恐怖主义的现实能力。极少数暴徒的力量同国家机器对抗，这在本质上说是"蚂蚁攻击大象"，要坚决戳破暴徒"本事挺大"、"很彪悍"的假象，把他们打回"是绝望一小撮"的原形。

我们强烈希望能听到新疆基层警察抓获、击毙暴恐分子，而警方无一伤亡的好消息。公众会把这样的消息当成国家反恐实力和毫不犹豫使用这种实力的标志，这样的感受和认识会在新疆社会的意识形态中发酵、扩散，逐渐产生强有力的影响。我们相信事情的这种发展决不是幻想。

（2013.11.18）

台湾应解放思想大胆变革大陆战略

台湾"外交部"18日正式宣布中止与冈比亚的"邦交关系",4天以前冈比亚总统贾梅发表声明宣布与台湾"断交",台紧急派出特使前往这个非洲小国沟通,但吃了闭门羹。台湾方面昨天的声明是被迫发出的。

尽管贾梅公开表示"中华人民共和国才是我国外交关系上承认的唯一中国",但是北京没有接茬。不仅政府,大陆民间这一次的反应也充分照顾到台湾方面的感受,大陆互联网上有很多对冈比亚曾借两岸"外交战"吃了这头吃那头做法的回顾,呼吁政府这一次决不让冈比亚得便宜。台湾舆论也没把矛头指向大陆,这一切应当说相当难得。

马英九上台后,两岸达成"外交休兵"的默契,但这6年,大陆的综合实力几近又翻了一倍,两岸的国际吸引力拉开更大距离。大陆在非洲的影响尤其呈井喷式发展,冈比亚身处非洲,它这一次与台湾"断交"更像是出于该国战略利益的考虑,大陆并未做其"工作",是它自己要同台"断交",为与大陆建交创造条件。

一个公开的秘密是,不断有台湾"邦交国"表达欲与北京建立外交关系的愿望,大陆因顾及两岸关系的大局,选择"维持现状"。

大陆官方不愿刺激台湾方面是对的。但台湾"外交"要仰赖大陆方面的"照顾"甚至"呵护",显然难成长久之计。长此下去,很多台湾的"邦交国"就会迂回同大陆发展实质关系,把它们同台湾的"邦交"变成空壳,不给台湾好脸看,终将让台湾越来越尴尬、难受。

台湾不是个国际关系法意义上的"国家",台湾社会需要面对这一现实,放弃"中华民国"法统依然如旧,或者"台湾国"实际存在的政治幻想。冈比亚"断交"是泼过来的又一盆凉水,受到触动是台湾社会保持思想敏锐的应有反应。

客观而言,台湾与剩余22个"邦交国"的关系已经不具有什么实质意义,它们基本都是小国或者又小又穷的国家。维持"邦交"已是台湾昂贵的精神游戏,它们带来的任何荣誉和安慰都是幻觉。台湾应当有勇气发动战略改革,重获政治上的海阔天空。

"改革"这个词在台湾社会听起来或许很突兀,但台湾人的确需要改革的精神和勇气,用大胆解放思想来面对他们的困境。自两岸形成对立格局以来,大陆的对外战略应时而变,而台湾的对外及两岸战略构思远远小于大陆方面的变化。但其实更该变的是台湾。

台湾社会应当厘清自己的核心利益是什么,什么样的战略目标和调整是现实的,与大陆建立什么样的关系最符合台湾2300万人民的福祉。台湾切忌被外部利益绑架,掉入大国博弈的迷局充当棋子,或者自己把自己骗了,将自己煽动得固执而悲壮。

台湾的出路在于必须迈过与大陆政治分歧这道坎,如果迈不过去,或者根本不敢迈,那么台湾将只能目睹当前窘境的扩大,感受国际政治的冷暖。即使大陆不搞任何"小动作",对台湾客气,台湾国际空间的收缩不可阻挡。只有迈过去,台湾的战略前景才会焕然一新。

台湾社会需要敢于实事求是,正视亚太地缘政治的真实变局,看清并接受两岸之间不可逆转的大势。冈比亚"断交"只是一个尖厉的触动,其实没有它,台湾社会也应保持活跃的思想能力和大胆改革的能力。

(2013.11.19)

允许生二胎，还需让普通家庭生得起

十八届三中全会通过的《决定》要求放开单独家庭生二胎，这使大量中国的年轻夫妇面临生不生二胎的选择。他们大多是城市家庭，有些三十多岁的夫妇已经有一个孩子，突然获得了合法生二胎的可能性。

然而留给那些三十多岁夫妇做决定的时间已经不多，此外他们周围是只生一胎的社会大环境，要生二胎，他们将成为中国城市里第一批普通双子家庭的主力。毫无疑问，他们将经历特殊的育子压力。

中国城市当下的实际育子成本大体触及了普通独子家庭承受力的底线。中国家庭都望子成龙，孩子的教育投入在家庭经济中处于至高无上的地位，结果是各种昂贵的育子项目纷纷出台，孩子上学有偿择校成为普遍现象。这耗尽了很多年轻家庭的财力。

以目前的独生子女养育成本，将它们乘以2，是很多城市普通家庭承受不了的。这肯定会抑制部分单独家庭生二胎的愿望。如果今后大量城市家庭生二胎，中国的教育产业就需做出调整，提供更多质优价廉的选择，独生子女社会特有的很多风尚和消费习惯都要随之改变。

从这个意义上说，"单独二胎"政策只是中国城市重新过渡为双子及多子家庭社会的开始。这个过渡很可能是漫长的。

"单独二胎"政策是允许和开放单独家庭生二胎，这与全面鼓励生二胎还不是一回事。如果采取鼓励的态度，国家就应投入财力或做更有力度的政策调整，帮助生二胎的家庭。而现在的情况很可能是，生二胎的成本需要自己承担，这些家庭将成为推动中国生育政策再过渡、再改造的市场力量，他们大概会付出比以后养育二胎更高一些的成本。

《决定》在要求放开"单独二胎"的同时,也表示要"坚持计划生育的基本国策"。客观来看,计划生育国策的确没有被放弃,中国重新成为"随便生"的国家或许还要等很多年,成为全面鼓励生育的国家将是更远的事。

中国面临人口总量过多,然而少子老龄化又已经袭来的独特尴尬,这一困境在全世界是独一无二的。中国调整生育政策不得不统筹兼顾这两个难题,同时把握好方向和节奏。我们认为《决定》做出的调整是正确和稳健的,它是中国走向更为完善生育政策的过渡性选择。

然而由于国家只是"放开",而非"鼓励",现实育子环境会让很多年轻家庭纠结,也会让生了二胎的普通家庭面临生活艰难。国家有必要对教育市场进行一定干预,减轻城市双子家庭的养育负担,从而让普通的单独家庭能够实际享有生育二胎的权利,而不是使这项政策成为富裕家庭的"特权"。

有学者计算,放开"单独二胎"后,中国预计每年多出生100万的孩子,对中国人口结构不会产生很大影响。但其实这种影响具有突破性意义,因为它是中国人口政策的转折点,而且将触动中国社会结构的大量连带变化。如果多出生的孩子过少,将既是生育政策调整的失败,也是社会公平建设的新缺憾。

国家越庞大复杂,致力于社会公平的改革就越是它的生命线。然而现实是,公平常常被权力和财富买走。我们希望"单独二胎"不会在城市贫富家庭之间划出新的界限,我们知道做到这点决不像喊个口号那么简单,但政府推出一项社会政策,就需有一些相关调整的跟进,再难也需是这样。

(2013.11.19)

莫无限夸大"利益集团"的能量

"利益集团"是时下中国舆论场上出现频率很高的一个词,很多人认为,利益集团推迟了一些改革出台的时间,而且他们是未来阻碍改革落实的主要力量。

这种分析有一定道理。但现在的问题是,利益集团的作用和能量可能被夸大了,这或许会对落实十八届三中全会《决定》选取主攻方向造成扰乱,激化社会争论,从而影响改革的实际效果。

对利益集团,我们应有更求实的认识。利益集团的概念来自西方社会,西方的利益集团都是较清晰的阵营,有相对明确的组织和维护利益手段。它们游说政府和议会,公开活动,公开施加影响。如果按这些标准,中国的所谓"利益集团"都不太够格。

中国的"利益集团"更像是一些利益群体。虽然其中一些强势些,有一定的资源垄断能力,另一些弱势,彼此的组织联系更松散,但这些利益群体自身的面貌和它们所处的社会大环境,都与西方真正的利益集团有很大不同。

西方社会很多年不变,利益集团和各种群体都已相对固化、稳定。中国则处于转型的大变革时期,社会结构很不固定,各种利益群体都在不断变动、调整。此外在中央的改革决策面前,有垄断能力的国有制企业以及官方机构并不具有阻挠改革的真正强势,中央对这些利益群体拥有绝对权威。

舆论批评的利益集团主要针对大型国企和官方机构,但如果说它们就是改革的最大阻力,至少是对未来改革难点很不全面的认识。

中国的利益群体已经很多，体制内利益群体的问题只是其中之一。与此同时，相对弱势的群体也已经有了强烈的权利觉醒，通过互联网，他们争取利益的能力不断提高。从过去两年的情况看，无论是阻止拆迁，还是反对上马大型重化工项目，一些传统上的弱势群体都表现出前所未有的行动力。

落实《决定》的真正挑战在于让大局观重新回到中国社会，穿透各种利益藩篱。三十多年前，大局观可以靠中央自上而下植入到社会每一层级，并保证它对中国全社会的真实引领。然而今天国人大局观的形成要复杂得多，除了自上而下的要求，它还需要大量的政策及法律杠杆的促进，甚至可能是不同力量摩擦、对冲的结果。

中国已从结构相对简单的社会变成错综交织的多元社会，自上而下的改革推力很难一贯到底，全都不走样地到达基层。中国社会自下而上也涌现出各种力量，这些力量的碰撞、对接方式很不一致，改革是驾驭这些复杂性的过程。

把舆论焦点放在"利益集团"上，这样描述改革过于简单，很容易将改革意识形态化，把社会一刀切分成改革的促进派和抵制派。而真实情形是，全社会支持《决定》的共识度这一次非常高，但因为改革涉及面既广又深，真正推行起来后，很多人都会发现自己同时处于不同的利益群体，他们会欢呼一些改革，但说不准什么时候又觉得自己"被动了奶酪"。

因此或许谁也不该在指责利益集团的时候，把自己的利益看得紧紧的，以对自己当时是否有利断言改革的对错。改革是要让利益生成与分配机制更加公平，是对社会运行机制做整体调适，从理论上说，所有"既得利益群体"，无论官的、民的、国有的、私有的都会或多或少被触动。

当然，强势的利益群体应当在支持改革的态度上做出表率。这很关键。同时我们希望，谁都不要以为改革是别人的事，自己唯一应当做的就是享受改革的成果。

（2013.11.20）

延迟退休，千万别成大家皆输的角力

三中全会通过的《决定》提出"研究制定渐进式延迟退休年龄政策"，这意味着改革将触及这一广受争议的敏感领域。人社部官员接受采访时解释说，渐进式延迟退休指"小步慢走"，比如退休年龄延长一岁需要经过两年时间。此外政策正式公布之后，还将设计几年的缓冲期。尽管网络舆论反对延迟退休的声音很强，但看来这项改革仍将推进。

绝大多数中国社会学者都认为，中国延迟退休年龄是大势所趋。目前的退休年龄是上世纪 50 年代制定的，如今中国人的平均年龄比当时多了 20 多岁，中国已经进入老龄化社会。养老金不足，以及全国 19 岁到 59 岁劳动力已经面临绝对减少的所谓"刘易斯拐点"，这些现实在倒逼退休制度改革，中国别无选择。

世界发达国家大多经历了退休年龄的延迟，有些改得较顺利，有的则经历了剧烈社会冲突。法国 2010 年决定用 8 年时间将退休年龄从 60 岁延迟到 62 岁，引发全国性大罢工，致使国家经济蒙受不小损失，但政府还是把这项改革坚持了下来。

延迟退休年龄涉及每一个劳动者的切身利益，在中国互联网上对所有社会保障问题的关注中，它长期位居榜首。中国显然将就这项改革面临"大考"。

要让延迟退休的改革方案顺利出台并实现平稳过渡，中国社会需要做到以下几点。

一是实事求是的态度须在舆论中占主导。虽会有一些人对这项改革不满意，但媒体和知识分子群体应致力于向公众解读中国真实的养老形势，而不借呼应舆论的不满扩大自己影响力，谁都不应把这池本来清澈的水搅浑。要让大家知道，延迟退休年龄是中国人平均寿命增长的必然结果，这里面既无政治，也无某个特殊群体、比如官员们利益的驱动。

二是政府必须有推行这项改革的担当。延迟退休年龄肯定是要挨骂的，它不可能在社会的一片掌声中实现。为了中华民族的长远利益，也为了保持中国社会在全球的竞争力，政府就该勇于承受舆论中的一些情绪。只要这项改革最终完成，有益于大众的真正福祉，舆论最终分得清好歹，浮在表层的不满情绪自会消散。

三是要做到具体操作上把握分寸得当和组织上的有序。中国以往善于搞基础设施建设的大工程，而退休制度改革是一项社会性超大工程。这项改革将在一定程度上改变中国社会生活的面貌，它的缓进不仅仅是给人们的心理适应留下空间，也是为社会的配套性变化留足时间，实现这一整套改革的平稳。

四是养老金双轨制的并轨应加快进行，其节奏应与延迟退休形成协调。这是舆论反对声音最高的问题之一，对延迟退休的批评很多都借了反对双轨制的声势。如果退休金并轨的改革太慢，延迟退休的改革必将多一份艰难。

反对延迟退休在任何国家都是明显情绪化的，因为它拒绝面对现实，把对问题的理性解决变成大家最终都输的角力。西方式社会对解决这种问题显得越来越笨拙，闹了斗了，到头来还得改。中国能否让这项改革少付一些社会成本呢？

我们希望中国能够做到这一点。但愿世界的很多教训都能被我们汲取，我们用不着把其他国家延迟退休年龄所经历的社会消耗和折腾重走一遍。

（2013.11.20）

改革能力的竞争决定大国兴衰

十八届三中全会全面深化改革的《决定》震动了世界，它是全球政治的大事件。这个世界仍很大程度上是大国竞争的世界，而大国兴衰主要取决于它们的改革能力。如果三中全会的《决定》全面落实，中国的综合实力有可能在10年内达到与美国的同一层级，这将导致全球力量分布格局的历史性改变。

改革的概念在全世界都是正面的，但真正有能力发动改革并将其有序坚持下去的国家很少。上世纪八十年代戈尔巴乔夫抱着理想主义的书生气发动苏联改革，国家很快全面失控并解体，苏联的失败验证了大国改革的特殊难度。

西方国家总体上在享受前人积累的成果，改革的实际意愿不强。奥巴马是把"改变"喊得最响的西方领导人，美国也是西方改革能力最强的国家。中美21世纪的改革竞争不可避免，就改革能力来说，两国各有千秋。

中国的改革意愿明显高于美国。三十多年的改革深刻改变了中国，这个国家从上到下都认为改革没有尽头，它就是社会前进的主要方式。我们永远觉得自己的体制有缺陷，需要完善。而不仅发达国家，连越南、古巴也有值得我们借鉴的地方。中国对改革的高度信奉恐怕是当今世界独一无二的。

美国没有全国性的改革紧迫感。美国人似乎坚信他们的体制没问题，即使有问题顶多做些微调就够了。奥巴马的"改变"更像是口号，并未转化成全社会的真正危机感。他们不像中国人把问题看得很重。从

363

苏联晚期走向衰落开始,美国事实上全球无像样对手,就像"九段棋手"长期同一群"臭棋篓子"下棋,美国的战略进取心被下低了。

然而这并非是说美国已是没有改革能力的国家。美国的政府比中国弱,但美国社会的创新能力强。美国市场发达,法律完备,对创新的鼓励和保护都十分强大,这一点还是中国社会比不了的。有人据此认为,把政府和社会改革能力综合起来看,中美的改革资源大体是"平手"。

中美体制都不是完美的,今后要看谁能迈出改革的实际步伐。中国建立更公平的市场秩序和社会秩序必须在调整利益格局上动真格。美国也看到一些经济和社会问题,比如200年前自由拥枪有道理,当时的移民需要对付野兽和印第安人的攻击,现在持枪都用来打同学和邻居了。还有美国的产业空心化问题等。

中国改革首先依靠各级执政团队的领导力,改革的杠杆比较明确。美国主要靠社会和市场蕴藏的自发改革动力,政府领导力是辅助性的,因而不确定性更多。

中国改革的重要方向就是扩大社会和市场的活力,与美国相比,我们在"补缺"。但从美国一些明确应该办却办不成的事情,比如严格管理枪支等,我们应当同时看到中央权威的可贵。中国改革大概不应仅仅是对社会和市场潜力的释放,而应是创造中央权威同社会市场巨大活力的最佳结合版。

我们总体上看好中国在全球改革竞争中的进一步胜出。大国的改革一旦走上轨道就会形成惯性,十八届三中全会是在既有惯性的基础上又一次战略性发力。而美国社会总体上仍处于冷战胜利的那一波惯性中,他们仍把中国当暴发户看,他们没意识到改革已是中国体制的最大元素,他们当中的很多人仍认为中国的改革成功是一个"苏联式共产主义国家"偶然撞上了大运。

西方赢在先发优势,如今懒于应变。中国是后发国家,但后发优势也不是用之不竭的,它需要不断续力并且升级。中国改革的确任重道远。

(2013.11.21)

"中国潜射导弹威胁论"有一点挺好

美国国会下属的跨党派顾问机构"美中经济与安全评估委员会"20日发布的年度报告,预测2020年中国将建成西太平洋最大的现代化潜艇和作战舰队。报告还称,射程7400公里的"巨浪—2"潜射导弹与新一代"晋"级核潜艇的结合将使中国海军首次对美国本土具备"海上威慑力"。中国已部署三艘"晋"级核潜艇,报告预测到2020年中国还会再部署两艘。

尽管该委员会通过这个报告大肆宣扬"中国威胁论",但我们相信,中国人都愿意这样的报告对解放军硬实力的描述是真的。至于该委员会对解放军意图的猜测,中国人拦不住。

中国人往往对美国谈中国军力很敏感,在我们看来,美方或者夸大中国军力,或者成心贬低我们。这些报告总体上成为"中国威胁论"大合唱里最刺耳的音符,它们挺让中国人心烦。

但年复一年,美国各种官方和民间的"中国军力报告"并没有把中国怎么样,它们或许成为促使美国下决心加强西太平洋军力部署的元素,但客观而言,只要中国军力呈不断增长态势,有没有这些报告,美国的更多航母和攻击性核潜艇都会调到西太平洋方向。

最重要的是,中国切不可受美国这类报告的影响,动摇我们发展军事力量的决心。如今有一种倾向,当美方"夸张"中国军力时,我们就愿意强调自己没那么强大。当美方搞"贬低"时,我们要证明自己没那么弱的愿望又变得挺强烈。其实就应让前后矛盾的美国人自己平衡自己,我们或者保持"神秘",或者主动披露准确信息。

中国在西太平洋的军事实力如果同美军一一对比，包括考虑到美军的调动能力，我们大概要落后二三十年。但解放军的实际取胜能力决不能等到二三十年之后。解放军应很快拥有阻止美军在西太平洋随意介入的能力，中国需要有直接威慑美国本土的战略报复能力，这样的信息如果不实中方不应刻意制造，如果是真实的中方也不应刻意隐瞒，这应是解放军努力构建、但不做宣扬的真实能力。如果美方自己要宣扬，我们应采取既不证实、也不否认的态度，不搭理它。

中国应当强调自己的军力发展不针对特定国家，美国官方在公开场合也这样说本国军力。但两国军方都有针对对方最坏情况的准备，军队在一定意义上说就是干这个用的。美国的体制会把一些最糟糕的设想抖搂出来，中国往往把事情尽可能往好的方向宣传。中美关系实际上在适应这两种调子。

美方宣扬"中国威胁论"，只要事实部分不太离谱，其实对中国利弊参半。美国人了解了中国的战略实力，这很难说就是塑造美国对华政策的消极因素。美国人需要把中国当成一支全球性战略力量来尊重，这会避免美国的对华政策出现轻佻。

中国人不可幻想，美国舆论宣扬"中国威胁"少了，美国军方的对华防范就会松懈，美国的军事技术换代就会放慢。美国保持全球军事力量第一的战略决心十分坚定，这与某个委员会的报告以及媒体怎么说关系并不大。

中国越来越受到全球情报机构和西方主流媒体的关注，很多议论的态度注定极不友好，这是中国走向全球舞台的代价。需要反复强调的是，我们的战略定力要比西方怎么说我们重要得多。

(2013.11.22)

希望解放军发言人多提供"解渴"信息

解放军总政治部、总后勤部、总装备部和海军、空军、第二炮兵、武警部队等7个大单位20日宣布设立军事新闻发言人,这是中国军事透明化的又一标志性进展。解放军对外开辟的信息窗口在增多,这带来了外部对中国军队看法的改变,也在逐渐促成中国人对什么该保密、什么该主动让外部知情认识上的变化。我们相信这一进程将继续进行下去。

军事透明化不是没有底线的。与此同时解放军的军事透明显然还有较大空间。设发言人只是让外界了解解放军的方式之一,从外军的经验看,其他方法还有很多。

比如解放军经常搞实弹军事演习,其中这些演习似可为公众提供一定的观摩机会。有的大型军事装备也应允许公众参观,还可以在一些驻扎在城市的部队搞"军营开放日",让公众参观日常军事训练等。这些做法被不少外军使用,正面效果明显。

中国处于大的和平时期,这时军队的使命和它所要处理的内外关系与战争时期有一定区别。战争临头时作战是军队的唯一任务,确保各种军事信息严格保密是压倒一切的外部关系。但在和平时期,对外军事威慑是主要使命,最大限度保持军事威慑的可信性成为关键性对外关系目标。此外,争取民众对国家国防投入的理解和长期支持,军方自身也需作出努力。

这些使命和任务都要求军方重新考量涉及保密的各种关系,不是为应对国际压力做些微调,而是为在和平时期最大限度地释放解放军的力量进行战略思考，重新设计保守核心机密和主动展示军力的最佳平衡。

我们无疑缺少这方面的经验，而且由于解放军在亚太不是最强的军队，在某些方面有保持"模糊性"的特殊需求，增加了这种战略厘清的难度。中国军事透明应当说也是"摸石头过河"的探索过程。

与国际上了解中国国防建设信息的愿望相比，中国民间希望知情权的愿望或许更值得关注。在中国人民主意识越来越强的时候，这个问题尤其值得重视。说到底所有军事装备都是用纳税人的钱购买的，多让他们看到某些标志性军事装备，这会让他们感觉受到保护也受到尊重。

如果仔细分析，我们或许会发现，中国全社会的保密意识和具体做法同时代现实对应得并不准确。我们一方面有"什么都该保密"的传统习惯，一方面一些掌握核心秘密的人和机构对新时期窃密技术的长足发展了解不足。有些该保的密未必都保好了，还有些"秘密"对于间谍卫星来说一览无余，有些场所外国人已经去过，国人前往依然很难。这些造成保密境况的参差不齐。

保密战略与透明战略应当是同一使命的两面，它们的共同目标是确保中国战略设施和计划的有效。中国是世界的一支重要力量，我们的能力需要各种互动的开掘和放大。

7大军方部门设发言人是解放军进一步信息开放的明确信号，希望这些发言人被赋予更多授权，通过他们社会能得到一些解渴的信息。过一些年之后，他们的露面能在人们的回顾中成为中国军事透明的一个里程碑。

(2013.11.22)

名人放嘴炮，互联网最喜欢的一道菜

　　知名媒体人崔永元近日在一个论坛上炮轰"限制私家车治雾霾"，称机动车尾气排放对北京雾霾的影响，相当于"一个居民在自己小区放了个屁"。他说自己做过调查，认为拉渣土的大货车造成的污染更严重。此说在网络上广泛传播，掀起一番对环保部的嘲讽和质疑。

　　小崔的调查方法在专业人士看来有点像笑话。受过高等教育的人一般知道，科学的调查研究需要大范围取样和严谨的科学分析，不可能凭视觉和简单了解就下结论。但小崔的说法却能在网上获得大量附和及支持，这种现象并不正常，却在中国舆论场相当常见。

　　名人就公共话题发"惊人之语"，犹如互联网舆论的泡沫，隔段时间就冒出来。它们有一些共同特点：说的人往往是青年导师形象，以为民请命为己任；话题往往是民众最关心的具体问题，比如食品安全、环保，或者城管；针对的往往是政府和体制，嘲弄政府已成当前中国舆论场上表现正义感的一条捷径。

　　说这些声音是泡沫，是因为它们通常会带动网上快餐式的情绪宣泄和狂欢，但来得快去得也快。它们就是一种大众吐槽，建设性地解决问题本来就不是这种声音的目标。但它们是否有破坏性，取决于它们是否会造成社会较为严重的认知错乱，干扰政府正常决策。

　　必须看到，一定程度上是民众肚子里憋着的气吹大了泡沫，社会对政府的工作的确存在许多不满。比如中国环境恶化，任何人都看得见闻得着，小崔的"放屁说"才因此得到大量附和。政府部门工作若做得不够好，就不得不接受这些吐槽的压力和"倒逼"，没什么可抱怨的。

但作为媒体,我们希望舆论场多一些科学精神,少一些立场的旗帜和靠挥舞立场旗帜行走江湖的斗士。把立场当武器是"斗争"的艺术,但像解决中国环保这样的事情,不是光靠"斗争"能实现的,它必须要全国人民以科学的态度,一起付出巨大努力。环保问题上,人民和政府并不分属两个利益阵营。

就小崔这件事来说,他作为公众人物的质疑精神和乐于调查的态度有其可贵之处,但他做结论的态度过于轻率,这反过来也应受到质疑。小崔此前曾以美国手机费9.9美元包年为例,在两会上指控国内手机资费"贵得惊人",后被网友质疑其数据不准确,他公开致歉。那应该是一次教训了。

名人通过各种社会身份获得了社会影响力,他们在那些位置上的公开表现大多经过了单位的后期包装和剪辑。有了微博微信之后,他们直接面对公众,要 hold 住其所具有的社会影响力,这对他们的综合素质、社会责任感和自律意识是全新的考验。

从短期看,互联网舆论求快,求新,求奇求夸张,忌严肃、四平八稳。名人的夸张之语是互联网最喜欢的一道菜,"逆公众耳"的名人言论哪怕有一点瑕疵,都会被放大揪出来示众,"顺耳"的则受到欢呼,其不严谨之处被忽略,被原谅。互联网的这种短期特性鼓励了名人的轻率。

但从长远来看,互联网的求真程序其实从未停止,只是过程有时比较长。任何人在网上的痕迹都是永恒的,今天的随意言行可能会带来一时掌声,但更可能在将来成为你形象中一块洗不掉的污渍。在互联网的种种泡沫之下,涌动着的是求真大潮,泡沫会破,但大潮不会回头。

(2013.11.23)

挑战中国防空识别区，日本在过嘴瘾

中国国防部23日发布关于划设东海防空识别区的声明，中国空军随即进行了首次空中巡逻。由于中国所设防空识别区同日方设立的防空识别区在钓鱼岛一带有较大重合，日本方面反应强烈，除了对中国"严正抗议"外，日防卫省召集紧急会议，要求日防空自卫队"加倍警戒，毅然应对"。

我们认为日本方面的所谓"严正抗议"既虚伪，又无耻。众所周知，日本在东南西北各个方向上都设立了防空识别区，在北部方向距俄罗斯只有50公里，东海方向距中国大陆的最近距离只有130公里。中国设立防空识别区无论于法于理都是正当之举，中方特别强调这一做法"不针对特定国家"，这是避免地区紧张升级的姿态。

日本是个不停用激烈语言刺激地区局势的国家，而且经常把本该模糊的针对目标做突出处理。此前日方不断公开宣布中国飞机进入日本防空识别区，尽管这与"入侵领空"是截然不同的概念，但日方经常同时发布其战机升空"拦截"中国飞机，其实两国飞机离得很远，根本不构成通常人们理解的"拦截"。日方强化了两国随时可能"爆发空战"的印象。

在东海目前的形势下，中国设立防空识别区是大势所趋。日本这两天过过嘴瘾，但估计其实际行动将有一定克制。美国方面的反应延续了它偏袒日本的态度，但目前没有美国会直接介入中日争端的迹象。如果日方战机真敢对中国飞机强制"拦截"，那么中方战斗机就应坚决对其"反拦截"。降低东海局势的紧张需由中日同担责任，日本休想逼中国单方面让步。

钓鱼岛危机已成中日两国之间的死结，两国争端是事实，谁也不能幻想完全主导钓鱼岛局势。日本方面至今不承认钓鱼岛存在主权争议，不断由其高层级领导人就两国摩擦发表狂妄言论。与此同时日方在行动上有所退让，大体接受了中方目前在钓鱼岛地区的维权方式，形成中日围绕钓鱼岛主权争议新的复杂现实。

在中日两国防空识别区严重重叠之后，日方究竟怎么做，对东海能否保持和平将很重要。日本方面说"豪言壮语"的人太多，虽然多数情况下"光打雷不下雨"，但这些言论对中国民间对未来形势的预期产生了破坏性影响。现在有越来越多的中国公众倾向于相信，中日在东海将"难免一战"。

这种预期使得日本不仅不再是中国的朋友，而且逐渐成为中国公众心中的"敌人"。我们不知道这是不是就是安倍政权刻意追求的中日关系状态。

我们支持中国宣布设立防空识别区，这有益于各方加深对中国保卫领土主权决心的认识。同时我们希望中日双方正视彼此的立场差距，建立有效的危机管控机制。我们作为中国人清楚中方的和平意愿，但大多数中国公众不了解日本是否同样珍惜东海的和平。日本官方的表现在中国人看来非常好斗，很多中国人对日本会贸然铤而走险存在疑虑。

中日之间有各种对立，但社会心理对立是使其他对立真正结成死结的那一部分，"防空识别区"的对立其实是最表面的东西。否则中印有那么大面积的领土争端，双方的对立不知要严重多少倍。日本没有理由以为中国会被它的强硬吓倒，如果安倍政权真那样想，那将是整个日本国的幼稚。

中国把防空识别区设了，不宣布针对谁，但肯定会坚决回击对这一防空识别区的狂妄挑衅者。如果日本把同中国斗作为其战略选择，那么就请嚼口香糖长大的安倍这代领导人带着这个国家来吧。

(2013.11.25)

总书记亲临青岛传递出重要信息

习近平总书记24日专程前往青岛看望中石化事故的受伤人员。习近平要求认真汲取教训，注重举一反三，彻底排除隐患，坚决杜绝此类事故。22日的这起爆炸事故到昨天已致52人死亡，11人失踪。习近平是近年来出现在重大责任事故发生地的第一位中共中央总书记，它传递出重要信息：新的中央领导集体必将对治理重大生产责任事故给予更高重视，这肯定会带来一些实际的改变。

频出重大责任事故是中国现代化进程的顽疾，它的大背景是我们的现代化还很粗糙，全社会安全投入不够。从企业到大多数国人都把挣钱放在首要位置，投资安全并未在中国经济中得到有效的消化，整个中国经济仍大体以实现廉价为中心，市场对实现安全成本的强制性并不实际配合。

这些年舆论对重大责任事故的谴责制造了前所未有的压力，也有所收获。最近几年煤井矿山及重化工企业的直接安全投入快速增加，安全生产综合措施不断完善，生产厂区内的事故发生率似在减少，但在迅速扩张且人口集中的城镇，连带性安全隐患或者城镇特有的安全问题却在增加。

如今下场大雨能致北京这样的地方死很多人，多地下水道夺人生命，有的城市中心路面突然陷个大坑，此外很少有人能想到地底下能发生如此剧烈的爆炸。生活现场的安全性远非固若金汤，我们不得不说，中国城市从安全角度看，大体属于"半拉子工程"。

舆论都感觉中石化对事故的反应有些慢，认为这当中有该公司的

"态度问题"。其实大家的感觉并没有错，但这种"态度"决非是中石化特有的，它弥漫在全社会，它是无奈、侥幸、着急但不知道该怎么做，出事了先考虑免责等等现实态度的总和。

中国人当然都希望自己安全，但这种愿望转变成有市场价值需求的速度太慢。从理论上说，中国生产的商品已相对过剩，经济质量升级已是国家迫切任务。其中更高的安全保险系数应是这种升级的首要内涵之一。发达国家的产品不仅技术投入高，从牛肉、奶制品到房屋道路设计，安全性的长期和有系统打造也导致了其特有的附加值。

我们迄今对安全生产仍大致"头疼医头脚疼医脚"，但每一次的舆论谴责和司法行政追究都越来越强烈，逐渐形成对重大责任事故的高压态势。中国社会朝着较高安全水准升级的条件正一个个成熟起来。

实现中国的全面安全升级不是通过一次"总攻"就能办成的，但它也决非是一个"市场无形的手"就能塑造的自然而然过程。政府的引导至关重要，人们可能仍会"挣钱第一"，首选便宜，但政府却可以强制推行更高安全标准，把廉价但却不安全的生产生活方式逐渐从中国赶走，中国经济应在更安全的各种要素中循环。

要坚决依法查处导致重大责任事故的直接肇事者，并追究相关负责人。但这就像严惩腐败者一样，治不了本。标本必须兼治，这个本就是全社会共同支付并且消费更安全生活的真实态度。实现这个态度的转变和升级，应是中国改革的重要软目标。

(2013.11.25)

安倍休想用"不测事态"恐吓中国

日美抗议中国设立防空识别区的声音很高,并且有威胁中国的味道。安倍晋三25日宣称中方做出的是"有可能招致不测事态的危险决定",日本内阁官房副长官则说中方做法"令紧张局势升级,现场可能发生不测事态,非常危险"。美国国务卿和防长此前警告中国此举"会引发事端",并明确称钓鱼岛适用于《美日安保条约》,美国会"坚决信守对盟友和伙伴的承诺"。

美国至少在表态上公开站到了日本的身后,但这一点没有让中国人意外。我们的预测是,随着中日在钓鱼岛对峙的加剧,美国在表态上会进一步对中国施压。

但这不是可以改变中国设立防空识别区决心和意志的条件,它有可能是促使日本在东海更敢于挑衅中国的一种刺激。

中国在宣布设立防空识别区时强调了它的合法性,也重申了中国的和平意愿。现在日本首相直接说东海有可能出"不测事态",那么中国人就有理由相信,日本人有可能会对中国的决定做出达到危险"不测事态"级别的反应。我们不知道这算不算日本人在告诉我们,东海离爆发战争已经不远。

必须指出,中国设立防空识别区的目的是要避免冲突,对航空器进行防空识别就是干这个用的。全世界20多个国家都设了空识区,日本东海空识区甚至超过它单方面非法划定的"中间线",距中国大陆仅130公里。中国空识区把钓鱼岛纳入进来是必然的,不纳入反而不正常。

日本如果希望东海和平，就该同中方协调两国防空识别区的运行，进行危机管控，在高技术如此发达的今天，做到这点不难。

如果日本真敢来硬的，悍然针对中国执行空识区任务的飞机制造"不测事态"，那么中日对立上升到直接的空中摩擦甚至冲突就完全可以预期了。中国将坦然同日本走进这一新阶段。

可能日本觉得有美国拉偏手，它同中国玩这种军事冲突边缘的游戏有优势，可以拿到主动权。中国人无力影响日本的选择，请它试试好了。

美国表示它会"信守对盟友的承诺"。我们相信，解放军一定考虑到了钓鱼岛发生军事冲突时的"最坏情况"，因为连中国民间都想到了。美国如果真想卷入东海的"不测事态"，中国同样会坦然应对。

钓鱼岛离中国这么近，解放军又不是手里只有烧火棍。大概美国人自己也清楚，东海决不是他们的舰队可以随心所欲的地方。

钓鱼岛之争是领土之争，对手又是日本，东京必须知道，一旦中日发生"不测事态"，中国社会对国家的倾力支持决不会比日本所能凝聚的社会力量更小。那有可能是中日两国社会的对决，甚至是一种清算。我们不认为日本的精神会被轻易摧垮，但如果日本人以为中国是可以被轻易吓住或者被忽悠住的国家，那他们实在太天真了。

东海既可能和平，也可能陷入不断爆发"不测事态"的乱局，对中日两国都形成消耗。中国人应当做的是把球踢给东京，让喜欢"打嘴炮"的日本政治家做一次真正选择吧。

(2013.11.26)

决不重蹈覆辙，中石化们毫无退路

中石化青岛泄漏爆炸到昨天中午已致 55 人死亡，这已成为中石化史上伤亡最惨重的重大责任事故。相关责任人受到依法追究是躲不过的，但这远远不够。

中石化乃至中石油等特大能源及重化工企业需要从中汲取深刻教训，政府需监督这样的汲取落到实处，转化为那些企业安全生产的实际行动。尤其是特大国企，应当有决不再出类似重大责任事故的强烈意志，青岛"11·22"爆炸至少应在人们的决心中成为句号。

中国能源及重化工领域，至今国企是主力。国企的舆论形象不好，加剧了它们发生重大责任事故的社会痛感。我们不知道仅"两桶油"在全国各地还有多少可能导致恶性事故的隐患，但我们可以确定的是，近期若再发生与"油"或"气"有关的重大事故，是中国油气行业绝对不能承受的，甚至是整个国企形象也绝对承受不了的。

所以事故之后随之而来的"安全生产大检查"必须一丝不苟地进行，它或许是消除更大危机的宝贵机会。

"两桶油"们不要试图为自己存在的安全隐患做任何辩护，中国社会对安全的要求在快速提高，如果大国企完善安全生产的速度慢于它，那么它们自身的处境必将十分险峻。大国企的唯一选择就是跟上公众的期待。

中国经济活动的整体安全性还较低，追求利润通常还被置于确保安全万无一失之上。"两桶油"们有不少是国资委的利润大户，也是向国家纳税的巨头。其中中石油一家每年的纳税额是全国总税收的 4％－

5%。它们现在需要带头将安全生产再提升一个级别,为此将部分盈利转化为新的安全要素投入。这样做对批评大国企利润高的舆论本是顺应关系,国家应当对此给予支持。

青岛事故后舆论对中石化的安全漏洞提出大量质疑,它们很多是有道理的。把这些漏洞一一堵住需要落实已有的安全生产标准,制定并落实更高的安全标准,还必须有更严格的机制检验之。天天抓安全的企业与只注重利润的企业,内部氛围就是不同的,我们知道"两桶油"等既非前者也非后者,它们处在中国现代化升级的十字路口。

青岛事故必使"两桶油"们的形象雪上加霜,事实上它们已经长期站在互联网舆论的"批斗台"上。国企可能认为自己的社会责任履行得比民企更好,它们的形象是被"妖魔化"了,感到有些委屈。但换个角度看,那些尖刻的批评是舆论场对它们现实优势地位的一种平衡,中国社会合力的相互作用结果必然是,国企的风险和麻烦会逐渐与民企变得一样多。

国企已经没有优哉游哉的资本,事实上很多处于严峻的综合风险中。看看"7·21"给铁路系统曾经带来了什么样的打击,就应当知道,中石化实际站在某道看不见的悬崖边。

功不抵过,这是中国社会很多领域的法则之一。它有没有道理是另一回事,"两桶油"对保障国家快速发展时的能源需求做了巨大贡献也是另一回事,现在社会对特大国企举起的鞭子是严厉的,这是它们必须正视的现实。

国企要转变舆论形象,强化治理是决定性因素。除了国企运行机制的改革之外,它们同舆论打交道的方式和态度转变也应是其中之一。大国企都有行政级别,一些领导层官僚气严重,他们必须直面急市场化浪潮的冲击,接受舆论监督的洗礼。

国有经济对巩固国家政治制度发挥着无可替代的作用,而大国企的形象与政府的形象有很高重合。这决定了中国大国企根本输不起。

(2013.11.26)

总理"推销"高铁，关键性的临门一脚

正在中东欧访问的李克强总理连续工作近20个小时，与七个国家领导人会见，成果丰硕，其中铁路合作最为抢眼。中塞匈三国总理25日宣布，合作建设连接贝尔格莱德和布达佩斯的匈塞铁路。罗马尼亚正商讨引进中国高铁技术。此前李克强出访泰国达成中泰高铁合作意向。总理的亲自"推销"，成为中国高铁走出去关键性的"临门一脚"。

中东欧基础设施比较落后，发展愿望迫切需要突破口，引进中国价廉质优的先进铁路系统，实现跨越式发展，这对各方都非常划算。但真正落实这项合作，就远不是理论上那么简单，如果没有领导人一锤定音的强大推力，其操作过程中多如牛毛的现实矛盾和阻碍，很可能将这笔生意搅黄。在国际贸易中，这样的先例并不少。

"领导人推销员"在西方国家一直颇为流行，过去中国领导人做得相对不多，一个重要原因是，中国制造业能拿得出手的实在不多。如今中国制造业产值已占全球20%左右，高技术产品出口额世界第一，其中有不少成套大项目具备了国际竞争力。中国领导人顺势而为，做了一个与时俱进的外交调整。很显然，效果是立竿见影的。

中国追求和平发展，国家崛起主要是通过商业竞争的方式，而非战场拼杀的方式实现，这离不开对国际市场的持续开拓。自改革开放以来，中国外交就树立了为"发展"服务的理念。每一代领导人都有不同的使命。比如邓小平任中国领导人时期出访不多，但接待了大量国外企业家，推动了国家对外开放、招商引资。

李克强总理选择高铁，作为"中国制造"向海外推销的一张国家

名片，这并不是偶然。全世界都知道，中国高铁所承载的期望、质疑、痛苦、心酸等等，比其他任何"中国制造"都厚重。往大了说，它有点像中国发展的缩影：速度惊人，尽管其间遭遇重大挫折，但在世界和国人自己的复杂评说和强大压力下负重前行，最终实现飞跃，赢得世界认可。

能花钱买你的设备和技术，就是海外对中国高铁最高、最真实的认可。"7·23"事故刚过去两年多，中国高铁的国内运营总长度上万公里，居世界第一位。国外市场前景相当明朗，这超出了国内外舆论当初最乐观的预期。

"成功者是不受指责的！""7·23"之后，中国高铁只有靠扎实过硬的发展成绩，才能避免被口水淹死，才能有出头之日，才能将昔日的口水凝固成自己成长的年轮。中国的整体发展也是一样，只有等到中华民族真正复兴的那一天，对中国道路的怀疑、讥讽和否定才会大范围消失，世界将主动给中国以欢呼和掌声。

可以预见，海外今天对中国高铁的认可，很大部分将"出口转内销"化成国内对中国高铁的更多自信。而中国自信心总是需要在境外绕一圈才能建立。这本身是否也是中国社会不成熟、不自信的表现，对此我们需要反思。

说总理的推销是"临门一脚"，是因为这之前还需要球队整体的配合，需要其他队友的盘带、过人、助攻，"临门一脚"得分既是前锋个人的能力，更是球队整体实力的体现。

(2013.11.27)

形成航母战斗群是辽宁舰质的成长

中国第一艘航空母舰辽宁舰 26 日上午从青岛某军港解缆起航，在 4 艘导弹驱逐舰和护卫舰的伴随下开赴南海训练。这是辽宁舰航母战斗群的第一次公开露面，虽然这不意味着辽宁舰的战斗力已经形成，但昨天显然是中国航母发展史上的又一标志性时刻。

这是辽宁舰科研试验和训练的正常安排，但它凑巧与中日防空识别区重叠事件相遇。辽宁舰今后还会与各种事件巧遇，外界的引申解读无可避免。也许这些解读就是航母战略威慑力的外溢部分。中国和周边会逐渐适应辽宁舰的存在和成长。

辽宁舰只是中国航母时代的开先河者，它总体上是"试验舰"，连航母战斗群也具有试验的性质。从本月 22 日开始，美国两个航母战斗群已经部署到南海地区，与辽宁舰的到来"不期而遇"。面对那两艘航母，我们就会发现辽宁舰及其战斗群还很稚嫩，中国海军形成强大的航母战斗力任重道远。

中国发展航母不是太快了，而是在摸索前行。未来 10 年是中国地缘政治形势比较紧迫的时期，而航母力量这期间的主要任务显然是发展，而不是全面释放它的威慑力。

一直有中国在建造国产航母的传闻，我们希望这些信息是真的。中国国防建设这些年成就斐然，但中国战略环境复杂化的速度似乎更快。军事力量至今仍属于中国综合实力中的那块短板。

面对特殊的地缘政治压力，中国的国家安全形势并不比周边的一些小国来得宽松。对于一个被广泛视为全球实力第二大的国家来说，这种情形并非意外。

航母是中国巩固国防的重要力量，但不是全部。由于航母在未来很长时间里尚扮演不了维护国家战略安全的支柱性角色，中国其他一些投资少、见效快的"杀手锏"项目需同时受到重视，比如中国的战略导弹，一定要实现数量和质量的同步快速提升。

从西方研究机构公布的各国数据看，中国的战略导弹数量还是太少了。而那些导弹将长期是中国战略安全的基石。增加中国的洲际弹道导弹数量，尤其是增加生存能力强的海基核力量，是中国一刻也不能放松的关键性建设。

在航母形成实际战斗力之前，通过航母训练引导世界对中国的认识，增加一些重点国家对中国崛起的适应，这些都应是航母的"试验"内容。此外航母还会成为中国民间爱国主义情感的新源泉，应让民众有机会在这个过程中接触航母，辽宁舰应避免成为埋头训练的封闭性军事平台。

美日等国大概会从不同角度骚扰中国的航母建设，也可能误导我们自身对航母的认识和理解。中国是后发国家，航母力量又将长期处在美国之后，而且如今有战略攻击力的武器平台变得丰富，中国对如何使用航母必有一个摸索过程。虽然像是一句套话，但中国显然需要走出一条建造和使用航母的独特之路。

实事求是的原则最重要。我们要吃透航母本身，吃透航母面对的战略大环境，并且坚定自己的战略目标。中国航母一定能有捍卫本国战略安全以及维护亚太和平稳定的出色表现。

(2013.11.27)

B52 想赚威风，应及时对它喝倒彩

美国国防部美国时间 26 日主动爆料称，美军两架 B52 远程战略轰炸机在北京时间 26 日上午进入中国新设立的东海防空识别区，两架飞机没有装备武器。美方一方面称这是早就计划好的训练演习的一部分，一方面毫不掩饰此举有向中国防空识别区示威之意。

中国国防部 27 日中午对此回应称，中国军队全程监视、及时识别了美军飞机。美方刻意无视中国空识区的存在，中方的回应则显示空识区已在运转。

从世界舆论的最初报道和中国互联网上的反应看，美方此次行动在舆论上占了上风，中方较显被动。从空识区的实际国防作用看，它得到了发挥，美军的表演对它毫无损害。

中国不可能做到让美日心悦诚服地接受中国设立东海防空识别区，把它们的所有军机活动都向中方通报。事实上中国也不会向日方通报本国军机进出其防空识别区的情况。防空识别区不是领空，它的真正作用就是"识别"，而不是别的。

但防空识别区在东海成为"政治项目"，中日两国空识区部分重叠，这种交叉客观上有利于增加识别，避免意外摩擦的发生。然而美日同中国现在斗的就是政治。

美军 B52 轰炸机进入中国空识区，中国空军监视跟踪了它们，这是很正常的空识区情景。不正常之处在于美国主动公布它，并且摆出挑战的姿态。这与军事摩擦毫无关系，这就是美国对华突然发动的一次舆论战、心理战。

中国空识区本身的运行经受住了考验,但我们对美方舆论战、心理战的反应不熟练,表态比舆论期待慢一拍,看不出有预案。从美方公布消息到我方作出回应,大约过去十个小时。按说这个速度挺快了,但在互联网时代,这段时间足以出现对我防空识别区形象不利、甚至有损我军整体形象的海量信息。

客观而言,无论中日之间,还是中美之间,离爆发有准备的、较量彼此意志的直接军事摩擦还有相当距离。现在双方比的是外交层面的意志,有冲突也谈不上"打仗",而是"打脸"。这时的行动有很大一部分是给舆论看的,中方有必要对此做全面总结。

中国方面习惯于"低调"做事,"外交无小事"的意识很强。中外发生摩擦,最初爆料的几乎都是外方。我们喜欢"只做不说"或者"多做少说",这样的做事态度在国家各部门相当普遍。

如此做事机制显然已适应不了互联网时代光速般的信息传播现实,中国官方必须加快对各种挑战性舆论的应急反应,并把反应的权限更多下放给相关部门及官员。我们的官员也应敢于担当,勇于站到敏感事件的最前沿。

美日挑战不了中国划定的东海防空识别区,如果两架 B52 来东海走一圈,那里的地缘政治形势就陡然改变,这也太可笑了。两架 B52 只不过是各方在西太平洋经济、政治及军事综合博弈的小插曲,无法撼动中国东海空识区已经确立的既有事实。它们更像是在一场大剧中出来跑跑龙套。

中国方面需要奋发进取,全面抖擞精神坚决改革信息发布机制,不让美日在信息和心理战上贪得便宜。这关系到中国社会的士气和凝聚力。我们需清楚,对外关系的细节远没有国内团结更重要,中国国内凝聚力的强大,是我们迎接各种外部挑战的真正基石。

(2013.11.28)

国家应下决心恢复五一黄金周

全国假日办昨天公布三个法定节假日调休备选方案，再次面向全国公开征求意见。三个方案都是在原有节假日总量不变的情况下探讨调休方案，最大的焦点是要不要保留十一黄金周。从昨天一天的网上投票看，约一半网友支持保留十一7天黄金周，其他意见中还有一大半支持十一5天假期，支持只休3天的人最少。

这反映了中国人的基本愿望：盼休假，更盼休长假。其实三个方案都回避了人们的一个更大愿望，那就是尽快恢复五一黄金周。

中国人的节假日总天数已不低于世界平均水平，但人们普遍感到假少假短，根本原因是中国人普遍工作压力或者强度大，而且加班多。在城市里，只要是被认为比较"好"的工作，很少有人从不加班，经常加班的人大有人在。

中国劳动密集型的企业职工加班也很普遍，建筑业和服装业的工人经常为抢工期而加班，这些都在发达国家很少发生。

在欧美中等收入以上的国家里，每周的工作时间一般都低于40小时，通常每天下午三四点就下班了。从4月到10月，加上夏令时因素，人们每天下班后都有一个长长的下午可以休闲，从而避免了疲劳感的严重堆积。

中国文化对加班有一种半公开，甚至半强制的崇尚。在一个单位里，领导不走，员工常常不好意思走。很多公司鼓励放弃带薪休假，舆论对各种模范人物的宣传也往往少不了他们废寝忘食工作的一面。这是个大家都拼命工作和挣钱的社会，有时别人都在工作，你自己去休假，都会多少感到不踏实。

黄金周到处人满为患,旅游简直就是找罪受,但是很多人还是愿意那个时候举家出游,挤着累着还是觉得开心。这一是因为那个时间全家都休息,谁也不用为出游请假。二是因为那几天全社会都休假,国家到处都洋溢着轻松气氛。那是真正无忧无虑的集体假日,那种从里到外的放松感对很多人来说是无可取代的幸福源泉。

五一黄金周2008年被取消,换成了多个小长假,假日总量多了一天,但对人们休假质量感受的提高并不明显,原因就是短假虽然多了,但人们对长假的需求却是刚性的。

如果中国能够再给全年增加一天假期,把它加给五一,同时取消一个小长假,如端午节,把它的一天假期也移给五一,就会重新形成五一的三天假期。这将为恢复五一7天长假扫清道路。

2008年至今已过去6年,作为快速发展的国家,中国经历6年后增加一天全国公共假日,这个节奏是恰当的。经济发展要落实到国人的实际生活质量上,为践行这个理念,或许没有比增加一天公共假日更直接,更有普惠意义的了。

增加一天假日,全国劳动者的法定工作时间只减少了1/250,对一些企业的加班劳动支出压力并不大。但多一个黄金周,对中国消费的拉动贡献绝对不只1/250,它对中国整体休假面貌的改变则将是焕然一新的。从春节到十一,八九个月的漫长"劳动期"重新被拦腰截断,中国的大多数劳动者会得到一次透彻的喘息。

希望国家不要再在是否恢复五一长假问题上犹豫。多增加一天假日,取消一个小长假,一定能够得到舆论的欢呼性支持。这必将极大增加人们对国家全面深化改革的信心,其所带来的政治鼓舞会比什么都更给力。未来的日子一定会越来越好,人们的这一信念将受到新的支撑。

(2013.11.28)

缓对美澳韩，将斗争目标锁定日本

对中国设立东海防空识别区，日本的反应近乎疯狂。日防卫相小野寺五典几乎天天出来放狠话，不知这是不是人们所说的"越心虚就越要展示狂妄"。此外美澳等也都有对华挑衅性动作或不友好表态，韩国说话酸溜溜的。

但所有这一切都构不成对中国设立防空识别区的真正挑战，这些压力总体上都是姿态性和舆论上的。东海防空识别区的设立已成事实，这一步我们坚定地迈出去了。

接下来最直接的斗争将在中日之间展开。美国作为日本的保护者，暂时不会与中国在东海直接对峙。澳大利亚只是表达一下策应美日的态度。韩国则是看到美日方面声高，借机表达一下自己的关切和利益，未必是要附和美日。

中国应战略坚决，策略灵活，只要美方不太过分，就不主动把美军作为巩固空识区的主要斗争目标。我们应集中精力打压日本的气焰，坚决回击其各种挑衅性行为。中国与澳大利亚并无实质冲突，可以忽略其声。韩国知道中国并非针对自己，它对日本的意见也很大，因此不会对中国提出过分的要求，中国暂可好言慰之，无需做出任何改变。

我们的对日斗争应完全放开手脚。它在东海出一招，我们就坚决回敬一招。要让日本每一招出得都很快感到自我的疼痛，我们的反制需当机立断，看得出是对日本最新挑衅的直截了当回敬。为此我们需多做预案，不留对日斗争的任何战略犹豫。

日本战机进中国防空识别区，我方战机就必须去它的防空识别区。

当然，中国也不要被其牵着鼻子走，中国空军的回应应该以自己的节奏进行。随着事态发展，有可能出现中日军机近距离摩擦、对峙，重现冷战时期美苏军机的激烈空中游戏。中国空军需要加强这方面的训练和准备，决不临阵动摇，我们要有不惧空中擦枪走火的决心和定力。

这样过几回硬招，日本就会出现与中方合作管控双方空识区的兴趣，围绕钓鱼岛危机的管控机制谈判才可能启动，中日双方才可能会重新达成默契。

中方的对日战略态度一定要稳定。不首先挑衅，不逼它铤而走险，也不对它的威胁做出让步，反而要采取略高出其威胁的反制措施。同日本打的是持久战和消耗战，我们要最终打掉的是它与中国搞战略对抗的意志和野心。我们要向日本植入的不是面对中国威胁的恐惧，而是它对挑衅中国必将付出相应代价的明确预期。

现在日本虽然叫得凶，有美方帮着拉偏架，但它在气势上其实已经输了。因为它很抓狂，表现了内心的恐慌与惊惧，对航空公司同中方履行报备手续这样的细节也如此敏感。安倍越来越像当年的陈水扁，他们急于在一招一式上向内部证明自己没输。

中方操作防空识别区一开始虽有不熟练之处，但中国官方的表态前后一致，既不退让，也不说过头话，战略上显得气定神闲。这种态度大有可持续性，在中方的泰然和稳重面前，日本现在的表现真的有点像"跳梁小丑"。

中国热爱和平并在和平环境中走向繁荣。中国现在已拥有保持和平的巨大资源，钓鱼岛海域和空域的动荡掀翻不了中国持久发展的大格局。中国能同日本耗下去，我们有这个自信，也有这个耐心。究竟如何同中国相处，让日本自己看着办吧。

(2013.11.29)

美日挡不住中国崛起为一流强国

中国崛起的战略环境是否在严重恶化呢?美日是否会联手发起对中国的全面遏制,并窒息中国的进一步发展呢?还有,中国是否有足够的力量,来应对未来的种种不测呢?这些问题离我们忽远忽近,真正能回答它们的,或许只能是时间。

但历史的经验和国际政治的基本规律还是能帮我们找出脉络。一个重大的现实是,中国已经步入工业文明时代,中国的工业化进程向前走了很远。中国与美国仍有差距,这使得我们在西方力量面前保持谦逊。但反过来说,人类历史上还从未有中国这么大的工业化国家被外部力量征服过,从外部击垮今天的中国,同样是西方无法想象的。

尤其重要的是,中国崛起的原动力是老百姓要过更好的日子,而决非国家的刻意政治设计。是中国老百姓更高质量的日常生活最终要把这个国家抬到与美国并驾齐驱的位置。中国崛起是真正的"人民战争"。

只要中国自己不在根本性问题上犯颠覆性错误,美日敢于遏制中国进行总动员的可能性极小。它们的大策略只能是对中国施加压力和影响,促使中国社会从内部自我严重变形,直至"崩溃"。

中国社会转型期的矛盾多发让西方看到一线希望。中国社会的现代化是依靠市场化和对外开放取得的,但市场化也带来各种不安因素。中国人喜欢市场化进程带来的物质丰富和生活改善等,但接受不了市场化的资源分配结果,如区域差距拉大,贫富不均等等。这些内部因素已经导致中国对建设硬实力有点分心,对建设软实力则显得底气不足、怕遭议论。

内部矛盾是中国崛起的最大牵制。它们的凶险会加剧内部分歧,导致国家战略定力的缺失。大国崛起必然冲击原有国际权力结构,伴随一定对外冲突。如果缺乏定力,国家就有可能进退失据,比如在未做好准备时与外部发生冲突,或者因没有调控冲突烈度的能力,丧失冲突爆发后的战略主动。

中国的崛起路上需要全方位战略定力,要对自己的力量有信心,对美日等有客观估计,既不低估也不高估威胁,并且不在国内外各种杂音中乱了脚步。作为崛起的大国,外部真正怕的不是中国走得快,走得猛,而是中国走得稳,甚至走得悄无声息。

发展巩固战略定力,最重要的是解决国内问题,或至少让它们呈缓解之势。但舆论也很重要。中国存在意见多元很正常,很多争吵有利于科学决策,促进社会共识。但现在一些人热衷价值观的自我标榜,用一切西化对抗主流价值观,这种基于价值观的对立会带来各个方面的分歧,而且会越吵越分裂。这种分裂恰是美日特别希望看到的,也是它们要全力促成的。这是它们打乱中国步伐的捷径。

中国需认真探索互联网时代的言论自由,这个问题不达成基本共识,它就永远是隐患。但无论我们怎么构建言论自由,那些煽动社会分裂和对立的言论,不能被纵容随意传播。那些违背法律精神公开造谣诽谤的,需要严格依法制裁。那些违背社会道德规范和人文价值观的,则应遭到舆论批评和学术批判。

爱国主义仍是中国下一步崛起必不可少的,它除了是国家士气的重要源泉,还能在关键时刻对一些社会裂痕做出临时的紧急修补。弘扬爱国主义的社会环境已经深刻变化,这是一份额外的考验。如今国内互联网上流传着一些抹黑爱国主义的异端邪说,它们的有害性尤其应当受到重视。

中国的爱国主义在任何情况下不能弱于美日的爱国主义,这应是条底线。

(2013.11.29)

中国航母尽可漠视美日压力往前走

辽宁舰航母战斗群进入南海，29日停靠三亚新的航母基地内。辽宁舰南下行走一路，美日军机也跟踪监督了一路，到了南海又有美国两个航母战斗群以及日本"伊势"号准航母等在那里。美日高调摆出"围堵"中国第一艘航母的姿态，并试图把南海的现实力量差距转化成对中国人的心理压力。

28日欧盟外交与安全政策高级代表阿什顿就中国东海防空识别区，发表策应美日立场的谈话，宣称中国的做法"加剧地区紧张"，从西太平洋到欧洲，美国调动盟友给中国脸色看的能力一览无遗。

然而美日搞的这些示威说到底大多是些并不产生实际效果的压力泡沫。中国航母战斗群首次进入了南海，东海防空识别区也得以确立，中国空军已开始在该空域内例行巡航。中国做得合理合法，而且完全处于中国能力之内，并不吃力，美日只能表达不悦，并无实际办法阻止中国。

我们想对中国空军和海军说，你们在做正确的事，你们的所作所为符合国际法，维护了中国的正当权益，中国人民坚决支持你们。反对你们的声音大多出自不健康的心态，他们即使声高也没有令人信服的道理，完全可以漠视他们。

美日表现出想把中国国防利益压缩在大陆边缘的强烈愿望，在它们看来，海洋是属于它们的，由西方主导的全球利益格局必须是高度固化的。中国待着不动，但只要力量增长了，对它们都是威胁。只要中国稍微动一动，无论做什么都会令它们"惊诧"，都是中国在威胁世界。

中国发展航母战斗群，从一定意义上说是我们以国际法为基础，逐渐同美日等厘清各自海上利益边界的过程。中国"讲理"的意愿很坚定、真诚，中国无意让航母成为我们逐渐"不讲理"的筹码。我们不愿主动挑起同任何一方的实力对抗。

我们会无视美日的语言攻击和它们用军舰布阵发出的潜在警告，中国航母在靠近本国的公海游弋，它们归根结底是外界迎接中国首个航母战斗群的特殊方式。

对中国首个航母战斗群和防空识别区的反应印证了美日的心态，也印证了中国所处的真实地缘政治环境。中国的前面既不是掌声和鲜花，但也不是能够把我们捂在大陆上的铁幕。我们遭遇的是各种不讲理、耍手腕、搞拆台的虚张声势和邪门歪道，中国能够走多远更多取决于我们自己的决心和智慧。

西方知道中国并没有真的做过分，中国在东海设防空识别区，这早就是国际通行做法，造航母也早已是大国的寻常事。西方就是不适应这些事情由中国来做，而且故意把它们的不满夸张成世界的反对。今后中国扩大利益圈不做则已，每做必须坚决。我们就是要让西方逐渐适应中国的力量成长和利益圈扩大，它们不应也不可能把整个海洋都划成自己的势力范围揽在怀里。

当然，由于美日的抵制，中国向外输送力量需要更谨慎，我们需要精选切入口，把握节奏，尽量将摩擦变成磨合，减少硬冲突发生的几率。我们尤其要多发展实际能力，将每一个行动都置于能力范围之内，而且要尽量宽裕些，无论战略和战术上，都不做勉强的冒险。

有人说中国在改变东亚秩序，并进而对过去500年的世界秩序进行修正。但这决非中国的现实政策目标，中国所追求的不过是和平与发展。中国人是现实的，我们希望西方人也更务实，正常开展我们这一代人的竞争，维护我们这一代人的和平与繁荣。大历史只能自然形成，我们不该为它而烦恼。

(2013.11.30)

《开罗宣言》70年,日本对它恨之入骨

12月1日是《开罗宣言》发表70周年,该宣言由中美英三国首脑于1943年12月1日共同发表,宣示了协同对日作战宗旨,确定了对日本侵略者的处置问题。宣言明确规定,"日本所窃取中国之领土,例如东北四省、台湾、澎湖群岛等归还中华民国;其他日本以武力或贪欲所攫取之土地,亦务将日本驱逐出境"。

1945年7月26日中美英三国《波茨坦公告》重申《开罗宣言》精神,规定该宣言之条件"必将实施",《开罗宣言》和《波茨坦公告》成为确定战后东北亚秩序的基础性文件。

如今日本官方不再提《开罗宣言》,日右翼甚至攻击《开罗宣言》"不合法"。日本现在经常提的是《旧金山和约》,而签署于1951年的该"和约"只是美国为代表的所谓战胜国同日本签署的片面条约,当时朝鲜战争已经爆发,中苏都未签署该条约。

《旧金山和约》虽有安排二战结果的逻辑起点,但当时的东西方已经分裂,日本成为朝鲜战争的美军支持地,该条约成了对当时东北亚形势的直接呼应。中国从未承认《旧金山和约》,它涉及中国利益的部分不具有合法性。

在《开罗宣言》发表70周年的时候,一个最基本的事实首先要重新确认:二战成果和战后体系仍在支撑东北亚的和平与稳定,从任何方向打破和修改它们都会带来地区动荡。

朝鲜战争致使交战双方都付出巨大代价,但战线最终又回到三八线。从日本的战后面貌看,纵有千变万化,但美国对其领土的军事占领

没有变。日本这些年利用靖国神社翻历史的案，在钓鱼岛问题上要翻《开罗宣言》的案，以及其在南千岛群岛问题上对抗莫斯科，都遭到了抵制，带来地区局势的复杂和不稳定。

美国也知道日本的钓鱼岛立场对照二战史说不过去，中国的主权伸张有道理，因此它不得不在偏袒日本的同时，公开表示对钓鱼岛的主权归属"不持立场"。

日本对二战结果充满忌恨，但它不敢拿最让其疼痛的美国军事占领开刀，而是冲着美国现实政治中的主要防范对象挑衅。冷战时期它闹得最凶的是"北方四岛"问题，如今它拿自己处于争议优势的钓鱼岛问题发狠，激化中日冲突，因为中国已是美国最大的防范对象。

然而无论美国的西太平洋战略有多自私，维护战后格局仍是这一地区除日本之外各国利益的最大公约数。中国、俄罗斯都无意打破它，连都在口头喊"统一"的朝韩，实际也不想打破它。美国利用日本的战略意图也是维护自己在西太平洋利益的稳定，它不会在支持日本重新扩张上走太远。

中美日三国不是中国为一方，美日永远是另一方的简单对立关系，钓鱼岛冲突即使有美国对日本的背后支持，直接同中国对抗并付出成本的将首先是日本。日本休想通过钓鱼岛把中美战略对抗挑起来，自己以逸待劳，坐山观虎斗。

我们要在这里明确告诉美国和西方，不仅中国，东北亚国家同日本的冲突都与东京对二战的态度有关。各种矛盾的实质是，日本只被迫接受了二战的军事后果，容忍了美国驻军，但它对二战的其他结果都持强烈抵制态度，稍有机会它就不遗余力进行修改、翻案。

中国是东北亚实力增长最快的大国，中国对战后秩序的尊重是对地区稳定的战略性支持。美国需认识到中国这一态度的可贵，而不应对这一重大问题也搞实用主义的取舍。如果美国逼中国学它，不再把东北亚的战后秩序当回事，那么中国在这一地区决不是无所作为的。

(2013.12.02)

嫦娥三号不是脱离中国现实的孤军

嫦娥三号月球探测器于12月2日凌晨顺利发射升空，并将在月球表面软着陆，它所携带的"玉兔"月球车也将在月面巡视勘察。这是中国航天领域迄今最复杂、难度最大的任务。它若成功完成任务，中国将成为继美苏之后第三支实现月面软着陆的人类技术力量。

航天领域的"月球项目"大体分为三个阶段，即探月、登月和驻月。只有美国完成了前两步，加入第一步的则有多个国家。第一步探月又分为"绕"、"落"、"回"三大动作，大多数国家都还在"绕"的阶段，之前除美国外，只有苏联实现了软着陆。在阿波罗登月多年后又启动的第二轮探月潮中，各国的迄今活动都是以"绕"为主，加上硬撞击，嫦娥三号有可能成为近几十年第一个在月球上软着陆的人造装置。

我们祝愿嫦娥三号成功，它的巨大价值和意义是不容置疑的。嫦娥三号软着陆是中国最终实现航天员登陆月球的重要一步，它将把中国推到当下月球科研活动的最前列。

中国近年的航天成就相当耀眼，但它不是中国科学进步的一支孤军。中国逐渐成为全球科研大国，一大批成果相继收获，它们相互支撑，刷新了中国整体科技面貌。航天是其中强有力的支点。

航天"有用"或"无用"的争论是伪命题。它在中国科学界根本不存在，在世界它也是只属于中小国家的困惑。中国互联网上常有"不如用航天换扶贫"的争议，但这些声音完全是泡沫性质的，中国的政策制定者需避免受到它们的干扰。

其实在中国综合发展中，嫦娥三号远非跑得最快最远的那一项。中国的一些地面基础设施建设，很多关键性产品的产量都已位居世界前列，中国同美俄的航天差距，要比铁路、互联网等单项领域的差距更大。中国需继续快速补上的恰恰是重大科研领域的短板。

上世纪第一轮探月竞赛潮的确有冷战政治需求的推动的，但由此而来的政治标签已被后来的几十年基本冲洗干净。新一轮探月活动，科技和经济考量成为两个主驱动轮。中国作为全面发展的大国，一个重要领域的落后将对国家整体竞争力形成牵制。相反，一项高科技的领先突破会释放广泛的拉动力。

中国重大科研领域既谋快，也很重视稳。美苏早期的探月活动失败率极高，当时的政治功利主义让双方都难以冷静。中国的整个航天事业既处于与他国的竞争中，又坚持自己的节奏，避免盲目攀比。这样的实事求是态度应当受到鼓励。

中国社会应给予探月等前沿科学活动更多支持。随着向世界最高水平逐渐接近，中国科学家们在项目选择甚至确定科研大方向上都将面临更多挑战，我们无法永远踩着别人的脚印走，我们必须敢于在一些关键处迈出探索的脚步。

美国的航天飞机被逐渐确认不是很准确的航天技术方向，被迫离开历史舞台。对于航天飞机这一"弯路"，美国社会的宽容和继续探索的执着精神，是值得中国社会思考的。

我国进入重大科研活动集中扎堆的时期，这同时也是中国经济和社会改革的活跃期。我国以往里程碑式的科研成就，都是完全由国家主导实现的。如今市场的手越来越有力量，如何让改革的过程进一步强化国家办科研大事的能力，而不是削弱它，这是改革面临的考验之一。

中国不能一口气吃个胖子，但今天回首，我们还是能够发现自己长了一些肌肉。正因为饭要一口一口吃，中国的科学家们需要只争朝夕，整个国家和社会要给予他们坚决的激励。

(2013.12.02)

中国舆论很难对卡梅伦热情起来

英国首相卡梅伦2日开始访问中国，因他去年接见达赖而严重遇冷的中英关系总算有所恢复。这一年多里，中德中法交往活跃，增加了卡梅伦政府打破中英冷淡的紧迫感。

有人分析，英法德这三个欧洲国家一定程度上形成在达赖问题上轮番挑衅中国的"默契"，当有一家领导人见达赖时，另两家就同中国发展关系。隔段时间另一家领导人见达赖，这两家又同中国走得挺近。英法德三国同时与中国相安无事的时候往往是短暂的。

这一总结同中国与欧洲关系的表面节奏有几分对应。尤其是，同在昨天，英国海军参谋长出现在日本，向日本防卫相表达支持日本对中国设立防空识别区的立场，这增加了中国舆论质疑卡梅伦改善对华关系真诚度的理由。

但中英之间大概本来就不是"真诚"与否的问题，卡梅伦无论怎么做都是出于他的执政利益和英国国家利益，我们不认为他的这次来访会是中英"斗争"的结束。

中国需要继续加快将我们的实力增长转化成外交资源和工具，让无论哪个国家每一次对中国利益的侵犯都付出代价，这会迫使伦敦等今后在对华问题上三思而行，转而更多看重开发它们与中国之间的共同利益。

不能说中国对欧洲领导人见达赖的反击毫无效果。世人不能不承认，中国在对欧关系中的战略主动权在增加，英法德如今更像是"打游击"，而早已不是公开的"联军"，在达赖问题上联合对付中国。

卡梅伦这次来中国，政府方面自然要给他礼遇。但他也会发现，中国社会并没有忘记他不久前的表现，因此舆论尤其互联网上的声音很难对他的到来表现出热情。

此外我们知道，英国政府在香港的双普选问题上不断说三道四，对香港与中央对立的泛民派给予半公开的支持。这严重增加了中国公众对英的负印象。中国人都相信，如果伦敦欲从外部插手香港的双普选过渡，中英关系就有可能重回去年他见达赖之后的状态。

卡梅伦政府应当知道，中国公众对英国原本颇有好感，但卡梅伦政府同德国默克尔政府的表现反差太大，这刺激了中国人发现英国不怎么样的另一面。比如我们发现，英国在中国欧洲外交中的"可替代性"很强，而且英国也已不再是什么"大国"，它就是一个欧洲老牌国家，适合旅游和留学，有几支好球队。这最初是中国人生气时的想法，但慢慢很多人的这种对英思维在变成习惯。

中国一直信奉"外交无小事"，因此对很小的国家我们也以礼相待，唯恐失敬。但经过这些年的风雨，我们也同时有了"外交无大事"的战略自信。我们想说，英国敬中国一分，中国人就会还英国一尺。希望两国今后再也别硬碰硬。

最后我们愿意祝卡梅伦首相及其随行在中国旅行愉快。

(2013.12.03)

拜登访中日，请对"东京秀"悠着点

美国副总统拜登2日从日本开始东北亚之行，他接下来将访问中国和韩国。日本对美国同它协调行动搅黄中国的东海防空识别区抱很高期望，日本近日每见他国官员，都把抗议中国防空识别区挂在嘴边，要求对方跟着表态，他们当然不会放过拜登来访的机会。日媒传称拜登将与日方签"联合声明"。

美国在中日之间拉偏架的姿态似乎已定，但如果拜登在日本把戏演过头，会严重影响他接下来访问中国的气氛。相信东海防空识别区不是他此行的唯一话题，中美之间不只有那一点事。

拜登应很清楚日本根本无力阻止中国东海防空识别区的运行，美国加入进来也阻止不了。他也应很了解防空识别区的功能不是进攻性的，在中国与日本存在钓鱼岛主权争议的情况下，两国防空识别区在那一带重叠是再正常不过的事。

美国偏袒日本是一回事，但美日联合就空识区对抗中国是另一回事。目前中国搞不太清楚美国的政策底线是什么，日本可能也不太清楚。拜登需要意识到，中日都会关注他此次访问中日韩的言行，为寻找上述问题的答案积累依据。

美国在钓鱼岛争端上挺日抑中总体越来越明显，从希拉里时期开始，美国公开宣称《美日安保条约》适用于钓鱼岛，日前又派B－52在敏感时刻"闯"新设立的中国防空识别区，其政策的模糊空间不断萎缩。

美国如果接着往前走，它自己宣扬的东亚"平衡者"角色就将脱得赤条条的。中美关系将面临新的严峻考验，中国社会对美国的警惕必将全面扩大，彻底覆盖我们对那个国家的认识。

美国需要认真评估东北亚局势的复杂性，不可将其简单化成中国的所谓"霸权主义扩张"。中国当前的钓鱼岛政策完全是对日本"国有化"该岛挑衅的反弹，中国社会和平崛起的总愿望没有变，中国不希望看到地区动荡。

但对美日是否真的无意在西太平洋挑起战争，中国社会的信心在减少。不断有人怀疑美国有可能是日本放开胆子挑衅中国的"幕后黑手"，虽然美国现在表现出一定的审慎态度，但我们需要更多说服自己不这样想美国的证据。

美国如果真愿意增加同中国的战略互信，华盛顿就应当释放一些能被中国社会读得懂的善意，尤其是在中日明摆着的领土纠纷面前，不做一边倒的选边站，不做在我们看来是鼓励日本与中国对着干的姿态。

拜登这次访问如果试图在中日之间"两头哄"，肯定行不通。如果他公开挺东京，向北京"兴师问罪"，中国人决不会吃他那一套。他确保此行成功的唯一选择是一路在哪都不说过头话，守住美国在中日争端之间保持"中立"的一些最低条件。

日本是个领导人口无遮拦的国家，安倍等人几乎天天出新的强硬表态已在中国社会臭名昭著。我们希望拜登在日本时不要"近墨者黑"，他应比日本领导人更懂得做政治表态的责任。

(2013.12.03)

泰国误以为投票和街闹就是民主

泰国反政府抗议群体 3 日占领了政府总部和警察局,警方放弃了对这些占领行动的阻拦,以避免发生新的流血。抗议活动领导人、前副总理素贴宣布抗议活动取得局部胜利,但他同时表示,"只要英拉政权还是完整有效的,我们的抗争就将继续"。

此次大规模抗议活动是由英拉的为泰党推动通过一份特赦案引起的,该特赦案若通过,将为英拉的哥哥、前总理他信合法返回泰国扫清道路。然而冰冻三尺非一日之寒,最近十来年泰国社会围绕支持他信和反对他信发生越来越严重的分裂,是更深层原因。支持他信的群体大体以农民和草根阶层为主要力量,相反的一派则以城市中产阶级为基础和骨干力量。

从他信 2001 年上台,到他 2006 年被军事政变赶下台,再到他信的力量通过选举卷土重来,然后是新的严重街头冲突,泰国已陷入一个怪圈无可自拔。街头隔一段时间或被红衫军占领,或成黄衫军的天下。双方都打着人民的名义,泰国宪法对于解决他们的分歧失去了权威。

泰国显然处于学习民主的艰难过程中。泰国国王仍有巨大影响,军队通过一次次政变证明了它的特殊力量,泰国的政府虽然通过选举上台,但却缺乏西方国家所拥有的类似社会基础。街头抗议不是或不仅仅是向民选政府施压,抗议者同时是向国王和军队传递要求,促他们使用非正常甚至非宪法手段改换政府。

泰国人只学到了西式的投票选举形式,全社会并未形成对选举结果的绝对尊重。此外泰国承认了街头表达的合法性,但西方社会对街头政治同时采取的种种限制，泰国社会没有学来。泰国街头因此成了与议会几乎并行的政治舞台，哪一方在议会失败了，就走上街头，用无穷无尽的抗争重建优势。

泰国要跳出这个怪圈，还有较长的路要走。举望世界，大多数引入西方政治制度的不发达国家，也处于类似怪圈中。泰国需要更多的经济成就做大和分好社会福利的蛋糕，也需要进一步发展教育，加强法治，不断刷新社会推行民主的条件。

泰国的遭遇还显示，协调好社会不同阶层和群体的利益，对改革成功至关重要。他信当年上台后，为巩固选情将经济政策更多向他的票仓农村地区倾斜，对城市中产阶级的利益照顾不够，从而不断加剧选举动员中就开始变得明显的社会分裂。这种分裂最终打倒了他。

不得不说，西方体制对于弥合不发达社会内部的政治对立一直不太有效，全世界非常缺少这样的成功例子。大多数遭遇这一困境的国家，基本都随波逐流，国家的命运取决于社会对动荡的承受力有多强，当时的国家经济水平有多高，以及有多少财富性资源和外援等其他因素可以帮国家渡过难关。

设想假如中国社会出现类似泰国今天的局面，而且如此一折腾就是十来年，将是非常恐怖的。以泰国为鉴，我们会想到，中国大概需要长期保持一种建立在社会广泛共识基础上的政治能力，使本国的政治进程不以民主名义把街头当成决定性舞台。中国的中央政府必须有对重大争议一锤定音的权威。

泰国未必会长久乱下去，但为了实现稳定，它肯定要面临一场全面、深刻的改革。实际上，这个世界上没有完美的政治体制，学习外部经验也需边学边改。东南亚国家里新加坡的制度"四不像"，但它造就了那个小国的繁荣、发达和稳定。西方几乎从不夸新加坡是"民主国家"，但那个国家给自己的国民带来了实惠。

(2013.12.04)

拜登知道不能为日本毁了中国行

美国副总统拜登昨天从日本抵达中国访问。他在日本时，围着他转的关键词几乎只有"中国东海防空识别区"这一个。他一进入中国，大概马上感到谈话空间一下子扩大了很多。东海防空区自然是焦点之一，但它只能是"之一"。

中美建立新型大国关系是亚太实现长期和平稳定的基石，中美合作的战略意义不会因某个具体分歧而瓦解。目前东海出现紧张，但它有很大一部分是日本为烘托悲情而制造的泡沫，中国无意在军事上主动挑战美日军事同盟。日本故意制造危机，想促成美国的被迫卷入，引导中美最终相互摊牌。

从昨天拜登到中国的最初消息看，以及联系到之前拜登既安抚日本、又对东京的要求有所保留等表现，我们认为，虽然美国在中国设防空识别区问题上与中国有较大分歧，但中美大体驾驭了这一分歧，防空识别区的事并未扭转中美关系的基本注意力。

中美的亚太乃至全球战略都对对方成为伙伴有着现实需求，如果彼此成为公开而活跃的对手，这对中美任何一方都是噩梦。日美关系没有决定中美关系性质的力量，中美的相互重要性，不是日本在中美之间扮演什么角色就能影响或改变的。

我们相信中美领导人本次会面谈了不少中共十八届三中全会，谈到双边经济议题，还谈了全球话题，谈了伊朗和朝鲜等。中日之争占不了双方会谈的太多时间。拜登不可能摆出来北京递抗议信的姿态，那样的话中方的回应也决不会太客气。

中美减少战略互疑是两国增加沟通效率的关键所在。但美方应当清楚，除了两国领导人的沟通，美方多释放中国社会能看得懂的善意信号也很重要。中国民间一直担心美国会为遏制中国崛起而利用中国与周边的领土摩擦，并且高度怀疑美国重返亚太就是冲着中国来的，我们尤其担心美国会为此采取威逼中国的动作。

中国民间的情绪不可能不对国家政策形成牵制，美国如果确无遏制中国的打算，就应在涉及中国核心利益的领域不主动摩擦，美国官员避免像日本官员那样，说中国公众无法接受的话。

美国常谈东亚的"平衡"以及其自身的"平衡者"角色。这些概念中国社会并非完全抵触。重要的是，中国崛起是这个国家发展的自然过程，而并非我们立志改变东亚秩序的韬略。美方所要的平衡必须能容纳中国与其发展相称的合理战略要求，不能逼已经成长的中国蜷缩着。遇中国同周边国家发生领土主权摩擦，美国应绝对避免选边站。

中国高度重视同周边国家发展友好合作，对于一时解决不了的领土争端，中国是"搁置争议，共同开发"的积极倡导者。中国与周边国家的领土争议，按争议面积排序，中印第一，中越第二，中菲第三，中日最直接的领土争端就是钓鱼岛。但现在争端强度是倒过来的，中日第一，中菲第二，而日本和菲律宾又在亚洲同美国的关系"数一数二"，这让中国人能怎么想？

拜登此次中日行还是能让中国人看到一些美国方面的理性。至于拜登在美国使馆签证处向中国学生宣扬"美国自由"，则是美国高官访华的"例行表演"。美国人会发现，中国社会并未对美国的外交表现有太高期待。美国也不该戴有色眼镜看中国的所谓"民族主义"。美国或许应当想，连中国这种儒释道浸染的温和社会都对美国有了"民族主义"情绪，那么美国是否真的需要对其行为做些调整呢？

(2013.12.05)

从 2G 到 4G，中国追赶西方的缩影

工信部 4 日向中国三大电信公司同时发放 4GTD－LTE 牌照，这意味着 4G 手机业务将很快在中国全面铺开。这将对中国经济提供新的拉动力，并为提高中国现代化的质量提供更强大的高科技开发和消费支撑。

4G 简单说就是第四代移动通信技术，4G 手机的最大特点是信息处理速度的革命性提高，至少比 3G 快 10 倍。今后人们通过手机在线看电影、进行较复杂的工作都更加方便，手机将进一步成为人们的"全能工具"。目前在全世界范围内 PC 出货量在下降，手机出货量日益上升。未来手机估计将取代绝大多数人手中的 PC，4G 对经济和社会形态的改变将更有力量。

中国的第一代第二代移动通信技术严重落后西方，3G 我们不仅有了自己的标准，而且在研发和创新能力上大体追平了西方。到 4G 时，国际公认中国已是无线通信技术领先的力量之一。4G－LTE 份额中国厂商已经世界第一。中国厂商的 5G 技术开发已经走到世界的前列。

有人分析，中国移动通信技术从极度落后走向世界先进水平的意义，一点不小于高铁在中国的崛起。未来世界移动通信技术的竞争将成为大国竞争的核心内容之一，它不仅将决定国家方方面面生活的综合运行速度，还将决定国家保卫信息安全在这个复杂的世界上是处于主动还是被动。

中国通信技术对欧美的追赶是国家整体现代化形势的缩影。我们走得比预想的快，从西方的绝对学生逐渐培育出自己的竞争力。但我们仍

有很多弱点和缺陷，我们的芯片技术能力、网络质量、社会对高端产品的消费能力都还落后于美国等。比如美国现在已经实现4G网络的全覆盖，中国刚刚开始。

然而中国手机拥有量已是全球第一，智能手机的使用比例比西方很多国家还要高。中国社会涌动着移动通信技术升级的大量需求，发展4G通信已在中国呈厚积薄发之势。中国形成了在移动通信新技术应用领域进一步追赶西方的现实力量。

高铁和新一代移动通信进入寻常百姓的生活，将勾勒出中国现代化更加成型的轮廓。中国用短短几十年时间实现了难以置信的技术代级跨越。

我们当然还有很多课要补，尤其是中国发展的不平衡也体现在移动通信技术的应用上。在一些农村落后地区，目前的通信技术使用率也很低。让全体人民都能享受到国家现代化的成果，这是中国社会建设必须协同技术建设加快迈出的步伐。

建设4G移动通信网络据信将直接投入数千亿人民币，它对社会投资的间接拉动有望更多。中国互联网发展的现有格局也会再次受到触动。我们希望发展4G网络将有改革的全程参与，带动移动通信和互联网领域的更公平竞争。

中国不是盖楼建广场才有发展，鼓励社会的高科技投入，加快它们的现实应用周期，这种方式带来的经济增长恰是我们最需要的。一旦中国移动通信技术应用走到世界最前列，必将推动中国在这一产业链上出现超一流的世界级公司，未来在全球范围内的高科技领地也会有中国的力量，这同样令我们期待。

（2013.12.05）

上海学生全球考第一令人感慨万千

上海初中生再次获得"国际学生评估项目"（PISA2012）第一名，领先64个国家（地区）的中学生。此次评估考察了数学、阅读、科学能力，上海学生三项成绩均列世界第一。总部设在巴黎的世界经合组织3日公布了这个结果。

这已是上海学生时隔3年后第二次获得这项测试的第一名。它给西方教育界带来的震动，似乎大于中国教育界的沾沾自喜。美国学生的成绩继续处在中游水平，这再次增加了美国教育界的危机感。

当然，西方舆论中也有对上海学生"死记硬背"冷嘲热讽的，但这不会伤及中国社会的自尊。因为中国人自己对应试教育的批评，比老外嘴里说出来的要尖刻、激烈得多。

看来中国的基础知识教育水平很高，已是不争的事实。无论怎么说这都是一项成绩，不是坏事。

但这么突出的成绩，的确容易勾起我们关于其代价是否合理、是否值得的更多思考。有业内人士指出，中国学生用于基础知识学习的时间，是西方学生的两到三倍。上海学生的成绩中一定有一部分是用加长的"学习时间"兑换来的。

在基础教育方面，东方和西方各有各的文化传统习惯，西方文化更注重孩子的天性，尊重孩子身心的自然生长；东方文化则有着两千年背诵经典、帖经墨义的传统记忆。事实上东西方教育界没有一方认为自己是完美的，美国"教育改革"的呼声并不低，基础课学习的时间和考试都在增加。中国官方推行"素质教育"的愿望非常急切，为达此目的，简化高考的改革已在酝酿之中。

然而真正实现素质教育的长足发展并不容易。因为中国高强度的基础知识教育很大程度上不是国家设计出来的，也不能全怪高考这个"指挥棒"，它几乎是整个东亚的文化问题。从台湾及日韩的情况看，高考改革只能对这个问题做到部分缓解。

中国这些年高校招生相对比例不断扩大，但基础教育的竞争却越来越激烈。如今在大城市，幼儿园也彻底卷了进来。而且幼儿园学小学的，低年级学高年级的，初中学高中的，高中学大学的，一进大学算是进了"保险箱"，一些学生开始"什么都不学"。我们不得不说，中国基础教育的真实灵魂不是学习，而是竞争。

中国社会、乃至整个东方都资源短缺，而且有不同程度的发展不平衡甚至等级性，在这样的社会里，取得个人的受教育优势至关重要。对于农村草根阶层的孩子来说，这往往是改善人生的决定性一步。大城市中产家庭的地位并不巩固，他们受到的竞争压力要比在西方社会里更大，同样输不起教育。对全社会的青少年来说，考试不仅仅是学习成绩，而是他们被迫很早就开始的真实人生拼杀。

基础知识考试虽然有失偏颇，但它易于组织，并相对易于保证执行过程的公平。正因为这样，中国的中考和高考几经改革，但无法做颠覆性改变。而且在竞争压力不减的情况下，什么样的考核系统都有可能被中国的家庭和学校"合谋"推向极端。

我们需要面对中国基础教育大的现实，一切从实际出发，不跟任何国家比，就跟中国的现实对照。我们需一边加快高考制度改革，一边加快社会诚信建设，为建立学生日常成绩部分取代高考成绩的机制创造条件。

妄自菲薄和怨天尤人都没用。我们应以现实主义的态度追求改善，比如，让孩子们 PISA 测试第一的代价越来越小，让孩子们虽依然不得不"拼命学"，但在心理上更舒缓，更达观。

(2013.12.06)

曼德拉形象远远超越了"自由斗士"

南非前总统曼德拉5日走完了他极不寻常的人生历程，享年95岁。他的逝世成为全球舆论的大事件，对他的赞扬几乎来自全球每一个地方，既包括非洲黑人国度，也有西方白人世界。曼德拉在全球政治人物罕见地获得一致赞誉，他的政治生涯曾充满坎坷，他大概是全球国家元首中坐牢时间最长的人，但他的人生最终画上完满的句号。

曼德拉一生追求自由和平等，他成为在世界上最终埋葬公开种族隔离制度的象征。他又是一位政治和解的倡导者，他的身上凝聚了许多对人类政治有现实意义的符号。

曼德拉在南非种族隔离时期坐牢27年，这使他失去了很多直接组织反种族隔离斗争的机会，但他成为不屈不挠的道德榜样。曼德拉出狱后只当了一任共5年南非总统，能为南非经济社会发展实际做的事情不算多，但他面对南非现实，以极大勇气和强大政治领导力推动了南非的种族和解，南非实现了由白人政权转为黑人政权的大体平稳过渡。

曼德拉的道德形象始终是第一位的。通常来说，道德形象一方面取决于本人的作为，另一方面离不开舆论的打造和烘托。曼德拉不仅个人政治及道德表现过硬，而且他创造了全球主流舆论的一个契合点。在曼德拉坐牢的后期，种族隔离制度已经遭到西方主流舆论的背弃，曼德拉的出狱同西方国家向南非白人政权施压有关，而曼德拉推动南非和解受到全球主要力量的欢迎。

曼德拉只担任一届总统就及时抽身退出政坛，对他作为全球道德楷模走到人生终点至关重要。他开启了南非的新时代，而没有纠缠于南非创建种族平等经济的艰难事务中。他反对种族隔离，早年曾被美国定为"恐怖分子"，没有特别授权不能进入美国。但他出狱后从未与西方主流利益对抗，他引导南非对白人主控的经济结构，以及仍然存在的不平等做渐进式的改革，从而巩固了西方舆论对他的友好。

曼德拉的一生经历了戏剧性的转折，他吃了太多的苦，后又有了绝对的反转，出狱时已经72岁，除了坚强，他的胸怀对他今天所获得的一致褒扬实际上更为关键。这个世界上为自由而战的人有过很多，坐过牢的政治家也不少，但曼德拉是真正超越了单向思维和偏激的人，世界舆论赞扬他，他也能够以多样宽阔的视角看南非和世界，他的确给世人留下了很多启示。

我们注意到，昨天全世界舆论都在赞扬曼德拉，但赞扬者们很多各取所需，力图把曼德拉变成自己所在力量价值观甚至政治利益的形象代表。

比如在中国互联网上，一些人把曼德拉描述成仅仅是一位自由主义斗士，这实在贬低了曼德拉，曼德拉形象比他们所说的丰富得多，这样的偶像崇拜实际是实用主义的。

曼德拉的意义之一是东西方都认同他，这样的共识对充满纷争的当代世界至为宝贵。南非是个中等国家，同世界的主要力量之间没什么地缘政治冲突。大国之间能否跳出分歧，营造更多的曼德拉式共识点呢？这是问题，但它很令人期待。

(2013.12.07)

韩国扩大识别区是趁乱占小便宜

韩国8日宣布了其防空识别区的扩大方案，扩大后的空域涵盖了苏岩礁上空，与中国刚公布的东海防空识别区在这一地区重合。对韩国这一举动，美日的态度相当缓和，与它们对中国设识别区的反应反差强烈。韩国官方昨天自我欣赏道，判断此举不会与周边国家"引发大的矛盾"，可以看做"外交成果"。

韩国称公海上的水中暗礁苏岩礁为离於岛，并在上面采取单方面举动，修建了"海洋科学基地"。由于中韩两国各自主张的海洋经济专属区在苏岩礁一带重叠，划界一直没有进展，此前两国大体采取了搁置争议的态度。

韩国借中日因防空识别区严重对立的时候扩大本国识别区，在本地区局势中并不具有战略性意义，它就是韩国的机会主义行动，占一点战术上的小便宜。韩国喜在外交舞台上争强好胜，但它又总是把自己在中美日之间当"小牌"打，逐小利。

韩国针对独岛（日本称竹岛）的态度很强硬，日本基本忍了。苏岩礁本是礁，谁的领土都不是，但韩国指礁为岛，在上面盖永久性建筑，试图增加与中国谈判海洋经济专属区划界的筹码。如果这些事发生在中日之间，必闹大。韩国知道中日都想拉它，它最怕的反而是朝鲜。

韩国"轻轻松松"扩大了防空识别区，与中国的遭遇迥异，这让我们清楚看到，做崛起大国受到的地缘政治压力，与中小国家的国际环境是多么不同。中国设立防空识别区，被普遍看成我们要修改东亚大国间的行为规则，我们今后的许多举动也会受到外界的战略性解读。

中国这时候不会与韩国较真,但中国公众很难喜欢这种做事方式的韩国。尽管韩国这时候出来搅和,也有让美日反对中国防空识别区没道理的一面。由于韩国空军在大国林立的东北亚更像是一支"仪仗队",它设防空识别区并不具有什么现实军事意义。

韩国的外交战略这些年飘忽不定,思路不清,最后变成了战术上的实用主义。比如如果东北亚只有中日,它一定会选择中国。但是日本背后还站着美国,它就糊涂了。美国实力的存量大,中国实力的增量大,朝鲜又同中国保持特殊关系,韩国的做法是一面维持韩美同盟,一面努力同中国发展关系,对朝鲜今天哄,明天压。它同时是东北亚最有人缘也最纠结的国家。

然而韩国同日本不一样,韩国社会的民族主义对中国不具伤害力,我们可以把它看成韩国人自娱自乐的精神玩具。韩国如果在中韩关系上严重出轨,需要考虑到随后而来的严重后果,中国在经济上或通过半岛外交能撬动韩国的杠杆很多。

中国有句俗话:出来混,早晚是要还的。在东北亚这个超大江湖上,各方恐怕都应这样想。中国尊重韩国的利益,韩国是中国发展友好的重点对象。希望韩国能充分回应中国方面的善意,什么时候都不对中方做过头事,不仅发展两国官方的合作,也在中国社会赢得好的声誉。

(2013.12.09)

莫鼓吹政府与民间的治霾对立

连续几天严重雾霾笼罩了半个左右的中国，中东部的很多大中城市沦为"重灾区"。昨天下午冷空气开始在华北驱散雾霾，但这次全国性的心理震撼却一时难退。

中国的大气污染已经相当严重，只要眼不瞎的人都能看见。华北大城市的居民深受其害，人们怨声载道已非一天两天。中央政府和污染严重地区的地方政府都受到加紧治霾的巨大压力。国务院今年9月通过《大气污染防治行动计划》，北京市和河北省都出台了更详细的措施，舆论必将紧盯这些承诺的落实。

现在看来，雾霾污染向华北以外中东部地区的扩散速度很快，中国治霾的挑战很可能比我们之前认识到的更严峻。

出了这么严重的雾霾，民间有些怨气很正常。有人在微博上撒气更不值得大惊小怪。但有一个理还是必须讲清楚的：治霾绝不可能仅靠政府的单打独斗，它注定是中国全社会的共同战斗。

治霾难，难就难在它不是一两个简单负面原因造成的。工业化和城市化进程在很短的时间里席卷了全中国，中国成为超大工地，成为世界工厂。盖楼修路要扬尘，基础建设所需要的钢铁和水泥的生产过程也都是高能耗、高污染的，中国的建设密度太强，高能耗的现代化生活如空调、私家车等发展得极快，中国生态环境受到前所未有的多重压力。

当前的"落后产能"既是污染的元凶之一，也是现代化过程的承载者。今天要淘汰、更新它们，既需要政府的决心和推动，也需要全社会对转变就业途径和挣钱方式的配合、摸索。在全世界，环保都是全体社会成员众人拾柴火焰高的事业。

政府对环境形势的判断准确和治理行动坚决，确实非常重要。过去中国各级政府在这一领域的表现显然不能打高分。政府应虚心接受批评，包括最尖锐的批评。

然而这绝不意味着社会可以把治理雾霾的责任一股脑推给政府。有些公众人物公开反对绿色出行和绿色生活等，只单向朝政府讨要蓝天，这已经不仅仅是批评，而会在一定程度上搞乱社会对环境治理的认识，干扰人们为共抗雾霾形成合力。这些人有些可能是无知或二百五，但也有一些人或许是太自私了，他们想出风头，用几句出位的话调动舆论的不冷静，强化他们个人表演的效果。

美国现在一年的建设需要多少吨钢材和水泥？美欧的现代化建设已大体完成，中国顶多走到了中期，中国现在一年水泥的实际用量已接近世界一半。中国大城市污染重，但人们还在向大城市涌过来。这反映了中国人在现代化和生态之间寻求最佳平衡值的真实态度。

在环保上骂政府没问题，该骂。但各路意见领袖们同时应做绿色生活的表率。如果他们难以割舍高能耗的奢侈生活，也请他们不要通过反对绿色生活的号召，来要他们又想表现环保正义，又不肯做任何个人牺牲的滑头。

我们既需要绿色中国，也需要它是绿色的现代化国家，我们必须知道，这对一个超大型的发展中国家来说，是难度极高的平衡。我们可能需要调低些发展速度，认真摸索新的发展模式，这意味着巨大的利益调整，是生活方式的改革，我们所有人都不能袖手旁观。

宣称只要政府"重视"了，"不再GDP第一"了，中国的环境污染问题就迎刃而解，这样的说法极其幼稚。现实是，重视已经有了，GDP也已经不再第一了，但雾霾还会一拨拨来。中国人需要向雾霾一起端起刺刀，政府要敢战，民间不应鼓励开小差的。

(2013.12.09)

朝鲜稳定符合中国的利益

朝鲜劳动党中央政治局8日宣布解除张成泽的一切职务，并将他开除出党。张成泽被指有"反党反革命宗派活动"，由于他被视为朝鲜的二号人物，又是金正恩的姑父，朝方8日的宣布被认为是朝鲜的重大政治事件。

金正恩接替朝鲜最高领导人职务已近两年，外界大多认为这个过程总体上是平稳的。对中国来说，这样的过渡符合我们的利益。张成泽倒台的消息昨天传到中国后，互联网上出现种种猜测和感慨，但普通中国人还是愿意看到朝鲜平稳，并推测朝鲜现领导人有这样的政治把控力。

最近一段时间中日之争成为东北亚的焦点，韩国在中美日之间摇摆明显，中国媒体上有关朝鲜的新闻不算多。但朝鲜对东北亚地缘政治的特殊意义没有变。它是这里实力相对较弱的国家，但同时又具有独特战略撬动力。它是经常会在亚太"消失"，却又能突然强有力证明忽视它是一种错误的一支力量。

中朝友好关系不仅对朝鲜至关重要，它也是中国的战略性外交资源。随着中国的强大，我们的外交杠杆越来越多，但中朝友好的亚太效应是至今无可取代的。

保持中朝友好关系应是中国对朝思维的主轴，敦促朝鲜无核则应同两国友好实现最大限度的契合。中国社会祝愿朝鲜以它自己的方式走向繁荣和稳定，中国人不认为本国有干预朝鲜内部事务的能力，多数人也不认为这是必要的。

中国和朝鲜在很多年以前就走上不同的国家发展道路，两国基本不具有政治、经济的可比性,世界上也很少有人把中朝两国做这样的对比。经常有人这样做的地方大概只有中国互联网。一些人把骂朝鲜当成指桑骂槐骂中国的一种发泄,然而这些骂声连泡沫都称不上,它们就是些单独的气泡,在落地前就被瞬间吹灭了。

中朝友好和中国对朝援助的出发点都是中国国家利益,这同中国巴基斯坦友好以及中国对巴援助的性质有类似之处。那些将中朝关系做意识形态解读的人,大概还生活在旧的时代。认为中国应当对朝鲜内部问题承担"道义责任"的人,或者是无知,或者是狂热的普世主义者。

金正恩很年轻,他的年轻有可能成为朝鲜决定性的政治资源,推动这个国家走向未来。外界应当为朝鲜融入东亚的发展积极营造条件,让朝鲜战略选择的空间尽可能宽松些,不要把这个依然很敏感的国家往对立的路上推。

中国是对朝鲜有特殊影响力的国家,朝鲜发展核武器给中国出了个大难题。将对朝友好和反对其发展核武器做到平衡,是对中国外交的考验。但应当说,中国在东北亚复杂局面中的整体主动性在增加,对推动朝鲜无核、保持中朝关系也不例外。

中朝都应为促成金正恩早日访华积极创造条件,朝鲜方面尤其需要这样做。这将有利于朝鲜的长期稳定,对中朝两国进一步发展友好关系也将具有关键意义。

(2013.12.10)

"住井人"牵动对社会主义的特殊期待

几名住在北京井下管道中最底层人物的生活境遇,经报道引起公众唏嘘。无论他们是什么原因住到了井下,都让我们难过。媒体对社会底层生活极端境遇的报道,强化了我们对社会不公平的感受和认识。这个国家的确应做些什么,减少这种情形的发生。

"住井人"在包括美国在内的不少国家里都有,他们可以归入广义的"流浪汉"群体。存在他们的原因之一是贫困,但不全是。其实很多社会都有消除无家可归者的经济实力,但"流浪"似乎是自古至今,现代化也无法化解的一种城市现象。

各国都有无家可归者,他们的实际境遇随他们所在国家的社会发展水平不同也存在差异。比如印度的流浪者要比巴西和美国流浪汉的生活更困难。但从各国正常社会的视角看过去,无家可归者都很值得同情。他们需要帮助。

尽管社会主义初级阶段的社会特点之一就是穷人还比较多,但中国民众还是对这一政治制度寄予了更高期待,希望它能在帮助穷人上做得更认真,更有成效。正因为这样,每当有赤贫的极端事例报道出来,人们除了同情,还会产生一些对政府失职的不满。

中国过去更穷的时候,北京等大城市反而可能没有"住井人",因为那时人口管理严格,不会允许缺少经济保障的人口流动。市场经济赋予了人们种种选择的自由,但也同时开启了城市化中赤贫现象的"潘多拉盒子"。贫困和流动,成为城市边缘人的两大社会基因。

客观说,中国大城市没有出现南亚及拉美大面积的贫民窟,当属万幸。中国城市的穷人区主要集中在城乡结合部，它们不断消失，同城市发展融为一体。这当中会有一部分人同时融入城市现代化，但还有一部分人在穷人区之间辗转，承载社会底层最艰难的命运。

理性告诉我们，赤贫现象在中国大城市里不可能绝迹。但感情又让我们对它的存在难以接受。这是中国社会的现实纠结，我们的社会发展水平、社会保障水平和社会治理能力都跟不上心灵的呼唤。

然而媒体把"住井人"这一类故事写出来，是对中国社会良知有益的洗礼，也是对政府及慈善机构必要的鞭策。帮助城市赤贫者既要靠制度性力量，也要靠全体社会成员发挥拾遗补缺的作用。我们每个人都过着自己的日子，但同时也的确应把自己的城市看成一个我们有义务贡献温暖的大家庭。

从治理城市乞丐现象之难，我们就知道消除城市贫困是多么复杂的一件事。最简单的做法是禁止乞讨，让乞丐去做力所能及的劳动，或者对他们实行低福利的救助。但在城市行乞，现代思想往往视之为一种权利，于是很多城市的乞丐都不少。他们使得城市无家可归现象更难消除。

再艰难的事，政府也不应放任自流。中国不是资本主义社会，能够全盘接受市场竞争的自然结果。激励60多年前革命的那些社会公平口号至今在中国社会回响，人们对城市赤贫现象的容忍度要比巴西和印度低得多。中国人对公平的需求就是特殊强烈的，超越了社会发展阶段的。这里没什么对不对、好不好可讲，这就是一个事实。

营造社会温暖，相互理解是一个有重要意义的元素。对城市治理的问题，媒体应当多曝光，多提可行的建议，少空发悲愤。城市是我们所有人的，也是我们每一个人的。有人说，你什么样，城市就什么样。这话并非毫无道理。

(2013. 12. 10)

法律不会为异见人士搞"私人订制"

美国国务卿克里 10 日呼吁中国释放处于服刑和关押中的刘晓波、许志永等人，几个小时后即遭到中国外交部发言人的拒绝。美国方面很清楚他们的"敦促"属于中方不可接受的内政干涉，但美方还是选择在世界人权日以及今年诺贝尔和平奖颁奖的当天放这个炮。作为"自由世界"的领袖，美国不表这个态、不做这个秀，大概无法向国内外交代。

刘晓波是 2009 年在中国获刑的，诺委会于次年向他颁发诺贝尔和平奖，引发挪威等国同中国的外交冲突。环球舆情调查中心当时在中国七大城市所做的公众意见调查显示，中国社会的主流意见对西方授予刘晓波诺贝尔奖表示反感，大多数人支持中国政府在刘前往领奖的问题上不与诺委会合作。

许志永是北京某大学的讲师，今年 7 月因涉嫌"聚众扰乱公共场所秩序"被刑拘，港媒称，他近日已被正式起诉。从刘到许，西方舆论经常把他们称为"异见人士"。

随着中国社会的多元化发展，有"异见人士"特征的人越来越多，他们大多是自由的，有不少人的生活处境还很不错，可以出书、讲学等，过得不比知识界的其他人差。

刘、许等是受到中国法律制裁的少数人。刘当时经历了严格的司法审判，要求释放他们是公然挑战中国的司法权威。中国法律不是为他们特制的，中国也不会因西方施压或说情就为他们网开一面。

连普通中国人都能看到，异见人士中有一些最偏执的人在与中国现行法律和国家机器对抗,他们要强行改变甚至颠覆中国基本政治制度,他们不光有言,也有行。由于有西方支持,也因为中国社会总体上变得宽容,他们当中的一些人对极端做法有恃无恐,或心怀侥幸。他们决不仅仅是"有不同意见的知识分子"。

美国当然希望全球化与互联网的结合能冲垮中国的法律防线,因而他们极力将极端异见人士的行为都解释为"言论自由"的范畴。然而中国社会不是傻子,中国的法律也不是稻草人,谁犯法了谁没犯法,中国法律最清楚,也只有它的裁定和判决才是权威的。

当然美国政府的嘴我们是管不住的,就像对中国政府怎么做美方也鞭长莫及一样。人权问题中美只能相互交流,美方如果要强加它的意见,双方就只能"对抗"了。我们不认为美方这么多年对中国一点正面的影响都没有,但我们确信,美方每次向我们施压时,它的出发点都充满了地缘政治的自私或者是短线的政治作秀。即使美方给了我们一些正面影响,也是我们在政治上坚持独立自主,顶住美方压力,自己来决定我们该如何做的结果。

中国人这些年越来越自信了,包括在人权领域。我们既不接受西方的压力,也不因为逆反而成心朝相反的方向走。中国在坚持本国发展人权事业的活跃和系统性,这成了多年来中国人权进步的鲜明特点。西方声音近年来在中国的影响总体在萎缩。

中国就该这样坚定地走下去。我们的社会将越来越宽容,但法律也会越来越神圣不可侵犯。有些偏激的异见人士需主动适应中国的政治法律现实,而不是让法律为他们的梦想搞"私人订制"。那样的话,他们就有可能在中国多元化的时代扮演独特的积极性角色,而不使自己成为挑战法治的破坏性元素。

(2013.12.11)

议题设置权，传统主流媒体的生命线

互联网时代的中国主流媒体面临一些困惑。一些商业网站显然已经具备了媒体的功能，并且在与主流媒体的竞争中显示出某种强势。这种强势并非是经济上的。全国传统媒体的经济总量仍是媒体性商业网站无可比拟的。但媒体性网站相对新潮，传播信息不拘一格，凸显了传统媒体的落伍。

其实商业网站的新闻素材相当大比例来自传统主流媒体，以及传统媒体人的贡献。当前商业网站的信息质量仍远不如传统主流媒体。尽管这样，商业网站的声势很强，其中最重要的原因是，那些网站获得了很高的议题设置权，以及对具体事件的舆论定调权。

如今一件事情常常在社交网站上最早曝光，或者通过社交网站获得放大效应。社交网站上最初的评论倾向对后续评论具有很强引导能力。有的传统主流媒体也往往掉进社交网站营造的氛围中，成为被引导者。

中国的网民虽然多，但社交网站以及商业网站上的活跃人士只是圈子不大的人群。他们的价值观同社会主流价值观重合度不高，民粹主义特征明显，这使得网上议题设置有了很强的倾向性。

传播学和政治学的原理都告诉我们，政治活跃人群对舆论格局有着超过他们实际力量的塑造力。现实社会是这样，网络社区也是这样。沉默的大多数很容易被政治活跃人群"代表"。

当中国最活跃的舆论场是互联网，而网上最活跃的人群又是对现实有较强烈不满的群体时，舆论场经常出现偏激的基调就在所难免了。如果传统媒体也跟着互联网跑，分别作互联网的印刷版和电视广播版，问题就会更严重。

传统媒体一定不能随波逐流，将设置议题的权力拱手让给互联网。在政治上这意味着什么暂且不说，单从商业角度看，这是传统媒体的慢性自杀。

互联网的设置议题和评论强势镇住了一些传统媒体人士，使得他们认为互联网上的意见或者就是真正的民意，或者是同民意最接近的公众意见。很多人只乐于批评政府，但对互联网意见失去了质疑精神，自己的文章转到互联网上后，唯恐跟帖出现较多骂声。

互联网当然表达了部分民意，但思想经常被情绪挤掉。如果传统主流媒体的思想框架像社交网站一样小，而表达空间和手段又远不及社交网站，那么传统媒体越来越被动将是必然的。

传统主流媒体一定要发挥自己的思想优势，以及新闻业务优势，决不能将自己矮化成互联网的一颗颗"卫星"，整天围着后者转。此外传统主流媒体需要努力扩大报道空间，国家行政当局也应支持它们更加开放地从事新闻业务，不能为了各部门的舆论私利限制主流媒体，这是重建传统主流媒体影响力的关键性外因。

其实各级和各地官方机构对网上舆论非常关注，也非常希望网上的偏激情绪能够化解。然而这是完全不现实的，社会不满情绪需要一个发泄口，偏激自有它的内在逻辑。解决问题的出路在于强化主流媒体的作用，从而使社交网站的影响回归与其活跃群体相称的本位。

舆论场永远会有偏激的一角，在中国这个中庸之道的大国里，重要的是不让偏激无限扩散，主导全社会的舆论。在技术决定信息高度开放的时代，充分释放中国社会主流意见的影响力，让不同的舆论相互平衡，这大概是唯一可行之道。

(2013.12.11)

西方训斥世界的贵族派头令人讨厌

德国总统高克公开表示不会前往俄罗斯索契观看冬奥会,据报道,"取消"可以理解为他对俄罗斯侵犯人权和迫害反对派的批评。此外欧盟委员会副主席雷丁也表示拒绝前往索契,包括 Lady Gaga 等一批美欧艺术家以及运动员做出同样的呼吁。

普京今年 6 月签署的一项法律规定,不能向未成年人"宣传"同性恋,否则将受到惩罚。这是欧美一些人士呼吁抵制索契冬奥会的主要导火索。但西方保守势力从骨子里不喜欢俄罗斯,被认为是他们要找茬向俄罗斯发难的深层原因。

世界本身是多元的,哪个国家都有外部世界看不顺眼的地方。但中国办奥运会,西方一些人叫嚣"抵制",俄罗斯办奥运会,有了类似遭遇。英国去年办奥运会,则顺顺当当。这反映了当今世界真实的政治文化格局,西方经济虽相对衰退,但它们的综合强势犹在,希望用西方文化改造世界仍是它们的惯性心态。

按说普京签署那项法律没做错什么,同性恋在西方也遭遇不同态度,这是典型的社会议题。同性恋在西方的合法化仍在半途中,如今一些人把它一竿子打到俄罗斯,跨度相当大。

这种在国家之间将社会议题政治化的强行推动,很容易导致摩擦甚至对抗。西方那些人这样做时往往充满站在道德高地上的正义感,而在有关的非西方国家看来,他们更像是粗暴推行西方价值观的傲慢之徒,是世界文化多样性的破坏者。

将社会议题政治化,如今成为西方同非西方国家打交道的一种方式，这也是西方在这个世界上的"贵族派头"。在一个贫富不均衡但自尊人人皆有的群体里，如果有一些人坚定地认为自己是贵族，可以俯视、号令他人，那么这个群体的和谐相处就有难度。当今世界就是这样。

国家之间的分歧和不同是常态，奥运会经一百多年发展、磨合，形成人类极其难得的培育共识的平台。国家间博弈斗争的舞台很多，但能尽情洋溢友好、宽容的奥运会却是唯一的。上世纪80年代奥运会被严重政治化，东西方相互抵制，回过头看大家都认为那是冷战的败笔。坚决拒绝奥运会重新政治化成为全球的主流意见。

德国总统高克等人这一次在西方大概也代表不了多数。他们代表了西方最意识形态化、同时也对当今世界变化缺少敏锐感知的一些人。

西方仍很强势是事实，但另一方面，非西方国家尤其是新兴大国政治上独立自主的意志不断巩固，面对冲突时，藐视西方力量的情绪在扩散。尤其是针对欧盟，有人讥笑它是由"小国和不知道自己是小国的国家"组成。东西方之间的原有权力态势已被打破。

由于西方的经济社会发展走在了世界的前头，它们有一些独特的经验，非西方国家总的来说还是蛮愿意听的。西方国家有关人权的一些价值观事实上也在全球形成了传播。然而西方不能因此忘乎所以，昏了头，把价值观的自然传播过程变成以实力做后盾的强制性政治文化输出。那样的话，交流的性质就陡然改变，它会打断人类社会的文化生态链，推动帝国主义式的文化霸权，它只会不断制造不同国家和文明之间的紧张。

人类有关政治文化的知识积累都还很少，对于何为先进，什么应当成为"普世"的认识远非成熟，正因为这样，保护文化多样性需要长期坚持。从人类大历史的角度看，西方最近百年的荣耀只是人类文明演进的一个瞬间，西方应当保持必要的谦逊。

(2013.12.12)

春节假期来回挪岂不成了"朝三暮四"

国家有关部门昨天正式宣布了2014年节假日调整方案，由于节假日总数未变，只能对每一个节日的前后拼凑做挪移。其中最受关注的是春节由年三十到初六的7天休息，变成从初一到初七休息，取消年三十的法定假日，从而恢复到2008年休假改革之前的状态。

应当说，这种改变自有它的道理，符合大部分就地过春节、用不着远途回家人的愿望。因为年三十各单位都基本下午放假，名义上恢复年三十不休息，实际上为人们夺回了这半天"隐性假日"。而一直休息到初七，增加了过年的长度感。

但需要异地过年的人就可能更麻烦了，他们确保年三十晚上赶回家的准备时间更加局促。当然，由于众口难调，为了考虑"多数人"的利益，有人可以说，年三十法定休息只是最近几年的事，过去中国无高铁，飞机航班少，但也都过来了。

其实这些都不是关键。昨天互联网上针对假日调整的消息怨声一片，根本原因还是假日总天数没有增加，这样挪来挪去，不就是成语故事中典型的"朝三暮四"吗？

中国城市社会当下最强烈的愿望是增加休息日，多数人就是感觉太累，对多休息一天往往比多挣一点钱还在意。这些人既不想"朝三暮四"，也不想"朝四暮三"，他们的真实期待是"朝四暮四"。

我们认为，在没有假日增加的情况下对春节等重要节日的安排做调整，是很不慎重的做法。休假安排是人们生活方式的一部分，也是传统的重要记忆点。即使有不方便处，它也会成为全社会的习惯。为了一部分人的要求而打破这种习惯，这是自讨麻烦。

只有增加假日可以冲消改变休假习惯的负面效果。2007年国家决定取消五一黄金周，当时国家用增加一天假日并组成三个小长假做这件事，而收获的公众满意度却很勉强。

这次全国假日办在原有假日总数的情况下搞"朝三暮四"，实际是在做无米之炊，煮出来的只能是一锅怨声载道的舆论。

中国应下决心继续增加假日。近几年不断有学者宣称，当下的115天全年节假日总数已是中国现阶段经济发展水平的极限，再无增加空间。但这种算法在逻辑上就是混乱的。中国GDP总量和人均GDP与美国是不同的对比值，中国自我相比经济总量比2008年翻了近一倍，115天的"极限"是以什么做参照计算出来的呢？

假日总量与GDP水平当然要挂钩，但这种挂钩应是弹性的，追求的应是最佳综合效果。中国社会如今最缺的是消费，旅游经济的喷发需要新的全民休假空间，扩大人们的幸福感也已成为国家发展的共识性方向，而增加休假是扩大幸福感最直接也最有效的源泉。

只要增加一天公共假日，经过调整就可实现在不大动现有休假体系的基础上，恢复五一黄金周。这对人们幸福感的拉动，对全国消费的拉动，以及对全体人民信心的鼓舞都将是非常巨大的。那将是整个中国社会的一次惊喜。

2014年的休假安排大概就这样了，我们希望国家在明年做2015年休假安排的时候，认真考虑增加一天假日并恢复五一黄金周的可能性。那将是一个真正顺应民心的决定，也是顺应中国现代化升级大势的决定。它决非什么冒险或勉强之举，它是水到渠成。

(2013.12.12)

拉东盟对抗中国？日本人别做梦了

日本与东盟特别峰会 13-15 日在东京举行，会议要讨论的是日本与东盟之间的经济合作，日本能否扩大在东盟成员国的投资等。有日本媒体分析称，安倍有意在会上讨论"天空安全"和"海洋安全"，谋求东盟对日本就防空识别区及钓鱼岛立场的支持。日媒认为日本这样做可以拉东盟"共同对抗中国"。

这次会议在日本开，安倍会在会上说什么话外界很难把控，但如果想把这次会议搞成"包围中国"链条中的一环，这大概只能是日本一部分人的幻想。

很多东盟国家的领导人同时赴会东京，说明了日本在东盟的一定影响力。但这种影响力主要是经济上的，东盟国家领导人去日本奔的是日元贷款援助、日方投资，以及让日本多向东盟开放市场。除了菲律宾，东盟国家才没有兴趣给日本当枪使，同它"联合抗华"。即使菲律宾，它有多大兴趣同日本搞战略性"统一战线"也值得怀疑。

中国的海岸线呈一个大致的弧形，外面是岛链和国家链，这使得有些人动不动就把外部力量的各种动作往一起联想，大谈"共抗中国"，甚至"包围中国"。日本社会的这种谈论最多，但看看日本今天的实力，这分明是那些日本右翼在过嘴瘾。

日本希望在东南亚保持影响力是可以理解的，它是资源匮乏且市场狭小的国家，与外部的联系一弱，日本就有点像是"关押所有日本人的监狱"。因此即使中日有钓鱼岛冲突，我们也没兴趣掐日本对外关系的喉咙，它与东南亚发展经贸合作，不会给中国带来什么危机感。

大国在东南亚的竞争从来就没停止过,我们将之看成东亚地缘政治的常态。大趋势一定是中国在东南亚的影响上升最快,这不用我们只争朝夕地筹划运作,它是中国发展的必然过程,中国人对此很自信。

日本再怎么折腾,它也不可能在东南亚获得高中国一头的战略强势,它要想拉东南亚国家形成一个对抗中国的联盟,将是自取其辱。没有人会为了逐渐衰落的日本而与中国对立,即使日本的庇护者美国,也要在支持日本上打些折扣,因为面对日益强盛的中国,美国也要努力维系同它的关系。

日本同中国争钓鱼岛是一回事,但日本借钓鱼岛之争同中国搞战略对抗,是另一回事。鉴于日本的后一个动向,中国社会正在逐渐形成一个决心,那就是这一次一定要给日本一个战略性教训,彻底扭转它自明治维新以来对中国的认识,打垮它因对中国崛起百般不服气、不接受而要大闹西太平洋的意志。

日本手里如今没有什么可以撬动中国的杠杆,它的最大希望就是中国为了和平崛起的大局,选择对它做出策略性让步。所以它近来虚张声势,摆出要同中国"死磕"的姿态,借"中国威胁"突破日本和平宪法,又不断在东南亚搞小动作,给中国添堵。它在等待中国因为烦了、受不了了而主动转为向它退让的那一天。

但东京想错了。中国现在既无兴趣主动同日本升级成军事冲突,也无兴趣跟它迅速讲和、热络。我们觉得中日关系就像现在这样僵着挺好。日本人不断计算说,中日冷淡对中国的损失更大,其实中国人根本懒得做这样的计算。我们只知道,自己承受中日关系损失的能力相当充裕。

希望日本也能踏踏实实接受两国关系至少较长一段时间的冷淡。别做额外挑衅,也别咋咋呼呼试图引起中方的特别关注。双方就这样"冷对抗"(比冷战稍好些)几年,彼此都重新反思一下两国关系,搞清楚我们究竟想从对方得到什么,然后再寻求两国关系的转圜,或者再走向进一步的对抗。中国这么大而厚重的国家,可以承载一切,消融一切!

(2013. 12. 13)

斯诺登上"百大思想者"榜首不夸张

美国《外交政策》杂志本周发布了该杂志的 2013 年度全球"百大思想者"榜单,美国"棱镜"监控项目的揭露者斯诺登位列榜首。斯诺登目前流亡俄罗斯,是美国政府的通缉犯,他针对上榜发表一项声明,其中指责了"美国国家安全部门最黑暗的一角"。

斯诺登将 2013 年称为"对民权社会来说重要的一年",从反监控的角度看,这样说是有道理的。斯诺登对全球最强势的权力滥用做出了挑战,他所承受的精神压力要比在其他社会里干同样的事更沉重。

在非西方社会里,挑战秩序有可能受到来自美国的支持,这会带来一份额外的希望。即使对抗法律,以美国为首的西方世界也可以向相关国家施压,要求对挑战者网开一面。美国将自己定义为全球合法性的终极裁判者,这使得有些受了它鼓励的人,即使在非西方国家被依法审判,也会期待时来运转。

全世界、包括美国盟友针对"棱镜"的激烈反应,以及美国舆论当时的哗然,证明斯诺登做了一件好事。然而美国政府迅速宣布斯诺登"叛国"。搞涉嫌非法窃听监控的人不追究,为保护美国民权社会而揭露这一罪行的人反而被定罪,美国法律断然变脸,做出针对斯诺登的例外解释,从而将他打入绝境。

斯诺登出走到香港向英国《卫报》记者爆料,说明他在管窥了美国安全部门的无法无天之后,已对美国法律的公正丧失信心,对自己维护正义将遭到迫害有了充分估计。他的判断没有错,美国为追捕他动用了国家外交资源,甚至影响到美俄、美中关系。

斯诺登之所以尤其令人尊敬，他所做出的是针对世界顶级力量的反抗，他的风险因此比普通国家里的"异见人士"更高。至今没有一个国家的政府能够公开称他为"英雄"。俄罗斯虽经一波三折收留了他，但使用了相当含糊的名义。

将斯诺登称为"思想者"并不夸张，他不是世界很多地方因为西方力量大就跟着跑的投机者，他挑战的是美国这样的政府对正义和非正义的定义权，对抗的是美国超级强大的国家软实力。他的独立思考不仅是思考，而且必须同时是一种意志。这位年轻人成为近年来第一位在道德擂台上把美国政府击倒的美国人。

美国政府不仅推行"棱镜"等监控计划是错误的，其坚持错误宣布斯诺登"叛国"，只会为自己今后的难堪埋下伏笔。代表美国主流价值观的《外交政策》杂志将斯诺登评为全球"百大思想者"的榜首，证明了美国社会对斯诺登态度的分裂。斯诺登将长期是美国政府的烫手山芋。

美国仍很强大，这个时候切忌把事情做绝。美国不能把自己的安全利益，自己的价值观置于世界利益和全球价值多样性之上，追求美国一家独赢以及绝对安全的奢侈。美国的要求太高，就不仅逼人，实际也是在逼自己。这样的利益扩张有可能像古代帝国的领土扩张那样，最终害了美国。

(2013. 12. 13)

经济下行压力考验中国社会改革诚意

昨天闭幕的中央经济工作会议开了4天，比往年都久。会议绘制出明年宏观经济政策的大框架，它启动了十八届三中全会涉及经济内容的具体落实。会议延续中国政府的务实风格，获得国内外舆论的积极评价和高期待。

会议继续坚持稳中求进的总基调，强调"把改革创新贯穿于经济社会发展各个领域各个环节"。会议在肯定形势稳中有进、稳中向好的同时，也强调经济存在下行压力。这里必须指出，在经济存在下行压力的时候，意味着改革将会面临更大难度。对这一点，中国社会的总体认识不够，有些人甚至搞反了。

如果中国经济没有下行压力，推什么改革大概都比较宽裕。经济形势好，就可以多做不伤害既得利益的"增量改革"，做结构调整的资本也比较雄厚。反之，一旦经济增速放缓，改革每割一块肉都会有更多社会痛苦感，这些痛苦有可能转化成改革的阻力。

在GDP高速增长的前些年，"高速"通常被视为环境恶化、贫富差距等一系列社会问题的根源，当高速过了界，大概的确是这样。但中国人烦了高速，对经济真的慢下来，有可能更不习惯。至少在今天，中国舆论批评高速的多，但有不少人在心底深处对高速实际还蛮留恋的，留恋能挣更多钱，机会多，一些矛盾也能在高速时代暂时掩盖等等。

现在经济下行压力真的来了，保7%从长远看似乎都不容易。除非中国再搞盲目大建，但生态已经承受不了。最近的全国大雾霾是再清楚不过的警钟。我们必须转变增长方式，必须清理过剩产能，再不能搞新的四万亿,经济增速放缓既是我们的战略选择,也是各种现实条件对中国经济新的强制。总体来说,这是我们面对新环境的顺势而为。

从整个世界经济看,已结束一个高增长期,进入低增长期。和世界经济密不可分的中国经济不可能始终是这边风景独好的象牙塔。中国上一轮高速增长时,美国经济也相对较好,新兴国家尤其一起火。如今中国慢了下来,但欧美都不太好,新兴国家一起困难,印度尤其像是"要垮了"。

眼下我们需要做的,是从心底真正面对现实、接受现实,真正坚定宁肯速度低下来,也要健康发展的集体决心。现在GDP是7%左右的增长率,将来也有可能6%,甚至5%。对于一个百分点之差会给民众生活带来哪些具体影响,社会应有一个粗线条的心理准备。

中国经济仍必须要把速度作为重要追求目标之一。但我们的目标不是保持原来的绝对增速,而是要保持相对较高速度。它需要能够满足中国的就业需求,能够与中国人改善生活的强烈愿望保持契合。

横向比较,我们需要能在接下来的二三十年里一直做到增长快于其他主要国家,特别是高于我们的战略竞争对手,这就够了。我们增加的经济实力,也将在这一过程中逐步转化为中国享有的国际权利和权力,并体现在每一个中国人的生活中。

我们应对实现这个目标有足够信心,中国的宏观经济土壤还有很多富矿有待挖掘。与此同时,我们必须把改革作为国家和各地各行业事务的重中之重,用改革不断盘活中国看上去的一些负资产。中国经济当前面临的债务危机、产能过剩等很严峻,解决得不好就有可能翻船。正因为此,中央经济工作会议才再次强调稳中求进,全面部署改革。

我们每个人都首先过着小日子,而中国又的确是盘大棋。从三中全会到中央经济工作会议,是这个国家必有的大手笔。作为中国人,我们得跟上它。

(2013.12.14)

希望内部政治尖锐的朝鲜终能稳定

朝鲜官方13日宣布，朝鲜国家安全保卫部特别军事法庭已于12日判处并且执行了张成泽的死刑，这一消息像几天前张被解除职务一样令外界震动。

中国外交部昨天表示，这件事是朝鲜的内部事务，中方希望朝鲜保持政治稳定。韩国方面也只是对朝鲜局势表达了"忧虑"。张成泽被处决目前的影响看来的确局限在朝鲜国内，东北亚局势未受牵连。

张成泽被处决的速度之快，显示出朝鲜内部把这场斗争看得很尖锐，非极端处置不能解决问题。从外部看，朝鲜的政治还很落后。但这件事也印证了金正恩已在朝鲜确立了绝对权威，他具备了对朝鲜政局和国家发展方向一锤定音的能力。

中国政府选择不干涉朝鲜内政的基本战略是对的，特别是事关朝鲜权力格局，中方尤其应当这样做。然而中国早已多元化，中国政府不可能协调全社会对朝鲜的态度，而中国大多数公众对朝鲜近期发生变故的方式毫无疑问是反感的。

舆论对平壤的负面印象有可能对中朝关系今后的日常层面产生一定牵制，比如会使中国对朝援助遭到更多质疑，对两国的民间交往失去一些热情等等。

朝鲜出于可以理解的原因，会对中国民间的声音比较敏感，从而希望中国官方对民间多加管控，对中国的多元化平壤未必能很好地理解。此外朝鲜很希望得到中国的绝对支持，而这些中国都无法不打折扣地做到。发展友好关系对中朝都有战略意义，但两国发生摩擦的机会也不少，尤其是中朝目前对朝鲜无核化的分歧还很大。

金正恩很年轻，又掌握了朝鲜的绝对权力，这有可能给朝鲜外交带来一些与年轻人性格相关的特点。中朝作为友好近邻，面临新的磨合。

中国需要帮助朝鲜新政权尽快巩固它最需要的安全感。在这方面我们能做的都应当尽量做，这是加强中朝战略互信最关键的一环。在这方面中国应当努力成为朝鲜最可信赖的依靠。

但在两国交往的过程中，我们切不可惯朝鲜的一些毛病，使得我们不得不在一些时候哄它，反而看它的脸色。中国是大国，我们的利益遍及全球，中国国内的舆论生态也是独立的系统。我们一定要让朝鲜明白，朝鲜要更多适应中国，而不是反过来，我们无法事无巨细地照顾它的情绪。

在中朝友好的大框架下，这些规矩一定要立起来。只要中国对朝友好大战略是稳定的，我们坚持原则和坚守本国核心利益的态度是坚定的，实现这两者的和谐统一也是我们的真实愿望和决心，中国同朝鲜新政权的磨合就一定能成功。

中国不干涉朝鲜内部事务的态度始终如一，但这不意味着中国舆论不能评论张成泽之死，中国社会对于这件事反应的每一个细节都要遂平壤的愿。如果朝方有这样的要求，那不是它对一个世界大国的应有态度。

中国社会真诚希望朝鲜尽快实现全面稳定，为走向改革开放积蓄力量。支持中朝友好仍是中国的主流民意，也希望朝鲜逐渐建立巩固中国人这一态度的意识。朝鲜官方几乎从来不同中国媒体主动沟通，如果朝方能在这一方面有所松动，同中国民间尝试对接，说不定能成为它一系列正面变化的突破口。

(2013.12.14)

避免在中国门口相撞，美舰责任第一

美国媒体援引美国军方的消息称，中美两国军舰本月5日在南海海域一度出现"对峙"，美国"考本斯"号巡洋舰在辽宁舰航母编队附近航行时，一艘中国军舰迎面驶来，阻住"考本斯"号的行进路线，两船最近时相距不到500米。美方称美舰为防止相撞而紧急避让，在此期间中美军舰的无线电通信一直畅通。

美国太平洋舰队对美国媒体称，美国国务院已经向中方交涉，但美方又认为双方做出这样的接近是"寻常的"。到昨晚为止，中国军方尚未作出回应。

事情的细节无从证实，但中美军舰"对峙"在南海早已不是第一次，空中"对峙"也屡有发生。中美如果公开争辩，肯定公说公有理婆说婆有理，我们要看的只能是基本事实。

基本事实是，中国早就宣布了南海的三块海域是军事海域，外界都清楚它们将用于辽宁舰的科研和训练。此外南海是中国近海，很多水域还是中国专属经济区。美国分明是堵到了中国的家门口，美舰抵近辽宁舰侦察已经不是什么"无害通过"，它已对中国的国家安全构成威胁。

如果美国海空军总在中国家门口转悠，"对峙"是注定要发生的。2001年发生中美撞机，就是中美海空军反复对峙而很难避免的意外事件。

美方强调中国海空军要守对峙的"规矩"，希望中方"专业"，但这些"规矩"都是以方便美方抵近侦察和炫耀武力为目的。它们不是国际法，是美国的"私法"，以美国的实力为后盾，美国强迫世界各国遵守它们。

中方当然无法彻底"造美国的反"，很多情况下我们只能忍了，大体按美国主导的"规矩"与之互动。但美国不能太过分，尤其是它不能毫不尊重中国的合法权益和安全关切，把损害和威胁中国的国家安全也当成美国海军的"航行自由"，在中国近海如入无人之境。

因为南海不是"无人之境"，它靠近中国大陆，在很大程度上处于中国综合力量的威慑范围之内，中国海军不会允许美国军舰在这里想干什么就干什么。我们并不认为南海是美国太平洋舰队可以肆意炫耀武力的舞台。避免中美在南海摩擦，来自于我们同美建立新型大国关系的愿望，而并非是美国这支舰队施加压力的结果。

中国不是海上玩猫捉老鼠游戏的老油条，中美管控危机，一方面要以过去的做法为基础，一方面也必须有中国方面对规则制定的参与。美国领导人口口声声说欢迎中国和平崛起，但并未在行动上尊重一个事实，那就是，随着中国利益的拓展与实力的增强，其安全关切也自然会随着延伸和深化。美方如果不想与中方撞船撞机，它就得学会与中方相互沟通和尊重，给中方的行动留足空间，它在呼吁中方防撞的同时，自己也需不断增强避让意识。

展望今后，美国仍会讲实力大大重于讲理讲法。中国最重要的恐怕还是加快力量建设，只有美国感觉同中国拼实力越来越费劲、越来越没有把握的时候，它才会很认真地同中国按道理出牌。

中国当然要避免同美国发生摩擦，但2001年的撞机也告诉我们，我们需有针对突发和极端事件的预案。中国要对保卫本国利益非常坚决，不留悬念，一旦外界有人跨过红线，我们的反制行动需当即发生。这应成为外界、包括美日对中国深信不疑的认识。

这不是"中国威胁论"，这是中国必须建立起来的对外威慑。只有外界带着这样的预期同中国打交道时，南海和东海才会彻底太平。

中国和平崛起的愿望不会变，但和平的中国必须有强大实力和政策外壳来保护。海上的风波显示，实现上述二者的统一是个有种种风险的过程。但我们除了承受它，别无选择。

(2013. 12. 16)

决不把中国的议程设置权交给西媒

《纽约时报》专栏作家托马斯·弗里德曼 14 日通过该报网站给中国领导人写公开信，要求中国方面解除对彭博社及《纽约时报》、《华尔街日报》等西方主流媒体中文网站的封堵，尽快给《纽约时报》、彭博社的驻华记者延续签证。他认为西方媒体的各种出格报道是在帮助中国做"心脏病发作前的警告"。

这已经不是弗里德曼第一次这样做，两年半以前，他曾假托中国国家安全部官员的名义，给当时的中国领导人写公开信，谈"中东革命"的启示。

西方媒体人常常从他们的视角，表达对中国管理互联网的"不理解"。但这种"不理解"有时是真的，还有很多时候是装出来的。

有一个背景是，西方主流媒体这些年在中国的影响力有所下降，它们在西方世界的生存和影响力也受到互联网的冲击，它们对此有点着急。

最近两年，随着中国互联网的发展和公众对国家政治事务更广泛的参与，西方多家主流媒体试图从中国舆论最关注的领域打开突破口，制造高级别的轰动，直接设置中国的政治议程。如果它们成功，这些媒体将一步跨入中国舆论的最中心，获得呼风唤雨的力量。

无论这有多少成分来自于西方媒体人的个人冲动，在多大程度上来自于相关编辑部及背后力量的共同策划，但这样做显然高度对应那些西方媒体重建影响力的愿望，也高度符合西方世界为中国设置政治议程、主导中国未来走向的战略利益。

作为著名政论人、专栏作家，弗里德曼对于中国这个大国理应有一定认识和了解，那么他应当知道，信息安全是中国国家安全的核心新领域之一，中国愿意同世界全面交流，但我们不可能把本国舆论场的议程设置权交给西方主流媒体，由它们引导我们议论什么，做什么。

西方一些媒体近两年的确做得过分了，它们希望成为主导中国舆论的超级媒体。如果中国官方对西方媒体的做法听之任之，那将是对中国国家命运的高度不负责任。

弗里德曼先生在公开信中讲了很多让西方媒体参与在中国传达信息的重要性，事实上西方媒体从未离开中国，中国的很多媒体都翻译了大量来自西方的信息，但我们自己知道这些信息有时也能组成巨大的陷阱，我们不会自己往那里跳。

互联网等新的信息技术给社会及政治领域带来一些不确定性，中国熟悉它们需要时间。近两年互联网上的很多风波都是西方内部的，它们证明西方社会对信息的承受力也是有边界的，没有一个国家会允许自己的信息之门洞开，让各种诡谲甚至充满恶意的信息长驱而入。

如今世界处在动荡起伏的互联网时代初期，中国不是它的启动者，不掌握上游技术，对互联网深空的变幻尤其准备不足，因此我们必须保持清醒头脑，牢牢将对信息的政治把握权攥在自己的手里，不能为了"开放"，使它稀里糊涂地旁落西方。

中西方有可能发生进一步的舆论斗争，它们或许还会上升为外交摩擦，即使这样，中方也决不能动摇。

中国做任何事情都要保持自己的节奏，坚持自己的判断力。西方媒体仍会在较长时间内占据传播优势，它们会做各种努力让自己成为深度影响中国的一支力量，西方国家的政府也会支持它们在这一方向上"进取"。但西方必须迈过我们的智慧和意志才能做到这样的成功。而我们需要向西方的那些力量证明，他们忽悠不了我们。

(2013.12.17)

发动新疆各族群众打反恐人民战争

新疆喀什地区疏附县15日夜间发生新的暴力恐怖事件。该县公安局民警在萨依巴格乡抓捕犯罪嫌疑人时，多名暴徒突然动用爆炸装置及砍刀发动袭击，致2名民警牺牲。公安民警果断处置，击毙暴徒14人，抓获犯罪嫌疑人6人。

发生在年末的这起最新暴恐事件，似乎给今年新疆的反恐形势作了某种总结。暴力恐怖主义活动显然出现了常态化之势，极端势力蛊惑人心的能力有所增强，似在形成同类暴恐事件的可复制性。新疆反恐面临新的严峻考验。

我们想从中国内地社会的角度对新疆各族干部群众说，让我们大家一起放平心态，面对并适应新疆暴恐事件增多的现实，认真、耐心寻找解决问题的途径。

首先，要坚决打击任何暴恐行动，对极端势力保持高压态势，决不手软。这一点恐怕是新疆广大干部群众和内地社会的最大共识之一。无论每一起暴恐事件的发生有什么具体缘由，只要它发生了，卷入事件的极端分子就是中国社会的共同敌人，我们就坚决消灭之，或者绳之以法。

必须指出，这是新疆推行现代综合治理的基础和前提。新疆不仅要有严打暴恐分子的决心，还需快速提升基层干警现场处置暴恐事件的意识和能力。这一次有两名民警牺牲，我们还需继续向争取干警的零伤亡目标前进。除了给基层警员配备更先进装备，增加他们的力量，新疆基层的情报网建设也需投入更多人力物力。

在敏感地区与极端势力争夺人心具有决定性意义。新疆需要把基层民众、尤其是把维吾尔族的基层民众真正发动起来，打一场反恐的"人民战争"。极端势力一直在与我们争夺思想阵地，我们决不可反过来给他们"发动群众"的机会。

7·5事件留下很深的后遗症，在维汉之间形成新的民族隔阂，这种隔阂会不断被极端势力利用，他们在想方设法扩大它，刺激它，试图把它变成出现更多暴力恐怖主义活动的深层社会基础。

我们需调动举国的物质和思想力量，以创造性的工作和行动，击破、化解7·5后出现的民族隔阂，这是新疆长治久安的关键所在。

为此我们要正视当前新疆存在民族隔阂的现实，不能连提及它都感觉敏感。要向新疆各族人民大力宣传民族隔阂的坏处，尤其要在敏感地区宣传它的破坏性。要让人们真正相信，极端势力试图用暴恐活动在人民之间打下楔子，制造更多矛盾和仇恨，它是各民族尤其是维吾尔族利益的破坏者。

光搞思想教育，效果将很有限，必须同时有促进民族团结的鲜明举动。新疆各地应当更多地使用少数民族干警，不仅要充分相信他们，而且要让维吾尔族民众对自己是受到信任的全国大家庭一员深信不疑。我们不应担心个别人同情分裂主义，即使真发生了这样的事，这么强大的国家也完全有能力控制其影响。

内地社会要鼓励人们去新疆旅游，多在生活中接触新疆的民族地区产品，平等对待我们遇到的每一个新疆人。援疆不仅要向新疆投钱，而且要增加新疆民族地区同内地社会的直接接触。一些内地人现在觉得新疆"危险"，甚至在内地也不愿和维族人来往，这也是一种隔阂，需要我们主动付出努力去打破。

爱国主义不是一句空话，在新疆方向上，它应更多转化为旅游援疆、消费援疆的意识，帮助我们战胜种种担心和顾虑。

西方的一些势力不断试图骚扰新疆局势，周边"三股势力"也在向新疆渗透。但决定新疆局势的最终是我们自己。让我们耐心、真诚，不畏困难，新疆的民族和谐局面一定能重回，暴力恐怖主义终将走向式微。

(2013.12.17)

玉兔月球跑，西方对华只剩攻心一招

"嫦娥三号""落月热"迅速在中国媒体上冷却了，这一举世瞩目的成就被中国舆论当成了"常态化"事件。这从侧面反映中国社会开始有了那么一点宠辱不惊，人们对国家未来抱有更多预期。2017年就可能实现着陆器从月球返回地球，那几乎将是中国人登陆月球的预告。

中国的月球探索并不是为了同谁竞争而设计的，包括我们的太空站建设等等，都在严格执行中国自己的计划和节奏。但外界可不都这么想，中国的月球项目会给一些国家带来紧迫感甚至压力，在很多人看来，中国崛起本身就充满了竞争性。

如今的中国，已经很容易被搜集到"野心勃勃"的材料。中国的GDP已大约是德国、法国、英国的总和，中国的国防经费也已是世界第二，中国在造航母、研发新战机、新型潜射导弹，现在又把"玉兔"送到了月球上，谁敢说它不被写进美日等国的内部安全报告里？

一些外部力量会带着种种疑窦审视我们，甚至恶意编排我们，我们将不得不与外部做不厌其烦的沟通，但让美日等都相信我们和平崛起的诚意非常难。

亚太地区针对中国的防范性布局或许会不断新织出一块。日本17日刚刚通过十分激烈的《防卫计划大纲》等法案，这当然不是"嫦娥三号"招来的，但日本正式组建夺岛部队显然也不是仅仅是冲着钓鱼岛去的。日本在向中国崛起示威。

说到底，对一个已经发月球车的国家使用武力进行胁迫，这会被认为很蠢，因而前不久美国两架B-52前来中国东海防空识别区示威，特意不带武器。美国让自己的行动既坚决,又表现出"优雅"。

美国面临如何同中国进行战略博弈的挑战。目前中国已经形成对美的强大抗压能力,美国如果把自己不受大的损失作为前提,它能够撬动中国的杠杆已经越来越少。

然而有一个杠杆美国和它的西方盟友一直用得比较顺手,它就是对中国社会"攻心",从思想和价值观上潜移默化地影响部分中国人。中国前进的脚步咚咚作响,但仔细听,民间的步点不那么协调了,"逆下一篇向爱国主义"(有人称之为爱美国主义)至少在微博上有了调侃嘲讽传统爱国主义的力量。我们目前不太清楚,这样的多元化发展下去,中国社会将走向活跃繁荣,还是出现这个国家难以承受的负效果,这两者究竟哪个会是它的最终结局。

也许,认为"玉兔"在月球上跑了,中国就会因为更强大而变得更安全,前途似锦,这种想法是轻佻的。"玉兔"同时是中国树大招风的标志,我们可能本来还想再"韬光养晦"几年,但"嫦娥"在给我们带来骄傲和希望的同时,也让我们在世界上更加众目睽睽。

上世纪世界上或者地缘意义上的"第二大国"基本都以悲剧告终,中国如今来到了"老二"的位置,我们没有理由可以相信自己会天然成为特别幸运的例外。

世界的矛盾、所有大国的雄心、霸权的守成愿望等等都会跟中国发生牵连,形成围绕我们看不见的大漩涡。中国国内的问题也会在这个漩涡里受到新的搅拌,制造各种尖锐的感受。中国的强大是力量,但会有更大的外部压力与我们对冲,很难说"老二"不是中国的一个险境。

团结在未来的日子里对中国比什么都重要。我们的硬实力导致了已经没有人能扳倒我们,但外部力量还剩下唯一的希望,那就是促使我们从内部自行瓦解。我们当然用不着整天为此忧心忡忡,但这一点是前进的中国切不可疏忽大意的。

(2013. 12. 18)

1100英雄就义台湾，人民不会忘却

由解放军总政联络部建设的无名英雄纪念广场，近日在北京西山国家森林公园落成。1949年前后有1500余名我军干部进入台湾，50年代初由于叛徒出卖，岛内地下党组织遭遇毁灭性破坏，被国民党当局公审处决的有1100余人。这一无名英雄纪念广场就是为这批可歌可泣的英雄先烈建造的。

中国革命促成了全新制度的诞生，它对社会及国家的改变是根本性的。这样的革命是大革命，有着无数悲壮而又被尘封、淹没的历史细节。这个国家在走向未来的同时，一个重大任务就是不断发现、找回这些细节，告慰先烈的英灵，同时增强我们自己的历史方位感。

让我们想想看，有1500名隐蔽战线的战士，他们在大陆已经解放的情况下进入台湾，为统一全中国不惜冒生命危险，这是什么样的革命激流。为打倒反动政权，很难统计到底有多少中华儿女抛头颅洒热血。在当初中共连办张报纸都困难的年代，这样的革命激流完全不可能通过鼓动宣传来塑造，它只能是历史的选择和推动，只能是当时中国社会窗户纸一捅就破、彼此一句话就能讲明白的共同追求。

扭转中国的积贫积弱，革命带来的转折就建立在包括这1100余人流血牺牲的基础之上。他们的奉献和忘我牺牲精神是中华民族生存、自立并且发展的深层底蕴，是确保中国在颓势和沉沦之中能够最终逆势崛起的保障性精神元素。时间会模糊很多记忆，但那些为共和国奠基而献出宝贵生命的人和他们的故事，将越来越稀缺和重要。

前辈们不忍在战斗的路上丢下同伴，今天我们不能在历史的前行中丢下曾为新中国付出生命代价的"失踪者"。我们应投入大量人力、财力去追寻他们的踪迹、业绩,还原他们的精神世界。

如今互联网舆论场上出现一股贬低中国革命之风,一些人否定中国当年革命的价值,否定先烈们的牺牲价值,美化当年的国民党反动政权。这些人大多历史知识很少,对人类社会演进的规律了解更少,他们的很多说法都是想当然,以为一个几亿人的大社会可以轻易被靠发传单搞动员的共产党"哄骗",因"一时冲动"投入那么多人流血牺牲的社会大变革。

国民党军队撤退时在渣滓洞用机枪扫射,杀死了几乎所有被关押的共产党囚犯。逃到台湾后,他们能几乎一批就枪毙1100多名中共地下党员,这样的残忍令人发指。中国人民选择抛弃了他们,我们的祖辈像用扫帚扫地一样把他们扫出了中国大陆。

"欲要亡其国,必先灭其史",龚自珍的这句话我们应当谨记。现在有些人就是想编野史蒙涉世不深的小青年,让他们质疑今天大陆政权的合法性。因此建无名英雄纪念广场以及类似纪念场所,不仅是寄托我们的感情,也有很强的现实意义。我们会因此更清楚自己从哪里来,要到哪里去。

个人的生命充满偶然性,但一个民族的命运又有清晰的脉络。当我们追寻并崇敬那些偶然的生命轨迹时,民族的命运就不再是抽象概念。一些人质疑抽象可以振振有词,但面对"红岩"的大义凛然,他们应当自惭形秽。

(2013. 12. 18)

朝鲜批张成泽未必是对中国指桑骂槐

张成泽被处决是否会影响中朝经济合作，境外舆论猜测纷纷，中国互联网上也不断有人将这个问题提出来。质疑的原因大体集中于两条，一是张成泽素来同中国交往深厚，而且是中朝经贸合作的"实际总负责人"。二是朝鲜指控张成泽出卖国家利益的主要罪状，包括让亲信卖掉煤炭等地下资源和出卖罗先经贸区的地皮等，买方"一看便知道是中国"。

朝鲜处决张成泽是其内政，但中国公众绝大多数都对此反感。有人担心朝鲜会就两国租借罗津港两个码头50年的协议毁约，担心金正恩做事可能会"更不讲章法"。

然而一些长期研究朝鲜问题的中国学者认为，事情大概不会变得像一些人担心的那样糟，中朝经贸合作的变数要小于它的确定性。

这些学者认为，中朝经贸合作模式是由中朝政治关系的基本元素确定的，这些元素都摆在那里，不因张成泽被处决而改变。朝鲜在东北亚与韩美日为敌，无战略回旋空间，它对中国的依赖不具有可替代性。只要中国不干涉朝鲜内政，不让平壤感觉政权受到威胁，很难看到朝鲜有主动恶化中朝关系、放弃两国经贸合作的政治动机。

这种分析或许有道理。对朝鲜政权来说，处决张成泽前后的头等大事是公布他尽可能多的罪名，将他在朝鲜全社会彻底批臭。这时平壤有可能顾不上中朝关系的细节，即使伤及到中国人的感受，也大概是朝方处理张成泽事件的连带负效应，未必就是平壤的本意。

在朝鲜面临内部潜在政治变数的当口，平壤同时向北京主动释放强硬信号的可能性很小，这不符合最简单的政治谋略。而金正恩上台两年来虽多次做出惊世举动，但其巩固朝鲜新政权的政治逻辑却是清晰的。

尽管这样，中国内外的议论纷纷显示，一些负面影响，至少对信心的损害已是既成事实。如果平壤不希望这些影响和损害在中国民间及世界舆论中蔓延，那么它就应采取行动，回应外界的各种疑问。

到目前为止，中国外交部已就"愿继续推动中朝关系健康稳定向前发展"做出正式表态，但我们还没有通过媒体听到朝方的相应表态。朝鲜官员16日曾经笼统地说，张成泽事件不会影响朝鲜的经济发展计划，朝鲜会按计划发展新经济特区，吸引外来投资。考虑到朝鲜对舆论的回应通常来得慢而且含糊，我们认为现在就推测朝方的真实态度为时尚早。

然而有一点很重要，在涉及国家利益时，中方通过官方管道同朝鲜的交涉不能太客气，不能求它哄它。如果朝方就罗津港租借协议及两国其他大项目有任何毁约的迹象，中方态度一定要坚决。中国社会如今接受不了朝鲜因任何原因对中国出尔反尔，一旦出现这样的消息，它对中国公众支持国家现有对朝政策将是沉重打击。

当然这些分析属于比较悲观的，我们更愿意相信平壤对维系中朝友好有足够的战略清醒，知道信守前领导人金正日时期就确定了的两国经贸格局很重要。此外中国在中朝经贸合作中有充分的主动权，但应克制这方面的表现，精心把握坚持原则与尊重朝鲜之间的平衡。

中朝关系应当是稳定的，因为东北亚战略大格局没变，中朝两国的利益关系没变。张成泽被处决的影响更多是朝鲜国内的，以及技术上的。至于平壤如何走出张成泽事件拉出的影子，这说到底是其年轻新领导人面临的一道题。

(2013.12.19)

东风 41 将改变美对中国力量的认识

美国国防部官员对媒体称,中国在 12 月 13 日从山西五寨基地向国家西部的靶场发射了一枚东风－41 导弹,这是该型洲际弹道导弹的第二次试射。美媒称,东风－41 导弹具备携带 10 个分导式核弹头的能力,射程覆盖美国全境。

东风－41 是新的公路型车载机动导弹,一些人把它同俄罗斯的"白杨"－M 主力核导弹相提并论。值得注意的是,美国在曝光中国试射核导弹的同时,于 12 月 17 日从本土试射一枚民兵－3 导弹,击中了太平洋上靶场的一个目标。

中国极少公布洲际弹道导弹的试射情况,尽管西方有人为此批评中国"不透明",但这更多应当看成北京不愿意制造大国紧张的一种善意。

东风－41 是进攻型战略导弹,具有极强的战略威慑和战略平衡作用。如果该型导弹以美方透露的性能在中国军队列装,它将使全球力量格局发生变化,深刻影响美国等大国对中国力量性质的认识。毫不夸张地说,东风－41 将是维护中国国家安全新的基石。

对于顶级战略核导弹,精度并非头等重要,它的威慑力首先来自它能打得远,能量巨大。按照美方描述,东风－41 完全符合产生震撼力的这些条件。

现代侦察技术之下,中国的绝大部分核活动都避不开美国的眼睛。中国只做不说,实际减少了对一些国家的舆论刺激。中美矛盾重重,但核问题一直都潜在两国关系的水下,水面上浮着的是台湾、南海、人权等。但这不意味着核问题可以永远在中美之间悄无声息。

美国经过几轮裁减，目前仍有约 1600 多枚核弹头。而西方大多认为中国只有 200 多枚核弹头，中美核力量显然不在同一量级上。

但西方对中国东风－41 和巨浪－2 的一些报道，会逐渐吸引更多人加大对中国战略核能力的关注。这些战略导弹都会成为"中国威胁论"的最新材料。

这会增加中国的外交压力，但有一弊必有一利，基于洲际弹道导弹的"中国威胁论"并非都是坏事。

如果战略核武器成为西方人提及中国时最先或者较早想到的标签性符号之一，与他们几乎想不到它相比，西方社会对中国的深层认识和感受就会有很大不同。我们认为，围绕中国形成前一种情况，比形成后一种情况更符合中国的国家利益。

从其他大国的情况看，核力量强大是我们针对美国较早想到的符号之一，而提到俄罗斯，它是让我们最先想到的符号之一。无论对美国还是对俄罗斯，核力量都是这两个大国形象的加分因素。

西方人在想到中国的核力量之前，想了太多中国的所谓人权、二氧化碳排放、到世界各地购买石油和原材料、贸易顺差、岛屿争端等等。尤其让我们吃惊的是，曾经有一位美国总统候选人根本不知道中国是核国家，也就是说，中国核力量基本没怎么参与美国社会对中国态度的塑造。

实际上在中国所处的国际环境非常复杂的时候，"中国威胁论"太多了不行，但一点没有也未必就是好事。中国应当坦然接受世界对中国真实力量水平的各种看法和情绪，它们虽然在某些时候形成众声喧哗，但这要比严重低估中国实力，对我们的现实危害要小得多。

因此中国不必高调宣扬自己的核力量，但也确实没必要刻意隐瞒之。更重要的是，我们需毫不动摇地加快战略核力量建设，决不受任何外部议论和指责的干扰。

我们希望东风－41 研发顺利，尽快列装，并且达到一定的数量，挑起中国战略核威慑的大梁。它最终带给我们的一定是外部的尊重，而不是别的什么。

(2013.12.19)

2元地铁，令人难舍的"北京特权"

北京的"特殊性"毋庸置疑。因为是首都，这里集中了中国的国家级党政机构，也聚拢了越来越多的教育、医疗、文化等优质资源。作为"特殊"的标志之一，北京还有全国最便宜的地铁票价：无论坐多远，一律2元。

近日北京市政府放出风来，将调整地铁票价，理由是地铁里太拥挤了，要用涨价的杠杆给地铁松绑，让地铁车厢里每平方米减少到5个人。

这个目标有一定真实性，但舆论还是哗然了。前两年北京市曾探讨环路等交通干线在拥堵高峰时收"交通拥堵费"，但舆论一骂，立刻缩了回去，北京的社会稳定和舆论和谐毕竟是"高于一切"的首选。

这几年对诸如北京这样的大城市过度集中优势资源的批评很多，似乎这种状况是行政权力一手操纵所致。然而事实是，这种集中既有计划经济时代的塑造，也有市场经济的反复推动。在市场时代，超大城市拥有了类似"万有引力"的神奇力量，它吸入的物质越多，整体吸引力就更大。

如今行政干预对于调控北京这样的城市，作用越来越有限。今天北京让人望而却步的门槛更多是雾霾，是大堵车和高房价。大城市的扩张看来的确是有边界的，北上广等逐渐露出它们作为超大城市的硬伤。

然而即使这样，人们还是涌入超大城市，甚至很多找不到理想工作的年轻人愿意在这里漂着，做"蚁族"，期待时来运转。这部分人同时是超大城市里社会不满情绪的活跃表达人群。

地铁票涨价，大概只能算北京"正常化"最轻微的动作，但舆论已经难以承受。设想一下，如果把超大城市的教育、医疗资源向全国"分流"，会有多少市场和非市场的力量进行抵制。

让我们打个比方，如果把上海交大搬到河南的驻马店或者安阳，行政上这件事做得了，但市场力量未必会买账。一个现成的例子摆在那里，西安交大就是从上海搬过去的，但就因为它从此在西安，逐渐在考生眼里成为与上海交大"不是一个档次"的学校。

在中国向超大城市移民将越来越难，老居民相对于新移民的优势并非只是户口。比如，假设北京、上海的所有常住人口子女都可以就地报考大学，那么两地的所有住房就会变成"大学区房"，房价就会涨得让外来人口更买不起，甚至租不起。

对于北上广等超大城市业已形成的福利格局，强行用减法搞拆除将面临巨大社会风险。民意永远都只看眼前利益，讲长远利益的大道理在舆论场上行不通。

只有真正把中小城市发展起来，才能解开中国超大城市的困局。中小城市建设可不光是盖楼修路，把它们搞成一个个都很漂亮的"超大楼盘"。最重要的是培育中小城市的吸引力，或者说是软实力。要让那里有高收入的工作，有年轻人的前途，有各个城市自己的文化和名人，使得它们虽小，但却有面对超大城市的独特竞争力和骄傲。

比如义乌就是个迄今比较成功的例子，还有一些中小城市的路走了一半，它们面临自我巩固，而不被大城市吸引力冲垮的艰巨任务。

回到北京地铁票涨价的话题，它触动的不仅是地铁，也将影响地面公交，甚至对地铁沿线的房租和楼价产生微妙影响。然而众声喧哗中，还是喊声"政府想减少民众福利"最容易抢眼，也最容易获得掌声。现在的问题是，很难就一个公共话题在舆论场上做严肃认真的讨论。

(2013.12.20)

党员带头拒绝土葬是最有效的平坟

中共中央办公厅和国务院办公厅近日印发《关于党员干部带头推动殡葬改革的意见》,要求党员、干部带头文明节俭办丧事,去世后一般不开追悼会,带头火葬和生态安葬。《意见》还提出,应鼓励党员、干部去世后捐献器官。

这是一件社会改革的大事。新中国的殡葬改革曾经卓有成效,但近年来出现回潮。除了构成违纪的党员干部大办丧事,社会殡葬习俗也出现新动向。城市里的公共墓地越来越多,价格飞涨。农村的坟头也在增多,占了宝贵耕地,人们合理的精神需求与应当反对的殡葬陋俗之间,界限不总是十分清晰的。

传统生死观仍然有广泛影响。唯物主义认为,人死即形神俱灭,安葬的薄厚对死者没有意义。但这很难成为人们失去亲人时的理性认识,也很难让大多数人临终前完全不关心自己的丧葬方式,让捐献器官成为普遍风尚就更难了。

中国传统文化中有事死如事生的观念,其实这也是世界大多数文化的共通之处。殡葬改革实际触及了人的思想和价值观最深的层面,做这件事是需要准备打一场"硬仗"的。

我们应看到,传统殡葬观念回潮不是孤立的,这些年中国各地求神拜佛的人增加很快,有些党员干部随波逐流,土葬厚葬之风与这一切显然是相辅相成的关系。

清明节被辟为公共假日,这有利于传统文化的延续传承。然而凡事都有正反两面,丧葬之风的变化,大概与清明节传统的重兴并非毫无关系。

如果说中国人口稀少，耕地足够多，丧葬改革就可以只禁"大操大办"，而不必涉及土葬风俗等，就会简单容易得多。然而坐火车在中国内地乡间穿行，我们都会看到不断出现的坟头。我们会理解，如果丧葬旧俗全面恢复，对那些不多的现有耕地养活十几亿人口意味着什么样的压力。

中国是世界主要国家里殡葬改革动作最大的国家，这不是我们没事找事，而是这个超级人口大国以及民生资源紧缺国家迫不得已的行动。

周口平坟的遭遇，反映了社会层面对殡葬改革的抵触。而有些党员干部这方面的实际表现，对问题起了推波助澜的作用。中国不再是计划主导一切的社会，市场释放了人的选择自由，很多人固执地认为选择殡葬方式是个人自由的一部分。

党员干部在职期间遵纪守规，但他临终时是否能做到一如既往，保持共产党员应有的生死观，这样的思想和价值观考验，或许不比对他在位时的廉洁奉公考验更容易。

殡葬改革既是社会改革的一部分，也是思想革命。因为它难，党员干部、特别是领导干部带头做大概是最现实、最有效的推动力。中国遇到难事时，自上而下的带头示范效应往往最灵，两办所发的《意见》应当说抓到了问题的锁钥。

对殡葬移风易俗是中国社会的长期任务，事实证明它需要几代人不断推进，清理回潮，才能形成稳定的新社会风尚。按照难易的顺序，首先制止党员干部为亲人大办丧事，收受礼金，应当也必须迅速做到。党员干部不土葬则应加快向全国推广。中国人一直对死后捐献器官不积极，倡导党员干部带头这样做针对了中国社会的一大难题，如有明显成效，将是共产党人对社会进步的重要贡献。

殡葬改革当年就是党员干部带头做起来的，当初能做到的事，今天没有理由做不到。如果我们今天感觉到有比当年更特殊的困难，这不是我们做不好的理由，它只应引起我们对党员干部理想信念质量的深刻反思。

(2013.12.20)

哈格尔批评中国凸显美国霸道惯了

美国国防部长哈格尔 19 日批评不久前中国一艘军舰在南海"阻挡"美国导弹巡洋舰的行为，称中方"不负责任"。他宣称美国想在南海和东海"避免所有冲突"，并呼吁中方保持克制。哈格尔没有说，事情发生在中国的家门口，而且是美国军舰追着中国的航母编队走。

哈格尔的这番指责，把美方对这起事件的反应推向高潮。这与中国方面相对低调得多的反应形成强烈反差，更凸显美国的咄咄逼人。美国在公海霸道惯了，国际社会这些年似乎也默认了，这让美国海军常常难以分清公海和美国领海、南海和加勒比海之间的区别。

但南海毕竟不是加勒比海，美国海军在南海的游弋必须越来越多顾及中国的国家利益和感受。中国海军需要不断让美国海军感受到这种差别。过去中国没这个力量，但不代表中国放弃了这个权利。

中国的权利边界和战略空间看来只能靠我们自己争取，我们大概不能指望美国会主动挪开屁股，让出中国周边的一些地方给中国海军，它也很不情愿与任何国家的军舰共享海上的自由。中国的力量在发展，但美国海空军在中国家门口的抵近侦察和炫耀武力一点也没收敛，这必将增加两国力量迎面相遇的机会。

然而这不是中国舰队干脆用不出港来避免"不愉快"的理由。中国海军守护的圈子随着国家利益的扩展必然扩大，这同美国海军是什么态度没关。我们当然希望也会积极避免中美"撞船"、"撞机"的发生，但能不能做到，还有一大半取决于美方的意愿。中美军舰海上面对面时，克制一定需是双方的，单方面的克制是退缩。中国军舰的背后就是中国大陆，它们事实上无处可退。

中国海军这一次的表现是好样的！用我方军舰挡住美巡洋舰无理靠近辽宁舰航母，做得有理有力有节。但在海上挡住美巡洋舰，事情实际只做了一半。在信息化时代，接下来的嘴战亦很重要。美国国防部和媒体此前的联合渲染，加上这次哈格尔的公开指责，像是一条流水线上的配套作业。但在"逼退"美军舰后，我方的舆论战掉了链子。嘴皮子是我们的一个传统弱项，上一次美国B－52轰炸机前来"闯"中国新设立的防空识别区，情况也很类似。

必须看到，与美国相比，中国仍处于综合弱势。中国能够进行博弈的空间小，手段少，经验不足。但中美发展的"势"却是此消彼长。美国明白自己压制不了中国的实力增长，它现在努力将中国崛起圈在它划定的框架内。中国无意挑战美国，但我们显然没义务在美国指定的圈子里作茧自缚。

中美发生的这些摩擦，很难避免但应是可控的。中美都不想战略对撞，双方的战略目标并不存在对撞的宿命基因。但中美的相互位置只能在并不令人舒服的相互挤压之中形成，逐渐稳定下来。对中国来说，我们的目标要明确，行动要坚决，手段要灵活，很多时候，耐心同决心一样重要。

哈格尔批评中国"不负责任"。关键在怎么界定这个"责任"。美国从冷战后就一直把控"国际责任"的解释权。今后，中国应致力于让美国明白，它并非真的就是"责任"的裁判，至少面对中国时，它肯定不是。

(2013.12.21)

狂热同中国对抗的安倍像是"疯了"

到本周四,也就是12月26日,日本首相安倍晋三就上台一周年了。近日日本舆论在纷纷猜测安倍会不会在26日之前突然参拜靖国神社,这个话题不断被炒热,安倍想参拜的意愿整个东北亚都一清二楚,即使他没有迈出参拜的最后一步,而是供奉祭品,但经媒体反复爆炒,这同他参拜造成的实际影响已经差不太多。

安倍执政这一年,中日关系摔到了自1972年两国邦交正常化以来的最低点。中日当前的对立比小泉参拜的那几年更紧张,与民主党野田政府同中国围绕钓鱼岛摩擦也已不同。中日两国如今似在摩拳擦掌,两国舆论都预测发生军事冲突的可能性,其中安倍本人就不断预言两国可能发生"不测事态"。中日很像是在朝"敌人"发展。

一个巴掌拍不响,但我们同时不能不说,中日关系这一年的最大变量是安倍上台执政。安倍的历史态度一如小泉,其钓鱼岛的立场比民主党政府更激进,对废除和平宪法不遗余力,他是对抗中国崛起的公开鼓吹者,这样激进的日本首相,中国还是头一次遇到。

中国人通常搞不太懂日本复杂的国内政治,他们只是觉得,日本在变得很狂,似乎要同中国"拼了"。中国人几乎天天听到安倍和他的同僚对中国说狠话,没有一个正常国家的领导人会这样做。以他们的理解,安倍很像是"疯了"。

中国有日本这个邻居似乎倒霉透了。从明朝开始,倭寇就不断犯境。清朝末年开始,中国成为日本扩张侵略的牺牲品,直到1945年才结束。进入新世纪中国和平崛起,然而日本又成为最活跃的挑衅者,中国同它纠缠不是，不纠缠也不是，安倍这个人的偏执和狂妄就像是日本国家的缩影。

中国无法把日本搬起来扔得远远的，安倍以他的轻狂，却有挺高的支持率，据说有望结束日本的"五年六相"现象，长期执政，这让中国人有些丧气。日本因此更加让我们感觉难以捉摸。

按理说，现代国家应该不再有歇斯底里什么后果都不计的了，但安倍领导的日本现在就像是在这样干。至少它给中国社会、包括一些研究日本的中国学者留下极深的此番印象。

中国鞭长莫及，管不了安倍政府接下来会怎么干，也影响不了日本选民会允许这样的政府干多久。但我们清楚，中日关系面临巨大不确定性，它有可能擦出无法控制的火花。我们需要做很坏的准备，确保在两国一旦发生军事冲突时，给这个历史的宿敌一记难忘的教训。

当然，我们对日本光发狠不行，这个对手不是我们能通过一次决定性的谈判或一个决定性的行动就能制服的。它以今天的实力规模和对抗态度出现在中国身边，是命运对中国的特殊考验。它毁不了我们，但让我们很烦。它像是专门来磨练我们的意志和耐心，我们或者被它气死，因为它而乱了国家崛起的战略。或者就得有本事和气度同它长期"玩"下去，把它当成中国崛起的一块"磨刀石"。

中国千万不要急于同安倍执政的日本缓和关系。那样的话日本不会接受教训，中日对抗随时还会再折腾一回。我们就应坚决晾着安倍政府，让它把毒都排出来，只有那样中日关系新长出来的部分才会是健康的。

中日之间经历了动荡的2013年，让2014年就这样下去甚至更糟好了。中国应当用硬实力威慑日本更严重的挑衅，不惧同它发生更尖锐的对抗。日本没有资本同中国全面敌对，我们没想让日本"服"中国，但两国关系的转圜必须从日本对中国崛起的再认识开始。

(2013.12.23)

否定毛泽东，少数人的幼稚狂想

再过几天的 12 月 26 日，是毛泽东诞辰 120 周年。互联网上挺毛和贬毛的两派早就激烈开战了，看来今年的这个纪念日，舆论场会过得不同寻常。有外媒给毛的诞辰造了个词，叫"毛诞节"，这个叫法也引发网上两派截然不同的反应。

不得不说，毛泽东的诞辰会在今后进一步成为吸引世人评说其功过的节点，这个日子有可能在舆论场上越来越像个"节"，"毛诞节"的叫法说不准真会流传开来。

毛泽东领导中共和中国人民实现了一场翻天覆地的大革命，它给国家带来的变化堪称是几个世纪以来最深刻的，而且这种变化的后续放大效应至今仍在发酵。即使在毛去世 37 年后，今天在中国评价他，完全置身事外的"历史角度"并不容易做到，因为我们至今仍处在"毛泽东时代"千丝万缕的影响中，对他的评价会或多或少受利益及价值观的干扰。

但客观总结中国社会对毛泽东的评价，我们须承认，非常流行的"七分成绩、三分错误"说法，代表了大多数中国人对毛的主流认识。随着"文化大革命"的远去，多数中国人对毛所犯错误的感受与对其功绩的认同不断平衡。毛泽东是旷世伟人的评价在中国社会具有强大根基，一些骂他的人认为毛泽东已经在中国社会"臭了"，仅仅是这部分人的幼稚狂想。

外部世界对毛的各种评价也大多具有直接的利益相关性，因为毛领导的革命对世界也带来直接和间接的改变。人类要对毛泽东做一个客观评价，会比中国社会来得更晚。中共政权今天和今后的表现对此至关重要，因为这些表现与毛的开创撇不开关系。

我们今天能够大致看清的是，毛领导中共带领中国实现了真正的独立自主，推动中国走向建立完整工业体系的发展道路。此外他把中国带入世界核大国俱乐部，并且在晚年戏剧性地打开红色中国同西方世界发展关系的大门。他为其后的中国改革开放提供了一个可以坚实踩上去的肩膀。他个人的领导风格有严重的历史局限性，这是他在身后饱受舆论批评的主要根源。

革命通常有残酷的一面，毛泽东领导的中国革命同样如此。此外革命导致政权更迭后，稳定国家常有一段代价不低的时期，对中国革命这样的历史性事件，很难仅从人道主义的，甚至是一些知识分子个性化的视角去评判，它的第一评判标准应当是革命的历史结果。

到今天为止，中国革命的结果越来越展现出高度积极性，它用几十年的时间改变了中国的一穷二白，使人权发展逐渐走上正轨，这不仅使中国在世界穷国中脱颖而出，而且使西方世界感受到前所未有的竞争和挑战。这是上世纪40年代末无论中国人还是国际共运或者西方世界都完全没想到的。

现在中国国内不具备可以用来否定毛、令人信服的历史及现实依据，全盘否定和全盘肯定的声音一样，往往是高度情绪化的。国际上妖魔化毛的声音目前主要出自西方，它们同批评中国社会主义制度的声音来自同一价值阵线。第三世界对毛泽东的态度与西方有很大不同。

否定毛的声音无论在中国还是世界上都不是史争，而是现实政治斗争的一种特殊方式。既然这样，事情大概就无法按照史争来应对。一些以史争名义从事挖中国政治墙脚活动的人，他们就应在一定的边界上受到来自中国主流社会的抵制。这既是潜规则，也是明规则。

(2013.12.23)

毛泽东时代绘制了民族复兴的草图

毛泽东诞辰 120 周年将至，纪念以及谈论这位伟人的声音大量涌现。我们很容易感受到，毛对当下中国社会的影响仍相当深厚，他的威望不容撼动。

然而对毛泽东的爱戴并没有影响我们从他那个时代向前的改革开放，回过头看，毛去世后的这三十几年，中国又向前走了很远。与此同时，对毛有各种争议从未停止，但这没影响主流社会对毛评价的稳定性。总体看，中国社会对毛的态度是实事求是和成熟的。

毛之后的中国既传承、坚持了毛泽东思想，又形成现代意义极强的中国特色社会主义理论体系，举望世界，这样的思想和政治发展非常可贵。

改革开放的中国从毛泽东时代继承了政治、经济以及社会管理的大框架，继承了独立自主、自力更生的精神，还继承了国家继续发展的一些基础性和关键性条件。但国家也与时俱进，改变了毛时代的很多做法，这使得今天的中国既与毛时代的中国是传承和发展的关系，又看上去像是一个"崭新的"中国。

应当指出，毛泽东带领新中国做了社会发展道路的大量探索，他所犯的一些错误有的是历史局限性造成，而这种历史局限性，不仅是他个人的，也是我们整个民族的。还有一些不能不说就是"不成功的探索"。这两种情况有时是相互交叉的，今天的中国社会反思它们，最重要的是避免今后重蹈覆辙，而不应是为否定那个时代罗织罪名。

从邓小平时代开始，中国大兴改革。领导人终身制取消了，个人崇拜不再搞了，实事求是原则得以重新确立，解放思想受到持续倡导，仅仅因为有了这些，中国就又向前大步迈进了。

毛泽东的问题之一就是没有尊重经济社会发展的客观规律，以理想主义代之，试图通过群众运动的方式开展"大跃进"，把国家带向现代化。这一教训全党以及中国社会得以深刻铭记，改革开放后的中国一直担心头脑发热，国家发展计划不断微调，一出现浮夸的苗头很快就遭到政府和舆论的联合打压。

以阶级斗争为纲和"左"的思潮让我们一度吃亏，今天中国社会已经形成对那些倾向的高度警惕。反右运动、特别是"文化大革命"给社会带来的大面积伤害深深烙印在中国人的集体记忆中，这也催生了我们对社会稳定的特殊珍惜。

今天的中国比毛泽东时代更致力于发展人权事业，更重视言论自由，我们对于现代化的理解已经比几十年前有了更丰富的内涵，中国进入全面发展的爆发期。

平心而论，没有毛泽东时代，没有那位伟人带领国家和人民所走过的艰辛曲折之路，没有他和那代人的铺垫，在他之后的中国怎么可能找得着北？我们怎么可能有坚持走中国特色社会主义道路的坚定自信，以及坚持以经济发展为中心的战略定力？

事后看过去的问题总是最简单的，然而毛泽东时代的可贵在于它几乎是在一片迷茫之中巩固了中国革命的成果，并且为它之后中国的改革开放留下了接口，开创了条件。中美改善关系是毛晚年的一大手笔，它与改革开放的"巧合"大概只会发生在毛泽东和邓小平这两位伟人之间。

毛泽东是用不着用形容词颂扬的，他对中华民族复兴的贡献就是他最好的纪念碑。毛也是不怕身后批评的，因为他所做的开创性事业注定要走一段弯路，包括他的历史局限性，大历史最终会将它们定义成新中国总体成功的草图中画偏画错的线条。

从1949年以来，中国向好发展的趋势世人有目共睹，毛泽东是这一历史进程最重要的原动力。当中国尊重这一伟人以及传承他事业的方式也变得成熟时，这个国家就尤其充满了希望。今天的中国正是这样。

(2013.12.24)

"乌龙限号"是整个天津社会的挫折

天津"乌龙限号"事件招来网上一片非议。天津市环保局为抵御雾霾，于22日19时32分发布23日零时起尾号为3和8的机动车限行措施。消息迅速在微博上传开，大量天津网民吐槽反对。大约4小时后，天津市交管局宣布限号暂不执行，23日下午又称，依然实行限行，但暂不处罚。

天津市环保局与交管局显然没有协调好，最终让整个市政府陷入尴尬。昨天的互联网上一片狂欢，政府出这样的差错是最受网上欢迎的热闹。

这好像是全国第一起为应对雾霾汽车限行流产的案例，它的失败值得深思。这大概会让全国各大城市今后针对雾霾天搞汽车限行投鼠忌器。

表面上是天津市两个行政局没协调好，其实远不止此。真正没协调好的大概是政府同市民该不该在重雾霾天对汽车限行的态度。

人人都喜欢蓝天，但各种舆论现在更强调恢复蓝天是政府的责任，反对将这种责任的哪怕一部分"向民间转嫁"。比如一些名人已经公开反对为治雾霾减少汽车的上路，认为这样的限行是对公民个人权利的侵犯。中国如今不是倡导个人与政府配合解决公共难题的时代，让大家为此做点个人牺牲尤其不受舆论场的欢迎。

在这样的大背景下，天津市环保局22日晚上的宣布确实显得鲁莽。这个城市此前没有过类似北京那么久的汽车限行经验，此次限行的准备时间又只有几个小时。环保局过高估计了天津市民为少吸几口雾霾而宁愿经历一场前所未有折腾的决心。

环保局一遭骂，交管局跟着就妥协了，这可不仅是天津市政府"烽火戏诸侯"，而是凸显整个天津社会在大雾霾面前究竟该怎样做的犹豫。这显然也是全中国的犹豫。

乌龙球踢进政府自家的门洞，互联网上兴高采烈。然而输掉的是天津所有民众，大雾霾在城市肆意蔓延，人们没有采取行动，大家一起多呼吸了一天污染严重的空气，其中就包括本有可能不上街但最终却上了街那些汽车的尾气。

环保机构在中国各地的地位算不上高，无论政府还是民众，对环保的支持看来都排得很靠后。然而天津市环保局很把自己"当根葱"，有数据就敢独立发布汽车限行通告。尽管它最终搞成了笑话，但环保局为履责不管不顾的那股子认真劲，却也有几分可爱。

治理大气污染是中国社会对发展方式及生活方式的改革，是改革就不会是让大家既有红利、过程又很舒服的百分百好事。尽管天津市这次演砸了，但我们需知道，雾霾预报不会来得很早，限行通告都将是仓促的。一个城市能不能紧急压缩街头汽车的数量，这一方面取决于管理的成熟度，但更多将取决于市民是否对应当这样做拥有坚定共识，取决于他们配合政府抵御雾霾的真实愿望有多强烈。

（2013.12.24）

拍桌子离职的知识分子最渴望掌声

因脱离公职而在微博上表达悲情和正义的例子逐渐多了起来。最新一起发生在西北政法大学,该校副教授谌洪果近日在微博上发出公开辞职信,表示在学校里"我的路越走越窄,进行教学探索和学术交流的空间也越来越小",如果继续站在讲台上,"不过是自欺欺人,为苟且偷生而放弃自己曾捍卫过的原则和底线"。

此事在互联网上引来不少关注和议论。大约20天前,央视《24小时》节目制片人王青雷被辞退后也发了一个很长的微博,将他与央视之间的纠葛上升到道义层面,在微博上获得掌声。

通常来说,一个人离职时,"鼓着掌走"比"拍着桌子走"更容易被中国职场接受。中国人一般倡导"好聚好散",不鼓励"反目成仇",对喜欢说前面单位或老板坏话的人,职场总体是持"警惕"态度的。

然而近来多名知识界人士在离职时痛斥原单位,这当中大概有两类原因。一是他们心怀愤懑,不吐不快。二是互联网上欢迎这样的反叛声音,这些人会迅速成为"反体制"的符号,而网上喝彩也让当事人对用反体制姿态获得体制外利益,以此弥补离职的损失抱有希望。

不排除离职者与体制之间存在某种冲突,但感受到这种冲突的人有很多,包括体制内的一些积极分子。目前自由派知识分子在高校里仍较集中,其中有的还很有名。体制具有规范性甚至一定的刚性,同样的体制,不同价值观的人有的包容求生,有些则感到备受束缚。是否发生激烈冲突,个人性格往往是主要变量。

不久前北大经济学院终止聘用夏业良,夏不服。现在谌洪果主动要求辞职，因为受不了。而我们看到，支持他们的学界人士很多都还在"体制内"。这当中的个性化因素千变万化，统统说成是为了"政治自由"，而不是为了不请假缺课、不接受学术考核等等的自由，这其实是很牵强的。

如果在欧美大学里，教师与校方发生冲突，被辞退或者主动辞职，都属正常范畴。但偏偏中国的政治体制与西方不同，成了"万能的靶子"，这使得教师因什么原因同学校解除合同，都可以做得看上去像是"政治事件"。

我们注意到，最近几起高校离职主角的职称都不高，这反映了他们在体制内的竞争有不顺利的一面。离开体制，他们面临"另类市场资源"的竞争，这包括在互联网上的知名度，反体制形象是否突出，以及是否会受到异见人士和舆论圈子的推崇，等等。

需要指出的是，这种竞争也很不容易，不是每一位异见人士都能成为艾未未、陈光诚，不是每个人在大学、媒体经历的"办公室政治"和各种遭遇，都能通过舆论运作转化成新的人生事业资源。今后或许会有越来越多的人在微博上晒遭遇，博同情，他们这样做在一定程度上也是可以理解的。

随着多元化的发展，反体制人士的生存环境总体上在得到改善，这会引导一些人"拍着桌子"告别体制，他们有的是竞争失败者，但也不排除有"理想主义者"。这些人会反过来促进多元化的深度。

只要中国不断繁荣、强大，包括异见人士，大家说到底还是在中国这同一条大船上，反体制者会间接、迂回享受国家发展的成果。比如，他们会因中国强大而受到西方力量的更多关注和支持，也许还会有更多外部资源和中国内部的另类市场资源向他们靠拢。但愿他们在进退之间也能不断累积生存智慧。

(2013.12.25)

《新闻晚报》休刊，报业不必兔死狐悲

上海运行了14年的《新闻晚报》宣布将于2014年1月1日休刊，这为全国报业人士带来冷飕飕的兔死狐悲感。报纸杂志2013年的经营继续大面积滑坡，各种坏消息层出不穷。

报纸真的会死吗？类似问题已非第一次像枪一样顶在报业的脑门上。广播、电视的兴起都曾挑战了报纸这一最传统媒体的影响力，但报纸总是打破预言活了下来。然而毫无疑问，报纸与自己的黄金时期相比，市场份额在过去的一百年里一直流失、萎缩，成为迄今媒体形态中的一种。

这一次报业面临的压力是空前的，但互联网冲击的是人类整个生活形态，报业只是离互联网最近的领域，它的危机感也因此来得最早。今天放眼四望，难道我们能说零售商业、通信业甚至银行业面临的不确定性都比报业的更小吗？

报业几经历练摔打，这一次早早就高喊"狼来了"，自我反思、应变的意识蛮强。新成立的上海报业集团决定关掉未必山穷水尽的《新闻晚报》，集中力量保其他优质报纸，也应看成是主动应对之策。

前些年各城市的报纸实在太多了，今后倒闭一部分，不能全怪互联网的冲击，这也是报业市场对过度竞争和资源浪费的必然调整。

报纸不是简单的"一张纸"，它是一整套内容生产和传播过程，是从信息的筛选把关，到加工制作，再到复制发行，全环节诸要素的总和。这当中除了"纸"本身最让人不踏实外，整个生产形态不可能被整体淘汰。未来报业尚有很多与信息化技术擦出再融合火花，并从中获得主动的机会。

当然很多人会说，这很难，我们今天看不到明天该怎么做。但试问，在高速运行、变化的互联网时代，谁不难？包括那些直接威胁报业的新闻性门户网站，难道它们不难吗？它们就很确定自己能"永生"吗？

事实是，不仅信息技术更新很快，如今各行各业创新成果的有效期也都大打折扣。互联网时代是创新之间的"交叉乱仗"，行业的边界变得模糊，相互渗透能力很强，谁都不知道自己的明天是什么样，谁都有危机感，谁都不敢懈怠，报业没有比其他行业更多诉苦或者怨天尤人的权利。

我们的确面临危机，但我们应当清楚自己不是互联网时代格外倒霉的例外。互联网带来多少风险，就可能带来多少机会。这些机会属于所有行业，其中就包括报业。

报业有一个迄今未被撼动的优势，那就是其内容制作能力。我们切不可将它贱卖，也不能允许它自行瓦解。互联网技术飞快更新，这个过程埋葬了很多人，也随时准备接纳勇敢的智者。报业只要勇于创新，勇于带着我们的内容优势在关键性的技术更新点上进入，未来的形势就决不会是我们的死胡同。

谁都不能准确预测十年后信息传播的具体形态，怎能说那时的最大输家就是报业呢？我们今天能断言十年后"报业"的确切内涵吗？既然不确定性是高度普遍的，报业未来的真正命运就不是走向死亡，而是在这些不确定性之间穿行。

（2013.12.25）

2013，中国人对反腐败有了一些信心

2013年什么给中国人的印象最深？反腐败肯定排在最前之列。到了年底又揪出公安部正部级的副部长李东生，12月份被大体总结为"一天抓一个贪官"。昨天中共中央《建立健全惩治和预防腐败体系2013－2017年工作规划》对外颁布，这一工作规划因为有全年大量腐败官员落马在先，显得字字掷地有声，颇具可信度。

2013年刷新了中国民间对"纪委"和"反腐败"的理解，对各种腐败行为的震慑力量正在前所未有地形成。人心在变化，公众对腐败受到遏制有了希望。虽然舆论不愿意松口，但腐败已经开始收敛，想贪的官员已经有顾忌了，很多人逐渐有了一些信心。

未来回头看，2013年或许会被总结为中国反腐败的一个拐点，当然，这还将在很大程度上取决于2014年及之后的反腐败能否保持住力度，能否继续以法治思维和法治方式治理腐败，能否在制度反腐上有新的建树。

今年中央"老虎苍蝇一起打"的决心得到充分印证，而且打掉的"老虎"大大高于人们之前的预期。反腐败"动真格"已经不容怀疑，它带来的综合冲击必然是强有力的。

然而反腐败持之以恒却需得到更多时间的证明。当反腐败只会越打越狠、不再可能打打松松被全社会坚信不疑时，官员和民间对廉洁刚性的认识就将稳定下来，这种认识最终将转变成具有普遍约束力的道德长城。

当然，在这中间，反腐制度与体制的创新将成为支撑全局的钢筋水

泥，它比打掉几个贪官要难得多。它不仅会触动利益，也会考验抑制权力同保持政府行动有效性之间的平衡。不得不说，后一个问题在全世界都没有真正解决好，它必须是中国的创新过程。

最近多名大学的高管落马，反腐败的领域显然在扩大。可以预见，未来反腐败将触动更多"半官半民"的机构和人，逐渐影响中国整个社会生活的面貌。

迄今为止，反腐败主要针对的是官，我们逐渐会发现，中国需要改变的是权力与社会的互动方式，社会在这当中并不全是被动的，反腐败既是"政治改革"，也是真正的"社会改革"，国家与社会、政治权力与社会权力的良性互动才是做实反腐的基石。

中央强力反腐推动了官风的变化，官风的外围是民风，民间不仅要在舆论上支持反腐败，也应在行动上支持、配合反腐败所带来的各种利益调整，与腐败相关的畸形经济部分需坚决转型，不抱其他幻想。

反腐败开展至今，处在只能前进、停顿就是倒退的关键点上。但前进不仅仅是抓贪官，也不仅仅是简单地编写限制权力条文，它还需包括全社会对权力的再认识，共同营造权力运行的崭新条件和环境。我们对权力的态度既不能是封建式的，也不能是民粹主义的，它不应只追求某个单项同发达国家接轨，而应当全面实现符合中国特色社会主义的现代化。

2013年是中国强力反腐的开局之年，扩大它的成果，使之不可逆转尚需中国官方和社会的长期共同努力。莫以为作为公民我们参与廉政建设的唯一手段就是网上爆料，我们能做和应当做的要比这多得多。我们的认识、我们的全面配合意愿都将成为今后反腐败大舞台的一部分。

(2013.12.26)

毛泽东的功绩和领袖人格都打不倒

今天是毛泽东诞辰 120 周年,党和国家在纪念他,百姓的自发纪念也形成热潮。毛泽东逝世 37 年后,中国社会仍这样深地记得他,怀念他,除了缅怀,有关他的争论也不绝于耳。这种情况在整个人类的近现代史上并不多见。

毛泽东领导中国人民彻底扭转了民族的命运,但中国革命在海内外有各种解读,这种争议来源于不同的国家利益和价值取向。外部争议提供了引导、扩大中国内部分歧的力量,这一切会使对毛的评价长期具有多元的面貌。

由于今天的中国是毛泽东时代中国的传承,也是改革开放的再出发,各种力量在评价毛时,都有很强的现实政治意识,换句话说,一些人在通过评价毛,表达对国家现实路线的态度。

毛泽东身后有可能比生前更"树大招风",这是因为中国正在崛起到世界强国的位置。毛是中华人民共和国的缔造者,曾是中国人民的领袖,但又有他那个时代的历史局限性,按今天的标准去看有明显"小辫子"。他是"有得争"的人物。打着还原历史的幌子,将对毛的争论引向荒唐之路者,已经不乏其人。

中国内外一直存在试图将毛泽东妖魔化的舆论力量和倾向,我们大概很容易分辨出来,这当中有一部分是"阴谋"。如果那些人成功毁掉了毛泽东的形象,是对中华民族复兴的打击。

诋毁毛泽东形象,最难过的是两关。第一是事实关。批毛虽然很容易找到那个时代的具体问题,将探索的差错和曲折强行解读成毛的政治恶意，但中国60多年越来越好的大趋势无法否定，中国现代化的举世瞩目成就无法否定。把对历史人物的评价全都塞满现实政治动机，毕竟要露马脚，谁肆无忌惮这样做都终将要被事实这堵墙撞回来。

第二关是人民群众关。中国老百姓绝大多数景仰毛泽东，这既是因为毛缔造的新中国极大改善了人民的生活水平，满足了人们的爱国主义，也因为毛雄才大略以及热爱人民、清正廉洁的个人魅力。虽有各种诽谤毛的野史被一些人编造出来，但毛的才华和他的领袖人格是打不倒的。

近些年常有人用捧蒋介石来贬毛，但这就像用寓言童话骗一群成年人一样可笑。蒋介石把他治下的国家政治资源输得精光，从来就没有过足以领导国家的威望。他的问题是能否得到其身后中国社会的政治和道德赦免，他永远都不可能成为中国正史中的一位英雄式领袖。

中国有一批自由派知识分子，他们是贬毛批毛的主力军。我们认为在多元社会里，存在这样一支舆论力量很正常。但如果就事论事，这批自由派人士既脱离了唯物主义史观，也脱离了群众。他们把全盘否定毛泽东当做搞现实政治斗争的杠杆，这是逆中国政治开明进程而行，是在以非常落后、偏执的方式推动他们想要得到的政治多元和舆论自由。

毛泽东的名字是写进了中国宪法里的，中国社会不会允许对毛泽东和毛泽东思想的诋毁走得太远。当一些偏激言行反复挑战底线时，某种形式的反弹就有可能发生，这大概将不以人的意志为转移。

毛泽东生前是中国人民的领袖，如今他是我们这个国家宝贵的精神财富。在中国舆论场攻击毛迄今受到的主要是一些行政约束，我们相信，随着中国社会逐渐成熟，公众的意愿和要求将越来越崛起为维护毛泽东形象的主要力量，法律和社会道德亦将为此扮演更多角色。

(2013.12.26)

将安倍列入"不受欢迎的人"黑名单

日本首相安倍晋三26日悍然参拜靖国神社,向中韩等亚洲邻国发动新一轮的挑衅。中国外交部、韩国外交部昨天都做出强烈反应,美国驻日本大使馆也对安倍的行为"表示失望"。安倍在昨天迈进靖国神社时就已经输了理,这是确定无疑的。

中国方面严厉谴责安倍政府是有必要的,这有助于加深世界舆论对安倍"做了什么坏事"的印象。但必须指出,中国的外交谴责是日本意料之中的事,他们早就做了评估,这一招对他们已不管用。

就中国社会来说,已经对针对日本的"强烈谴责"感到厌倦。人们希望中国政府在对日问题上多做更具实际意义的行动。

我们认为,由于安倍当局这一次的挑衅十分明显,中国作为大国,采取适当的、甚至稍有些过量的反制,将在国际舆论中获得理解。日本方面对此也是有预期的,他们只是不知道中国的具体反制是什么。

如果中国只是抗议,或者反制行动不够有力,将是我们自己对国际政治权利的一种放弃,而且这将成为外界评估中国是"纸老虎"的一个依据。

那么中国应当采取什么措施,才能使反制既恰当又有力呢?除了不与日本举行高层会晤等老措施外,我们还需有全新的行动,让世人眼前一亮或者心头一震,表达我们坚决反对安倍参拜靖国神社的意志。

我们认为,宣布安倍等人为在中国"不受欢迎的人",从此禁止他们进入中国,不失为一个既简单易行,又有相当震慑力的行动。中国应公布一个黑名单,将安倍以及今年以来在参拜靖国神社问题上表现恶劣的日本高官和著名议员列入其中，规定他们五年之内不得来中国做任何旅行和访问。

中国一旦这样做，等于是排除了安倍任内同中国进行高层互访的可能，安倍政府几乎失去了改善对华关系的能力。我们认为中国就应公开表达对安倍政府和他本人的这种态度，也应告诉以后的日本政治家，如果谁高调参拜靖国神社，他就将被禁止来华。也要让日本社会知道，选这样的政治家当首相，就是选择同中国没有高层往来的关系状态。

中国宣布这样的黑名单，必将受到国内社会的高度支持。在国际上，由于这是对安倍挑衅的反应，而且原因是日本拒绝反省二战侵略亚洲的罪行，我们会受到同情和理解。靖国神社之争会比钓鱼岛之争更容易让国际社会看明白，加上韩国社会必将就此事天然站在中国一边，中日的这场冲突日本在外交和道德上都输定了。

靖国神社问题主动权一直在日本一方，因为参不参拜毕竟是由日本首相和高官们做最后决定，中国阻止他们不堪其累。将参拜者公开列入黑名单，禁止他们进入中国，中国就能在很大程度上扭转形势，变被动为主动。

不要再把中日友好作为我们考虑采取什么反制行动的出发点了。我们必须清楚，只要安倍在台上，中日关系就是休克状态。把他宣布为"不受欢迎的人"，我们会更踏实，从此更加明确同安倍政府打交道的性质。

中日之间的游戏规则应当更加明确，不存悬念，那就是日本做出挑衅，中国必有反制。中国人不必为安倍耍政治流氓生气，犯不上，把他列入黑名单，我们的所有态度就全有了。美国列黑名单时，榜上的人有不少是恐怖主义分子、法西斯分子等。没错，安倍在我们的眼里就同那一大类人差不多。

(2013.12.27)

中国应有智慧出招羞辱日本右翼

安倍参拜靖国神社向中韩等发动最新挑衅，中国如果没有什么实际反应，显然不行，那样将是对外部对华挑衅的纵容。如果我们动用大量资源对安倍政权实施报复，又有些不值，那样会把我们自己搞得很累。如果中国的反制行动搞出内部的巨大分歧，甚至形成某种"内乱"，则完全不该。为什么不该，几乎不需赘述。

中国必须反应，而且不应只是口头谴责。但我们的反应应当是相对简便易行的，对自己没什么伤害的。如果中国为了反制安倍参拜发动大规模对日经济制裁，引发反过来日本的对华制裁，再不过瘾两国就在钓鱼岛开打，这样就没必要了，因为我们自己的损失太大了。

以往逢日本重大挑衅，中国公众非常气愤，多次出现过反日大游行。我们认为这样的事情今后也应减少，中国人这样做太抬举日本了，群众示威抗议应当更多是小国、弱国对强权的无奈反应，而中国目前的综合国力已经站到日本之上，我们对日本表达愤怒不应当再像是我们赤手空拳一样，我们应想办法做得让日本右翼搞大游行抗议我们。

靖国神社之争的性质在变化，但中日之间大概说不上是完全意义上的"战略竞争"。日本确实有同中国战略较劲的意思，但中国现在还真有点瞧不上日本，并未把它当成真正的"战略对手"。日本是中国的一个大麻烦，但它的战略潜力既不如俄罗斯，也不如印度，因此日本或许把靖国神社问题当成"战略大事"，中国其实更多是"就事论事"的心态。

对中国总体来说，在靖国神社问题上反制日本，最主要还是"出口气",不能让日本"太狂"了。因此我们的措施就应围着这个目标设计,我们的行动应当干脆利落,不能变成同日本一来一往的深度纠缠,搞得我们"越来越气"。

此外还有一点很重要,那就是我们得逐渐变得不那么容易被气着,中日之间一方面比谁的措施硬,手段多,另外也在比谁不那么脆弱。如果我们出一招,日本无所谓。日本出一招,我们就非常受不了,那么在相互出招之前,我们就已经输了。

打赢当下同安倍之间的这一仗,我们需看到自己有不利因素。因为安倍的行动非常简单,他就是靖国神社逛了一圈,几乎没什么"直接成本",可谓再简单不过了。我们如果用太复杂的一个大系统对付他,他不烦,我们自己慢慢都会烦。

因此我们一定要追求反制的相对简单。第一,我们应向全世界大力宣扬安倍干了件坏事,这有基础,因为韩国人在骂他,美国和欧洲舆论也对他持大体批评态度。只要我们做得得当,恰到好处,就能让安倍和整个日本在世界上丢分,这样的话,安倍就输了一半。

第二,我们一定要借这个机会,精心设计几个容易操作的杠杆,能把日本右翼气着,打击他们的气焰,在国际上又被理解,中国人做着也很舒心。我们推出这样的杠杆后,应当造成日本反过来对我们的抗议,但日本进一步反制我们又有难度。

我们认为《环球时报》昨天社评提出的将安倍等人拉进禁止来华的黑名单,以及罗援将军文章提出的在南京大屠杀纪念馆塑日本战犯跪像,就属于这一类既简单易行,又有冲击力的措施。

当然,我们的建议只是开了个头,我们呼吁中国外交当局和相关部门以及人士都开动脑筋,认真商议对策。中国已经如此强大,我们切不可被安倍政府"玩得团团转",也不能毫无反应,丢了中华之威严。我们应有足够智慧改变靖国神社问题的游戏规则,最终把日本右翼玩弄于股掌之间。

(2013.12.28)

"习大大21元套餐",百姓为何这么喜欢

习近平主席28日去庆丰包子铺吃包子,在媒体、特别是互联网上引来极大轰动。这个举动客观上发散的"联系群众"意义,不仅大而丰富,而且是不可取代的。这样的联系群众,中国需要,人民喜欢。

习近平一行去庆丰包子铺吃饭,来得很突然,庆丰包子铺方面表示事前毫不知情,消息的流传也无政府控制的主流媒体参与,是由在场者最初将照片发到互联网上,形成自然传播。这同以往流行的各级和各地领导下基层视察,一切都安排好了,由主流媒体发稿并"把握导向",形成强烈反差。

领导人日常生活细节被民间舆论力量自行传播并评论,这才是官员同民众的应有联系和互动方式。这种情况有时会在"准确度"上出问题,比如互联网曾流传习近平一个人打出租的说法,传得有鼻子有眼,但却是假的。

然而我们能够清晰感受到28日习近平吃包子的消息传上网后,整个中国互联网洋溢的热情和喜气。绝大多数中国人都对他们看到的镜头感觉"太棒了","太有意思了",人们的开心发自肺腑。这件事的正面意义之大,足以让民间传播固有的"不准确"可以忽略不计。

当然谁都知道,国家领导人最重要的事情不是在个人行为层面亲民,而是制定国家"亲民的政策",用自己的政治作为积极为人民谋利益。事实上,中央新领导集体迄今持续吸引公众注意力并且受到好评的,恰是"八项规定"、反"四风",以及大刀阔斧推行改革、在反腐败上"老虎苍蝇一起打"等大的政策推进。

然而亲民还是很重要，它尤其是当下中国民众的某种心理渴求。正因为这样，才会出现习近平"打出租"的传言，他去庆丰包子铺吃饭的消息才会在互联网上狂转，这件事才会让人产生"党的作风真的在变"的无穷无尽联想。

"习大大套餐"28日的出现说到底是一件小事，舆论的联想多，是因为人们的希望多，这些希望最终要由党和政府工作作风的大范围改变来兑现。群众路线教育实践活动是今年党建的主线，它的成果具有实质意义，并将在多少年之后影响人们回忆庆丰包子铺这一幕时的感受。

风起于青萍之末。一件小事，却可能预示中国社会对党风、政风看法和印象的转折，成为时代的一个封面。我们真心期待这个转折发生，总书记和全体党员干部为之共同奋斗。真如是，则国以之为幸，人民以之为福。

(2013.12.30)

贿选人大被连窝端，病多重药就多猛

湖南省衡阳市人民代表大会选举省人大代表发生严重贿选事件，56名已当选的省人大代表被依法确认当选无效，512名衡阳市人大代表因收受财物集体辞职。这件事由官方主动处理并于28日公布消息，湖南省纪委还表示将对涉案的431名党员和国家工作人员进行党纪政纪立案，引起舆论的强烈震动。

第一个震动是，衡阳市人大的贿选如此嚣张、普遍，把529名人大代表中的512名都卷进去了，其他还有几名存在严重失职，造成市人大需要"集体换血"。该市参与竞争的省人大代表候选人93人，应选出76人，其中56人送钱拉票，这个比例同样令人震惊。发生在2012年和2013年之交的这次贿选，涉案金额高达1.1亿元，这些由数字组成的事实，同时在告诉我们一些它们之外的严重性。

第二个震动是，中央有勇气揭这个丑，并且对衡阳市人大"连窝端"，并不顾忌这件事对"形象"层面的明显负影响。有脓包就捅破，不管它长在哪里，也不管牵连的人有多少，是否有"法不责众"的问题，中国现在已经没有"不能打的腐败"。

第三个震动是，中国各地"选"的因素在加强，但迅速就同"贿"搅到一起，在有些村级选举中，"贿选"成了公开的。而衡阳市这次丑闻中，"贿选"几乎对选举形成"全覆盖"，可想而知那些人大代表之间做这件事时，大概是有恃无恐。民主在中国社会里真的这么容易被出卖吗？

中国的反腐败在"四面开花"，反着反着我们会发现，它反的既是官场腐败，也是在反与权力有着种种联系的社会潜规则、顽劣做法以及态度。后面这些是官场腐败的基础，是让官员们对腐败产生某种安全感的外围工事和灰色地带。我们逐渐会明白，反腐败的战场其实无处不在。

中国发展民主，坐实人民代表大会制度是最重要和现实的途径之一。但如果人大代表的贿选蔓延开来，人大代表成了"钱可以买来的"，那么当选者怎么可能代表人民的利益，而不屈从于金钱背后的那些利益？官员腐败，其心必私。人大代表腐败，其德必溃。同理，教师、医生、记者收黑钱，他们原本面向公众的服务必将异化、变质。

不要以为这次发生在衡阳市的事情只是对人大代表贿选的打击，这么大规模的行动，理应产生更深远的意义。希望这件事将推动"更干净的"人大在中国各地出现，这会为人大依法履行立法以及问政职责创造更坚实的条件。换句话说，各级人大代表越"自身硬"，他们扮演法律赋予的角色就越有底气。

除了腐败，还有一个词是"渎职"，后一种现象的普遍性其实更高，而且常常是有腐败就有渎职。反腐败不仅是打击丑陋现象，给老百姓出气，它还应是构建中国现代化治理，以及推动社会生活整体现代化的有效过程。收拾腐败分子的长远效果应是提高国家和社会的运行效率，我们不要虽不腐败、但什么事都不做的机构和官员。这是对中国在现代化高峰期大兴反腐败的一份特殊考验。

衡阳市人大贿选被严厉查处，这是重大胜利，接下来的衡阳市新人大一定要面貌焕然一新，不仅同自己的过去相比更胜一筹，还应争取在全国各地级市的人大中有不俗表现，在城市立法和监督政府方面做出表率。这将是更高层面的成果。

(2013.12.30)

为中国政府同安倍"绝交"鼓掌

中国外交部发言人秦刚 30 日表示,安倍自己关闭了同中国领导人对话的大门,中国人民不欢迎他,中国领导人也不可能同他对话。秦刚的这番话表达了中国民众的心声。

安倍悍然参拜供奉有二战甲级战犯的靖国神社,是在东北亚以及国际社会对靖国神社问题做过多轮探讨之后发生的。他所发出的挑衅因此比小泉纯一郎以及之前一些参拜的首相更严重。他不仅在挑战东京审判,以及中韩的民族尊严,也在挑战世界为日本的历史认识最新划出的红线。他表现出日本军国主义传统所特有的狂妄。

中国外交部的表态被一些媒体解读成中国政府同安倍个人的"绝交",实际情况很可能将是这样。中方的反应以及世界的反应大概都超过了安倍事先的估计,无论安倍和日本右翼怎么嘴硬,中方的这一态度都将对安倍形成打击。

中日关系将在没有任何高层交往的情况下"漂流",安倍参拜是主因,这会越来越成为世界舆论的共同认识。安倍要想把中国说成主要责任方,将越来越难。他已在道德上失分,对世界舆论的说服力大减。

鉴于全球舆论谴责安倍的很多,中国下一步应坚决把打击目标对准安倍个人,以及对准支持他参拜和热衷否定二战历史的某些日本力量。尽管日本民众也有很多人支持安倍,但至少在当下,中国应坚持将日本民众同安倍势力进行区分的立场。

中国一些人主张应加强对安倍的揭批,认为这应是与安倍斗争的主要手段。但需要指出,中国媒体的声音原汁原味传到日本的可能性极小,我们还是应该多促成日本国内舆论的反思,以及世界对安倍政府的批评和斥责。

为做到这一点,中国政府采取坚决的反制性外交行动将事半功倍,世界及日本舆论必将正视并解读中国的态度,从中进一步发现安倍参拜靖国神社是多么阴暗和偏执。靖国神社之争终将成为对日本整个国家的羞辱,安倍在给他的国家抹黑。

为打击安倍政府,中国手里还有更多的牌。包括在必要时降低同日本的外交级别。在中日民间交往十分发达的情况下,降低外交等级对两国关系的实际损害并不像一些人想的那么大,但它的政治冲击力却很强,而这些压力都将首先堆到安倍的头上。

中日关系肯定面临长期冷淡,对于接受这一局面,中国社会的共识度在提高,而日本舆论的分裂却在增加。这虽然不会短时间内导致某种政治突破,但却非常有利于中国形成对日斗争的后劲,逐渐促成安倍派系的战略绝望。

韩国的因素很重要。该国舆论强烈厌恶安倍参拜靖国神社,但韩国官方的反应似不如中方强烈。韩国有可能会继续在中日之间搞机会主义。因此中国不能对首尔寄予太高期望,但应争取韩方的最大配合,巩固两国在靖国神社问题上的对日统一战线。

东盟很多国家是二战中日本侵略的受害国,但它们对同日本否定历史作斗争不感兴趣,沉迷于当前利益。中国需要想办法撬动它们的态度。

我们不应幻想安倍是很容易制服的,但在一定程度上搞臭他,使中国全面抵制他获得更多国际理解,我们同他的斗争就会不再沉重,而变成比较轻松、我们自己可以欣赏它的过程。我们或许会发现,与安倍这样的小丑斗,其乐无穷。

(2013.12.31)

2013，中国人几分满意几分缺憾

今天是 2013 年的最后一天，这一年既让我们满意，又似有不少缺憾。今年全年被"塞得满满的"，今年的忙碌即使同中国自己竖着比，也非同寻常。

同世界横着一比，2013 的中国尤其与众不同。而让中国在世界上格外抢眼的，是它的变化。

当今世界上，一家一本难念的经，即使美欧发达国家，大概也没一个轻松的。各国精英几乎都认识到了"改革"的重要意义，但推动改革却比倡导改革难得多。西方国家大多吃老本，改革光打雷不下雨。第三世界国家同样改不动，一改就改成了"革命"。

这一点 2013 年的中国在世界拔得头筹，拉开了"全面深化改革"的大幕。中国从年初就接着去年底出台的八项规定，开始了足以令世界目瞪口呆的变化进程。尤其是召开三中全会以及之后的 11 月和 12 月，中国差不多是在跑，世界舆论认为，改革将再塑一个"新中国"。

中国执政党的党风和政风 2013 年尾同年初比都有显著变化，中国社会对经济增长的认识也有所改变。在高档消费领域，中国变得几乎让人"认不出来"了。

2013 年的反腐败堪称"老虎苍蝇一起打"，进入 12 月份差不多一天揪出一个重量级贪官，这在中国改革开放以来前所未有。此外今年同去年的重大区别是，去年的名案有不少是互联网兜出来的，今年纪检监察机构无论在事实上还是舆论中都扮演了绝对主角。

中国 2013 年几乎把所有问题都掀起来了，疮疤都捅破了，不再遮遮掩掩了，中国的改革和重拾能力，在同问题的恶化和社会耐心的失去赛跑。由于舆论的多元化，目前没有让全社会都足以信服的权威评价：中国是不是已经迈过了社会凝聚力需要不断增加的转折点。

当今世界大国的竞争被认为首先是各自改革能力的竞争，中国虽然仍问题缠身，但由于我们"改得动"，复兴的动力仍绵延不绝。

中国的部分外部环境在同中国复兴互动甚至较劲，这一点2013年表现得很明显。日本在朝中国的公开对手转变，这是西太平洋的一个崭新情况。今年的中国更有力量，也似乎更成熟。东北亚今年的最新较量是，中国公布了东海防空识别区，日本首相安倍晋三参拜靖国神社。两国分别受到压力，但中国的战略空间呈扩大之势，日本的右倾标签则更加突出。

社会的多元化发展看来并没有削弱中国的外交行动力，这令人欣慰。中国政府如今做什么事，互联网上都有喝倒彩的，但中日斗争要求中国政府敢出实招，这无疑考验了中国的团结。应当说，在目前的对外冲突烈度上，中国社会的凝聚力大致仍是宽裕的，谁都休想钻中国社会分裂的空子，从中攫取他们的国家利益。

当然，2013年中国人说不上过得很踏实，不确定性仍像幽灵一样在社会的很多层面，包括在人心中徘徊。这是中国一段时间以来的主要弱点之一。

确定性对中国这样的超大社会有着特殊重要性，它能为人们提供安全感，支持社会信心。中国如今处在加速改革调整利益的高峰期，如何增加确定性对社会心理的渗透，这是一份特殊的挑战。

告别2013年，中国是把更多经验揣进了兜里的，改革则像是为未来做了高投入的基础设施建设。新的一年不会轻松，但不断的累进应当让我们对新一年更多一分把握。2014的新变化值得期待，同样值得期待的是无论多忙多累多不容易，社会将流淌更多幸福和踏实感。

(2013.12.31)